Verlag Wissenschaft und Politik

Karl Wilhelm Fricke
Opposition und Widerstand in der DDR

Ein politischer Report

© 1984 bei Verlag Wissenschaft und Politik
Berend von Nottbeck, Köln
Umschlaggestaltung Rolf Bünermann
Gesamtherstellung Werbedruck Zünkler, Bielefeld 11
Printed in Germany · ISBN 3-8046-8628-1

Inhalt

Vorwort 9

1. Opposition und Widerstand: Begriff und Kausalität 11
Zur Dialektik von Opposition und Widerstand 13
Die Kriminalisierung der Opposition 15
Widerstand und »ideologische Diversion« 16
Politische Gegnerschaft systembedingt 18

2. Die historische Ausgangssituation 21
»Revolution von oben« kraft Okkupationsgewalt 22
Das Vehikel der Entnazifizierung 25
Opposition gegen die Bodenreform 27
Widerstand gegen Industrie-Enteignungen 28

3. Kommunisten gegen Sozialdemokraten 31
Drängen zur Einheitspartei 32
Der sozialdemokratische Widerstand 34
Die Rolle des SPD-Ostbüros 37
Das Stigma des »Sozialdemokratismus« 41
Die Säuberung der SED von Sozialdemokraten 42
»Sozialdemokratismus« als Trauma 45

4. CDU und LDP im Ringen um parlamentarische Demokratie . . . 47
Bürgerliche Parteien im Aufwind 48
Herausforderung durch freie Wahlen 51
Die Christdemokraten in der Krise 55
Das Dilemma der Blockpolitik 58
Die Zerschlagung der CDU- und LDP-Hochschulgruppen 60
Die Nötigung zur Einheitsliste 62
Die Gleichschaltung von CDU und LDP 64
Die Zernierung der bürgerlichen Opposition 67

5. Widerstand aus religiöser Bindung 71
Kirchenkampf und Opposition 72
Ein Oberschüler wehrt sich: Hermann Joseph Flade 73
Die Junge Gemeinde: »Spionage- und Agentenorganisation« . . . 75
»Der letzte organisierte Feind« 77
Im permanenten Konflikt: »Jehovas Zeugen« 80

6. Zwischen Selbstbehauptung und Widerstand: Die Arbeiter . . . 82
Der FDGB als Erfüllungsgehilfe der SED 83
Arbeiteropposition im Betrieb 85
Aufbau des Sozialismus oder: Verschärfung des Klassenkampfes . 86
Normerhöhung provoziert Streiks 89
Neuer Kurs oder: Entschärfung des Klassenkampfes 90
Der Juni-Aufstand in Ost-Berlin 91
Streiks, Demonstrationen, Unruhen in der Provinz 94
Ungebrochener Selbstbehauptungswille 98
Arbeiter für freie Wahlen 103

7. Opposition im Führungskern der SED 105
Die Zaisser/Herrnstadt-Fraktion 105
»Erneuerung der Partei« 108
Schützenhilfe aus Moskau 111
Die Schirdewan-Gruppe 112
Rückversicherung bei Chruschtschow 116

8. Die revisionistische Opposition der fünfziger Jahre 117
Das Prinzip Hoffnung und die Opposition 118
Keimzellen des Revisionismus: Akademische Zirkel 120
Die Harich/Janka-Gruppe 121
Die Verfolgung der revisionistischen Opposition 123
»Komplotte der Konterrevolution« 125

9. Bauern gegen die »Revolution im Dorf« 129
Sabotage an der Bodenreform? 130
Widerstand gegen Kollektivierung der Landwirtschaft 132
Bäuerliche Gegenwehr unter neuen Bedingungen 136
Brandstiftung als Protest 137

10. Fluchthelfer, Sperrbrecher, Verweigerer 138
Rebellierende Jugend 139
Widerstand durch Fluchthilfe 141
Der Fall Michael Gartenschläger 143
Verweigerer aus Gewissensgründen 144
Politische Gegnerschaft und Spionage 146
Solidarität mit dem »Prager Frühling« 148

11. Der Wechsel Ulbricht/Honecker – Zeit der Opposition? 150
Der erzwungene Rücktritt 150
Bürgerlicher Widerstand obsolet 153
Einerseits Konzession – andererseits Repression 156
Literatur ohne Tabus? 158

12. Die Reklamation der Bürger- und Menschenrechte 162
»Abstimmung mit dem Ausreiseantrag« 163
Der KSZE-Prozeß und die Opposition 165
Kriminalisierte Westkontakte 167
Die Bürgerrechtsinitiative von Riesa 169
Öffentlicher Protest und gewaltfreie Aktion 172

13. Opposition von links 175
Der intellektuelle Aufstand des Robert Havemann 176
Der Exodus oppositioneller Schriftsteller 179
Rudolf Bahros Alternative 181
Ein Manifest demokratischer Kommunisten? 184
Die »Sektion DDR« der KPD/ML 186

14. Friedensbewegung und Opposition 189
»Kirche im Sozialismus«: Weder Opposition noch Akklamation? . 190
Ein Zeichen aus Zeitz: Oskar Brüsewitz 192
Basisinitiativen für sozialen Friedensdienst 193
»Frieden schaffen ohne Waffen« 196
Der staatsgefährdende Aufnäher 199
Zivilisationskritik, ökologischer Protest, grüne Opposition 202

15. Opposition und Widerstand: Möglichkeiten und Grenzen . . . 205
Zwischen Arrangement und Konfrontation 207
Sozialstrukturelle Aspekte politischer Gegnerschaft 208
Zur Taktik von Opposition und Widerstand 210
Die Wirkung der West-Medien 212
Ein neuer Aufstand möglich? 215
Die Relevanz der nationalen Frage 217
Das sowjetische Machtkalkül 219

Anmerkungen 221
Abkürzungen 241
Ausgewählte Literatur 243
Personenregister 251

Vorwort

Im 35. Jahr ihrer Existenz hat die Deutsche Demokratische Republik mit Eigenlob und Selbstverklärung wahrhaftig nicht gegeizt. »Das Werden und Wachsen der DDR entspricht dem Gesetz der Weltgeschichte.« Diesem Schlüsselsatz aus einem offiziellen Aufruf zum 35. Jahrestag der DDR-Gründung – in seinem Anspruch auf besondere Weise »deutsch« – entsprachen Agitation und Propaganda im Jubeljahr des sozialistischen Staates deutscher Nation, dem Orwell-Jahr 1984. In seiner Grundtendenz ließen sie den Weg der DDR als eine Straße des Sieges erscheinen, ohne Krisen und Konflikte, ohne innere Widersprüche, ohne Opposition und Widerstand.

Zur Korrektur dieser Legende will der Autor mit seinem hier vorliegenden Buch beitragen. »Manches war doch anders« – betitelte Ernst Lemmer einst seine Memoiren. Manches war auch anders im Werden und Wachsen der DDR, anders, als es die SED und ihre beamteten Historiker heute wissen wollen oder wissen dürfen. Da für sie Opposition und Widerstand in der Geschichte der DDR noch immer tabu zu sein haben, entschloß sich der Autor zu diesem Buch, das er als Report niederschrieb mit dem Instrumentarium des politischen Journalismus. Sein Anliegen besteht darin, manches dem Vergessen zu entreißen, was hierzulande als Vergangenheit verdrängt wird, obwohl es die Gegenwart oft schwer begreiflich macht. Denn viele jener Gegensätze, die heute das Verhältnis beider deutscher Staaten zueinander bestimmen, die ihr Neben- und Miteinander belasten, wurzeln in politischen Geschehnissen einer Vergangenheit, die durch Verschweigen nicht bewältigt wird.

Der vorliegende Report ist die bisher einzige Publikation, die politische Gegnerschaft in der DDR während der dreieinhalb Jahrzehnte ihrer Existenz zusammenfassend skizziert. Vorausgeschickt sind Kapitel über die historische Ausgangssituation und die Nachkriegszeit von 1945 bis 1949, ohne deren Kenntnis DDR-Geschichte unverständlich bliebe. Eine wissenschaftliche Arbeit wollte der Verfasser nicht schreiben. Gleichwohl war er bemüht, sein Buch auch für Historiker und Politologen lesenswert zu machen. Dazu dienen nicht zuletzt die Belege wichtiger Aussagen durch Quellenangaben, die auf das verfügbare Material verweisen. Eine umfassende wissenschaftliche Erforschung der Geschichte von Opposition und Widerstand in der DDR steht indes noch aus.

Einige Kapitel seines Buches gingen aus einer Schrift hervor, die der Verfasser 1964 unter dem Titel »Selbstbehauptung und Widerstand in der Sowjetischen Besatzungszone Deutschlands« in der Reihe »Bonner Berichte aus Mittel- und Ostdeutschland« veröffentlicht hat. Die Idee dazu war seinerzeit in Gesprächen mit Herrn Roland Bude entwickelt worden, was kein Zufall war; er war selbst als Student in Rostock einst im mitteldeutschen Widerstand aktiv. Sein beharrliches Drängen trug zum Entstehen auch dieses Buches bei. Dafür gebührt ihm Dank!

Frau Dr. Gisela Helwig, Redakteurin der Kölner Zeitschrift »Deutschland Archiv«, schuldet der Verfasser Dank für eine kritische Diskussion der Gliederung zu diesem Buch. Ohne sie wäre manches ungeschrieben geblieben. Ebenso dankt der Verfasser der Publizistin Gunhild Bohm, München; sie hat das Manuskript mit großer Sorgfalt lektoriert.

Dank zu sagen hat der Verfasser nicht zuletzt seiner Frau Friedelind! Wie bei seinen früheren Büchern hat sie unermüdlich und geduldig die Reinschrift des Manuskriptes zu Papier gebracht.

Köln, im Juni 1984   *Karl Wilhelm Fricke*

Opposition und Widerstand: Begriff der Kausalität

»Die Deutsche Demokratische Republik ist ein sozialistischer Staat«, besagt ihre Verfassung. »Alle Macht dient dem Wohle des Volkes.«[1] Von daher ist die herrschende Ideologie – die Ideologie der Herrschenden – nicht ohne Logik, wenn sie Opposition und Widerstand in der DDR jegliche Existenzgrundlage aberkennen will. »In sozialistischen Staaten existiert für eine Opposition gegen die herrschenden gesellschaftlichen und staatlichen Verhältnisse keine objektive politische oder soziale Grundlage. Da die sozialistische Staatsmacht die Interessen des Volkes verkörpert und seinen Willen verwirklicht, die Staatsmacht tatsächlich vom Volk ausgeht, der Erhaltung des Friedens, dem Aufbau des Sozialismus und damit der kontinuierlichen Entfaltung umfassender Demokratie sowie der ständig besseren Befriedigung der materiellen und ideellen Lebensbedürfnisse aller Werktätigen dient, richtete sich jegliche Opposition gegen die sozialistische Gesellschaftsordnung gegen die Werktätigen selbst.«[2] Selten hat sich die herrschende Ideologie des Marxismus-Leninismus so eindeutig als »falsches Bewußtsein« gezeigt wie in diesem Zitat aus einem Ostberliner Polit-Lexikon, mißt man es an der Realität der in der DDR gegebenen Verhältnisse.

Schon 1949 hat der damalige Ministerpräsident Otto Grotewohl unmittelbar nach Gründung der DDR kategorisch erklärt, es dürfe »keine verantwortungslose Opposition im Parlament der neuen deutschen Demokratie geben, die ihre ganze Funktion nur darin sieht, Obstruktion zu treiben. Es darf sich keine Partei oder Organisation, wenn sie ihre Listen zur Parlamentswahl einreicht, vor der Mitarbeit oder Mitverantwortung in der Regierung drücken. Wer in das Parlament einzieht, der muß mitarbeiten.«[3] In dieser frühen Absage an jedes Recht auf parlamentarische Opposition sind sich die Herrschenden in Ost-Berlin immer treu geblieben. »Keine Rechte und keine Linke, keine Regierungspartei gegen die Opposition und keine diktatorische Koalition, die schwächere Interessenvertretung aus den Staatsgeschäften ausschaltet, sind in unserer Volkskammer denkbar«, las man 1960 in einem Grundsatzartikel. »Alle Parteien und Massenorganisationen arbeiten kameradschaftlich zusammen und niemals gegeneinander. Opposition gegen Frieden, Demokratie und Aufbau des Sozialismus wäre ein Schlag ins eigene Gesicht.«[4]

Das Nein zu jedweder parlamentarischen Opposition folgt logisch aus dem Verbot oppositioneller Parteien. »Wer soll bei uns gegen wen opponieren?« fragen die Autoren eines DDR-Standardwerkes über Wahlen und Wahlrecht. »Den Weg des Sozialismus wählte (wählte!) das ganze Volk.« Danach folgt als Argument die Diffamierung: »Forderungen nach Oppositionslisten und Oppositionsparteien in der Deutschen Demokratischen Republik, die der Gegner im Rahmen der psychologischen Kriegführung gegen den Arbeiter-und-Bauern-Staat Leichtgläubigen einzuimpfen versucht, stehen im Gegensatz zur Einheit von Volk und Staat in der Deutschen Demokratischen Republik und zu ihren gemeinsamen Interessen. Solche Parolen sind in ihrer Substanz nichts anderes als der Versuch, Kräfte gegen das Gemeinschaftswerk des sozialistischen Aufbaus zu organisieren. Das sind – deutlich gesagt – konterrevolutionäre Forderungen.«[5]

Schließlich wird das Fehlen einer parlamentarischen Opposition als Ausdruck höherer Demokratie verklärt: »Das Fehlen einer Opposition kennzeichnet auf der Grundlage der Verfassung der DDR die Negation der bürgerlichen Demokratie«, heißt es in einer Studie zur Bündnispolitik der SED. »Der neue historische Typ der Demokratie, der seinem Klasseninhalt nach die Herrschaft der Arbeiterklasse und der Werktätigen ist, benötigt keine Opposition. Sein geschichtlicher Auftrag ist die Errichtung und Ausübung der Herrschaft der assoziierten Produzenten über ihre eigenen gesellschaftlichen Beziehungen und die Natur.«[6] Es ist schon erstaunlich, was manche DDR-Autoren zu Papier zu bringen wagen.

Die Weigerung der SED, sich die demokratische Legitimation ihrer Herrschaft in freien, gleichen, unmittelbaren und geheimen Wahlen mit alternativer Entscheidungsmöglichkeit bestätigen zu lassen, ist darauf die wie eh und je gültige Probe. Versuche, den Volksentscheid über die zweite Verfassung der DDR vom 6. April 1968 als Votum der Bevölkerung für den ihr aufgenötigten Sozialismus auszulegen, sind politisch untauglich. Der Volksentscheid lieferte im Gegenteil sogar Indizien dafür, daß in der Bevölkerung oppositionelle Kräfte lebendig geblieben waren. Nach dem amtlichen Ergebnis wurden 409 733 Nein-Stimmen sowie 24 353 ungültige Stimmen abgegeben. 5,51 Prozent der an der Abstimmung beteiligten Bürger brachten mithin trotz erzwungener, weitgehend offener Stimmabgabe den Mut auf, der sozialistischen Verfassung der DDR ihre Zustimmung zu verweigern, wobei Ost-Berlin sowie die Industriebezirke Cottbus, Karl-Marx-Stadt und Leipzig mit bis zu neun Prozent Nein-Stimmen merklich über dem Durchschnitt der Republik lagen.

Gerade das Verfassungsplebiszit dürfte die Herrschenden in ihrer Auffassung bestärkt haben, auch fortan freie Wahlen in der DDR nicht zuzulassen. Verfassungsrechtlich haben sie zudem eine besondere Konsequenz gezogen: Die Bestimmungen über das Verhältniswahlrecht in Artikel 51 der ersten Verfassung, die mit Gründung der DDR am 7. Oktober 1949 in Kraft trat, wurden in die Verfassung vom 6. April 1968 nicht mehr übernommen – sie begnügt sich in Artikel 54 mit der Vorschrift, daß die Abgeordneten der Volkskammer vom Volk »in freier, allgemeiner, gleicher und geheimer Wahl« gewählt werden. Trotzdem reicht in der DDR die Diskussion, ob über die Frage »Sozialismus oder Kapitalismus in Deutschland« nicht doch einmal »durch den Volkswillen, also durch Wahl, entschieden werden« sollte und ob es nicht »auch im Sozialismus eine parlamentarische Opposition geben«[7] könne, bis in die jüngste Zeit hinein.

Unter den gegebenen Voraussetzungen muß die Feststellung geradezu überraschen, daß es in der mittlerweile 35jährigen Geschichte der DDR-Volkskammer tatsächlich ein einziges Mal in ihr Opposition gegeben hat. Es geschah am 9. März 1972 bei der Verabschiedung des Gesetzes über die Unterbrechung der Schwangerschaft, als 14 Abgeordnete mit Nein stimmten und acht sich der Stimme enthielten. Augenscheinlich war diese Opposition von der SED toleriert worden, weil das beschlossene Gesetz ihren monopolistischen Herrschaftsanspruch als Staatspartei unberührt ließ. Sonst sind bislang alle Abstimmungen in der obersten DDR-Volksvertretung »einmütig« gewesen. Irgendein legales Recht auf Opposition in der DDR wäre, obschon immer wieder gefordert, für die SED »prinzipiell« systemwidrig.

Zur Dialektik von Opposition und Widerstand

Näher definiert werden Opposition und Widerstand in dem zitierten Polit-Lexikon nicht. Beide Begriffe werden vielmehr synonym für politische Gegnerschaft gebraucht. Ein Unterschied ist unter den Herrschaftsbedingungen im Staat der SED auch kaum präzise zu bestimmen, insoweit sich Opposition und Widerstand überlappen und wechselseitig durchdringen. Immerhin kann Opposition in der DDR als politische Gegnerschaft umschrieben werden, die sich relativ offen, relativ legal zu entfalten versucht. Dagegen läßt sich Widerstand als politische Gegnerschaft definieren, der jede Möglichkeit zu offener und legaler Entfaltung genommen ist. Während Opposition infolge ihrer jederzeit möglichen Kriminalisierung in Widerstand umschlagen kann, ist Widerstand in der DDR von vornherein im Sinne des Regimes »illegal«.
Bezeichnenderweise gebraucht das DDR-Strafgesetzbuch den Begriff des Widerstands nicht nur im Sinne von Widerstand gegen die Staatsgewalt, der im DDR-Strafrecht als »Widerstand gegen staatliche Maßnahmen« umschrieben wird, sondern auch und sogar mehrmals im Sinne von politischem Widerstand. Eine Strafe wegen »staatsfeindlicher Hetze« gewärtigt in der DDR laut § 106 des Strafgesetzbuches unter anderem, »wer dazu auffordert, Widerstand gegen die sozialistische Staats- und Gesellschaftsordnung zu leisten«. Mit Sanktionen bis zu zwölf Jahren Freiheitsentzug wird somit im Strafrecht der DDR bedroht, was eigentlich gar nicht existieren dürfte, weil eine »objektive politische oder soziale Grundlage« dafür angeblich fehlt.
Historisch ist seit dem Zusammenbruch des Dritten Reiches und seit der Gründung der DDR erwiesen, daß die Machthaber jedwede Opposition desto hemmungsloser unter ihr Strafgesetz stellen, je unnachgiebiger sie auf ihrem Herrschaftsmonopol bestehen, womit sie zwangsläufig den dialektischen Umschlag von Opposition in Widerstand auslösen; umgekehrt entwickelten sich neue Formen von Opposition, wo die SED partiell oder zeitweilig politische Freiräume gewährt oder erweitert hatte. Stets aber erfaßte und ergreift politische Gegnerschaft in der DDR immer wieder Menschen in allen gesellschaftlichen Schichten und Gruppen, wenn auch zu verschiedenen Zeiten, wenn auch in unterschiedlicher Weise. Es konnte und kann nicht anders sein, weil letztlich alle Schichten und Gruppen der DDR-Bevölkerung von den radikalen Veränderungen der SED in Herrschaft und Gesellschaft betroffen wurden beziehungsweise bis heute mit ihrem monopolistischen

Machtanspruch konfrontiert werden. Wer wie die Kommunisten eine bestehende Gesellschaft total ablehnt und ihr mit einer neuen sozialökonomischen Formation zugleich ein neues System politischer und moralischer Wertungen aufzwingen will, muß mindestens so lange auf Opposition und Widerstand stoßen, wie in dieser Gesellschaft herkömmliche Werte und traditionelle Bindungen fortwirken. »Erst der Widerstand, der einem totalitären System aus der bestehenden Gesellschaft erwächst oder den es von ihr erwartet, macht das System wirklich total.«[8] Die Wirkungen sind dialektisch zu begreifen. Wo Widerstand auftritt, wird die Repression stärker – verstärkte Repression ruft neuen Widerstand hervor.

Ein Zufall war es nicht, daß die erste Regierungsumbildung der DDR am 8. Februar 1950 die Bildung eines Ministeriums für Staatssicherheit betraf. Es schien den Machthabern notwendig, weil sich Opposition und Widerstand nach Gründung des Arbeiter-und-Bauern-Staates spürbar verstärkt hatten. Umgekehrt empörte der Terror der Staatssicherheit die Bevölkerung so stark, daß während des Aufstands am 17. Juni 1953 mehrere ihrer Dienststellen von aufgebrachten Demonstranten gestürmt wurden und mehrfach Fälle versuchter oder vollendeter Lynchjustiz zu verzeichnen waren.

Wie unbestreitbar auch das Vorhandensein oppositioneller und regimefeindlicher Erscheinungen in der DDR ist, schwierig ist es gleichwohl, sie allgemein gültig zu definieren. Das liegt in der Natur der Sache. In einem totalitär verfaßten Herrschafts- und Gesellschaftssystem, in dem das Regime alle privaten und gesellschaftlichen Bereiche der Menschen seiner Verfügungsgewalt und Kontrolle zu unterwerfen versucht, kann bereits eine rein menschliche und gleichsam unpolitische, aus der Spontaneität des Augenblicks geborene Verhaltensweise Opposition oder Widerstand bedeuten. Mehr noch: »Im totalitären Staat mit seiner totalen Beanspruchung aller Staatsbürger für die Zwecke dieses Staates ist Passivität den Anordnungen und Aufforderungen des Regimes gegenüber keine Indifferenz mehr, sie ist gleichbedeutend mit ›Widerstand‹. Wer sich passiv verhält, bezieht bereits Front.«[9] In ihrer historischen Vielfalt reichen die Formen von Opposition und Widerstand in der DDR daher von unbewußt-spontanem Aufbegehren gegen die Willkür einzelner Maßnahmen der Obrigkeit bis zu planmäßigem Widerstand, der sich konspirativ zu sammeln und aktiv zu handeln versucht. Und in der Tat sind dies die beiden extrem verschiedenen Möglichkeiten aller politischen Gegnerschaft, in die sich ihre jeweiligen Formen einordnen lassen. Sie bilden gleichsam die zwei entgegengesetzten Pole eines Spektrums, in dem alle Tendenzen von Opposition und Widerstand gebündelt und ineinanderfließend erscheinen, umgeben vom Odium des »Ungesetzlichen«!

Mit anderen Worten: Opposition und Widerstand in der DDR sind politische Erscheinungen, die sich ständig entwickeln und verändern, weil sich ihre Voraussetzungen, Bedingungen und Ziele wandeln. Opposition und Widerstand im Machtbereich der SED sind darum nur in ihrer jeweils konkreten Erscheinungsform zu erkennen und in ihren historischen Kontext einzuordnen.

Die Kriminalisierung der Opposition

Der Ostberliner Fernsehkommentator Karl Eduard von Schnitzler hat auf die Frage,»was zum Beispiel Opposition in der Deutschen Demokratischen Republik bedeuten würde«, ebenso töricht wie demagogisch erwidert:»Gegen unsere sozialistische Friedenspolitik opponieren zu wollen, würde bedeuten, Verbrechen zu begehen. Und mit solcher Opposition setzen wir uns nicht an der Wahlurne und nicht im Parlament auseinander, sondern vor den Gerichten unserer sozialistischen Justiz.«[10] Solche Äußerungen sind unmißverständlich. Sie sind durchaus ernst zu nehmen. Ein Blick in das Strafgesetzbuch der DDR macht das anschaulich.

Als die DDR durch Beschluß der Volkskammer vom 12. Januar 1968 ein vollkommen neues Strafgesetzbuch erhielt, standen die Normen der politischen Straftatbestände[11] in der Kontinuität einer Entwicklung, die durch den fatalen »Boykotthetze«-Artikel der ersten DDR-Verfassung[12] sowie durch zwei 1957 und 1962 verabschiedete Strafrechtsergänzungsgesetze[13] bestimmt worden war. Ganz im Sinne dieser Kontinuität vergrößerte der Gesetzgeber in Ost-Berlin die Zahl der strafbaren politischen Delikte, die angedrohten Mindeststrafen wurden im Vergleich zu den bis dahin geltenden Normen nicht unerheblich angehoben und teilweise sogar verdoppelt, wobei die Erweiterung des politischen Strafrechts um eine Anzahl neu definierter Tatbestände mit der Notwendigkeit begründet wurde,»daß die Tätigkeit der Feinde des Sozialismus aggressiver wird und sich verschärft«.[14] Wieso eigentlich – das erklärte niemand.

Bedenkt man, daß 1974, 1977 und 1979 – also nur wenige Jahre nach der umfassenden Neukodifizierung des DDR-Strafrechts – die Normen des politischen Regime- und Systemschutzes im Staat der SED durch drei Strafrechtsänderungsgesetze[15] abermals erweitert und verschärft wurden, so kann man nicht umhin, dies als objektiven Ausdruck innerer Widersprüche zu werten, denn politische Strafbestimmungen waren und sind in der DDR immer auch Spiegel von Konflikten in der Gesellschaft. Sie zu bewältigen glaubten sich die Herrschenden offenbar nicht anders mehr imstande als mit den Mitteln des Strafrechts und der Strafjustiz.

Diese Folgerung wird durch ein 1981 erschienenes DDR-Strafrechtslehrbuch gestützt, das die Notwendigkeit des Regime- und Systemschutzes mit dem Hinweis auf sogenannte Staatsverbrechen begründet. »Staatsverbrechen sind auf die Schädigung bzw. Beseitigung der Arbeiter-und-Bauern-Macht gerichtet und deshalb klassenfeindlich-antisozialistische Angriffe. Ihrem Wesen nach sind sie daher konterrevolutionär«, wobei die Ursache dafür natürlich außerhalb des realen Sozialismus gesucht wird: »Der Gegner versucht, in der DDR noch existierende feindliche Kräfte zu mobilisieren und zu staatsfeindlichen Handlungen zu veranlassen. Er ist aber auch bestrebt, politisch nicht gefestigte Bürger für antisozialistische Zwecke zu mißbrauchen und bestimmte Personen in einen Gegensatz zur Politik der Partei- und Staatsführung zu bringen. Das reicht bis zu der Absicht, ›oppositionelle Bewegungen‹ zu organisieren und sie von außen her anzuleiten und zu steuern.«[16]

Feststellungen dieser Art kontrastieren sonderbar mit der aufschlußreichen

Tatsache, daß zwar alljährlich Verurteilungen wegen politischer Delikte in der DDR erfolgen, daß aber einschlägige Strafprozesse im Regelfall unter Ausschluß der Öffentlichkeit stattfinden und die ergangenen Urteile nicht veröffentlicht werden. Nicht einmal die Verurteilten selbst erhalten eine schriftliche Ausfertigung ihrer Urteile nach der Entlassung aus dem Strafvollzug ausgehändigt. Ihre Analyse ergäbe ein realistisches Bild von Opposition und Widerstand in der DDR und würde zugleich die seit Jahr und Tag kolportierte Legende zerstören, wonach Opposition und Widerstand »von außen« inspiriert oder gesteuert würden.

Zu verweisen ist in diesem Zusammenhang auf gelegentliche Auseinandersetzungen führender DDR-Politiker mit »feindlichen Elementen« im Staat der SED. So wandte sich Hermann Axen, Mitglied des Politbüros und Sekretär des Zentralkomitees der SED, gegen »feindliche, verfassungswidrige Handlungen«, die »wie in jedem anderen Staat« geahndet würden: »Das Vorhandensein einzelner feindlicher Elemente ist kein gesetzmäßiges Produkt der inneren Entwicklung unseres Landes. Früher, als die Frage ›Wer – wen?‹ nicht entschieden war, gab es noch eine soziale Basis für antisozialistische Gruppen. Heute dagegen nicht mehr. Aber es gibt einzelne Feinde des Sozialismus. Das hat seine Gründe. Die Überwindung der materiellen und politischen Grundlagen des Kapitalismus erfolgt relativ rasch und umfassend. Aber die Überwindung der bürgerlichen Ideologie und Moral, der Überreste des Kapitalismus im Bewußtsein der Menschen, dauert lange. Diese Überreste des Kapitalismus im Bewußtsein werden von außen, vom Imperialismus, ständig, und insbesondere jetzt als Bestandteil der von aggressiven imperialistischen Kreisen gegen die Entspannung betriebenen Gegenattacken, verstärkt gefördert. Die imperialistischen Diversionszentralen nutzen die rückständigen und reaktionären Einstellungen einzelner Menschen aus.«[17]

Widerstand und »ideologische Diversion«

Derlei Mutmaßungen über »imperialistische Diversionszentralen«, die in der DDR regimefeindliche Verhaltensweisen hervorrufen, zieren auch die Argumentation Erich Mielkes, der als Mitglied des Politbüros der SED und Minister für Staatssicherheit dabei so weit ging, daß er den in Ost-Berlin akkreditierten westlichen Korrespondenten »eine besondere Rolle im subversiven Vorgehen« zuwies und allen Ernstes behauptete: »Nicht selten versuchen sie im Auftrag imperialistischer Geheimdienste und anderer feindlicher Zentren und unter Mißbrauch der ihnen gewährten Arbeitsmöglichkeiten, insbesondere bei der Organisierung der politisch-ideologischen Diversion und der Schaffung einer ›inneren Opposition‹ in der DDR wirksam zu werden. Dazu sammeln sie entsprechende Nachrichten, fabrizieren gezielte Falschmeldungen für die antikommunistische Hetze und Meinungsmanipulation, suchen und schaffen geeignete Anlässe, Ereignisse und Ansatzpunkte, die vom Gegner zur Diffamierung der DDR und zur Inspirierung und Mobilisierung feindlich-negativer Kräfte im Innern unseres Landes hochgespielt und genutzt werden.«[18] Wie hier Ursache und Folge umgekehrt werden, ist schier grotesk. Schließlich unterstellte Mielke dem »gegnerischen Vorgehen« die Absicht, »eine möglichst breite ›innere Opposition‹, eine regelrechte politische Untergrundtätigkeit zu organisieren, feindlich-negative Kräfte zu mobilisieren und sie zu antisozialistischen bis hin zu kriminellen Handlungen zu inspirieren und dazu konkrete Anleitung und vielfältige Unterstützung zu geben«.[19] Beweise freilich blieb er schuldig.

Den bislang abenteuerlichsten Versuch einer scheinwissenschaftlichen Beweisführung dafür, daß »die grenzüberschreitenden elektronischen Massenmedien der BRD zu konterrevolutionären Kampagnen gegen die DDR als politische Leitungsinstrumente eingesetzt« werden, unternahm Thomas Falkner, ein junger wissenschaftlicher Assistent im Wissenschaftsbereich Theoretische Grundlagen und Geschichte des Journalismus an der Sektion Journalistik der Karl-Marx-Universität Leipzig, 1983 in einem Referat über westliche Massenmedien.[20] Er unterstellte allen Ernstes die Existenz sogenannter Kampagnestäbe in Bonn, »die sich aus Monopolvertretern, führenden Politikern und systemtragenden Parteien und Spitzenjournalisten zusammensetzen«. Damit diese Stäbe »die Funktion der schnellstmöglichen, breitesten und operativen Anleitung und des Zusammenschlusses der die Kampagne unterstützenden Kräfte bzw. der Mobilisierung der Massen in der DDR für das konterrevolutionäre Motto« erfüllen können, konstruierte er sich einen Steuerungsmechanismus, der »die notwendige enge Verbindung zwischen Journalismus und Kampagnestab realisierbar« macht. »Diese enge Verbindung nehmen die sog. Leitjournalisten wahr, eine feste journalistische Elite, eine Gruppe journalistischer Spitzenkräfte, die an herausragender Stelle (als leitende Kader oder Experten) in herausragenden Redaktionen arbeiten.« Selbstredend verfügen diese Leitjournalisten laut Falkner »über enge Kontakte zu den Spitzen von Monopolen und Staat und werden über diese Kontakte besonders gefördert und orientiert«. Um endlich den so entdeckten Steuerungsmechanismus konkret zu benennen, fallen Namen: »Neben anderen, aber vorrangig spielt hier der Deutschlandfunk eine entscheidende Rolle. Die Mitarbeiter seines Westberliner Studios, vor allem aber die Journalisten der Ost-West-Redaktion in Köln, gehören nahezu vollständig zum engsten Kern der Anti-DDR-Leitjournalisten. Dabei handelt es sich um gestandene Antikommunisten und gleichzeitig um profunde Kenner der DDR-Entwicklung. Sie haben über Jahre und Jahrzehnte ihre Sporen im Kampf gegen die DDR errungen.« Ihre vermeintliche Aufgabe bestünde darin, stabsmäßig regimefeindliche Geschehnisse in der DDR zu planen und zu provozieren, um hernach über sie berichten zu können. »Der Versuch, die Bevölkerung sozialistischer Länder gegen Partei und Staat, gegen die sozialistischen Verhältnisse zu mobilisieren und zu aktivieren, ist integraler Bestandteil jeder konterrevolutionären Kampagne.« Und warum? Weil »oppositionelle Regungen und Bewegungen innerhalb der sozialistischen Länder für den imperialistischen Journalismus einen besonders hohen Nachrichtenwert haben«.

Einerseits – und nur dies sollten die Zitate belegen – sucht die SED das Vorhandensein von Opposition und Widerstand in der DDR überhaupt zu leugnen. Andererseits werden sie, soweit sich ihre Existenz nicht leugnen läßt, als »konterrevolutionär« diffamiert und auf äußere Einflüsse zurückgeführt.

Sie mag es zwar auch geben, obschon nicht in dem gemutmaßten Sinne stabsmäßig organisiert, aber sie als entscheidende Ursache zu sehen, ist absurd und mit den Lehren des historischen Materialismus übrigens gänzlich unvereinbar, denn im wesentlichen erwachsen Opposition und Widerstand in der DDR aus den politischen Zuständen und sozialökonomischen Verhältnissen im realen Sozialismus selbst.

Politische Gegnerschaft systembedingt

Die Frage nach der Kausalität von politischer Gegnerschaft im realen Sozialismus ist damit gestellt. Erstaunlicherweise wird die simple Tatsache, daß Opposition und Widerstand in der DDR-Bevölkerung im allgemeinen als Reaktion auf die ihr aufgezwungenen Veränderungen in Herrschaft und Gesellschaft eintreten, allzu häufig ignoriert. Dabei entspricht sie einer Erfahrung, die allen totalitär verfaßten Regimen eigentümlich ist. »Aktiv, aggressiv ist zunächst nur der Machthaber, gegen den der Widerstand sich schließlich richtet. Dieser Machthaber geht zuerst vor, greift an, ›verfolgt‹, bedroht, provoziert, zwingt andere, alle, in seinem Sinne zu handeln. Auch der Widerstand wird aggressiv, aber immer erst in Form einer Gegenbewegung. Ihr geht ein Stadium des Erleidens und Betroffenseins voraus. Die Geschichte jeder Widerstandsbewegung beginnt mit einer Leidensgeschichte. Dieser Zustand des Erleidens und Betroffenseins bleibt eine permanente Voraussetzung für den Willen zum Widerstand überhaupt.«[21] Das Verhältnis von Ursache und Wirkung, ihr innerer Zusammenhang ist eindeutig. Grundsätzlich ändert sich daran auch nichts, wenn in besonderen Situationen bestimmte Repressionen des Regimes erst durch Widerstand hervorgerufen sein sollten.

Unklarheiten über die ursächliche Bedingtheit von Opposition und Widerstand werden gewiß durch kommunistische Legendenbildung gefördert. Aus ideologischen Gründen leugnen die Kommunisten diese Kausalität. Eine Partei, die wie die SED beansprucht, ihre Politik im Einklang mit der historischen Notwendigkeit, mit vom menschlichen Willen unabhängig wirksamen, objektiv realen Entwicklungsgesetzen der Geschichte zu wissen, kann nicht zulassen, daß Opposition und Widerstand aus ihrer eigenen Politik oder aus der inneren Widersprüchlichkeit ihres Systems erklärbar sind. Eine vernünftige Einsicht in die wirklichen Zusammenhänge wird darum verdrängt durch das andauernde Bemühen, jede Opposition, jeden Widerstand einem äußeren Klassenfeind zuzuschreiben.

Auch in dieser Beziehung verfangen sich die Kommunisten in den Fußangeln ihrer Ideologie. Solange sie jede andere als ihre eigene Weltanschauung geistig und sittlich disqualifizieren, kann es antikommunistischen Widerstand aus demokratischer Überzeugung für sie nicht geben. Wer in der DDR dennoch opponiert, wer Widerstand leistet, gilt nach der Parteimoral wie nach dem Strafgesetz als »bezahlter Agent«, als »faschistischer Provokateur« oder »konterrevolutionäres Element«, dem lautere Beweggründe jedenfalls abgesprochen werden. Für die Kommunisten ist Antikommunismus bekanntlich »nicht bloß die ›Grundtorheit des 20. Jahrhunderts‹ (Thomas

Mann), sondern ein Verbrechen«.[22] Antikommunistische Haltung aus sittlicher Bindung schließen die Ideologen der SED folglich prinzipiell aus. »Das ist eine Unmöglichkeit, ein Widerspruch in sich. Denn die Gesellschaftsordnung des Sozialismus und Kommunismus verkörpert den moralischen Fortschritt, sie ist der Inbegriff des Humanismus und der sittlichen Werte der Menschheit, und ihr moralisches Ansehen wächst ständig. Es ist unmöglich, jemanden wirklich sittlich gegen den Kommunismus zu binden und zu verpflichten.«[23] Auf dieser Überzeugung beruht die prinzipielle Intoleranz der Kommunisten gegenüber politisch Andersdenkenden.

Im Zweifelsfalle sind, wo sich Opposition und Widerstand gegen die SED regen, seit jeher Intrigen »imperialistischer Geheimdienste« im Schwange. Als Jakob Kaiser 1947 seines Vorsitzes in der CDU beraubt wurde, schrieb die Zeitung der SMAD, die »Tägliche Rundschau«: »Der Geheimdienst des amerikanischen Monopolkapitals hat eine seiner schwersten Niederlagen erlitten. Die Verschwörung gegen den demokratischen Kurs der CDU wurde aufgedeckt und entlarvt.«[24] Drei Jahrzehnte später war man in Ost-Berlin nicht klüger geworden. Als sich Rudolf Bahro wegen seiner Kritik am real existierenden Sozialismus vor Gericht zu verantworten hatte, wurde er in der führenden Zeitung der SED »nachrichtendienstlicher Tätigkeit«[25] bezichtigt. Der Oppositionelle, der Systemkritiker soll mit dem Makel des (käuflichen) Agenten belegt werden. Originell ist die Methode nicht. Nationalsozialistische Richter verleumdeten antifaschistische Widerstandskämpfer ebenfalls grundsätzlich als »ehrlos«. In Urteilen des sogenannten Volksgerichtshofes findet sich stets die stereotype Formel, die Verurteilten hätten sich »für immer ehrlos« gemacht. Seinem Wesen nach bleibt sich totalitäres Denken immer gleich.

Wo sich die Legende von Agententätigkeit und Verrat bei bestem »bösen Willen« nicht durchhalten läßt, zieht sich die SED in ihrer Argumentation auf »rückständiges Denken«, auf »die Verhaltensweise irregeleiteter Menschen« zurück, um Opposition oder Widerstand in der DDR plausibel zu machen. In diesem Sinne unterschied die Führung der SED auch in ihrer Einschätzung des Aufstandes vom 17. Juni 1953 »zwischen den ehrlichen, um ihre Interessen besorgten Werktätigen, die zeitweise den Provokateuren Gehör schenkten – und den Provokateuren selber«.[26] Die Demagogie dieser Unterscheidung wird schon durch den Hinweis enthüllt, daß die sogenannten Provokateure – womit die SED Mitglieder der Streikkomitees, Führer von Demonstrationszügen und Sprecher der Aufständischen meinte – vielfach selbst nichts anderes waren als Arbeiter. Sonst hätten ihnen die »ehrlichen Arbeiter« gar kein Gehör geschenkt. Es bedarf schon der Überheblichkeit kommunistischer Kader und ihres Hochmuts gegenüber »einfachen« Arbeitern, um die unglaubliche Behauptung aufzustellen, Hunderttausende Arbeiter hätten sich an jenem 17. Juni von ein paar Dutzend Provokateuren irreleiten lassen.

Als in ihrer Primitivität unüberbietbar muß schließlich die Diffamierung des politisch Andersdenkenden als »geisteskrank« oder »psychisch gestört« angesehen werden. Auch sie ist der veröffentlichten Meinung der DDR nicht fremd. Als sich 1976 der evangelische Pfarrer Oskar Brüsewitz auf dem Marktplatz der thüringischen Industriestadt Zeitz zum Zeichen des Protestes in demonstrativer Selbstverbrennung aufgeopfert hatte, kommentierten Zeitungen in Ost-Berlin die Verzweiflungstat als »Selbstmord eines ›Pfarrers‹, der nicht alle fünf Sinne beisammen hatte und offenkundig von Wahnvorstellungen heimgesucht« wäre – wobei die Anführungszeichen vor der Amtsbezeichnung des Toten offenbar die besondere Mißachtung der sozialistischen Obrigkeit ausdrücken sollten.

Der Gedanke, daß politische Gegnerschaft im realen Sozialismus ähnlich dem antifaschistischen Widerstand geistigen Entscheidungen oder sittlichen Bindungen entspringt, einem religiösen Bekenntnis, dem Willen zur Freiheit, einer parlamentarisch-demokratischen Grundüberzeugung, dem Ringen um Bürger- und Menschenrechte, einer revolutionären Utopie, einem pazifistischen oder ökologischen Engagement, einem elementar menschlichen Protest – dieser Gedanke liegt kommunistischen Vorstellungen fern. An der Realität der DDR ändert sich deshalb allerdings nichts. Sie kennt Opposition und Widerstand bis auf den heutigen Tag.

Die historische Ausgangssituation

Die Meinungen darüber, ob die kommunistische Umwälzung in der heutigen DDR bereits in der frühen Nachkriegszeit eingeleitet wurde, gleichsam mit dem Tage der deutschen Kapitulation am 8. Mai 1945, sind geteilt. Die historische Erfahrung spricht allerdings für die Auffassung, daß die in der imperialen Zielsetzung des Sowjetkommunismus angelegte »sozialistische Revolution« bereits mit dem Zusammenbruch der nationalsozialistischen Diktatur eingeleitet wurde, wobei J. W. Stalin ein Minimal- und ein Maximalziel vor Augen gehabt haben mag: Sollte sich die Perspektive eines einheitlichen Deutschland unter der Herrschaft oder wenigstens der Kontrolle der KPD als irreal erweisen, so sah er die Alternative in der Errichtung eines kommunistischen Teilstaates auf deutschem Boden.

Seine Entschlossenheit, dem deutschen Volk das Sowjetsystem aufzuzwingen, hatte Stalin bereits in einem Gespräch mit Milovan Djilas bekundet, noch ehe der Zweite Weltkrieg beendet worden war: »Dieser Krieg ist nicht wie in der Vergangenheit«, hatte er bedeutet, »wer immer ein Gebiet besetzt, erlegt ihm auch sein eigenes gesellschaftliches System auf. Jeder führt sein eigenes System ein, so weit seine Armee vordringen kann.«[1] Der Lauf der deutschen Geschichte seit dem Ende des Dritten Reiches erlaubt kaum Zweifel daran, daß Stalins Deutschlandpolitik seit 1945 unter dieser Maxime stand. Hermann Weber attestiert Stalin, er habe damals gemeinsam mit den Alliierten den Nationalsozialismus vernichten sowie Deutschlands Militärmacht und Rüstungsindustrie zerschlagen wollen. »Darüber hinaus beabsichtigte die UdSSR, die durch den Krieg die schwersten Verluste erlitten hatte, nicht nur ihren eigenen Machtbereich zu erweitern und als Großmacht ihr internationales Gewicht zu verstärken, sondern sie beanspruchte auch möglichst umfangreiche Reparationen. Um das durchzusetzen, trat die Sowjetunion bei Kriegsende vorrangig für eine gesamtdeutsche Lösung ein, die ihr einen Zugriff auf das Ruhrgebiet erleichtern mußte. Zugleich wurden jedoch mit der ›antifaschistisch-demokratischen Umwälzung‹ in der eigenen Besatzungszone Strukturreformen durchgeführt, die Grundlage für ein kommunistisches Herrschafts- und Gesellschaftssystem sein konnten, sei es für eine ›gesamtdeutsche‹ Perspektive oder für eine ›kleine‹, auf die SBZ beschränkte Lösung.«[2]

Aus der Sicht von DDR-Historikern ist der 1945 einsetzende »einheitliche revolutionäre Prozeß« ohnehin unstrittig. Sie schrieben »der deutschen Arbeiterklasse« von Anfang an die historische Aufgabe zu, »das durch den Sieg der Sowjetunion entstandene günstige Kräfteverhältnis und die Krise des Imperialismus zu nutzen, um Imperialismus und Militarismus zu beseitige‑

und so den Boden für die Errichtung der politischen Macht der Arbeiterklasse und den Aufbau des Sozialismus zu bereiten«.[3]

»Revolution von oben« kraft Okkupationsgewalt

Projiziert man die sowjetische Besatzungspolitik in der Nachkriegszeit auf
Lenins Lehre von der Strategie und Taktik der proletarischen Revolution, so
lassen sich tatsächlich zwei Etappen ein und derselben »Revolution von
oben« erkennen, die sich in ideologischer Verschlüsselung so darstellt: »Die
volksdemokratische Revolution erfolgte auf dem Gebiete der Deutschen
Demokratischen Republik in zwei Etappen: der Etappe der antifaschistisch-
demokratischen Umwälzung, die die Jahre von 1945 bis 1949 umfaßte, und
der Etappe der sozialistischen Revolution. Dabei handelt es sich in der
DDR, ähnlich wie in anderen volksdemokratischen Ländern, um einen einheitlichen Prozeß, in dessen Verlauf die beiden Etappen der Revolution, die
demokratische und die sozialistische, in stärkerem Maße miteinander ver-
schmolzen und ineinander übergingen.«[4] Die politischen Voraussetzungen
dieses Umbruchs waren für die Kommunisten denkbar günstig: Der Zusammenbruch des nationalsozialistischen Regimes, seine totale militärische Niederlage und der Zerfall aller staatlichen Gewalt in Deutschland hatten auf
die Tagesordnung der deutschen Geschichte die Notwendigkeit gesetzt, die
politischen und gesellschaftlichen Verhältnisse zu entnazifizieren und zu de-
mokratisieren. Diese historische Notwendigkeit erklärt zugleich, daß und
warum sich Opposition und Widerstand in der sowjetischen Besatzungszone
Deutschlands damals zunächst keineswegs regten.
Wer mochte schon gegen die Entnazifizierung auftreten? Wer wollte nein sagen gegen die Demokratisierung des politischen Lebens? Tatsächlich verstand es die sowjetische Besatzungsmacht im Verein mit den deutschen
Kommunisten meisterhaft, ihre wahren politischen Absichten in Deutschland eine Zeitlang zu verschleiern. Die Maxime Walter Ulbrichts war unmißverständlich: »Es ist doch ganz klar: Es muß demokratisch aussehen,
aber wir müssen alles in der Hand haben.«[5]
Neben außenpolitischen Rücksichten dürfte auch die innenpolitische Überlegung mitbestimmend gewesen sein, durch das offene Eingeständnis revolutionärer Ziele vorhersehbaren sozialdemokratischen und bürgerlich-demokratischen Widerstand nicht vorzeitig herauszufordern. Zweifellos wurde auch die Beschwichtigung einer potentiellen Opposition bezweckt, als die
am 11. Juni 1945 in Berlin wiedergegründete Kommunistische Partei
Deutschlands in ihrem ersten Aufruf[6] versicherte, »daß der Weg, Deutschland das Sowjetsystem aufzuzwingen, falsch wäre, denn dieser Weg entspricht nicht den gegenwärtigen Entwicklungsbedingungen in Deutschland«. Der auf »gegenwärtig« liegende Akzent in dieser politisch geschick-
ten Formulierung ist damals in seiner vollen Bedeutung ebensowenig erfaßt
worden wie der hintergründige Sinn in jener Formulierung, in der sich die
KPD »für den Weg der Aufrichtung eines antifaschistischen, demokratischen Regimes, einer parlamentarisch-demokratischen Republik mit allen
demokratischen Rechten und Freiheiten für das Volk« aussprach. Der ein-

schränkende Passus, der Rechte und Freiheiten allein »für das Volk« vorsah, entsprach der Konzeption der Volksdemokratie.

Die Täuschung konnte um so eher gelingen, als die KPD in ihrem Aktionsprogramm über radikal antifaschistisch-demokratische Forderungen nicht hinausging. Nachdem innerhalb weniger Wochen die Sowjetische Militäradministration in Deutschland aufgebaut worden war, leitete sie in ihrer Besatzungszone im Sommer 1945 die Organisation einer provisorischen deutschen Selbstverwaltung ein. Nach der Einsetzung von Verwaltungen in Gemeinden und Kreisen durch die örtlichen Militärkommandanturen der Roten Armee waren Mitte Juli 1945 bereits Länder- und Provinzialverwaltungen mit dem Sitz in Dresden, Halle (Saale), Potsdam und Weimar, Mitte Oktober 1945 schon eine Reihe von Zentralverwaltungen auf Zonenebene mit Sitz in Ost-Berlin geschaffen worden. Die Beamtenschaft wurde von allen als belastet geltenden oder im Sinne der Kommunisten unzuverlässigen Personen »gesäubert«. Äußerlich schien das den Erfordernissen der Entnazifizierung Genüge zu tun, aber für die geplante Entwicklung sollte von größerer Bedeutung sein, daß bereits zu diesem Zeitpunkt alle Schlüsselfunktionen (in jedem Fall die Ressorts Innere Angelegenheiten und Polizei, Personalpolitik und Volksbildung) mit Kommunisten besetzt wurden – unbeschadet ihrer häufig mangelnden fachlichen Eignung. Die politische Struktur der Polizei im damaligen Land Sachsen beispielsweise wies am 31. Dezember 1945 bereits folgendes Bild auf: »8007 Angehörige waren Mitglieder der KPD, 4965 der SPD, 149 der LDP, 55 der CDU, 374 waren parteilos.«[7]

Die Kommunisten steuerten oder überwachten so schon 1945 die maßgeblichen Behörden, ein Faktum, dessen politisches Gewicht bei dem besonderen Abhängigkeits- und Vertrauensverhältnis der deutschen Kommunisten zur sowjetischen Besatzungsmacht keiner weiteren Erörterung bedarf. Es entsprach exakt der revolutionären Staatsdoktrin Lenins. Danach sollen die Kommunisten – um die Diktatur des Proletariats (sprich: der Partei) zu errichten – auch und in der Hauptsache »die alte Beamtenmaschinerie zerbrechen und sofort mit dem Aufbau einer neuen beginnen«.[8] Nach kommunistischen Angaben[9] wurden bis zum 1. Januar 1947 390 478 ehemalige nationalsozialistische Beamte und Angestellte aus allen wichtigen Behörden entlassen. Insgesamt wurden im Zuge der so verstandenen Entnazifizierung nicht weniger als 520 730 Personen aus Dienststellen und Einrichtungen aller Art entfernt. Die Säuberung betraf also einen zahlenmäßig derart großen Personenkreis, daß es sich bei den Betroffenen keineswegs nur um belastete Nationalsozialisten und Kriegsschuldige gehandelt haben kann, sondern schlechthin um die gesellschaftlich führende Schicht der Bevölkerung, die als bürgerliche Elite entmachtet und eliminiert werden sollte.

Daß sich Opposition und Widerstand gegen diesen Wandel zunächst kaum geregt haben, war politisch und psychologisch gewiß verständlich: Die große Mehrheit der mitteldeutschen Bevölkerung stand im Sommer 1945 politischen Dingen teilnahmslos gegenüber, eine Haltung, die sich vornehmlich aus der materiellen Not der frühen Nachkriegszeit erklärt. Das wirtschaftliche Chaos, das der Zusammenbruch hinterlassen hatte, löste zunächst nur einen alle Energien der Menschen beanspruchenden Kampf um die bloße Existenz aus, um Essen, Wohnung, Arbeit. Außerdem verbanden sich mit der neuen politischen Ordnung durchaus Hoffnungen auf eine bessere Zukunft. Solidarität mit ehemaligen nationalsozialistischen Führern und wirklichen Kriegsverbrechern hat niemand geübt. Zum anderen hatte der Schock des Zusammenbruchs bei den sogenannten kleinen Leuten eine apolitische Haltung hervorgerufen, eine Verweigerung aus der Einsicht, »man« könne ohnehin nichts ändern an seinem Schicksal. »Es gab bei den breiten Massen Ratlosigkeit«, hat Walter Ulbricht später einmal – auf die erste Nachkriegszeit bezogen – geschrieben. »Unser Vorteil bestand darin, daß wir gut vorbereitet waren.«[10] Dies traf den Kern.

Schließlich lähmte die Furcht vor dem sowjetischen Terror weithin ein allgemeines politisches Engagement. Schon während des Einrückens der Roten Armee in das sowjetische Okkupationsgebiet hatten die Organe des NKWD und des NKGB Massenfestnahmen durchgeführt. Eine weitere Verhaftungswelle folgte auf den SMAD-Befehl Nr. 42 vom 27. August 1945, demzufolge sich alle ehemaligen deutschen Offiziere, Mitglieder der NSDAP, der SS und der SA sowie Mitarbeiter der Gestapo bei den Militärkommandanturen registrieren lassen mußten. Meistens wurden sie dabei sofort festgenommen. Die Gefangenen wurden in mehreren »Speziallagern« – von denen Bautzen, Buchenwald und Sachsenhausen bis 1950 bestanden – »interniert«.[11]

Von diesen Verhaftungen waren allerdings schon 1945 nicht nur Aktivisten und Mitläufer der NSDAP und ihrer Gliederungen, sogenannte Militaristen und unter »Werwolf«-Verdacht stehende Jugendliche betroffen, sondern auch Beamte aller Art, Juristen, Lehrer, ferner Gutsbesitzer, Bankiers, Industrielle und andere »Kapitalisten« – und zwar unabhängig von ihrer politischen Einstellung, einfach auf Grund ihrer sozialen Herkunft, ihrer Klassenzugehörigkeit. Mit dieser präventiven Maßnahme, einer »politischen Prophylaxe« sozusagen, hatten die Sowjets dem Widerstand in der ersten Zeit ihrer Okkupation ausschlaggebende personelle Voraussetzungen genommen. Gleichzeitig auch hat die Besatzungsmacht damit bezweckt und erreicht, daß große Teile der Bevölkerung in ständiger Furcht vor Verhaftung und Verschleppung lebten und so wenig oder keine innere Bereitschaft zu Opposition und Widerstand zeigten.

Als Erklärung dafür reichen die genannte mangelnde Motivation und die lähmende Furcht vor dem Sowjetterror indes nicht aus. Zusätzlich wirkte sich ein anderes Moment aus: Die militärische Niederlage und der Zusammenbruch des Nationalsozialismus hatten auf große Teile der Bevölkerung desillusionierend gewirkt. Ein politischer Nimbus war zerfallen. In dem so entstandenen politischen Vakuum verhielt sich die Bevölkerung vielfach erwartungsvoll gegenüber einer historisch notwendigen Neuordnung der Verhältnisse. Dies macht auch verständlich, daß und warum weder die Furcht vor dem Terror der NKWD/NKGB-Organe noch der Schock durch Vergewaltigung unzähliger Frauen und Mädchen beim Einmarsch der Roten Armee in der Bevölkerung eine von vornherein ablehnende Einstellung gegenüber allen von der sowjetischen Besatzungsmacht administrativ eingeleiteten oder gesetzlich sanktionierten Maßnahmen zur Wiederherstellung oder Neuregelung des wirtschaftlichen und politischen Lebens erzeugten.

Im übrigen fand sich – neben beträchtlichen Teilen der Bevölkerung, die sich abwartend verhielten – eine bewußt demokratische, antifaschistisch gesinnte, obschon nicht kommunistische Minderheit zu einer ehrlichen und gutwilligen Zusammenarbeit mit der SMAD und den deutschen Kommunisten bereit. Es gab unter Demokraten zunächst auch Verständnis sogar dafür, daß durch vorparlamentarischen Zusammenschluß aller Parteien zum antifaschistisch-demokratischen Block dem Parteiengezänk entgegengewirkt werden sollte, das man aus der ersten deutschen Republik in unguter Erinnerung hatte. Opposition um ihrer selbst willen – dazu waren die Zeiten zu ernst.

Die sowjetische Besatzungsmacht hatte 1945 ohne Frage eine Chance, durch eine gemäßigte Politik das Vertrauen der Bevölkerung in ihrer Zone zu gewinnen. Solange sich die Entwicklung zur Volksdemokratie unter dem Schein der Errichtung einer antifaschistisch-demokratischen Ordnung vollzog, hätten Opposition und Widerstand ja auch als Verteidigung des Nationalsozialismus und seiner Verbrechen aufgefaßt werden können. Wer aber hätte 1945, zu einer Zeit, in der die Greuel des Hakenkreuz-Regimes der Bevölkerung erst in vollem Umfange bewußt wurden, für frühere Naziaktivisten und Kriegsverbrecher eintreten wollen?

Einen spezifisch nationalsozialistisch motivierten Widerstand gab es in der sowjetischen Besatzungszone Deutschlands zu keiner Zeit, wenn man einige vereinzelte, politisch sinnlose »Werwolf«-Aktionen außer Betracht läßt, für die sich übrigens kaum Belege erbringen lassen. Immerhin sind am 6. September 1945 drei von einem sowjetischen Militärtribunal zum Tode verurteilte Deutsche erschossen worden, weil sie Ende Mai und Anfang Juni 1945 Verbindungen zu einer »Terrorgruppe von ehemaligen deutschen Wehrmachtsangehörigen« unterhalten, sie mit Waffen und Lebensmitteln versorgt oder auf andere Weise aktiv unterstützt haben sollen.[12] Solche Vorkommnisse waren, falls die Beschuldigungen tatsächlich zutrafen, völlig untypisch.

Das Vehikel der Entnazifizierung

Die Konstellation begann sich allmählich zu ändern, als die sowjetische Besatzungsmacht frühzeitig radikale Eingriffe in die wirtschaftliche und soziale Struktur ihrer Okkupationszone vornahm. Aus taktischen Gründen hat sie sie selbstredend nicht als sozialistische Maßnahme charakterisiert, obschon sie das Terrain für die spätere sozialistische Umwälzung bereiten sollten. Als Vehikel diente die Entnazifizierung – die Stichworte hießen »demokratische Bodenreform« und »Industrie-Enteignung aller Nazi- und Kriegsverbrecher«. Denn »bei allem war für die Sowjets die Verfolgung und Bestrafung schuldiger Nationalsozialisten nicht Selbstzweck, sondern Vorwand und Werkzeug revolutionärer Verwandlung im kommunistischen Sinne«[13] – so Johann Baptist Gradl über den »Anfang unter dem Sowjetstern«.

Nach der Schließung aller privaten Banken und Versicherungen durch SMAD-Befehl Nr. 01 vom 23. Juli 1945, der faktisch einer Nationalisierung des gesamten Bank- und Versicherungswesen gleichkam, wurde vorerst die Durchführung der Bodenreform in der SBZ eingeleitet. Formell beschlossen die Präsidien der Landes- und Provinzialverwaltungen in der SBZ, die von der SMAD eigens dazu ermächtigt worden waren, die einschlägigen Verordnungen zur Landenteignung[14], die Initiative dazu schien von der KPD auszugehen. Indes ergibt sich aus der damaligen politischen Situation, daß eine so entscheidende Maßnahme wie die Bodenreform auf einer Weisung der sowjetischen Besatzungsmacht beruhen mußte. Dies ist auch zu belegen. Der Wortlaut der Verordnung war von Anton Ackermann, damals Sekretär des Zentralkomitees der KPD, und Wolfgang Leonhard, damals persönlicher Mitarbeiter von Walter Ulbricht, aus einem sowjetischen Entwurf ins Deutsche übertragen worden.[15]

Im einzelnen bestimmten die Verordnungen zur Bodenreform, daß aller Grundbesitz der »Kriegsverbrecher« und »Kriegsschuldigen« enteignet wurde, ferner auch solcher, »der den Naziführern und den aktiven Verfechtern der Nazipartei und ihrer Gliederungen sowie den führenden Personen des Hitlerstaates gehörte« – wobei die Kommunisten die ziemlich unklaren Definitionen des als belastet geltenden Personenkreises bewußt extensiv verstanden. Enteignet wurde außerdem »der gesamte feudaljunkerliche Boden und Großgrundbesitz über 100 Hektar mit allen Bauten, lebendem und totem Inventar und anderem landwirtschaftlichen Vermögen«. Die Enteignungen erfolgten entschädigungslos, obwohl das in den Verordnungen nicht ausdrücklich gesagt worden war. Enteignet wurde nicht nur der 100 Hektar übersteigende Großgrundbesitz, sondern uneingeschränkt der gesamte Grundbesitz, sofern er die Größe von 100 Hektar erreicht oder überschritten hatte. Die politische Vergangenheit der zu enteignenden Großgrundbesitzer blieb dabei unberücksichtigt. Es wurden auch Personen entschädigungslos enteignet, die nicht durch Parteinahme für den Nationalsozialismus belastet waren. Selbst Verfolgte des Nationalsozialismus verloren ihren Grundbesitz durch die Bodenreform.

In Zusammenarbeit mit den von ihr eingesetzten deutschen Behörden leitete die SMAD unter dem Vorwand der Entnazifizierung und Demokratisierung bereits im Herbst 1945 auch die ersten umfangreichen Enteignungen von Betrieben der Grundstoff- und Schlüsselindustrien ein. Die wichtigste gesetzliche Grundlage hierfür bildete der Befehl Nr. 124 vom 30. Oktober 1945 über die Beschlagnahme und provisorische Übernahme einiger Eigentumskategorien in Deutschland.[16] Den Enteignungen verfielen Vermögen aller Art des früheren Deutschen Reiches und der Wehrmacht, der »führenden Mitglieder und einflußreichen Anhänger« des Nationalsozialismus und einer nicht näher umschriebenen Gruppe von Personen, »die von dem Sowjetischen Militärkommando durch besondere Listen oder auf andere Weise bezeichnet« wurden. Formell wurde zunächst lediglich eine vorläufige Beschlagnahme (»Sequestrierung«) ausgesprochen. Tatsächlich wurde später nur ein verschwindend geringer Teil des beschlagnahmten Vermögens seinen Eigentümern zurückgegeben.

Alle wichtigen Werke des Kohlenbergbaus und des Hüttenwesens, der Großchemie, des Schwermaschinenbaus sowie der Energiewirtschaft, der elektrotechnischen und feinmechanisch-optischen Industrie wurden entschädigungslos enteignet. Mit Ausnahme von 213 Großbetrieben, die gemäß Befehl Nr. 167 der SMAD vom 5. Juni 1946 »als teilweise Befriedigung der Reparationsansprüche der UdSSR« zeitweilig in sowjetisches Eigentum übergeführt und bis Ende 1953 sowjetischen Aktiengesellschaften überlassen worden waren, wurden die unter Sequester gestellten Betriebe und sonstigen Vermögen der deutschen Verwaltung zur Verfügung überantwortet. Auf Grund eines am 30. Juni 1946 im Lande Sachsen durchgeführten, durchaus fragwürdigen Volksentscheids sowie auf Grund von Verordnungen der übrigen vier Länder der SBZ wurde das beschlagnahmte Vermögen nach Entscheidungen besonderer Sequesterkommissionen weitgehend eingezogen und in sogenanntes Volkseigentum überführt. Auf diese Weise waren bis Mitte 1948 bereits 3843 Industriebetriebe von insgesamt 39 919 in der heutigen DDR enteignet.[17] Zahlenmäßig machten diese Betriebe zwar nur ein Zehntel aller industriellen Unternehmen aus, aber es handelte sich überwiegend um Großbetriebe, in denen zusammen mit den SAG-Betrieben (die später ebenfalls in »Volkseigentum« übernommen wurden) über sechs Zehntel der industriellen Bruttoproduktion erzeugt wurden. 1949 entfielen bereits 39 Prozent der gesamten Industrieproduktion auf »volkseigene« Betriebe und weitere 22 Prozent auf Betriebe sowjetischer Aktiengesellschaften, während der privatwirtschaftliche Anteil an der Industrie zu diesem Zeitpunkt nur noch 39 Prozent der Bruttoproduktion ausmachte.[18]

In Auswirkung sowjetischer Befehle waren drei Jahre nach Kriegsende in der Industrie der SBZ die Grundlagen sozialistischer Produktionsverhältnisse im Sinne des Marxismus-Leninismus geschaffen worden. Durch SMAD-Befehl Nr. 64 vom 17. April 1948 wurden die Enteignungen »bestätigt« mit der ausdrücklichen Festlegung, »daß das Volkseigentum unantastbar ist«. Widerstand gegen die Sowjetisierung der mitteldeutsch-sächsischen Industrie bedeutete somit ein Vergehen, das nach sowjetischem Strafrecht geahndet werden konnte – und das durch sowjetische Militärtribunale auch geahndet worden ist.

Ein kommunistischer Historiker, der in dem Sequester-Befehl völlig zutreffend den »Ausdruck einer konsequent sozialistischen Besatzungspolitik« erblickte, frohlockte denn auch: »Jeder Widerstand der Reaktion gegen den Kampf um die ökonomische Entmachtung des deutschen Imperialismus und seiner Vertreter war nunmehr zugleich ein direkter Angriff gegen die sowjetische Besatzungsmacht.«[19] Indirekt ist damit eingeräumt, daß schon die Land- und Industrie-Enteignungen seinerzeit nicht konflikt- oder widerstandslos hatten durchgeführt werden können.

Opposition gegen die Bodenreform

Opposition gegen das willkürliche Vorgehen bei der Bodenreform leistete die Führung der CDU in Ost-Berlin. »Dem Sowjetischen Oberkommando blieb das Widerstreben der CDU-Zentrale nicht verborgen; man wurde unruhig. Am 13. September kam das Thema vor den zentralen ›Block‹ in Berlin. Es gab eine heftige Kontroverse. Eine unter großen Schwierigkeiten formulierte Entschließung bejahte zwar die ›Entmachtung des feudalen Großgrundbesitzes‹ durch eine ›demokratische Bodenreform‹. Doch war weder von einer totalen noch von einer entschädigungslosen Enteignung die Rede.«[20] Die kritische Haltung der CDU zur Bodenreform in der SBZ wurde von Andreas Hermes in den Wochen danach wiederholt bekräftigt und gleichzeitig präzisiert. »Es ist selbstverständlich«, hieß es zum Beispiel in einem Schreiben vom 18. Oktober 1945, »daß die CDU, die zwar mit den anderen antifaschistischen Parteien die Bodenreform grundsätzlich bejaht hat, sich niemals mit einer entschädigungslosen Enteignung des landwirtschaftlichen Besitzes einverstanden erklärt hat und auch niemals erklären wird, abgesehen von dem Besitz von Kriegsverbrechern und aktiven Nazis.«[21] Dieser Standpunkt der CDU wurde von Hermes in einer Rundfunkansprache am selben Tag noch einmal begründet mit einem Hinweis auf den rechtsstaatlichen Grundsatz der Achtung vor dem Privateigentum, mit dem sich nicht vereinbaren lasse, »daß auch solche Personen, die sich eines Vergehens gegen die Allgemeinheit nicht schuldig gemacht haben, ohne jede Entschädigung enteignet werden«.[22] Die Opposition der CDU-Führung richtete sich also nicht prinzipiell gegen die Bodenreform, sondern gegen ihre willkürliche und rechtsstaatswidrige Durchführung, wie sie den Auffassungen der KPD und großteils auch der SPD in der SBZ entsprach. Dennoch mußten die beiden Vorsitzenden der CDU, Andreas Hermes und Walther Schreiber, wegen ihrer Opposition auf direktes Eingreifen der Sowjetischen Militäradministration hin ihre Ämter niederlegen und aus dem Zentralausschuß der Union ausscheiden.

Das sowjetische Vorgehen selbst ließ ahnen, was künftig zu erwarten war. Kein Mittel war zu schäbig. Vergeblich hatten die Russen zum Beispiel versucht, Hermes durch eine mögliche vorzeitige Entlassung seines Sohnes Peter aus der Kriegsgefangenschaft zu ködern. »Tatsächlich war der Sohn Peter, wie sich später herausstellte, nach Deutschland gebracht, dann aber wieder zurückbeordert worden; er kam erst Jahre später aus der Gefangenschaft nach Hause.«[23] Für den 19. Dezember 1945 wurden die Landesvorstände der CDU nach Berlin-Karlshorst beordert. »Vor ihnen sollten Hermes und Schreiber am nächsten Tage ihren Rücktritt erklären. Oberst Tulpanow, der dies verlangte, berief sich auf CDU-Resolutionen auf dem Lande. Zum Teil verriet die Sprache der Texte den sowjetischen Verfasser. Im übrigen wußte man seit Wochen, wie solche Entschließungen unter Druck zustande kamen.«[24] Als die beiden gewählten Vorsitzenden einen freiwilligen Rücktritt verweigerten, wurden sie durch offiziellen Befehl des Sowjetobersten dazu gezwungen. »Wir verließen«, so Hermes und Schreiber später, »darauf die Sitzung, ohne eine Äußerung zu dem Befehl abzugeben.«[25] Mit ihrer Haltung hatte die SMAD erstmals ihre unmittelbare Einmischung in die politische Willensbildung einer deutschen demokratischen Partei offenbaren müssen.

Widerstand gegen Industrie-Enteignungen

Zu den Enteignungen in der Industrie nahmen die beiden demokratischen Parteien vorerst nicht Stellung. In diesem Bereich äußerte sich früher Widerstand vor allem in Versuchen der rechtmäßigen Eigentümer, Konstruktionspläne, Patente und andere wichtige Betriebsunterlagen vor dem Zugriff zu bewahren oder wertvolle Maschinen zu verlagern, Versuche, die von der sowjetischen Besatzungsmacht und später auch von den Gerichten der DDR als »Sabotage« geahndet wurden.

Die dabei entwickelten Formen des Widerstandes, der auf Verhinderung rechtswidriger Enteignungen hinauslief, hat das Oberste DDR-Gericht in einem späteren Urteil als Versuche umschrieben, »die Enteignung durch Einsprüche und Einwände zu verhindern oder doch hinauszuzögern. Dann versuchten sie (die ›Konzernherren‹), die eingeleiteten Enteignungsmaßnahmen durch Bildung neuer Kapitalgesellschaften, unter Beteiligung der öffentlichen Hand, zu durchkreuzen; die Gründung solcher Gesellschaften sollte dazu dienen, Vermögenswerte der Enteignung zu entziehen, die Vermögensmassen zusammenzuhalten und Personen vorzuschieben, die die Interessen der Konzernherren wahrten und, wo möglich, das betrieblich nicht genutzte Restvermögen des Konzerns unter der alten Firma weiterbestehen zu lassen. Schließlich aber wandten sie die dritte und letzte Methode der Durchkreuzung an, die auch bereits mit den ersten Methoden kombiniert wurde: die Schaffung von Konten und Firmen in Westdeutschland, um dorthin so viele reale Werte wie möglich zu verschieben . . .«[26]

In einer Reihe von Fällen kam es zu Konflikten, weil sich Belegschaften enteigneter Betriebe vor deren Eigentümer stellten. Nicht nur fanden die Sozialisierungsaktionen jener Jahre kaum Unterstützung bei den Arbeitern, gelegentlich lösten sie sogar deren Opposition aus. »Das Klassenbewußtsein der Arbeiterklasse mußte erst wieder geweckt werden. Die Masse der Arbeiterschaft war noch keineswegs bereit, für die Nationalisierung der Monopolbetriebe zu kämpfen.«[27] Was sich konkret hinter solcher Haltung verbarg, liest sich bei dem schon zitierten DDR-Historiker so: »In einigen wenigen Betrieben, wo der Einfluß der SED nicht stark genug war oder eine mangelhafte Parteiarbeit geleistet wurde, gelang es den ehemaligen Unternehmern bzw. ihren Beauftragten, mit Hilfe reformistischer Elemente die Belegschaft zu bewegen, für eine Rückgabe des Betriebes an den ehemaligen Besitzer einzutreten. So verfaßte z. B. der Betriebsrat der Firma Rudolf Lange in Brandenburg im Namen der 200 Belegschaftsmitglieder eine Eingabe an die Sequester-Kommission, in der die Behauptung aufgestellt wurde, daß der ehemalige Unternehmer demokratisch gesinnt sei und ihm deshalb der Betrieb zurückgegeben werden müsse«; ja, »es gab auch einige Fälle, wo sich die Belegschaften schützend vor ihren ›Chef‹ stellten, so z. B. in Sachsen-Anhalt und im graphischen Gewerbe in Leipzig«.[28] Was hier als »ungenügend entwickeltes Klassenbewußtsein« disqualifiziert werden sollte, war eher aus Empörung über Willkürmaßnahmen und Rechtsbruch zu erklären.

Wenn gerade Arbeiter offen gegen willkürliche Enteignungen opponiert hatten, so mußte dies um so mehr beeindrucken, als die Menschen damals andere Probleme bewegten als die Solidarität mit den von der Enteignung bedrohten Industriellen, die häufig geflüchtet waren, also ihr Eigentum aus Furcht vor den einrückenden sowjetischen Truppen bereits aufgegeben hatten. Die meisten Menschen waren 1945/46 mit anderen Sorgen belastet. Und noch einmal sei betont: Eine gewiß nicht unbeträchtliche, allmählich zunehmende Minderheit zeigte sich bereit zum politischen Engagement, zur Zusammenarbeit auch mit den Kommunisten und der Besatzungsmacht: Sozialdemokraten, bürgerliche Liberale und christliche Demokraten, frühere Zentrumspolitiker etwa, die ehrlichen Willens an die Chance eines »neuen Deutschland« glaubten, an die Errichtung einer parlamentarischen Demokratie. Opposition oder Widerstand waren in der gegebenen Situation von ihnen nicht zu erwarten, jedenfalls nicht so lange, wie sich die Veränderungen in der damaligen SBZ an den Notwendigkeiten der Entnazifizierung zu orientieren und in den Grenzen demokratischer Forderungen zu halten schienen.

Eine von zugleich antifaschistisch und antikommunistisch gesinnten Kräften getragene Opposition wurde erst in einem Entwicklungsstadium vorstellbar, in dem offenbar wurde, daß die Politik der sowjetischen Besatzungsmacht in ihrer Grundtendenz auf die Errichtung einer kommunistischen Diktatur hinzielte, auf eine Volksdemokratie als besondere Form der Diktatur des Proletariats, die letztlich allen Parteien rechts von der KPD bei Gefahr an Freiheit und Bestand die Möglichkeit zur Opposition nahm.

In den Anfängen war eine solche Entwicklung schon im Herbst 1945 zu erkennen gewesen. Die Haltung vieler Sozialdemokraten, christlicher und liberaler Politiker, die bis dahin loyal zur sowjetischen Besatzungsmacht gestanden hatten, begann sich zu ändern, Kritik und Widerspruch wurden laut – Widerspruch zunächst in des Wortes buchstäblichem Sinn: Noch glaubte man auch in der SBZ an das Recht, eine eigene Meinung äußern und zur Geltung bringen zu können, noch gaben sich namentlich Politiker, die bereits in der Zeit vor 1933 als sozialdemokratische oder bürgerliche Reichstagsabgeordnete hervorgetreten waren, der Hoffnung hin, auch in der sowjetischen Besatzungszone für die Zukunft der parlamentarischen Demokratie in einem geeinten Deutschland wirken zu können.

Kommunisten gegen Sozialdemokraten

Die Siegermächte der Anti-Hitler-Koalition waren noch nicht zur Potsdamer Konferenz zusammengetreten, da leitete die SMAD durch Befehl Nr. 2 vom 10. Juni 1945 in ihrer Besatzungszone bereits die Bildung und Tätigkeit antifaschistischer Parteien und den Zusammenschluß zu Gewerkschaften ein. Dem nur einen Tag später veröffentlichten Aufruf zur Wiederbegründung der Kommunistischen Partei Deutschlands folgte kurz danach die politische Wiedergeburt der Sozialdemokratischen Partei Deutschlands. Am 15. Juni 1945 trat ein vorläufig für Berlin und die sowjetische Besatzungszone zuständiger Zentralausschuß der SPD mit einem Aufruf an die Öffentlichkeit. Nach zwölf Jahren Verbot und Verfolgung existierten KPD und SPD wieder legal in Deutschland.

Wenn es nicht allzu lange dauern sollte, bis Sozialdemokraten erneut unterdrückt und verfolgt wurden, so beruhte dies auf Umständen, die in der damaligen Stunde Null niemand vorauszusagen gewagt hätte. Gleichwohl sahen sich Sozialdemokraten nicht einmal ein Jahr nach Wiedererstehen der SPD in Ost-Berlin und der SBZ abermals in Opposition und Widerstand gedrängt: nun gegen die deutschen Kommunisten und »ihre« kommunistische Besatzungsmacht.

Vorerst allerdings war es so weit noch nicht. In ihrem Gründungsaufruf solidarisierte sich die SPD sogar mit den im Aktionsprogramm der KPD aufgestellten Sofortforderungen. Gleichzeitig sprach sie sich für die »organisatorische Einheit der deutschen Arbeiterklasse«, für eine »einheitliche politische Kampforganisation«[1] aus. Was lag auch näher als ein solches Zusammengehen aller Sozialisten, um den »Bruderzwist« als politische Konsequenz aus zwölf Jahren gemeinsam erlittener Verfolgung von KPD und SPD unter dem Nationalsozialismus ein für allemal zu überwinden?

Erstaunlicherweise wandten sich führende Kommunisten zu diesem Zeitpunkt gegen eine einheitliche Arbeiterpartei. Unter Wahrung ihrer Eigenständigkeit hatte sich die KPD lediglich für eine Aktionseinheit mit der SPD entscheiden wollen, für eine »enge Zusammenarbeit bei der Durchführung der gemeinsam beschlossenen Aktionsaufgaben zur Liquidierung der Überreste des Nazismus und zum Wiederaufbau des Landes«.[2] Der Vorbehalt der Kommunisten, einer Fusion beider Arbeiterparteien müsse eine längere Zeit gemeinsamer politischer Zusammenarbeit und ideologischer Klärung vorausgehen, war offensichtlich von der Illusion bestimmt, die KPD werde sich in einer Zeit wirtschaftlicher Not und sozialen Elends zumindest in der sowjetischen Besatzungszone erfolgreicher entwickeln als die SPD. Erst als sich die KPD ihres Trugschlusses bewußt wurde, als sie die besseren Chancen der SPD auch in der SBZ erkennen mußte, revidierte sie ihre Haltung in der Frage einer einheitlichen Partei.

In der Tat gelang es den Sozialdemokraten ungeachtet mancher Benachteiligung durch die Sowjetische Militäradministration, innerhalb eines halben Jahres eine weitverzweigte Parteiorganisation aufzubauen. »In diesem Zeitraum konnten 13 Bezirksorganisationen gebildet werden, die zu Beginn des Jahres 1946 etwa 400 000 Mitglieder umfaßten.«[3] Anders die Kommunisten! Sie fanden sich nicht trotz, sondern wegen ihrer Förderung durch die sowjetische Okkupationsmacht in ihren Erfolgserwartungen getäuscht. Im öffentlichen Bewußtsein galt die KPD »als Organ der sowjetrussischen Besatzungsmacht«; sie wurde »darum auch für die Vorgänge, die sich seit der Besetzung durch die Rote Armee ereignet haben, verantwortlich gemacht«. Hinzu kamen mangelnder Rückhalt in der Bevölkerung und die Unfähigkeit der meisten ihrer Funktionäre auf mittlerer und unterer Ebene sowie die allgemeine Grundstimmung, die nach dem Zusammenbruch des Nationalsozialismus eine neue Diktatur ablehnte, auch wo sie sich als Diktatur des Proletariats darstellte. »Die Sorge, daß eine solche neue Diktatur sich entwickeln könne, war schon frühzeitig in der östlichen Besatzungszone wirksam.«[4] Ein Fazit Gustav Dahrendorfs.

Drängen zur Einheitspartei

Während die Sozialdemokraten die Vorteile ihrer Eigenständigkeit als Partei alsbald schätzenlernten, suchten die Kommunisten – zweifellos in Übereinstimmung mit der SMAD – ihr politisches Heil schon wenige Monate nach Gründung der Partei in der Fusion von KPD und SPD[5]. Erstmals sprach sich Walter Ulbricht in einer Rede vor Berliner KP-Funktionären am 12. Oktober 1945 für ein Zusammengehen aus. »Beide Parteien, Kommunistische Partei und Sozialdemokratische Partei, sind Parteien des werktätigen Volkes«, versicherte er nun und plädierte offen »für die Schaffung der einheitlichen Partei der deutschen Arbeiterklasse«.[6] Damit setzte er ein politisches Signal, das in den Reihen der SPD natürlich Widerspruch hervorrief, ohne daß sich Opposition schon zu formieren begann. Als Wilhelm Pieck in einer Rede am 9. November 1945 das Thema erneut aufgriff, forderte er, nun schon nachdrücklicher, »so bald wie möglich die völlige Vereinigung der Kommunisten und Sozialdemokraten zu einer einzigen Arbeiterpartei herbeizuführen«.[7] Der Druck der KPD verstärkte sich, nachdem bei ersten Nachkriegswahlen in Österreich und in Ungarn die Erfolge der Kommunisten weit hinter deren Erwartungen zurückgeblieben waren.

In dieser Situation tagte am 20./21. Dezember 1945 die 1. Sechziger-Konferenz in Ost-Berlin – so benannt, weil je 30 Vertreter der KPD und der SPD daran teilnahmen. Immerhin riskierten die östlichen Sozialdemokraten, obschon bereits starken Pressionen ausgesetzt, noch offene Opposition, indem sie sich einer separaten Fusion von KPD und SPD in lediglich einer Besatzungszone nachdrücklich verweigerten. »Was wird die Sowjetunion sagen, wenn die Einheit (der Parteien) in der Sowjetzone das praktische Ergebnis haben würde, daß die Einheit in Deutschland unmöglich werden würde?«[8]

In eindringlichen Worten erinnerten Sozialdemokraten daran, »daß es für die Einheit Deutschlands wesentlich ist, daß sich die Parteien über das ganze Gebiet des künftigen Landes und Reiches erst einmal organisieren, um in dieser gefährlichen Zeit zunächst überhaupt den Bestand des Staates zu retten«.[9]

Gleichzeitig traten führende Sozialdemokraten empört gegen die inzwischen von der KPD in Ost-Berlin und der SBZ eingeleitete Taktik einer »Vereinigung von unten« auf. »Spontan« nämlich hatten Parteiorganisationen in Städten, Kreisen und Gemeinden – vor allem Betriebsgruppen der KPD und der SPD in enteigneten Großbetrieben – damit begonnen, zu ihrer Vereinigung »an der Basis« überzugehen, um die SPD-Führung in Ost-Berlin in Zugzwang zu bringen. So war es nur allzu begründet, wenn Dahrendorf sich auf der 1. Sechziger-Konferenz gegen alle Versuche wandte, »zwischen Führung und Anhängern in der Sozialdemokratischen Partei einen Keil zu treiben«.[10] Genau darum ging es den Kommunisten.

Selbstbehauptung und Opposition der Ostberliner SPD-Spitze, verkörpert im Zentralausschuß, waren indes zögernd und verhalten. Zwar warnte Otto Grotewohl am 9. November 1945 davor, die Einheitspartei dürfe nicht »auch nur im geringsten das Ergebnis eines äußeren Druckes oder indirekten Zwanges sein«[11], ein prinzipielles Nein aber bedeutete seine Haltung schon nicht mehr, vielmehr begann er vor den massiver werdenden Pressionen Schritt um Schritt zurückzuweichen. Wo Sozialdemokraten gegen die Einheitskampagne opponierten, namentlich in Sachsen, Sachsen-Anhalt und Thüringen, wurden sie in politischen Intrigen, durch bewußte Täuschung, mit brutaler Gewalt und nicht zuletzt dank sowjetischer Schützenhilfe zermürbt und gebrochen. Als sich der Zentralausschuß der SPD am 15. Januar 1946 ein letztes Mal gegen einen übereilten Zusammenschluß aussprach, speziell gegen die Vereinigung in Bezirken, Provinzen und Ländern oder gesondert in einer Besatzungszone, da verbot die SMAD kurzerhand die Verbreitung dieser Entschließung in der SBZ.

Zu diesem Zeitpunkt hatten die Kommunisten die Kampagne bereits deutlich forciert. Die Zeitungen der KPD gingen dazu über, oppositionelle Sozialdemokraten anzuprangern, in Versammlungen wurde ein regelrechtes Kesseltreiben gegen »Vereinigungsfeinde« entfacht.

Politoffiziere der Roten Armee verschärften die politische Überwachung der SPD. Jede sozialdemokratische Versammlung wurde durch Offiziere demonstrativ überwacht. Ihre Anwesenheit genügte meist schon, um Oppositionelle mundtot zu machen. In verschiedenen SPD-Bezirken maßte sich die Sowjetische Militäradministration Entscheidungen in innerparteilichen Angelegenheiten an. »So mischte sie sich in Schwerin ein, als sich am 6. Januar 1946 die SPD-Mitgliedschaft von Rostock gegen die Verschmelzung mit der KPD ausgesprochen hatte, solange nicht Reichsparteien und die Urabstimmung unter der Mitgliedschaft möglich seien. Das sozialdemokratische Blatt in Schwerin erhielt die Auflage, einen Artikel gegen die eigene Partei in Rostock zu veröffentlichen.«[12] Widerstrebende Parteisekretäre wurden als »Saboteure der Einheit« abgelöst oder sogar verhaftet. »In einzelnen Fällen rief der sowjetische Ortskommandant die Vorsitzenden der beiden Parteien zu sich und erzwang durch Befehlsgewalt und mit beträchtlichen Wodka-Mengen ihre Zustimmung zur Vereinigung.«[13] Zudem intervenierten höhere Offiziere der SMAD bei Otto Grotewohl, Erich W. Gniffke, Max Fechner und anderen führenden Funktionären der SPD in der SBZ. Nachgerade konnte ein Umschwung nicht ausbleiben.

Vergebens hatte Kurt Schumacher, der führende Kopf der SPD in den westlichen Besatzungszonen, auf Grotewohl einzuwirken versucht, die Verschmelzung zu blockieren. Zum letzten Mal traf er ihn am 8. Februar 1946 in Braunschweig. Da die »Vereinigung von unten« in der sowjetischen Besatzungszone unaufhaltsam geworden war und der Zentralausschuß der SPD in Ost-Berlin jede Kontrolle verloren hatte, schlug Schumacher die demonstrative Selbstauflösung der SPD in der SBZ vor. Vergeblich. Drei Tage später nur beschloß der Zentralausschuß in Ost-Berlin sein Ja zur Einheit der Parteien. Und zwar sollte ein Parteitag auf Zonenebene einberufen werden, der nach vorausgegangenen Bezirks- und Landesparteitagen die Verschmelzung beschließen sollte. Die 2. Sechziger-Konferenz am 26. Februar 1946 beriet und verabschiedete bereits die Entwürfe zu Programm und Statut der »Sozialistischen Einheitspartei Deutschlands«. Die Würfel waren gefallen. Nach Vereinigungskongressen in den einzelnen Ländern der SBZ und in Ost-Berlin sprachen sich getrennte Parteitage der KPD und der SPD am 19./20. April 1946 für die Fusion im sowjetischen Besatzungsgebiet aus. Auf dem Vereinigungsparteitag am 21./22. April wurde sie Wirklichkeit.[14]

Zuvor sollten die Kommunisten allerdings noch eine politische Niederlage in West-Berlin hinnehmen müssen. Die dortigen zwölf Kreisorganisationen der SPD führten am 31. März 1946 eine Urabstimmung über die Vereinigung durch, bei der sich 82,21 Prozent der Mitglieder gegen eine sofortige Verschmelzung entschieden. Die Wahlbeteiligung betrug 72,99 Prozent. In Ost-Berlin wurde die Urabstimmung von der SMAD verboten.[15]

Der sozialdemokratische Widerstand

Ohne Frage wurde die so erzwungene Vereinigung beider Parteien nicht nur von einigen führenden Männern der mitteldeutschen Sozialdemokratie, sondern auch von einem beträchtlichen Teil der unteren Funktionäre und einfachen Mitglieder abgelehnt. Ihr Widerstand forderte schon in den ersten Monaten des Jahres 1946 erhebliche Opfer. »Man muß immer wieder daran erinnern«, erklärte Erich Ollenhauer am 15. April 1961 vor einem Kongreß ehemaliger politischer Häftlinge der SPD in Bad Godesberg, »daß nach ganz vorsichtigen Schätzungen in der Zeit von Dezember 1945 bis zum April 1946 mindestens 20 000 Sozialdemokraten gemaßregelt, für kürzere oder auch sehr lange Zeit inhaftiert, ja sogar getötet wurden.«[16] In dieser Zahl kommt der Widerstand zum Ausdruck, den die Fusion von KPD und SPD unter oppositionellen Sozialdemokraten in der SBZ weithin ausgelöst hatte.

Dennoch wäre es historisch wahrheitswidrig, die Vereinigung ausschließlich auf politische Nötigung und Zwang oder auf Polizeiterror zurückzuführen. Neben überzeugten Gegnern der Fusion gab es auch Sozialdemokraten, die zwar die drohende Gefahr einer kommunistischen Vorherrschaft in der Einheitspartei voraussahen, die aber auf Grund der Zahlenverhältnisse in der Mitgliederschaft auf den ausgleichenden Einfluß der früheren SPD-Mitglieder vertrauen wollten. Immerhin kamen in der SED bei ihrer Gründung mehr als die Hälfte aller Mitglieder aus der SPD. Zudem ließen sich viele Sozialdemokraten durch die paritätische Besetzung aller haupt- und ehrenamtlichen Parteifunktionen mit je einem Kommunisten und einem Sozialdemokraten mit formell gleichen Rechten täuschen.

Nicht wenige Bedenken gegen eine Vereinigung waren im übrigen durch einen äußerst raffinierten Schachzug der KPD ausgeräumt worden: Anton Ackermann hatte im Februar 1946 die These von einem demokratischen, also nicht revolutionären Weg zum Sozialismus in Deutschland verkündet und kam so damaligen sozialdemokratischen Vorstellungen weit entgegen. Die nachher vom Vereinigungsparteitag beschlossenen Grundsätze und Ziele bekräftigten diese These noch einmal: »Die Sozialistische Einheitspartei Deutschlands erstrebt den demokratischen Weg zum Sozialismus.«[17] Es leuchtet ein, daß Versicherungen dieser Art in ihrer Haltung schwankende Sozialdemokraten umstimmen konnten, wie sie diejenigen, die überhaupt für die Vereinigung eingetreten waren, in ihrer Überzeugung bestärken mußten.

Ihr Ziel hatten die Kommunisten im Frühjahr 1946 jedenfalls erreicht. Den für Herbst 1946 anberaumten Kommunal- und Landtagswahlen glaubten sie nun ohne sonderliches Unbehagen entgegensehen zu können. Nur ein Jahr später hielten sie die taktischen Zugeständnisse, mit denen sie die Sozialdemokraten vor der Vereinigung hatten beschwichtigen oder täuschen wollen, nicht länger für erforderlich. In kaum verschlüsselter Formulierung ließ der II. Parteitag der SED, der sich vom 20. bis 24. September 1947 in Ost-Berlin versammelte, in einer Entschließung zur politischen Lage bereits deutlich revolutionär-klassenkämpferische Tendenzen und die Orientierung zur Volksdemokratie erkennen. Die »Arbeiterklasse« wurde zum »entscheidenden Träger der neuen demokratischen Ordnung« und die Partei zur »führenden Kraft« bei der »wirtschaftlichen, politischen und kulturellen Erneuerung unseres Volkes«[18] berufen. Erstmalig sprachen die Kommunisten davon, die SED zu einer »Partei neuen Typus« umzubilden.

Diese Umwandlung bedeutete vor allem die Eliminierung jeglichen sozialdemokratischen Einflusses auf Ideologie und Politik der SED. Im Sommer 1948 lagen die Karten offen auf dem Tisch. Vor dem Parteivorstand der SED erklärte Otto Grotewohl, inzwischen ein zuverlässig linientreuer Renegat, am 29. Juni 1948: »Es steht jetzt die Frage, ob wir eine Massenpartei oder eine Kaderpartei sind.«[19] Die Fragestellung war eindeutig. In kurz aufeinanderfolgenden Beschlüssen des Parteivorstands und des Zentralsekretariats solidarisierte sich die SED, obwohl sie nicht Mitglied des Kominform war, mit dem von Stalin betriebenen Ausschluß der Kommunistischen Partei Jugoslawiens aus dem Kominform, womit sie sich uneingeschränkt als Satellitenpartei der KPdSU auswies. Wo sich frühere Sozialdemokraten dem Wandel der SED zu einer »Partei neuen Typus« widersetzten, drohten die Kommunisten nunmehr offen, »den Kampf gegen alle Feinde der Arbeiterklasse, insbesondere gegen die Schumacher-Agenten, mit rücksichtsloser Schärfe zu führen«.[20] Schließlich widerrief die SED ihre »falschen ›Theorien‹ über einen ›besonderen deutschen Weg‹ zum Sozialismus«[21] und dekretierte das genaue Gegenteil: »Unser Weg zum Sozialismus ist ein revolutionärer Weg.«[22]

Die forcierte Umbildung der SED zu einer stalinistischen Kaderpartei bedingte nahezu zwangsläufig die wachsende Entfaltung sozialdemokratischer Widerstandskräfte, deren Aktivität in den ersten Jahren nach der Vereinigung auch organisierte Formen annahm. Aus politischen Kontakten unter den in die Illegalität gedrängten oppositionellen Sozialdemokraten bildeten sich konspirativ tätige Gruppen, die dem Prozeß der Stalinisierung der SED und darüber hinaus der Sowjetisierung Mitteldeutschlands entgegenzuwirken versuchten. Getragen wurde dieser Widerstand von traditionellen Bindungen an die alte Partei und von tief verwurzelten, wenn auch manchmal verschwommenen Vorstellungen eines »demokratischen Sozialismus«, die als unvereinbar mit dem »revolutionären Sozialismus« der SED empfunden wurden. Die Formen dieses Widerstands umspannten informative und agitatorisch-propagandistische Aktivitäten, die Nichtbefolgung von Befehlen der SMAD und die Obstruktion gegenüber kommunistischen Funktionären und deren willkürlichen Weisungen.

Eine solche Reaktion früherer SPD-Mitglieder auf die radikalen Veränderungen innerhalb der SED konnte nicht ausbleiben. Jene Sozialdemokraten, die sich immer schon gegen die Fusion mit den Kommunisten gestemmt hatten, weil sie sich nicht in der Umarmung erdrosseln lassen wollten, fanden ihre schlimmsten Befürchtungen übertroffen. Andere, die zwischen Hoffen und Zagen 1946 den Kommunisten gutwillig eine loyale Haltung unterstellt hatten, sahen sich schmählich hintergangen. In beiden Fällen lautete die Alternative: Resignation oder Widerstand. Wo der Entschluß zum Widerstand ausblieb, zogen sich die enttäuschten Sozialdemokraten aus der Politik zurück in »unpolitische« Reservate der kommunalen Verwaltung, der Sozialversicherung oder der Konsumgenossenschaften, in denen sie wenigstens in kleinem Maßstab ihrer politischen Überzeugung gemäß wirken konnten oder dies zumindest glaubten.

Natürlich verblieb vielen mitteldeutschen Sozialdemokraten auch die Flucht nach Westen als Ausweg aus ihrem Dilemma. Unter ihnen war Erich W. Gniffke, der ursprünglich für die Einheitspartei eingetreten war und als Mitglied des Parteivorstands sowie des Zentralsekretariats der SED zeitweilig zu ihren einflußreichen Politikern gezählt hatte. Gemeinsam mit Max Fechner und weiteren vier prominenten ehemaligen Sozialdemokraten traf er sich Ende Mai 1948 in Fichtenau, einem östlichen Vorort von Berlin, um intern darüber zu diskutieren, ob eine weitere Zusammenarbeit mit den Kommunisten überhaupt noch möglich war; Grotewohl hatte seine Teilnahme verweigert. Im Ergebnis einer mehrstündigen Diskussion kam der »oppositionelle Zirkel« zu dem Schluß, daß »die SED, trotz ihres Massencharakters, keine sozialdemokratische Partei« sei. »Richtungskämpfe in freier Meinungsäußerung können auf keiner Parteiebene, am wenigsten auf dem Parteitag, ausgetragen werden.« Das Fazit ihrer Diskussion bestand in der Einschätzung, »daß zwar das Experiment der organisatorischen Vereinigung von SPD und KPD zur SED zwangsweise gemacht werden mußte, daß es aber als gescheitert anzusehen ist«.[23]

Bereits einen Tag nach der Zusammenkunft hatten sich Fechner und Gniffke in getrennten Unterredungen in Karlshorst vor Oberst S. I. Tulpanow zu rechtfertigen. Vermutlich war er von Grotewohl informiert worden. Gniffke gegenüber sprach der Chef der Politabteilung in der SMAD offen von »Fraktionsarbeit« im Zentralsekretariat, »und zwar im Widerstand gegen alles, was der Genosse Ulbricht vorbringt«, bis er die mehrstündige Unterredung mit der Drohung beendet: »Ein zweites solches Gespräch findet nicht statt. Merken Sie sich: Ich bin Bolschewik, ich bin ein Revolutionär.«[24] Das war unmißverständlich. Während die übrigen Beteiligten resignierten beziehungsweise sich arrangierten, flüchtete Gniffke am 29. Oktober 1948 in den Westen. Die einzige bekanntgewordene Opposition ehemals führender Sozialdemokraten innerhalb der Führung der SED war gescheitert, noch ehe sie über ihre Anfänge hinausgelangt war.

Zum Zeitpunkt dieses Versuchs hatte der innerparteiliche Widerstand ehemaliger Sozialdemokraten »an der Basis« seinen Höhepunkt erreicht – was mit dem Beginn der Umschmelzung der SED zu einer stalinistischen »Partei neuen Typus« zusammenhing. Dieser Vorgang mußte den Widerstand ehemaliger Sozialdemokraten um so mehr herausfordern, als die SPD in den drei Westzonen unter Kurt Schumacher nach wie vor konsequent in ihrer politischen Gegnerschaft gegenüber den Kommunisten blieb. Umgekehrt nahm die innerparteiliche Auseinandersetzung an Schärfe zu. Resolutionen wie die folgende des SED-Landesvorstandes Sachsen vom 6. Juli 1948 waren bald nicht mehr selten. »In der Partei, in Verwaltung und Wirtschaft gibt es feindliche Elemente, die getarnt und offen die Politik der Schumacher-Partei und der westlichen Reaktion vertreten und propagieren, die Verwirrung in unsere Reihen tragen und bewußte Zersetzungsarbeit leisten. Diese Agenturen müssen aufgedeckt und bloßgestellt, ihre Träger aus der Partei ausgestoßen werden. Jeder Genosse muß höchste Wachsamkeit üben und die Partei vor solchen Elementen schützen.«[25]

Die Rolle des SPD-Ostbüros

Eine wichtige Voraussetzung sozialdemokratischer Opposition und sozialdemokratischen Widerstands innerhalb der SED war deren politische und materielle Unterstützung durch die SPD in West-Berlin und den damaligen drei Westzonen. Die SPD hatte bereits im April 1946 beim Parteivorstand eine als »Ostbüro«[26] bezeichnete Abteilung eingerichtet, die ihren Sitz zunächst in Hannover, später in Bonn nahm und eine Zweigstelle in West-Berlin unterhielt.

Das Ostbüro verdankte seine Entstehung der Initiative Kurt Schumachers. Seine Aufgabe bestand vornehmlich darin, die Verbindung zu den in der SBZ und später in der DDR »illegal« fortbestehenden sozialdemokratischen Zirkeln aufrechtzuerhalten und die Bindungen zwischen den Sozialdemokraten hüben und drüben durch Kontakte, durch die Entsendung zuverlässiger Kuriere, durch Einschleusung sozialdemokratischer Flugblätter, Schriften und Zeitungen zu festigen. Außerdem sammelte und erfaßte das Ostbüro, das von 1947 bis 1966 von Stephan G. Thomas geleitet wurde, einem engen Mitarbeiter Kurt Schumachers und gestandenen Sozialdemokraten, Informationen aller Art aus dem Herrschaftsbereich der SED, was ihm den Vorwurf der »Spionage« eintrug. Nicht selten sorgte das Ostbüro für Enthüllungen in westlichen Medien. Seine Auflösung 1966 haben auch Sozialdemokraten für eine politische Fehlentscheidung gehalten – unabhängig von der Frage, ob sich manche Formen der politischen Auseinandersetzung mittlerweile überlebt hatten.

Damit aber ist der Chronik zeitlich weit vorgegriffen. Ursprünglich suchten die Kommunisten Opposition und Widerstand ehemaliger Sozialdemokraten einfach zu leugnen, wie sie es immer getan haben und tun, bis Leugnen politisch zwecklos wird. Wilhelm Pieck bestritt im Herbst 1947 sogar die Verhaftung ehemaliger Sozialdemokraten: »Es ist auf unsere Nachfrage bei der Sowjetischen Militärverwaltung versichert worden, daß niemand wegen seiner sozialdemokratischen Gesinnung verhaftet worden ist«[27] – eine an Zynismus unüberbietbare Formulierung. Als die Kommunisten begriffen, welch starken Rückhalt der Widerstand früherer SPD-Mitglieder innerhalb der SED und in der mitteldeutschen Arbeiterschaft fand, gingen sie zu politischer Diffamierung, zu sozialer Ächtung und zu justiziellem Terror über. Oppositionelle Sozialdemokraten wurden nun als »Agenten« des Ostbüros oder, zu Lebzeiten Kurt Schumachers – er starb 1952 –, als »Schumacher-Agenten« verfolgt, wobei es in den späten vierziger Jahren hauptsächlich die sowjetischen Sicherheitsorgane und die Militärtribunale der Roten Armee waren, die den Kampf gegen oppositionelle Sozialdemokraten führten. »Mit Hilfe der entsprechenden Organe haben die Behörden im März 1948 in Thüringen in den Städten Weimar, Erfurt und Jena ein Netz von illegalen Schumacher-Gruppen aufgedeckt, die in der sowjetischen Besatzungszone Deutschlands eine Spionagetätigkeit sowie eine weitere verbrecherische Tätigkeit ausübten«, hieß es in einem sowjetamtlichen Bericht. »Einzelne aktive Teilnehmer der illegalen Gruppen besuchten den Parteivorstand der SPD in Hannover sowie den Berliner Landesvorstand der SPD, wo sie sich mit den Leitern der Schumacherschen Partei und des ›Ostsekretariats‹ trafen, von denen sie Weisungen für die Durchführung der Spionagetätigkeit und weiterer zersetzender Arbeit in der sowjetischen Besatzungszone erhielten.«[28] Solche im Laufe der Zeit häufiger kolportierten Enthüllungen, die dem sozialdemokratischen Widerstand eher zu politischer Publizität verhalfen, als ihn zu diskreditieren, lassen auf beträchtliche Aktivitäten oppositioneller Gruppen schließen. Sie markieren auch den Zeitpunkt, von dem an der sich formierende Widerstand ehemaliger Sozialdemokraten stärker unterdrückt werden sollte. Auch innerparteilich wurden Konsequenzen gezogen: Durch Beschluß des Parteivorstands vom 16. September 1948 wurden in der SED Parteikontrollkommissionen nach dem Beispiel der KPdSU geschaffen. Nicht zuletzt sollten sie »den Kampf gegen die Tätigkeit feindlicher Agenten, insbesondere gegen Beauftragte des hannoverschen ›Ostbüros‹ in der Partei führen«.[29] Es hatte seine Gründe, wenn dies ausdrücklich hervorgehoben wurde.

Hauptsächlich in den Jahren 1948–50 sind schätzungsweise zweihunderttausend frühere Sozialdemokraten aus der SED entfernt, durch die Parteikontrollkommissionen gemaßregelt, vielfach zur Flucht genötigt und nicht selten in Haft genommen worden. Wie einem am 31. März 1971 an das Zentralkomitee der SED gerichteten Schreiben des Kurt-Schumacher-Kreises, eines Freundeskreises ehemaliger politischer Häftlinge aus den Reihen der Sozialdemokratie, zu entnehmen ist, waren es »mehr als fünftausend Mitglieder und Funktionäre« der SPD, die »lange Jahre in menschenunwürdiger Haft ihrer Freiheit« beraubt wurden. »Über vierhundert von ihnen sind dabei in den Zuchthäusern der sowjetisch besetzten Zone und in den Zwangsarbeitslagern der Sowjetunion umgekommen.«[30] Unter ihnen waren »einfache Genossen« und führende Funktionäre, häufig genug hatten sie ihre sozialdemokratische Standhaftigkeit unter dem nationalsozialistischen Regime bewiesen, viele von ihnen hatten dafür in den Konzentrationslagern und Zuchthäusern des Dritten Reiches leiden müssen. Namen sind verbürgt und belegbar.

Da ist Arno Wend zu nennen.[31] Mitglied der SPD seit 1925, wegen illegaler Parteiarbeit unter dem Nationalsozialismus mehrmals in Haft gewesen, 1945 Landessekretär der Sozialdemokratischen Partei in Dresden, wurde er nach dem Zusammenschluß von KPD und SPD Mitglied des Landessekretariats Sachsen der SED und Leiter der personalpolitischen Abteilung. Am 7. Juli 1948 überraschend in Haft genommen, wurde Arno Wend nach fast zwei Jahren (!) Untersuchungshaft am 20. Juli 1950 von dem sowjetischen Militärtribunal in Berlin-Lichtenberg zu 25 Jahren Zwangsarbeit verurteilt. Vier weitere oppositionelle Sozialdemokraten, die zu seiner Gruppe gehörten, erhielten dieselbe Strafe. Nach Verschleppung in die Sowjetunion kehrte Arno Wend am 11. Dezember 1955 in die Freiheit zurück.

Da ist ferner Max Fank zu nennen.[32] Sozialdemokrat aus Überzeugung, hatte er, Mitglied der SPD seit 1921, seine Genossen in Stralsund auch während der Hakenkreuz-Diktatur zusammengehalten. 1945 war er beim Aufbau der SPD in Pommern sowie bei der Wiederherstellung der Stadtverwaltung in Stralsund führend tätig. Nach der Vereinigung von KPD und SPD Vorsitzender des Kreisvorstands in Stralsund sowie Mitglied des Parteivorstands der SED, seit 1946 Abgeordneter des mecklenburgischen Landtages, wurde Max Fank am 9. März 1949 festgenommen und ein Jahr später von einem sowjetischen Militärtribunal in Schwerin wegen »Spionage« zu 25 Jahren Zwangsarbeit verurteilt. Die politischen Hintergründe hat Karl Mewis, langjähriger Bezirksparteichef in Rostock, später aufgehellt, als er den Verurteilten als »Feind der Arbeiterklasse« angriff. »Max Fank trat in seinen Reden für die Einheit der beiden Parteien ein«, warf er ihm noch im Jahre 1961 vor. »Er wollte aber eine Einheit auf der Grundlage seiner opportunistischen Anschauung. Aus diesem Grunde hat er vom ersten Tag an stets gegen den Kommunismus und gegen die Arbeiterpolitik gekämpft.«[33] Dafür mußte er in den Zuchthäusern Bautzen, Waldheim und Torgau bis zu seiner Entlassung am 24. Januar 1954 büßen.

Zu einer illegalen Gruppe hatten sich oppositionelle Sozialdemokraten auch im Fall Fritz Drescher[34] und Genossen zusammengeschlossen. 14 von ihnen wurden am 17. Juni 1949 wegen »Gruppenbildung«, »Spionage« und »antisowjetischer Propaganda« durch das sowjetische Militärtribunal in Halle zu Zwangsarbeit in der Regel von 25 Jahren verurteilt. Der Hauptangeklagte Fritz Drescher, zuletzt Ministerialdirektor in der Landesregierung Sachsen-

Anhalt, war als überzeugter Sozialdemokrat während der nationalsozialistischen Zeit fünf Jahre in politischer Haft.

Drei Beispiele, die um viele zu ergänzen wären bis hin zu Fällen von Sippenhaft, wie sie der Fall Kreutzer belegt.[35] Paul Kreutzer, zuletzt Kreisvorsitzender der SPD in Saalfeld, und sein Sohn Hermann Kreutzer, ehemals Mitglied des Saalfelder Kreisvorstandes der SED, wurden am 4. April 1949 gemeinsam mit dessen Ehefrau Dorothee und drei weiteren Genossen festgenommen und am 31. August 1949 vor ein sowjetisches Militärtribunal in Weimar gestellt. Es erkannte auf die »übliche Norm« von Zwangsarbeit bis zu 25 Jahren. Erst im Sommer 1956 kehrte die Familie in die Freiheit zurück.

In allen diesen Fällen hatte sich die Widerstandstätigkeit auf politische Zusammenkünfte und illegale Kontakte zum Ostbüro der SPD beschränkt. Um so schäbiger war es, daß ausgerechnet Otto Grotewohl sich dazu hergab, die innerparteiliche SPD-Opposition zu denunzieren und die Verfolgung ehemaliger Sozialdemokraten ausdrücklich zu rechtfertigen. »Wir dürfen die Tätigkeit der Agenten dieses Ostbüros der Sozialdemokratischen Partei weder unterschätzen noch falsche und gefährliche Weichherzigkeit unterstützen«, warnte er in seinem Referat auf der 1. Parteikonferenz der SED (25.–28. Januar 1949), in dem er die Notwendigkeit einer »Partei neuen Typus« ausführlich zu begründen hatte. Laut Grotewohl sollte die SPD »ein ausgedehntes Netz von Agenten über die ganze sowjetische Besatzungszone« aufgebaut haben. »Eine besondere Aufgabe sieht dieses Agentennetz in der systematischen Verbreitung von Lügen und provozierenden Falschmeldungen. Der Zweck dieser Propagandatätigkeit liegt auf der Hand: Es kommt diesen Gesellen in erster Linie darauf an, die Bevölkerung zu beunruhigen und Mißtrauen und Unzufriedenheit zu verbreiten.«[36]

Auf die »Zersetzungsarbeit« näher eingehend, beklagte Grotewohl »Gegensätze zwischen ehemaligen Sozialdemokraten und Kommunisten« in der SED: »Vorgänge, wie beispielsweise in Dresden, wo diese Agenten innerhalb unserer Partei eine illegale Gruppe bildeten und die Führer dieser Gruppe mit dem Berliner Ostbüro der Sozialdemokratischen Partei in ständiger Verbindung standen, zeigen uns, daß die Wachsamkeit der Mitglieder nicht genügend geschärft ist. Auch in anderen Orten gab es Schumacher-Agenten, die regelmäßig zusammenkamen, sowjetfeindliche Literatur verbreiteten und Spionagenachrichten zur Weiterleitung an ihre Hauptagentur sammelten.«[37] Bis hin zum Sprachgebrauch der stalinistischen Geheimpolizei war Grotewohls Vokabular verkommen.

Unter den politischen Gefangenen in mitteldeutschen Zuchthäusern und in Zwangsarbeitslagern der Sowjetunion stellten ehemalige Sozialdemokraten um 1948–50 die stärkste Gruppe der vor ihrer Verurteilung in demokratischen Parteien politisch Organisierten. Befragt nach den Gründen für die Verhaftung ehemaliger Sozialdemokraten, erwiderte ein sowjetischer Offizier am 17. Juni 1947 in Ost-Berlin: »Wir wissen, wie sich Konterrevolutionäre tarnen. Heute würde kein Nazi das Hakenkreuz zeigen, sondern sich am besten als Sozialdemokrat ausgeben.«[38]

Das Stigma des »Sozialdemokratismus«

Die Beschlüsse des III. Parteitages der SED, der vom 20. bis 24. Juli 1950 abgehalten wurde, signalisierten den endgültigen Umbruch der Sozialistischen Einheitspartei zur »Partei neuen Typus«. Vor allem verwarf ein neues Parteistatut »unzeitgemäß« demokratische Grundsätze des Parteiaufbaus und wies die SED als spezifisch stalinistische Kaderpartei mit allen entsprechenden Attributen aus. In den Führungsgremien der Partei verfügten die Kommunisten fortan über die Mehrheit. Das Prinzip der Parität war nun auch formell ad acta gelegt.

Mit der weitgehenden Ausschaltung ehemaliger SPD-Mitglieder im Funktionärsbestand der SED war die Basis des sozialdemokratischen Widerstands in der Parteimitgliedschaft noch keineswegs zerstört. Ganz im Gegenteil sahen sich die Kommunisten gezwungen, ihren Kampf gegen oppositionelle Sozialdemokraten zu intensivieren. 1950 tauchte im Jargon der Funktionäre der Kampfbegriff des »Sozialdemokratismus« auf, mit dem, einem Stigma gleich, bedacht wurde, was auch nur andeutungsweise demokratisch-sozialistische Auffassungen verriet und daher revolutionär-kommunistischen Konzeptionen der SED widersprach.

Die Kommunisten gingen zu einer umfassenden Offensive über. »Der Kampf gegen die Überreste des Sozialdemokratismus in der SED«, hieß es in der Entschließung des III. Parteitages, sei schlechthin »Bedingung für die marxistisch-leninistische Erziehung der Partei«.[39] Der sozialdemokratische Widerstand in der SED (oder mit den Worten Wilhelm Piecks: die »feindliche Tätigkeit der illegalen Schumacher-Agenten innerhalb unserer Partei«) war wiederholt Gegenstand aggressiver Agitation, was nur anzeigte, wie gereizt die Kommunisten auf die Opposition aus sozialdemokratischem Geist reagierten. »Der Fall Gniffke, der heute einer der aktiven Organisatoren der Spionage und Diversion gegen die Deutsche Demokratische Republik ist, der Prozeß gegen den englischen Diversanten Brundert, die Entlarvung der illegalen Schumacher-Agenten in Magdeburg, die Verhaftung des Schumacher-Agenten Szillat in Rathenow sowie die Aussagen eines der Organisatoren der illegalen Schumacher-Agentur in der Deutschen Demokratischen Republik, Kühne, sind überzeugende Beweise für die feindliche Tätigkeit der Schumacher-Agenten in unseren Reihen.«[40] So Wilhelm Pieck im Plenum des III. Parteitages.

Wofür hatten die von ihm benannten Tatbestände nun wirklich überzeugende Beweise geliefert? Der Fall Gniffke wurde bereits erörtert. Mit dem Prozeß gegen »den englischen Diversanten Brundert« meinte Pieck den ersten politischen Schauprozeß des Obersten Gerichts der DDR, der unter Vorsitz von Hilde Benjamin vom 24. bis 29. April 1950 gegen acht Angeklagte im Dessauer Landestheater stattfand.[41] Hauptangeklagte waren in diesem Prozeß der frühere Ministerialdirektor im Ministerium für Wirtschaft und Verkehr in der Landesregierung Sachsen-Anhalt, Prof. Dr. Willi Brundert (SPD), sowie der ehemalige Minister für Arbeit und Sozialfürsorge der Hallenser Landesregierung und Landesvorsitzende der CDU in Sachsen-Anhalt, Dr. Leo Herwegen, die zu je 15 Jahren Zuchthaus verurteilt wurden. Formell waren sie beschuldigt worden, »illegal« Wertpapiertransaktionen zugunsten der 1945 in der SBZ enteigneten Deutschen Continental-Gas-Gesellschaft durchgeführt und versucht zu haben, die Enteignung überhaupt zu »hintertreiben«. Tatsächlich sollte mit Willi Brundert der Sozialdemokratismus getroffen werden, während mit Leo Herwegen die bürgerliche Opposition, die damals noch gegen die Durchführung von Einheitswahlen ankämpfte, vor Gericht stand.

Mit den von Pieck beschworenen »illegalen Schumacher-Agenten in Magdeburg« beschäftigte sich Werner Bruschke, damals Mitglied des Sekretariats der SED-Landesleitung Halle und Ministerpräsident von Sachsen-Anhalt, 1950 auf dem III. Parteitag: »In Magdeburg gab es bestimmte Punkte des Gegners, gab es Schumacher-Politik innerhalb der Partei. Sie war vorhanden in einigen Betrieben. Sie war anzutreffen in der Stadtverwaltung. Sie erstreckte sich bis in das Kreissekretariat.«[42] Selbst vier Jahre nach der Zwangsvereinigung hatten demnach frühere Mitglieder der SPD in verschiedenen Knotenpunkten des politischen und gesellschaftlichen Lebens noch getreu ihrer Überzeugung zu handeln versucht.

In der Verhaftung des »Schumacher-Agenten« Szillat enthüllt sich ebenfalls das fast typische Schicksal eines mitteldeutschen Sozialdemokraten.[43] Geboren 1888, seit 1910 Mitglied der SPD, vor 1933 jahrelang Mitglied des Preußischen Landtags und nach 1933 zeitweilig in nationalsozialistischer KZ-Haft, war Paul Szillat 1946 für die Vereinigung von KPD und SPD eingetreten. Seit 1947 gehörte er dem Parteivorstand der SED an. Auf Grund seiner aufrechten Haltung während der nationalsozialistischen Diktatur war er 1945 Oberbürgermeister von Rathenow geworden, am 21. Juni 1950 jedoch wegen »Sabotage« und »sozialdemokratischer Umtriebe« in Haft genommen worden. Das Landgericht Potsdam verurteilte ihn am 13. November 1951 zu acht Jahren Zuchthaus. Mit ihm standen sein Sohn und fünf weitere Gesinnungsgenossen vor Gericht. Nachdem Szillat 1956 amnestiert worden war, starb er am 17. Januar 1958 an den gesundheitlichen Schäden, die er in der Haft erlitten hatte.

Hinter dem von Pieck erwähnten Fall Kühne verbarg sich ein politischer Menschenraub. Heinz Kühne, ehemals Sekretär des Ostbüros der SPD, war im Winter 1948/49 von Mitarbeitern der Ostberliner Polizeisektion K 5 aus West-Berlin entführt und an die Untersuchungsorgane des MWD/MGB ausgeliefert worden. Unter dem Druck sowjetischer Vernehmungsmethoden nannte Kühne eine Reihe von Namen mitteldeutscher Sozialdemokraten, so daß die Sowjets im Frühjahr 1949 zahlreiche ehemalige Mitglieder der SPD in der SBZ festnehmen konnten. Ihre Verurteilung wurde schon dargelegt.

Die Säuberung der SED von Sozialdemokraten

Die Polemiken gegen die oppositionelle Sozialdemokratie (und andere parteiinterne Oppositionsgruppen) vor dem Forum des III. Parteitages der SED waren das Vorspiel zu einer politischen Überprüfung des gesamten Mitgliederbestandes der Partei mittels eines Umtausches der Parteimitgliedsbücher, die das Zentralkomitee am 27. Oktober 1950 beschloß.[44] Vor mehr als 6000 Prüfungskommissionen wurden im ersten Halbjahr 1951 sämtliche Mitglieder und Kandidaten der SED inquisitorischen Verhören über ihre politisch-ideologische Zuverlässigkeit unterzogen. Wer sich dabei zu sozialdemokratischen Ideen bekannte oder auch nur diesen Verdacht erregte, wurde gemaßregelt oder als Parteifeind ausgestoßen. Dennoch geschah es immer wieder, daß Sozialdemokraten offen an ihrer Überzeugung festhielten. Schon im Sommer 1950 kritisierte Walter Ulbricht vor der Landesdelegiertenkonferenz der SED in Sachsen-Anhalt: »In einigen Orten haben Genossen gesagt: ›Ich bin Sozialdemokrat und werde Sozialdemokrat bleiben.‹ Das ist in der Regel ein Irrtum . . . Was heißt denn heute Sozialdemokrat sein? Was heißt Sozialdemokratismus? Wenn mich danach jemand fragt, so erwidere ich ihm: Sehen Sie sich an, was der Agent Brundert hier in Sachsen-Anhalt gemacht hat. Das ist Sozialdemokratismus.«[45]

Zu offenen Bekenntnissen zur SPD kam es auch während der Überprüfung der SED-Mitglieder. »Unsere Partei steht fest auf dem Boden des Marxismus-Leninismus«, las man im Thüringer Parteiorgan »Das Volk« am 20. März 1951. »Der Genosse Fritz Zelt, Bürgermeister von Meschenbach, will das offenbar nicht erkennen. Denn er sagt: ›Ich war SPD und bleibe SPD. Aus mir wird niemand einen Kommunisten machen; dann soll man mich aus der Partei herausschmeißen.‹ Auch der Genosse August Geyer aus Rauenstein haut in die gleiche Kerbe: ›Niemand hat mir bei der Vereinigung gesagt, daß wir eine kommunistische Partei sein sollen!‹ . . .« Im Zuge der Parteisäuberung wurden über 150 000 Parteiausschlüsse verfügt. In der übergroßen Mehrheit betrafen sie frühere Sozialdemokraten.[46]

Trotzdem war für die SED die Gefahr sozialdemokratischer Opposition nicht gebannt. Selbst nach Abschluß der Parteisäuberung witterte Hermann Matern, als Chef der Zentralen Parteikontrollkommission gewiß kompetent, »Überreste des Sozialdemokratismus nach wie vor in allen Kreisen«.[47]

Sozialdemokratische Einflüsse bestimmten wesentlich auch die Streiks und Demonstrationen in Ost-Berlin und der DDR am 17. Juni 1953 sowie zahlreiche Solidaritäts- und Protestaktionen davor und danach. Aus welchem Grunde sonst forderte »Neues Deutschland«, die führende Zeitung der SED, vier Wochen nach dem 17. Juni in einem Leitartikel erneut dazu auf, »gegen die Schumacher-Leute, die sich vor Jahren in die Illegalität verkrochen und an diesem ›Tag X‹ an der Seite der Faschisten und imperialistischen Agenten wiederauftauchten«, vorzugehen. »Diese Herrschaften zu entlarven, sie von den Arbeitern zu isolieren und die überwältigende Mehrheit der Arbeiter für uns zu gewinnen – das ist gegenwärtig die wichtigste politische Aufgabe.«[48] Welch ein Eingeständnis!

Im Frühjahr 1954, im politischen Vorfeld des IV. Parteitages der SED, beschworen führende Funktionäre erneut und auffällig laut die Gefahr des Sozialdemokratismus, wodurch auch innerparteiliche Auseinandersetzungen offenbar wurden. »Es gibt noch starke Erscheinungen des Sozialdemokratismus und in einigen Kreisen und Betrieben einen großen Einfluß des Sozialdemokratismus auf Teile der Arbeiter. So hat er in Leuna, Merseburg, Dessau, Halle, Weißenfels, Bernburg und Köthen noch verhältnismäßig starke Positionen«, wurde zum Beispiel in einem Rechenschaftsbericht der Bezirksleitung Halle der SED festgehalten.

»Es ist klar, solange sich Agenten des Ostbüros auf Teile der Arbeiter in den

Betrieben stützen können, solange Teile der Arbeiter noch in den Agenten des Ostbüros auch Vertreter der Arbeiterbewegung, nur eines anderen Teiles der Arbeiterbewegung sehen, so lange . . . werden sie nicht genügend mithelfen, diese Banditen aufzuspüren und unschädlich zu machen.«[49] Hermann Matern räumte im Frühjahr 1954 auf dem IV. Parteitag der SED ein, daß sich sozialdemokratische Gruppen in Betrieben der DDR gebildet hätten, so in Bitterfeld: »Es gab in den Betrieben EKB (Elektrochemisches Kombinat Bitterfeld), Filmfabrik und Farben-Wolfen vielfältige Erscheinungen des Sozialdemokratismus. In der Grundorganisation Abteilung Rechnungswesen im EKB gab es eine Wolfen-Gruppe des Ostbüros der SPD. Fast alle Genossen der Grundorganisation marschierten am 17. Juni 1953 mit den Provokateuren.«[50]

Für die Kommunisten war es unfaßbar, daß die SPD in der DDR acht Jahre nach ihrer Fusion mit der KPD mit Arbeitern in den Betrieben verbunden war. Acht Jahre danach mußte sich die SED verschiedentlich sogar mit Forderungen nach Wiederzulassung der SPD in der DDR befassen. In »heftigen Diskussionen« in den volkseigenen Torpedo-Werken in Bernau »kam man auf sogenannte ›freie Wahlen‹ und im Zusammenhang damit auf eine Neuzulassung der SPD für das Gebiet der DDR zu sprechen«, klagte ein Funktionär. »Das, Kollegen, ist eine feindliche Forderung, die sich gegen die Interessen der Arbeiterklasse in der DDR, ja gegen die Interessen der Arbeiterklasse ganz Deutschlands richtet.«[51] Ähnlich beantwortete der damalige Magdeburger Bezirksparteichef die Forderung, »man solle doch die SPD zulassen«, mit dem Argument: »Das ist ein direkter Angriff auf die Einheit unserer Partei und eine konterrevolutionäre Forderung, weil die rechten Sozialdemokraten . . . die ärgsten Feinde der Arbeiterklasse und die treuesten Verfechter des Imperialismus sind.«[52] In Görlitz war während der Demonstrationen am 17. Juni 1953 die Wiederbegründung einer legalen SPD-Organisation bereits proklamiert worden.[53] Auch während des politischen Tauwetters 1956/57 wurde verschiedentlich »die Neugründung der Sozialdemokratischen Partei Deutschlands in der DDR«[54] als programmatische Forderung vertreten.

Gewiß hat die politische Entwicklung der sechziger und siebziger Jahre dazu geführt, daß der Sozialdemokratismus als innerparteiliche Opposition im Vergleich zu anderen Erscheinungsformen politischer Häresie in den Hintergrund gerückt ist. Die hermetische Abgrenzung Ost-Berlins und der DDR gegenüber West-Berlin seit dem 13. August 1961 hat die Möglichkeiten zu Kontakten über die Grenzen hinweg erheblich eingeengt. Die Auflösung der bis zum 23. August 1961 formell in Ost-Berlin noch bestehenden acht Kreisorganisationen der SPD, ein Relikt des Vier-Mächte-Status, sowie später die Auflösung des Ostbüros beim Parteivorstand der SPD wirkten sich zusätzlich negativ aus. Andererseits belebte sich sozialdemokratisches Bewußtsein in der mitteldeutschen Arbeiterschaft unter dem Eindruck des 1969 vollzogenen Machtwechsels in Bonn. SPD-geführte Koalitionsregierungen am Rhein besaßen auch östlich der Elbe politische Attraktivität.

Seit den Tagen Kurt Schumachers hatte es offiziell einen Dialog zwischen SPD und SED nicht mehr gegeben. Um so überraschter reagierte die Öffentlichkeit, als ein offener Brief[55] der SED vom 7. Februar 1966 ein Gespräch zwischen SPD und SED anbot, in dem jedem Genossen die Grundfrage gestellt wurde: »Bist du für Verhandlungen und für die Verständigung der Regierungen der beiden deutschen Staaten mit dem Ziel der Entspannung und der Schaffung der Voraussetzungen für ihre Zusammenarbeit und schrittweise Vereinigung?« Nicht ungeschickt lockte die Führung der SED mit der Vorstellung, »die beiden größten Parteien Deutschlands könnten gemeinsam den entscheidenden Beitrag zur Lösung der Deutschlandfrage leisten, wenn sie wenigstens ein Mindestmaß an Annäherung und Übereinstimmung in den Fragen des Friedens und in der Zusammenarbeit bei der Überwindung der Spaltung fänden«.

In einem Brief vom 25. März 1966 schlug die Führung der SED sodann gemeinsame Versammlungen in Karl-Marx-Stadt, dem früheren Chemnitz, und in Essen vor. Schließlich einigten sich SPD- und SED-Unterhändler in Berlin nach einem weiteren Briefwechsel tatsächlich auf gemeinsame Kundgebungen, die am 14. Juli 1966 in Karl-Marx-Stadt und eine Woche später, am 21. Juli, in Hannover stattfinden sollten. Als Redner benannte die SPD Willy Brandt, Fritz Erler und Herbert Wehner.

»Sozialdemokratismus« als Trauma

Zu dem Redneraustausch ist es nie gekommen: Unter fadenscheinigen juristischen Vorwänden sagte ihn die SED auf einer internationalen Pressekonferenz am 29. Juni 1966 in Ost-Berlin ab. Allein die Reaktionen der DDR-Bevölkerung auf die Ankündigung, daß führende deutsche Sozialdemokraten in Karl-Marx-Stadt reden sollten, Herbert Wehner zumal, der selbst aus Sachsen stammte, hatten schon genügt, das alte Trauma des Sozialdemokratismus in Ost-Berlin erneut bewußtzumachen.

Wie begründet politische Bedenken aus der Sicht der SED waren, erwies sich am 19. März 1970 in Erfurt, als Willy Brandt unmittelbar vor seinem Zusammentreffen mit dem DDR-Ministerratsvorsitzenden Willi Stoph ergreifende Beifalls- und Freundschaftsbekundungen einer vieltausendköpfigen Menschenmenge auf dem Bahnhofsvorplatz, unmittelbar vor dem Hotel »Erfurter Hof«, entgegennehmen konnte. Sie galten nicht nur dem Bundeskanzler, der zum ersten Mal in die DDR gekommen war, sondern auch dem prominenten Sozialdemokraten.

Die SED hat ihren Kampf gegen den Sozialdemokratismus, genauer gesagt gegen sozialdemokratische Einflüsse innerhalb der Partei und in der mitteldeutschen Arbeiterschaft, niemals aufgegeben. Gelegentlich mag sie ihn, taktisch bedingt, verschleiert haben – etwa als Kampf gegen den Reformismus –, aber wo immer es geboten schien, sorgte man in Ost-Berlin für Klarheit. »In außenpolitischer Hinsicht zeigt sich der Sozialdemokratismus als gefährlich geschmeidig. Antikommunistisch und antisowjetisch ausgerichtet, zielt seine Politik letztlich darauf ab, den real existierenden Sozialismus von innen heraus ideologisch aufzuweichen und schließlich zu vernichten. Seine demagogische Losung vom sogenannten ›demokratischen Sozialismus‹ und das Verbreiten nationalistischen Gedankenguts haben nur den einen Sinn, die Einheit der sozialistischen Staatengemeinschaft zu zerbrechen.«[56] Als dies zu Papier gebracht wurde, regierte in Bonn ein sozialdemokratischer Kanzler.

Es gibt ein noch überzeugungskräftigeres Indiz. Genau einen Tag, bevor der Sozialdemokrat Egon Bahr und der Kommunist Michael Kohl in Bonn den deutsch-deutschen Grundlagenvertrag paraphierten, faßte das Politbüro der SED am 7. November 1972 einen Beschluß zur forcierten Abgrenzung, der unter anderem die strikte Weisung enthielt, den Sozialdemokratismus »wie andere imperialistische Doktrinen« in der SED zu bekämpfen. »Die Einheit und Reinheit des Marxismus-Leninismus ist gegen alle Angriffe konsequent zu verteidigen.«[57] Demnach muß es solche Angriffe gegeben haben.

Eine Erläuterung des Politbürobeschlusses lieferte zehn Tage später, auf einer Konferenz des Zentralkomitees der SED am 16./17. November 1972, Werner Lamberz, als Mitglied des Politbüros und Sekretär des ZK für Agitation damals einer der einflußreichsten Männer der SED, ein enger Vertrauter Honeckers. In einem wortreichen Referat führte Lamberz, der bald darauf bei einem Hubschrauberabsturz ums Leben kam, zum Stichwort »Sozialdemokratismus« aus, »daß er eine besondere Mischung bürgerlicher Theorien und Konzepte bildet, eine Mischung, die in spezifischer Weise darauf angelegt ist, die Arbeiterklasse in den kapitalistischen Ländern zu täuschen und sie an das kapitalistische System zu binden sowie in die sozialistischen Länder ideologisch einzudringen. Wir finden im gegenwärtigen Sozialdemokratismus alle wesentlichen Elemente der zeitgenössischen bürgerlichen Ideologie: Antikommunismus, Opportunismus, Nationalismus . . . Die grundsätzliche Einschätzung Lenins über die Sozialdemokratie und ihre rechten Führer ist nach wie vor gültig.«[58] Das Gespenst des Sozialdemokratismus – es geht immer noch um in der SED . . .

CDU und LDP im Ringen um parlamentarische Demokratie

Die Chronik der DDR ist nicht frei von dialektischer Ironie. So läßt sich die konsequent auf Errichtung einer Diktatur des Proletariats orientierte Strategie und Taktik der SED am Schicksal der beiden bürgerlichen Blockparteien nahezu vom Tage ihrer Gründung an demonstrieren, obschon gerade Entstehung und Existenz bürgerlicher Parteien einer Diktatur des Proletariats zuwiderlaufen. Laut marxistisch-leninistischer Ideologie gebührt das Privileg der Macht unter den Bedingungen einer Diktatur des Proletariats allein der jeweils herrschenden kommunistischen Partei, die sich auf Grund ihrer »historischen Mission« dazu berufen glaubt, »die Hauptrichtung der gesamten Tätigkeit des Staates festzulegen und seine Politik zu bestimmen«.[1] Allein »die Partei verwirklicht die Diktatur des Proletariats«.[2] Die SED hat diesen monopolistischen Anspruch in der DDR nicht nur seit den frühen fünfziger Jahren erhoben und durchgesetzt, er ist seit 1954 in ihrem Parteistatut auch formell niedergelegt.

Wenn die SED in ihrem Staat dennoch bis heute vier andere Parteien neben sich toleriert, so ist dies ein Widerspruch, der sich in der Eigentümlichkeit dieser Parteien »aufhebt«: Durch ihren Zusammenschluß im Demokratischen Block und in der Nationalen Front von der SED gesteuert und kontrolliert, erfüllt sich der Daseinszweck der bürgerlichen Blockparteien in der DDR spätestens seit 1952 in einer ausschließlich politisch-erzieherischen Funktion im Inneren, die nach außen durch eine politisch-propagandistische Funktion ergänzt wird. Das »sozialistische Mehr-Parteien-System« gehört in der DDR zu dem Instrumentarium, mit dem die SED ihre Herrschaft verwirklicht.

Die beiden bürgerlichen Parteien, die 1945 in der SBZ entstanden, haben sich der Hegemonie der Kommunisten jahrelang zu widersetzen versucht. Ihre Herabwürdigung zu Satelliten-Parteien der SED setzte die weitgehende Zerstörung ihrer geistigen, politischen und sozialen Fundamente voraus. Allerdings zeugte es für ihre innere Kraft, wenn die Kommunisten trotz der unverhohlenen Unterstützung durch die sowjetische Besatzungsmacht immerhin Jahre dazu brauchten.

Der Weg, den CDU und LDP als nichtsozialistische Parteien in der SBZ bis zur Gründung der DDR zurücklegten, kam so einem zähen Ringen um politische Selbstbehauptung gleich. In ihm vereinten sich Opposition und Widerstand gegen die Aushöhlung und Knebelung aller demokratischen Rechte und bürgerlichen Freiheiten mit dem Kampf um die Wahrung der nationalen Einheit Deutschlands.

Bürgerliche Parteien im Aufwind

Anders als die beiden Arbeiterparteien mit ihrer jahrzehntelangen Geschichte, ihren politischen Traditionen und organisatorischen Erfahrungen konnten die beiden bürgerlichen Parteien, die sich 1945 in Berlin und der sowjetischen Besatzungszone als Christlich-Demokratische Union Deutschlands[3] und als Liberal-Demokratische Partei Deutschlands[4] der Öffentlichkeit vorstellten, nicht einfach da wieder anknüpfen, wo 1933 die Fäden zerrissen waren. Wie christliche Politiker verschiedener Richtungen durch die Gründung einer »Union« künftig der Gefahr konfessioneller Gegensätze untereinander entgegenwirken wollten, so konnte es für jene Liberalen, die sich in der LDP zusammenfanden, nicht ohne weiteres ein Zurück geben zu den liberalen Parteien der Weimarer Republik. Es galt, zeitgemäße demokratische Konzeptionen zu entwerfen. Gerade das Grundmotiv aller Bemühungen der »Bürgerlichen« aber, ihre entschlossene Bereitschaft, in der sowjetischen Besatzungszone loyal am Aufbau einer parlamentarischen Demokratie mitzuwirken, mußte sie frühzeitig in Gegensatz zu den deutschen Kommunisten und ihren sowjetischen Schutzherren bringen.

Der organisatorische Aufbau der CDU und der LDP verlief in der ersten Nachkriegszeit widerspruchsvoll und nicht immer ohne gegenseitige Konkurrenz. Die Parteiverbände in den einzelnen mitteldeutschen Ländern neigten nicht selten zu politischer Eigenwilligkeit, zumal einige ursprünglich spontan, unabhängig von den Vorständen in Berlin, gegründet worden waren. Dazu kam die unberechenbare Haltung der Sowjetischen Militäradministration. Namentlich in kleineren Städten, in Kreisen und Gemeinden legten es die Kommandanten der Roten Armee in engem Zusammengehen mit den deutschen Kommunisten darauf an, den Aufbau und die Entfaltung der bürgerlichen Parteien zu behindern. Die Lizenzierung neugegründeter Ortsgruppen der CDU und der LDP verzögerte sich mitunter monatelang und lähmte dementsprechend ihre politische Aktivität. Auch wurden die beiden Parteien ähnlich wie die SPD, solange sie noch existieren durfte, bei der Papierkontingentierung für Zeitungen und andere Druckschriften sowie bei der Zuteilung von Benzin benachteiligt. Die zentralen Zeitungen der CDU und der LDP – »Neue Zeit« und »Der Morgen« – mußten sich vom ersten Tage ihres Erscheinens an mit einer unzureichenden Auflage und mit geringem Umfang begnügen. Die fünf beziehungsweise vier regionalen Zeitungen der CDU und der LDP in den Ländern und Provinzen durften im Gegensatz zu den täglich erscheinenden Blättern der SED lange Zeit nur zwei- bis dreimal wöchentlich herauskommen. Da sie die wirksamsten Mittel darstellten, die demokratische Opposition gegen den kommunistischen Machtanspruch publik zu machen, und da in der Tat bis hinein in das Jahr 1949 aus ihren Spalten der Geist der Opposition und der Wille zur Selbstbehauptung sprachen, vermochten sie niemals auch nur annähernd der verständlicherweise großen Nachfrage in der Bevölkerung zu genügen.

Die in sich widersprüchliche Politik der sowjetischen Besatzungsmacht, die bürgerlichen Parteien einerseits zu dulden und andererseits zu hemmen, dürfte hauptsächlich darin begründet gewesen sein, daß eine mögliche Opposition nichtkommunistischer Kräfte gegen die Entwicklung zur Volks-

48

demokratie gleichsam ausgelotet werden sollte, um sie zu lähmen. Diese Auffassung wird durch die bereits am 14. Juli 1945 in Berlin vereinbarte Bildung eines zentralen »Blocks der antifaschistisch-demokratischen Parteien«[5] aus den damals lizenzierten vier Parteien (KPD, SPD, LDP, CDU) gestützt. Im »Antifa-Block« – dessen Konstituierung durch Zusammenschluß zu Ausschüssen in allen Ländern und Provinzen, Kreisen, Städten und Gemeinden der SBZ nachvollzogen wurde – mußten sämtliche Beschlüsse einstimmig gefaßt werden; deshalb konnten die bürgerlichen Parteien der Bevölkerung niemals offen eine eigene Alternative zur Entscheidung stellen, sondern die politischen Bestrebungen der KPD/SED bestenfalls verzögern oder mäßigen. Dabei besaßen die Blockausschüsse »formal weder legislative noch administrative Befugnisse; sie waren politische Beratungsorgane«.[6]

Die Einbindung der beiden bürgerlichen Parteien in diese Einheitsfront beruhte nur bedingt auf deren eigener Entscheidung. »Die Teilnahme an der ›Einheitsfront‹ war die von der SMAD gestellte ›conditio sine qua non‹ für die Zulassung und das Fortbestehen der Parteien. Die Alternative dazu war der Verzicht der Demokraten auf parteipolitische Betätigung.«[7] Das schloß die Ausschöpfung der vorhandenen geringen Spielräume zwar nicht aus, aber solange über kommunalpolitische oder wirtschaftliche Probleme des Wiederaufbaus zu entscheiden war, ging die Blockpolitik ohnehin fast reibungslos vor sich. Spannungen und Konflikte traten mit dem Augenblick ein, da die Kommunisten versuchten, bei der Durchsetzung eigener politischer Ziele die bürgerlichen Parteien mittels deren Bindung im Block zu überspielen.

Bedenken grundsätzlicher Art gegen die Blockpolitik äußerte erstmals der damalige CDU-Vorsitzende, Andreas Hermes, als er im Herbst 1945 zu verstehen gab: »Das Zusammenwirken verschiedener Parteien an einer gemeinsamen Aufgabe bedeutet gewiß keinen Widerspruch zur Demokratie. Allerdings setzt eine solche gemeinsame Arbeit ein Höchstmaß gegenseitiger Loyalität und eine uneingeschränkte Respektierung der Verschiedenartigkeit der grundsätzlichen Überzeugung der zusammenwirkenden Parteien voraus. Es würde ein Mißverstehen der Demokratie bedeuten, wenn eine solche Zusammenarbeit die uneingeschränkte Vertretung der abweichenden Meinungen der einzelnen Parteien einschränken oder gar unmöglich machen würde. In einem solchen Falle wäre die Einheitsfront zur Tarnung, um einer bestimmten Richtung die Vorherrschaft zu sichern.«[8] Das war noch zurückhaltend formuliert.

Jakob Kaiser, Hermes' Nachfolger als Vorsitzender der CDU, brachte seine Kritik knapp zwei Jahre später auf den entscheidenden Punkt: »Wir bejahen Blockpolitik aus der Not der Zeit heraus, möchten aber nicht übersehen wissen, daß es auch in der Blockpolitik eine gesunde, eine regulierende Opposition geben kann und muß . . . Jede Demokratie braucht Opposition, um nicht an Selbstzufriedenheit zu ersticken oder an menschlicher Unzulänglichkeit zugrunde zu gehen.«[9] Das waren mutige, fast selbsttrügerische Worte, denn mit der Blockpolitik als Mittel zur Gleichschaltung der bürgerlichen Parteien hatte begonnen, was die parlamentarische Demokratie besiegelte: die Volksdemokratie als eine Form der Diktatur des Proletariats.

Trotz allerhand Einschüchterungen, Drohungen, Schikanen, Nötigungen und Benachteiligungen auch materieller Art durch die SMAD und die deutschen Kommunisten vermochten sich die CDU und die LDP bis zum Frühjahr 1946 politische Ausgangsstellungen zu schaffen, die nicht im ersten Angriff überrollt werden konnten. Vorgänge wie die Absetzung der beiden CDU-Vorsitzenden Andreas Hermes und Walther Schreiber durch Befehl der Besatzungsmacht am 19. Dezember 1945 mußten den Willen zu bürgerlicher Selbstbehauptung eher stärken als schwächen. Im Juni 1946 registrierte die CDU bereits 149 000 Mitglieder, die LDP wies 124 000 aus.[10] Dieser unerwartet starke Mitgliederzustrom innerhalb eines Jahres zählte zu den bemerkenswertesten Erscheinungen der ersten Nachkriegszeit in der SBZ. Nach den Erfahrungen der deutschen Parteiengeschichte hätten sowohl die CDU als auch die LDP als »Wählerparteien« ohne sonderlich große Mitgliederbestände gelten müssen. Daß es zu einer gegensätzlichen Entwicklung kam, hatte eine positive Ursache. Die Menschen, die sich 1945/46 für eine der beiden bürgerlichen Parteien entschieden, handelten aus einer demokratischen Überzeugung heraus. Postenjäger und Opportunisten strömten in der SBZ in dieser Zeit zur KPD/SED.

Indes ist nicht ausgeschlossen, daß sich viele Mitglieder weniger aus vollem Einverständnis mit der Politik von CDU oder LDP für den Eintritt in diese Parteien entschlossen hatten. Vielfach wollten sie mit ihrer Entscheidung ebenso eine oppositionelle Haltung gegenüber der KPD/SED demonstrieren, beseelt von dem Willen, die demokratischen und zugleich antikommunistischen Kräfte zu stärken.

Die überraschend erfolgreiche Entwicklung der CDU und der LDP verlieh deren führenden Männern hohe politische Autorität. Konflikte mit der Besatzungsmacht wie mit den deutschen Kommunisten mußten sich da ergeben, wo unter antifaschistisch-demokratischer Flagge kommunistische Politik getrieben werden sollte – wie im Falle des Volksentscheids in Sachsen vom 30. Juni 1946 zu einem Gesetz über die Übergabe von Betrieben von Kriegs- und Naziverbrechern in das Eigentum des Volkes, das mit der Sanktionierung umfangreicher Enteignungen einen entscheidenden Schritt zur Verstaatlichung (»Sozialisierung«) der Industrie darstellte.

Vergeblich appellierte Jakob Kaiser als Vorsitzender der CDU in der SBZ an die Führer der SED, in Sachsen keine voreiligen Entscheidungen zu treffen. »Es bleibt oberstes Gesetz, daß einschneidende Maßnahmen wirtschafts- und sozialpolitischer Natur heilsamerweise erst vorgenommen werden sollten, wenn die Einheit Deutschlands geschaffen ist«[11], erklärte er auf dem 1. Parteitag der CDU in Ost-Berlin am 16. Juni 1946. Schon damals erkannte er, welche Gefahren sich für ein einheitliches Deutschland aus radikalen Veränderungen in der sozialökonomischen Struktur der SBZ ergaben. Von den Konsequenzen des Wirtschaftsseparatismus einmal ganz abgesehen, hatte der Vorstand der CDU den Volksentscheid auch ablehnen müssen mit dem Argument, »daß der Volksentscheid Mantel und Vorwand von Maßnahmen wird, die mit der Bestrafung von Kriegs- und Naziverbrechern nichts zu tun haben«.[12] Erfolg aber war dieser Opposition nicht beschieden. Nicht einmal zu einem von den bürgerlichen Parteien im Ausschuß für den sächsischen Volksentscheid vorgeschlagenen Kompromiß fand sich die SED bereit. Danach sollte eine Erklärung beschlossen werden, wonach »einer Entscheidung des deutschen Volkes über die künftige Wirtschaftsordnung durch den sächsischen Volksentscheid nicht vorgegriffen wird. Betriebe, die nach Artikel 2 des Gesetzentwurfes zum Eigentum des Volkes erklärt werden, sind dementsprechend von der sächsischen Landesregierung bis zu dem Zeitpunkt treuhänderisch zu verwalten, an dem eine Entscheidung des deutschen Volkes über die künftige Wirtschaftsordnung in Kraft tritt.«[13] Statt dessen wurde mit dem Volksentscheid, der bei einer Beteiligung von 93,71 Prozent ein von 77,62 Prozent der Stimmberechtigten getragenes Votum für das Gesetz erbrachte, der juristische Grundstein zu umfassenden Enteignungen gelegt.

Für die Furcht der SED vor weiterer Auseinandersetzung mit der bürgerlichen Opposition war bezeichnend, daß ein Volksentscheid in den anderen vier Ländern der SBZ nicht durchgeführt wurde: Hier wurden die Enteignungen durch Landesgesetze legalisiert, die von den bürgerlichen Parteien, wenn auch widerwillig, politisch ebenso mitgetragen wurden wie letztlich der sächsische Volksentscheid.

Herausforderung durch freie Wahlen

Die bürgerliche Opposition versteifte sich in den Herbstmonaten des Jahres 1946. Ihren unmittelbaren Niederschlag fand sie in dem für die Kommunisten enttäuschenden Ausgang der erstmals nach dem Kriege durchgeführten, relativ freien Kommunal- und Landtagswahlen in der SBZ und in Ost-Berlin. Das Wahlergebnis mußte um so mehr überraschen, als CDU und LDP durch gewollte Verzögerungen bei der Registrierung ihrer Ortsgruppen durch die Militärkommandanturen der SMAD – die so die Aufstellung von Kandidaten unmöglich machten – und auf andere Weise stark behindert worden waren.[14] Dennoch errangen die beiden bürgerlichen Parteien bei den Kreistags- und Gemeindewahlen, die in den einzelnen mitteldeutschen Ländern am 1., 8. und 15. September durchgeführt wurden, achtbare Erfolge. Sie konnten insgesamt 3 553 939 Stimmen gegenüber 5 093 144 Stimmen für die SED und 270 131 Stimmen für die Vereinigung der gegenseitigen Bauernhilfe und den Kulturbund zur demokratischen Erneuerung auf sich vereinigen.

Dieser Wahlausgang mußte die beiden bürgerlichen Parteien ermutigen, zumal sie in größeren Städten durchweg absolute Mehrheiten erhielten, darunter in Dresden, Erfurt, Halle, Jena, Leipzig, Plauen und Zwickau, das heißt auch in Städten mit alten sozialistischen Traditionen. Die SED verfügte zwar in Landgemeinden (wo meist nur sie allein zugelassen war) über die Mehrheit, aber der Anteil ungültiger Stimmen lag hier häufig genauso hoch wie oder höher als der Anteil der für die SED abgegebenen Stimmen! Es war dies eine Form des Protestes der Bevölkerung gegen Wahlbehinderungen der CDU und der LDP.

Das Ergebnis der Kommunalwahlen las sich wie ein Mehrheitsvotum der Bevölkerung gegen die Politik der SED. Die Kommunisten reagierten denn auch äußerst gereizt darauf. Der Wahlkampf habe gezeigt, ereiferte sich der

Parteivorstand der SED, »daß reaktionäre und faschistische Elemente am Werk sind, sich im Rahmen der bürgerlich-demokratischen Parteien zu tarnen und an ihrer Peripherie zu sammeln. Unter dem Deckmantel bürgerlicher demokratischer Organisationen haben dunkle Elemente mit den niedrigsten Mitteln faschistischer Propaganda und Verleumdung versucht, Verwirrung in die Reihen der Wähler zu tragen.«[15] Hier versuchte ein unfairer Gegner, die bürgerlichen Parteien bei ihrer Vorbereitung auf die wenige Wochen später folgenden Landtagswahlen einzuschüchtern.

Es war ein untaugliches Manöver, denn die Landtagswahlen vom 20. Oktober 1946 in der sowjetischen Besatzungszone gingen für die Kommunisten noch ungünstiger aus als die Kommunalwahlen: Auf die SED entfielen 4 690 119 Stimmen = 47,6 Prozent gegenüber 2 420 121 = 24,6 Prozent für die LDP und 2 411 829 = 24,5 Prozent für die CDU, während auf Massenorganisationen insgesamt 421 863 Stimmen = 3,3 Prozent kamen.[16] Einem absoluten Stimmenverlust der SED von gut 430 000 Stimmen im Vergleich zu den Kommunalwahlen stand ein absoluter Stimmengewinn der beiden bürgerlichen Parteien von mehr als 750 000 Stimmen gegenüber, obwohl auch bei den Landtagswahlen CDU und LDP nicht in allen Wahlkreisen eigene Kandidaten hatten aufstellen dürfen. In zwei Ländern, in Brandenburg und in Sachsen-Anhalt, übertrafen sie die SED zusammen mit absoluten Mehrheiten. Von den insgesamt 519 Landtagsmandaten entfielen 249 auf die SED, 133 auf die CDU und 121 auf die LDP. 16 Mandate kamen auf Massenorganisationen. Mit ihnen erhöhten die Kommunisten, die in diesen Organisationen alle wichtigen Funktionen besetzt hielten, mittelbar ihren Anteil an Mandaten und folglich ihren Einfluß bei Abstimmungen in den Vertretungskörperschaften.

Eindeutig fiel die politische Schlappe der SED auch im damals noch ungeteilten Berlin aus, wo ebenfalls am 20. Oktober 1946 die ersten und einzigen gemeinsamen Wahlen zur Stadtverordnetenversammlung abgehalten wurden. Auf Grund des Vier-Mächte-Status waren sowohl die SPD als auch die SED in allen vier Sektoren zur Wahl zugelassen. Im Ergebnis war die SED auf den dritten Platz verwiesen: Mit 1 015 609 Stimmen = 48,7 Prozent ging die SPD in Groß-Berlin als überlegener Sieger durchs Ziel, gefolgt von der CDU mit 462 425 Stimmen = 22,2 Prozent. 412 582 Stimmen = 19,8 Prozent waren der SED beschieden – die LDP kam mit 194 722 Stimmen = 9,3 Prozent auf Rang vier. Bei einer Mandatsverteilung von 63 für die SPD, 29 für die CDU und 12 für die LDP blieben der SED 26 Abgeordnete – für die »Partei der Arbeiterklasse« eine eher bescheidene Zahl.

Für die SED waren die Landtagswahlen Anlaß, die Einbindung von CDU und LDP in der sowjetischen Besatzungszone in den Antifa-Block zu verstärken, um deren politisches Gewicht in den parlamentarischen Gremien auf diesem Umwege zu vermindern. »Das Wachsen der reaktionären Bestrebungen in der CDU und der LDP erfordert die Stärkung der Sozialistischen Einheitspartei und ihre enge Zusammenarbeit mit diesen Parteien, um die reaktionären Einflüsse auf die bürgerlich-demokratischen Kräfte zurückzuschlagen.«[17] Ulbricht folgerte dies aus den Erfahrungen des Wahlkampfes im Herbst 1946. Die weitere Taktik der SED war damit festgelegt. Von ihrem Standpunkt handelte sie folgerichtig, wenn sie im Einvernehmen mit der SMAD auf der Beteiligung aller Parteien an der Bildung der neuen

Landesregierungen bestand. Auf diese Weise blieb der Schein der antifa-schistisch-demokratischen Einheitsfront gewahrt, während die SED gleich-zeitig sämtliche Schlüsselpositionen in den neuen Regierungen besetzte, oh-ne eine Opposition fürchten zu müssen. Mit (vorläufiger) Ausnahme von Sachsen-Anhalt, wo die LDP mit Erhard Hübener den Ministerpräsidenten stellte, besetzte die SED in sämtlichen Landesregierungen die politisch ent-scheidenden Ämter des Ministerpräsidenten sowie der Minister für Inneres und für Volksbildung. Im Jahre 1947 spitzte sich das Verhältnis der SED zur LDP, besonders aber zur CDU mehr und mehr zu und geriet in eine offene Krise. Vor allem die allgemeine Rechtsunsicherheit in der SBZ sowie die schleichenden und unverhüllten Enteignungen (so die im Sommer 1947 in al-len Ländern der SBZ durchgeführten Enteignungen der restlichen Bergbau-betriebe und Bodenschätze in privater Hand) riefen zunehmend Opposition und Widerstand hervor.

Mit Schärfe verurteilte Jakob Kaiser vor dem erweiterten Vorstand der CDU am 12. Juli 1947 »gewisse Methoden des Arbeitereinsatzes«, womit er die von den deutschen Arbeitsämtern für die Sowjets durchgeführten Zwangsverpflichtungen zum Uranerzbergbau meinte; außerdem behandel-te er, indem er auf die wachsende Unruhe unter der Bevölkerung einging, »die Frage der Internierungen und der mangelnden Rechtssicherheit, die sich zum Beispiel in anhaltenden Enteignungsbestrebungen äußert«.[18] Im gleichen Sinne schrieb Johann Baptist Gradl in der »Neuen Zeit«, dem Blatt der CDU: »Die Union hat ja gesagt zur Enteignung der Kriegsverbrecher und Aktivisten, sie hat nicht ja gesagt, daß darüber hinaus Enteignungsak-tionen durchgeführt werden, die eine radikale Änderung der sozialwirt-schaftlichen Struktur der Ostzone weit über den Bereich der Kriegsverbre-cher und Aktivisten hinaus bewirken und die noch immer mit rigorosen Mit-teln unter extensiver Anwendung von Denazifizierungsvorschriften fort-gesetzt werden. Diese einseitige Praxis entspricht dem politischen Endziel der SED, nicht aber dem Grundsatz einer wohlverstandenen Zusammen-arbeit.«[19] Es waren bereits Rückzugsgefechte.

Vergebens auch brachte der Abgeordnete Dr. Hans Müller-Bernhardt in Leipzig, einer der Mitbegründer der LDP, am 30. September 1947 im sächsi-schen Landtag im Namen seiner Fraktion eine Anfrage ein, in der er sich für die Rückgabe einer Reihe enteigneter Betriebe an ihre rechtmäßigen Eigen-tümer verwandte. »Lassen Sie mich klar aussprechen«, rief Müller-Bern-hardt den Landtagsabgeordneten der SED zu, »daß meine Partei, das wissen Sie, mit der Durchführung des Volksentscheides ja nicht in allen Dingen ein-verstanden war . . . Sie wissen weiter – und wenn Sie es nicht wissen, so möchte ich es Ihnen sagen –, daß unsere Auffassung grundsätzlich dahin-ging, daß diese landeseigenen Betriebe im Laufe der Zeit wieder in private Hände übergeführt werden sollten.«[20] Die SED hielt diesen Vorstoß für so bedenklich, daß sie Hunderte »spontaner« Protestresolutionen an die sächsi-sche Landesregierung und an die Liberal-Demokratische Partei richten ließ, in denen Müller-Bernhardt als »Sprachrohr der Reaktion« angegriffen wurde. Angesichts dieses massiven Drucks sah sich der Landesvorstand der LDP genötigt, sich von Müller-Bernhardt und seiner oppositionellen Initia-tive zu distanzieren.

Ähnliche Bemühungen von LDP und CDU in Thüringen schienen zunächst erfolgreicher, insoweit die thüringische Landesregierung sogar der Rückgabe einer größeren Anzahl von Betrieben an ihre früheren Eigentümer zugestimmt hatte und darüber hinaus mehrere »sequestrierte« Betriebe vorläufig treuhänderisch verwaltete. Ein solcher Erfolg oppositioneller Bestrebungen mußte die SED um so mehr irritieren, als CDU und LDP damals nur über 47 von insgesamt 100 Sitzen im Thüringischen Landtag verfügten, ihr Druck auf die Landesregierung also offensichtlich auch von oppositionellen Kräften innerhalb der SED selbst unterstützt worden war.

Die letztlich vergeblichen Versuche, über oppositionelle Vorstöße in den Landtagen die »Revolution von oben« in Mitteldeutschland aufzuhalten, zeigten zugleich, in welch geringem Maße die CDU und die LDP über die parlamentarischen Körperschaften überhaupt Einfluß auf das politische Geschehen zu nehmen vermochten. Entscheidungen von grundsätzlicher Natur blieben ohnehin der sowjetischen Besatzungsmacht vorbehalten; sie wurden allenfalls mit den Spitzenfunktionären der SED erörtert. Aber auch sonst blieb den beiden Parteien kaum Raum für oppositionelle Willensäußerungen in den Landtagen, da ihre Fraktionen an die »einstimmig« gefaßten Beschlüsse in den Blockausschüssen gebunden waren. Die Landtagsabgeordneten der CDU und der LDP mußten sich darauf beschränken, »um Abschwächungen zu ringen, was ihnen teilweise (so in Thüringen) dadurch gelang, daß sie sich gegen die Methoden der SED auf die mittlerweile verabschiedete Landesverfassung beriefen . . . Vor allem gelang es den bürgerlichen Parteien, wo sie in der Mehrheit waren, die übelsten Auswüchse einer reinen SED-›Parteibuch‹-Personalpolitik zu bremsen. Gelegentlich freilich wirkten sich die bürgerlichen Majoritäten auch in der Legislative aus«; so »widersetzte sich in Brandenburg die bürgerliche Mehrheit mit Erfolg einer SED-Vorlage auf Verstaatlichung der Lichtspieltheater, die von den übrigen Landtagen akzeptiert wurde«.[21] Auch in Ost-Berlin wurde eine generelle Verstaatlichung der Kinos verhindert.

Obschon also die Opposition in den fünf mitteldeutschen Ländern nur sehr begrenzt wirksam sein konnte, nötigte sie die Sowjetische Militäradministration und die deutschen Kommunisten immerhin, frühzeitig eine deutsche Zentralgewalt auf- und auszubauen, die den in den mitteldeutschen Länderverfassungen verankerten Gedanken des Föderalismus illusorisch machte. Ein wichtiger Schritt auf diesem Wege war die Bildung der Deutschen Verwaltung des Inneren am 1. August 1946, die auf Befehl der SMAD die Tätigkeit der Innenministerien der Länder und damit der Landespolizeibehörden zu koordinieren hatte.

Weiterhin wurde durch SMAD-Befehl Nr. 138 vom 4. Juni 1947 eine »ständige Wirtschaftskommission« geschaffen, »zur genauen Abstimmung und Koordinierung der Arbeit der deutschen Verwaltungen«, in der später durch SMAD-Befehl Nr. 32 vom 12. Februar 1948 alle bis dahin gebildeten Zentralverwaltungen (ausgenommen jene des Inneren, der Justiz, der für Volksbildung und der für Gesundheitswesen) zusammengefaßt wurden. Zu den ersten Beschlüssen der als Deutsche Wirtschaftskommission bezeichneten Zentralgewalt gehörten die Reorganisation der Leitung der »volkseigenen« Betriebe – die weitgehend den Kompetenzen der Länder entzogen wurde –

und die Bildung einer Zentralen Kontrollkommission. Soweit damals grundsätzliche Entscheidungen in deutsche Zuständigkeiten fielen, blieben sie schon zu dieser Zeit der DWK und den Zentralverwaltungen vorbehalten. Die Länder und mit ihnen eine mögliche Opposition in den Landtagen waren praktisch bereits überspielt.

Die Christdemokraten in der Krise

»Für uns kommt es vor allem darauf an, den Blick für die Notwendigkeit einer Politik für ein einheitliches Deutschland nicht zu verlegen.«[22] Jakob Kaiser hatte dies, einem Credo gleich, 1946 auf dem ersten Parteitag der CDU in Ost-Berlin hervorgehoben. Es war die Linie seiner Politik, solange ihn die SMAD in der Führung der Christlich-Demokratischen Union in der sowjetischen Besatzungszone beließ. Aus dem Willen zur Einheit ging auch die Initiative Kaisers hervor, die Spitzen der großen Parteien in ganz Deutschland zu einer »nationalen Repräsentation« zu vereinen, die gegenüber den Siegermächten der Anti-Hitler-Koalition deutsches Interesse zu Gehör bringen sollte. In einem Schreiben vom 15. März 1947 schlug daher der Vorstand der (gesamtdeutschen) Arbeitsgemeinschaft der CDU/CSU vor, »daß die für Gesamtdeutschland maßgebenden Parteien in ihren Spitzen zusammentreten, um die Ausdrucksformen des politischen Willens zu klären. Deshalb hat der Vorstand der Union die Führung der deutschen politischen Parteien eingeladen, sich so schnell wie möglich zusammenzufinden, um die erste Stufe einer gesamtdeutschen Vertretung des Volkes vorzubereiten und diese Vertretung bis zu ihrer Verwirklichung zu repräsentieren.«[23] Es war ein Versuch, geboren aus dem Gedanken, im Vorfeld einer Moskauer Außenministerkonferenz über Deutschland ein Zeichen zu setzen.

Der Versuch scheiterte letztlich am Nein Kurt Schumachers. Aus verständlichen Gründen, die in der Entstehung der SED zu suchen waren, verweigerte er die Mitwirkung der westdeutschen Sozialdemokraten, solange ihre Genossen in der SBZ unterdrückt wurden.

Genauso zum Scheitern verurteilt war eine gesamtdeutsche Konferenz der Ministerpräsidenten aus allen vier Besatzungszonen, die auf Initiative des bayerischen Ministerpräsidenten Hans Ehard am 6. Juni 1947 in München zusammentreten sollte. Auf Weisung der SMAD reisten die Ministerpräsidenten der sowjetischen Besatzungszone zwar an, aber sie waren auf Mißerfolg programmiert. Indem sie weisungsgemäß über das von allen Teilnehmern gewünschte Bekenntnis zur deutschen Einheit hinaus Verhandlungen über die Bildung einer zentralen deutschen Verwaltung forderten, wohl wissend, daß die französische Besatzungsmacht untersagt hatte, über andere als wirtschaftliche Probleme zu sprechen, provozierten sie das Scheitern. Als der Delegation aus der SBZ das Recht verweigert wurde, eine grundsätzliche Stellungnahme abzugeben, nahm sie dies als politisch willkommenen Vorwand und reiste ab.

In dieser Situation fand sich die CDU in der SBZ auf eine Wirklichkeit zurückgeworfen, die bei schärfer werdender Auseinandersetzung im Osten nicht immer das nötige Verständnis im Westen sicherte. Umgekehrt taktierten die Kommunisten mit einer ständig enger werdenden Einbeziehung der CDU (und der LDP) in die Politik der SED. Die im Spätherbst 1947 von der SED manipulierte Volksbewegung für Einheit und gerechten Frieden lieferte hierfür ein Schulbeispiel. Für den 6./7. Dezember 1947 hatte der Parteivorstand der SED einen Deutschen Volkskongreß nach Ost-Berlin einberufen, der anläßlich der vom 25. November bis 15. Dezember 1947 in London (ergebnislos) tagenden Konferenz der Außenminister der vier Besatzungsmächte eine nationale Stellungnahme zur Problematik einer deutschen Friedensregelung beraten und formulieren wollte – ein Unternehmen, dem nach dem Scheitern der nationalen Repräsentation die Beteiligung der demokratischen Kräfte im Westen erst recht versagt bleiben mußte.

In der SBZ weigerte sich die Führung unter Jakob Kaiser und Ernst Lemmer, an dem offenkundig auf Propaganda berechneten Unternehmen der SED teilzunehmen. Allerdings stellten sie allen Mitgliedern der CDU die Teilnahme am Volkskongreß frei. Der SED genügte das ebensowenig wie der SMAD. Längst waren Jakob Kaiser und andere führende Männer der mitteldeutschen CDU, Ernst Lemmer, Ferdinand Friedensburg, Johann Baptist Gradl, Heinrich Krone und andere, als Oppositionspolitiker zu unbequem geworden. Offenbar sollte reiner Tisch gemacht werden.

Obwohl auf dem 2. Parteitag fast einstimmig als Unionsvorsitzende wiedergewählt, mußten Kaiser und Lemmer am 19. Dezember 1947 ohnmächtig ihre faktische Amtsenthebung durch die Besatzungsmacht hinnehmen. Ein sowjetischer Hauptmann erschien in der Jägerstraße, dem Sitz der Unionsleitung für die SBZ, um diese Entscheidung von Sowjetmarschall W. D. Sokolowski mitzuteilen.[24] Wenige Tage später wurde über Kaiser ein Redeverbot verhängt. Der Chefredakteur des führenden CDU-Blattes »Neue Zeit«, Wilhelm Gries, wurde seines Amtes enthoben. Die CDU in der SBZ sah sich einer inneren Zerreißprobe ausgesetzt. Viele aufrechte Männer und Frauen mußten flüchten, nicht wenige wurden verhaftet.

Erneut waren oppositionelle Kräfte in der SBZ durch die Besatzungsmacht entscheidend geschwächt – wobei abermals eine typische Erscheinung hervortrat: »Entsprechend der gerade gültigen Politik umschrieb die SMAD ihre jeweiligen Eingriffe in das Parteiensystem mit Begriffen wie Antifaschismus, Entnazifizierung, Demokratisierung, Friedenssicherung. Damit diskreditierte sie jeden Widerstand gegen ihre Einwirkung auf das deutsche Parteiensystem.«[25] Im Falle der CDU lag das bestimmende Motiv der sowjetischen Besatzungsmacht in dem Umstand, »daß die Union in Anbetracht des immer deutlicher formulierten Führungsanspruchs der SED und der stark ausgeprägten Anpassungsbereitschaft der LDP von großen Teilen der SBZ-Bevölkerung als die Oppositionspartei gegenüber der SED erschien«.[26] Hier wollten die Russen ganz im Sinne ihrer deutschen Genossen rechtzeitig Remedur schaffen.

Während sich in West-Berlin im Februar 1948 ein von der Ost-CDU unabhängiger Landesverband bildete, übernahmen Otto Nuschke und Prof. Hugo Hickmann nach einer Interimslösung die Führung der CDU der SBZ. Sie wurden auf dem 3. Parteitag der CDU, der vom 18. bis 20. September 1948 in Erfurt tagte, bestätigt. Eine einflußreiche Rolle spielte von da an außerdem Georg Dertinger als Generalsekretär der CDU. Mit Nuschke und Dertinger waren in der CDU Männer an die Macht gekommen, vor deren Typ Jakob Kaiser auf dem 2. Parteitag ausdrücklich gewarnt hatte, weil sie sich »aus Schwäche oder politischem Unvermögen zu Agenten herabdrücken lassen«[27] würden.

Mit der Ausschaltung Jakob Kaisers durch die Sowjets hatte die CDU im Herrschaftsbereich der SED ihren fähigsten Kopf verloren. Es wäre unsinnig, das sowjetische Vorgehen gegen diesen bereits in der nationalsozialistischen Zeit verfolgten Mann allein auf seine Haltung gegenüber dem Volkskongreß zurückzuführen. Das war allenfalls ein letzter Anstoß, der die Maßregelung auslöste. Zwei Jahre lang, seit seiner Übernahme des Vorsitzes in der Union, hatte er, der aus der christlichen Gewerkschaftsbewegung hervorgegangen war, den Sowjets die Stirn geboten – und zwar nicht vom sicheren Port des Westens aus, sondern in Ost-Berlin, in der SBZ.

Jakob Kaiser wird allein wegen seiner bereits zitierten Rede auf dem 2. Parteitag der CDU immer als Zeuge christlich-demokratischer Opposition gelten können. »Wir müssen und wir wollen Wellenbrecher des dogmatischen Marxismus und seiner totalitären Tendenzen sein. Berufenste Vertreter der Sowjetunion haben mir und meinen Freunden wiederholt gesagt: Wir wollen Deutschland nicht sowjetisieren. Wir haben das mit Genugtuung zur Kenntnis genommen. Wir möchten überzeugt sein, daß diese Erklärungen nicht zuletzt von der Erkenntnis bestimmt sind, daß es jedem Volk aufgegeben ist, seinen eigenen Weg zu gehen.«[28] Es waren Worte, die den Freiheitswillen und die Widerstandskraft von Hunderttausenden von Menschen in Mitteldeutschland stärkten.

Auch die Liberal-Demokratische Partei hatte sich gegen den Kurs der SED zu stemmen versucht. Aber Wilhelm Külz, der seit Anfang 1946 als Nachfolger von Waldemar Koch die LDP geführt hatte, jedoch am 10. April 1948 unerwartet starb, handelte lange Zeit in der Illusion, sich durch eine Politik der Anpassung und der Zugeständnisse einen begrenzten Einfluß auf die politische Entwicklung in der SBZ sichern zu können. So glaubte er, sich der kommunistischen Volkskongreß-Bewegung aus nationaler Verantwortung nicht versagen zu dürfen. Dennoch schien auch er sich allmählich zu der Erkenntnis durchgerungen zu haben, daß es mit den Kommunisten auf Dauer ehrliche Kompromisse nicht geben könne. Dies belegt seine vermutlich letzte politische Äußerung vor seinem Tode. Sie war nicht zufällig der Problematik »Rechtsstaat und Sequestrierungen« gewidmet. In Erinnerung an die bei der Gründung der LDP aufgestellte Forderung nach Schaffung eines Rechtsstaates prangerte Külz die Sozialisierungspolitik der SED an: »Daß verbrecherische und aktivistische Nazis nicht im Besitz ihrer Betriebe gelassen werden können, ist eine Selbstverständlichkeit«, leitete er seinen Angriff ein. »Aber ebenso selbstverständlich ist es für einen Rechtsstaat, daß das Verfahren der Sequestrierung und der Beschlagnahme nach strengsten Rechtsgrundsätzen erfolgen muß. Man muß peinlich auch den leisesten Schein vermeiden, als wollte man die Methoden, die man mit Recht bei den Nazis verurteilt hat, nunmehr selber anwenden, denn das Vertrauen zum Recht muß unbedingt wiedergewonnen werden.«[29] Sein Tod im Alter von 73 Jahren hat ihn davor bewahrt, politisch bis zum äußersten enttäuscht zu werden.

Das Dilemma der Blockpolitik

Schon 1947 war immer weniger zu übersehen, wie die SED begann, die Blockpolitik zu ihrem Herrschaftsinstrument umzufunktionieren, um den Wirkungsraum der bürgerlichen Parteien einzuengen. Als eine mögliche Form loyaler Zusammenarbeit der Parteien in außerordentlicher Zeit war die Blockpolitik längst diskreditiert. Nur zu begründet war der Argwohn vor ihrem Mißbrauch durch die SED, indem sie den gewollten Dualismus zwischen den Blockausschüssen einerseits, den Land- und Kreistagen andererseits ausnützte. »Die SED versuchte, Block und Parlament gegeneinander auszuspielen. Was sie im Block wegen des Einstimmigkeitsprinzips gegen CDU und eventuell auch LDP nicht erreichen konnte, versuchte sie im jeweiligen Landtag durchzusetzen, wenn sie dort eine Mehrheit erreichen konnte.

Erreichte sie eine Landtagsmehrheit nicht, so versuchte sie über den Block – bevorzugt regional, weil druckempfindlicher – eine günstige Vorentscheidung zu erreichen. Das Block-Prinzip der Einstimmigkeit verlieh jeder der drei Mitgliedsparteien der gemeinsamen Ausschüsse auch eine Vetoposition. Von der Verweigerung der Zustimmung im Block machte in dieser Phase vor allem die CDU Gebrauch. Die Haltung der LDP wurde in wachsendem Maße unschlüssig und eher nachgiebig, zumal im zentralen Block.«[30] Um die ohnehin geringe Chance zur parlamentarischen Opposition weiter auszuhöhlen, beschritt die SED im Zusammenspiel mit der SMAD gleich mehrere Wege.

Einmal stärkte sie die Kompetenzen der Blockausschüsse, indem sie alle grundsätzlichen Fragen vor ihrer Entscheidung durch Landtage oder die Landesregierungen zuerst in den Ausschüssen des antifaschistisch-demokratischen Blocks beraten ließ. Damit waren die »Blöcke« praktisch den Parlamenten vorgeordnet. Der Sinn der parlamentarischen Arbeit war aufgehoben. Zum anderen wurden die gemeinsamen Ausschüsse der Blockparteien durch Einbeziehung von Massenorganisationen auf allen Ebenen erweitert. Unter Beteiligung des FDGB und der FDJ, später auch des DFD konstituierten sich die Ausschüsse als »Demokratischer Block« neu. Für die Abgesandten der bürgerlichen Parteien war es schwieriger geworden, sich durchzusetzen. Drittens endlich begann die SED im Frühjahr 1948 die Gründung zweier weiterer »demokratischer« Parteien einzufädeln, die sich politisch auf kleinbürgerliche und bäuerliche Schichten orientieren sollten, auf gesellschaftliche Schichten also, die bis dahin hauptsächlich von der CDU und der LDP angesprochen wurden, deren soziale Basis folglich geschmälert werden mußte.

Ende April und Anfang Mai 1948 traten Landesgründungsausschüsse für eine National-Demokratische Partei Deutschlands[31] und für eine Demokratische Bauernpartei Deutschlands[32] an die Öffentlichkeit, die Ende Mai bereits Konferenzen auf Zonenebene einberufen durften. Mitte Juni wurden die NDP und die DBD von der SMAD lizenziert. Die beiden Neugründungen, die das Parteienbild in der SBZ wesentlich veränderten, lagen ausschließlich im Interesse der SED.

Die Gründung der NDP und der DBD wurde von der SED und der SMAD unmittelbar manipuliert: Eigens dazu beauftragte Kommunisten übernahmen die Initiative zur Bildung der beiden neuen Parteien. Der Initiator der NDP und ihr Vorsitzender von September 1948 bis April 1972 war Dr. Lothar Bolz, ein kommunistischer Rechtsanwalt, der bis 1945 in der Sowjetunion gelebt hatte. Vorsitzender der DBD war Ernst Goldenbaum, vor 1933 Agrarexperte der KPD, nach 1946 Abgeordneter der SED im Mecklenburgischen Landtag, der den Vorsitz der DBD erst 1982 abgab.

Die Einbeziehung der NDP und der DBD in die Ausschüsse des Demokratischen Blocks sowie in die parlamentarischen Vertretungskörperschaften, die unmittelbar darauf folgte, sollte den Einfluß der beiden bürgerlichen Parteien weiter schwächen. Wie »gefährlich« CDU und LDP gleichwohl immer noch erschienen, deutete die am 24. August 1948 getroffene Entscheidung der SMAD an. Sie verschob die nach der geltenden Gemeindeordnung an sich fälligen Gemeindewahlen um ein Jahr auf den Herbst 1949, um sie zusammen mit den zu diesem Zeitpunkt fälligen Landtagswahlen abzuhalten.

Die SED fürchtete die Auseinandersetzung mit der CDU und mit der LDP in einem offenen Wahlkampf in besonderem Maße, seitdem sie sich durch einen Beschluß des Parteivorstandes vom 30. Juni 1948 offen zur Planwirtschaft bekannt und den Entwurf eines volkswirtschaftlichen Zweijahresplans für 1949 und 1950 vorgelegt hatte. Dieser Beschluß mußte zwangsläufig Opposition bei den bürgerlichen Parteien hervorrufen. Die CDU und die LDP opponierten sowohl gegen das planwirtschaftliche Prinzip überhaupt als auch gegen die im Zweijahrplan niedergelegte wirtschaftspolitische Zielsetzung, die auf dem Primat der Schwerindustrie beruhte. »Zur Zeit wird von weitesten Kreisen der Bevölkerung der Planungsgedanke abgelehnt, weil sie in der Planwirtschaft ein Mittel autoritärer bürokratischer Bevormundung in Richtung bestimmter Parteiziele sehen.«[33] Mit diesem Argument entsprach die LDP zweifellos dem Denken und Empfinden vieler Menschen damals in der sowjetischen Besatzungszone.

1948 nahmen die Verhaftungen unter liberalen und christlichen Demokraten also nicht von ungefähr einen bis dahin nicht gekannten Umfang ein. Jede antikommunistisch-demokratische Opposition wurde von sowjetischen Militärtribunalen oder der politischen Sonderjustiz des MWD als »konterrevolutionäres Verbrechen« verfolgt. Wie rigoros die sowjetische Besatzungsmacht dabei die einfachsten Rechtsgrundsätze mißachtete, demonstriert etwa der Fall des LDP-Fraktionsvorsitzenden im Thüringischen Landtag, Hermann Becker: Ungeachtet seiner Immunität als Landtagsabgeordneter wurde er am 23. Juli 1948 festgenommen und nach zweijähriger Untersuchungshaft ohne Gerichtsverhandlung, »durch Verwaltungsanordnung« eines MWD-Sonderkollegiums in Moskau, zu 25 Jahren Zwangsarbeit verurteilt und in die Sowjetunion deportiert. Erst am 16. Oktober 1956 wurde er entlassen.[34]

Der schockierende Fall war exemplarisch für die Zernierung der bürgerlichen Opposition in der SBZ durch Ausschaltung ihrer führenden Kräfte – was keineswegs heißen soll, daß die sowjetische Militärjustiz etwa darauf verzichtet hätte, auch die Basis von CDU und LDP zu »säubern«, mithin aktive Elemente unter den Mitgliedern und unter den unteren Führungskräften auszuschalten. In einem für die Volkspolizei bestimmten Auszug aus dem Urteil gegen den ehemaligen LDP-Kreisvorsitzenden in Niesky, Konrad Brettschneider, der am 31. Dezember 1948 vom Militärtribunal des sowjetischen Truppenteils 08640 zu 25 Jahren Zwangsarbeitslager verurteilt worden war, wurde als Grund in mangelhaftem Deutsch angegeben: »Begründung in einigen Städten der sowjetischen Besatzungszone der illegalen Gruppen und Durchführung der antisowjetischen und antikommunistischen Arbeit unter der Bevölkerung«.[35] Der Urteilsauszug dokumentiert, wie massiv sich die sowjetische Okkupationsmacht selbst zu dieser Zeit noch in innen- und parteipolitische Auseinandersetzungen der SBZ eingemischt hat.

Die Zerschlagung der CDU- und LDP-Hochschulgruppen

Entsprechendes ist für ihr Vorgehen gegen Hochschulgruppen der CDU und der LDP festzustellen, die sich in den Nachkriegsjahren als Alternative zu den FDJ-Hochschulgruppen an den großen mitteldeutschen Universitäten gebildet hatten. Bis hinein in die Jahre 1949/50 sind sie geistige und politische Oppositions- und Widerstandszentren im akademischen Bereich gewesen. In ihnen sammelten sich nicht nur erhebliche Teile der Studentenschaft, sondern ihre politische Arbeit wurde auch häufig von bürgerlichen Professoren und Dozenten beeinflußt und unterstützt. Zudem wirkten sie auf die Hochschulpolitik und auf die studentische Selbstverwaltung ein, sie strahlten darüber hinaus auf das innerparteiliche Leben der CDU und LDP aus, wenn sie in den Ortsgruppen dieser Parteien die politische Schulungsarbeit übernahmen oder wenn Studenten als Versammlungsredner auftraten. Am sichtbarsten äußerte sich ihre Aktivität natürlich bei den damals alljährlich fälligen Studentenratswahlen, bei denen – solange es der Wahlmodus zuließ – erstmals im Wintersemester 1946/47 und zuletzt im Wintersemester 1948/49 bürgerliche Mehrheiten zwischen 50 und 70 Prozent erzielt werden konnten.

Wie immer, wenn die Kommunisten in einer offenen demokratischen Auseinandersetzung geschlagen werden, reagierten sie auch im Kampf gegen die Hochschulgruppen der CDU und der LDP mit massiver Gewalt. Der politische Terror war ihr »stärkstes« Argument. Allein bis zur Gründung der DDR sind mindestens 400 bis 500 Studenten vom sowjetischen Sicherheitsdienst verhaftet und wegen ihrer Opposition von sowjetischen Militärgerichten zu langjährigen Freiheitsstrafen und sogar zum Tode verurteilt (und nicht selten hingerichtet!) worden.[36]

Manche Verhaftungswellen erregten über ihren lokalen Bereich hinaus Aufsehen und Empörung – wie etwa im Falle von Manfred Klein, übrigens einem Mitbegründer der FDJ: Sein Name steht neben dem von Erich Honekker, Heinz Keßler, Paul Verner und anderen auf dem Gründungsdokument vom 26. Februar 1946. Geboren 1925, Student der Rechtswissenschaft in Ost-Berlin, praktizierender Katholik und aktives Mitglied der CDU, leitete Manfred Klein zuletzt im Zentralrat der Freien Deutschen Jugend das Kulturreferat. Außerdem gehörte er als Mitglied der CDU-Hochschulgruppe zusammen mit deren Vorsitzendem, dem Medizinstudenten Georg Wrazidlo, dem Studentenrat der Ostberliner Universität an. Klein und seine Freunde, die ihr politisches Engagement stets aus christlicher Verantwortung verstanden, mußten zwangsläufig zu den Kommunisten in Opposition geraten. So war Klein in einer Sitzung des FDJ-Zentralrates am 30. November 1946 nach einem Referat von Honecker dafür eingetreten, den überparteilichen Charakter der FDJ zu wahren und zu verbieten, daß Leiter des Jugendverbandes gleichzeitig Ämter in der Partei ausüben können. Am 13. März 1947 wurden Klein, Wrazidlo und etwa zwanzig weitere Studenten verhaftet.[37] Die meisten kehrten wie Klein und Wrazidlo erst im Herbst 1956 aus DDR-Zuchthäusern zurück.

Ein ähnliches Schicksal widerfuhr dem Vorsitzenden des Studentenrats an der Universität Leipzig, Wolfgang Natonek, zugleich Leiter der LDP-Hochschulgruppe. Im Februar 1947 war er Vorsitzender des Studentenrates geworden. Gegen den Einspruch der SED und der Leipziger Militärkommandantur, die in Natonek »ein Idol der reaktionären Studentenschaft« erblickten, war er im Dezember 1947 in diesem Amt bestätigt worden. Auf dem 2. Parteitag der LDP, der vom 4. bis 7. Juli 1947 in Eisenach stattfand, umriß Natonek die Motive seines politischen Engagements mit den Worten: »Als wir nach einem sechsjährigen Krieg wieder an die Universitäten kamen, glaubten wir, daß nun endlich die Zeit angebrochen sei, daß wir uns wissenschaftlicher Arbeit hingeben könnten. Wir wurden nach kurzer Zeit eines anderen belehrt. Keiner hatte die Absicht, an der Universität Politik zu treiben, aber noch viel weniger, in eine Partei einzutreten. Wir sehen jedoch, daß es nötig ist, Parteipolitik zu treiben, damit wir nicht von einer anderen Partei majorisiert werden. Wir wissen, was auf dem Spiele steht.«[38] Die Kommunisten wußten es auch. Mit einer größeren Gruppe von Studenten wurde Wolfgang Natonek am 11. November 1948 verhaftet und später von einem sowjetischen Militärtribunal zu 25 Jahren Zuchthaus verurteilt.[39] Erst im Juni 1956 wurde er aus der Zwangsarbeit in Torgau entlassen. Die LDP-Hochschulgruppe in Leipzig wurde nach seiner Verhaftung verboten.

Auch an der Universität Rostock hatten liberale Studenten bis zum Herbst 1949 rege Aktivität entfaltet. Ihre Arbeit erstreckte sich auch auf die Ortsgruppen der LDP-Landesverbände. »Eine Gruppe von Studenten sprach in zahlreichen LDP-Ortsgruppen in allen Teilen Mecklenburgs. Sie forderten die Parteimitglieder zu kompromißlosem Widerstand gegen die kommunistische Ideologie auf und lenkten damit mehr und mehr die Aufmerksamkeit der SED und der Militärbehörden auf sich.«[40] Der führende Kopf dieser Opposition, der Jura-Student Arno Esch, und mehr als zehn weitere Studenten wurden am 18. Oktober und in den folgenden Tagen verhaftet. Arno Esch selbst wurde am 20. Juli 1950 im Alter von 22 Jahren in einem Geheimprozeß von dem sowjetischen Militärtribunal in Schwerin zum Tode verurteilt und in die Sowjetunion deportiert. Fast genau ein Jahr nach seiner Verhaftung, am 24. Juli 1951, fand er hier den Tod. Die Umstände machen seine Hinrichtung unbezweifelbar.[41] Auch in Rostock folgte den Verhaftungen die Zerschlagung der LDP-Hochschulgruppe. Ähnlich der Gleichschaltung der CDU und LDP, die 1950 offensichtlich wurde, büßten auch die bürgerlichen Studentengruppen an den mitteldeutschen Universitäten und Hochschulen ihren Einfluß auf die Studentenschaft ein.

In engem Zusammenwirken mit den Parteiorganisationen der SED an den Universitäten und Hochschulen wurde die »bürgerliche Reaktion« aus der Studentenschaft ausgemerzt. Da seit 1950 zu den Studentenratswahlen ohnehin nur noch eine gemeinsame Kandidatenliste aufgestellt werden durfte, konnte eine an der CDU oder LDP orientierte Opposition unter der Studentenschaft kaum mehr zur Wirkung kommen.

Zu einer heute historischen Demonstration für das Recht auf akademische Freiheit führten die politischen Auseinandersetzungen an der im Osten der alten Hauptstadt gelegenen Berliner Universität. Hier strömten damals – als sich noch keine Mauer und keine Stacheldrahtzäune durch Berlin zogen – alltäglich Studenten zusammen, die zu einem großen Teil in den westlichen Sektoren der Millionenstadt lebten. Hier durfte, anders als in der SBZ, neben der SED auch die SPD noch legal existieren, hier konnte und mußte die studentische Opposition wesentlich schärfer entbrennen als an den Universitäten und Hochschulen in der Provinz. Es war auch ganz natürlich, wenn die Hochschulgruppen von CDU und LDP von den in den drei westlichen Sektoren unbehindert sich betätigenden Parteien moralisch und materiell unterstützt wurden.

Nach mannigfachen Reibereien spitzten sich die Gegensätze an der Berliner Universität zu, als im Frühjahr 1947 die Studenten Klein, Wrazidlo und andere verhaftet worden waren. Im Herbst 1947 trat der Vorsitzende des Berliner Studentenrates, Otto H. Hess, aus Protest gegen willkürliche Eingriffe der für das Bildungswesen damals zuständigen Deutschen Zentralverwaltung für Volksbildung in die Autonomie der Universität von seinem Posten zurück. Als schließlich die Zentralverwaltung für Volksbildung am 16. April 1948 die Relegierung dreier oppositioneller Studenten – nämlich des Vorsitzenden der sozialdemokratischen Hochschulgruppe, Otto Stolz, sowie der beiden Herausgeber der Studentenzeitung »colloquium«, Otto H. Hess und Joachim Schwarz, die alle drei bereits im Dritten Reich aus politischen Gründen verfolgt worden waren – durch einen Verwaltungsakt verfügte – und zwar ohne sich um disziplinarrechtliche Bestimmungen zu kümmern, ohne die Beschuldigten überhaupt zu hören –, war ein ernsthafter Konflikt unvermeidlich geworden. Seine Folge waren die Spaltung der Studentenschaft und die Gründung der Freien Universität Berlin im amerikanischen Sektor.

Die Nötigung zur Einheitsliste

In dieser politisch stickigen Atmosphäre ließ die SED für den 15. und 16. Mai 1949 Wahlen zum 3. Deutschen Volkskongreß in der sowjetischen Besatzungszone anberaumen. Anders als bei den Landtagswahlen gut zweieinhalb Jahre zuvor mußten sich die im Demokratischen Block zusammengeschlossenen fünf Parteien sowie vier Massenorganisationen erstmals einem Votum des Wählers gemeinsam stellen, das heißt, zugelassen wurde erstmals nur eine einheitliche Kandidatenliste, die keine Auswahl unter verschiedenen Parteien mehr erlaubte. Möglich war allein eine Abstimmung mit Ja oder Nein. Darüber hinaus war die Abstimmung mit einer Art Plebiszit verbunden. Jeder Stimmzettel erhielt außer der Kandidatenliste das vorgedruckte Bekenntnis: »Ich bin für die Einheit Deutschlands und einen gerechten Friedensvertrag. Ich stimme darum für die nachstehende Kandidatenliste zum Dritten Deutschen Volkskongreß.«[42] Jede Opposition dagegen, jede Neinstimme schien also mit einer Absage an die Einheit Deutschlands belastet. Das Ergebnis der Volkskongreß-Wahlen, die diese Bezeichnung im Grunde nicht verdienten, war trotz solcher Manipulationen und Pressionen für die SED enttäuschend: Bei einer Wahlbeteiligung von 95,2 Prozent lauteten 7 943 949 = 66,1 Prozent der gültigen Stimmen auf Ja, während 4 080 372 Wähler = 33,9 Prozent gegen die Einheitsliste votierten.[43] Unter den gegebenen politischen Voraussetzungen war das ein beachtliches oppositionelles Potential.

Im Vergleich zu späteren Ergebnissen bei Wahlen zur Volkskammer, bei denen jeweils mehr als 99 Prozent Jastimmen ausgewiesen wurden, war das Ergebnis der Volkskongreß-Wahlen für die SED kein glanzvoller Sieg. Dabei war das Resultat überhaupt erst nach schweren Eingriffen in die Stimmenauszählung zustande gebracht worden. Das Wahlergebnis beruhte schlicht gesagt auf Fälschungen. Als sich nämlich bei einer ersten Auszählung überhaupt keine Jastimmen-Mehrheit zu ergeben drohte, richtete die Deutsche Verwaltung des Innern in Ost-Berlin am 15. Mai 1949 Fernschreiben an die Chefs der Landespolizeibehörden in den fünf mitteldeutschen Ländern mit dem Ersuchen um Weiterleitung durch Sonderkuriere an alle Landesinnenminister. Der Chef der DVdI, Kurt Fischer, warnte darin vor einer Stimmenauszählung, »die eine unverhältnismäßig hohe Anzahl von ungültigen Stimmen ergibt«. Seine Weisung lautete, »die Wahlausschüsse besonders auf diesen Unfug aufmerksam zu machen und entsprechende Maßnahmen zu ergreifen«.[44] Dank entsprechender Anordnungen der Landesinnenminister, die damals alle von Kommunisten gestellt waren, wurden Stimmenthaltungen oder ungültige Stimmzettel als Jastimmen gewertet, so daß vielfach erst nach einer zweiten, »korrigierenden« Auszählung ein Ergebnis von 66,1 Prozent Jastimmen vorlag. Wie das tatsächliche Resultat ausgefallen sein mochte, ist niemals aufgeklärt worden.[45]

Rückschlüsse auf die Stärke der Opposition erlaubte eine Rede Walter Ulbrichts vom 7. Juni 1949, in der er vor Funktionären der SED die Volkskongreß-Wahlen analysierte und sich dabei mit der »Tatsache« auseinandersetzte, »daß verantwortliche Funktionäre der bürgerlichen Parteien aktiv gegen die Wahlen zum Volkskongreß aufgetreten sind. Der Kreisvorsitzende der CDU von Osterburg führte eine illegale Propaganda, mit Nein zu stimmen . . . Man kann feststellen, daß in Wahllokalen, wo Angestellte der Großbetriebe Leuna und Buna abstimmten, infolge der illegalen Propaganda gewisser LDP-Leute mehr Neinstimmen abgegeben wurden als in anderen Wahllokalen . . . Man kann sagen, daß in den Orten, wo CDU und LDP die Mehrheit besitzen, die höchste Zahl von Neinstimmen zu verzeichnen ist, so in der Stadt Plauen 60,2 Prozent, in Plauen-Land 58,8 Prozent, im Landkreis Teltow 45,3 Prozent, im Stadtkreis Apolda 52,9 Prozent. Das sind nur einige Beispiele aus solchen Städten und Kreisen, wo eine CDU- und LDP-Mehrheit vorhanden ist und diese Parteien besonders starken Einfluß besitzen.« Und die grundsätzliche Einschätzung: »Betrachtet man die gegnerische Tätigkeit im Zonenmaßstab, so kann man sagen, daß es direkte Schwerpunkte einer systematischen Arbeit des Gegners gibt. Solche Schwerpunkte sind in Brandenburg die größeren Orte der Umgebung von Berlin, Orte an bestimmten Bahnstrecken, die von Berlin aus in die Zone gehen, usw. Es gibt auch eine Reihe von Orten, wo unsere Partei eine starke Organisation hat und trotzdem das Wahlergebnis schlecht war. So stimmten in Zwickau 46,8 Prozent mit Nein. Das ist offenkundig der Ausdruck des Schumacher-Einflusses in Zwickau und des Versagens der Leitung unserer Partei. Im Stadtkreis Gera stimmten 50,3 Prozent, in Greiz 52,7 Prozent mit Nein.«[46] Ein politisch eindrucksvolleres Zeugnis konnte der Opposition der beiden bürgerlichen Parteien nicht ausgestellt werden. Dagegen blieben Proteste von CDU und LDP gegen die Fälschungen des Wahlergebnisses ohne jeden Erfolg.

Der auf diese Weise »gewählte« Deutsche Volkskongreß, der dritte seiner Art, trat am 29./30. Mai 1949 in Ost-Berlin zusammen und wählte aus seiner Mitte erneut einen Deutschen Volksrat, der sich am 7. Oktober 1949 zur Provisorischen Volkskammer erklärte und die Deutsche Demokratische Republik proklamierte. In seiner/ihrer Zusammensetzung waren die Mandate im Widerspruch zu den bei den Landtagswahlen von 1946 ermittelten politischen Mehrheitsverhältnissen so verteilt, daß CDU und LDP von insgesamt 330 Mandaten nur je 45 zugewiesen erhielten. Eine parlamentarische Opposition der bürgerlichen Parteien wäre also schon an den manipulierten Mehrheitsverhältnissen gescheitert. CDU und LDP hätten folglich auch nicht zu verhindern vermocht, daß die Provisorische Volkskammer die Gründung der DDR beschloß.

Die Gleichschaltung von CDU und LDP

Tatsächlich hat es in der CDU zumindest ansatzweise Bestrebungen gegeben, der Gründung der DDR entgegenzuwirken. Prof. Hugo Hickmann, zweiter Vorsitzender der CDU und Vorsitzender des Landesverbandes Sachsen der Union, hat nach Gründung der Bundesrepublik offen den Standpunkt vertreten, »daß die Errichtung des Weststaates durchaus noch keine Nötigung zur Errichtung eines Oststaates« bedeute. In einer Rede drei Wochen vor Gründung der DDR sprach er sich für eine »Demokratisierung der Ostzone« und für die »politische Linie des Neutralismus«[47] aus. Nun sah die SED die Zeit für Gegenmaßnahmen gekommen. Die überraschende Verhaftung des Vorsitzenden des CDU-Landesverbandes Sachsen-Anhalt und Ministers für Arbeit und Sozialfürsorge, Dr. Leo Herwegen, am 28. Oktober 1949 war ein erster Schlag gegen die Opposition der CDU. Der gegen ihn, Prof. Willi Brundert (SPD) und andere im Frühjahr 1950 inszenierte Schauprozeß vor dem Obersten DDR-Gericht sollte nach allen Spielregeln stalinistischer Schauprozeßtechnik die zu dieser Zeit einem Höhepunkt zustrebende Diskussion über freie Wahlen in einer Flut von Angriffen gegen »reaktionäre bürgerliche Kräfte« ersticken. Nachdem Prof. Hickmann einen weiteren Versuch der Gegenwehr unternommen hatte, indem er in einer Rede in Leipzig-Markkleeberg abermals die Neutralisierung eines wiedervereinigten Deutschlands sowie freie Wahlen in der DDR forderte, wurde er am 29. Januar 1950 zur Niederlegung aller Parteiämter gezwungen. Mit ihm wurde der sächsische Finanzminister Gerhard Rohner (CDU) amtsenthoben; er hatte die oppositionelle Konzeption Hickmanns unterstützt.

Fast gleichzeitig trat in der mecklenburgischen Landesregierung Wirtschaftsminister Siegfried Witte (CDU) zurück, in Brandenburg legte der Minister für Arbeit und Sozialfürsorge Fritz Schwob (CDU) sein Amt nieder – und in Thüringen mußte sich der stellvertretende Ministerpräsident und Finanzminister Leonhard Moog (LDP) seiner drohenden Verhaftung durch die Flucht entziehen. In einem Schauprozeß vor dem Obersten Gericht wurde Moog im Dezember 1950 in Abwesenheit zu 15 Jahren Zuchthaus verurteilt, sieben weitere Angeklagte erhielten Strafen bis zu 15 Jahren Zuchthaus. Die Anklage gegen Moog lautete auf »Sabotage«, weil er die Niederschlagung von Steuern »ungesetzlich« angeordnet haben sollte.

Otto Grotewohl bestätigte später, daß die Säuberungen und Schauprozesse die Opposition und den Widerstand der bürgerlichen Parteien hatten brechen sollen. »Unmittelbar nach der Gründung der Deutschen Demokratischen Republik versuchte eine Gruppe von Reaktionären, die sich in die bürgerlich-demokratischen Parteien, in die CDU und LDP, eingeschlichen hatte, reaktionäre Anschläge gegen die demokratische Gesetzlichkeit und Ordnung unserer Republik zu inszenieren«, räsonierte er 1950 auf dem 3. Parteitag der SED. »Worin bestand das Programm dieser Reaktionäre, was erstrebten Hickmann, Moog, Rohner, Herwegen und andere? Sie erstrebten die Wiederherstellung der alten imperialistischen Zustände.«[48] Die SED suchte mit ihren Schlägen gegen CDU und LDP in dieser Zeit unmittelbar nach der Gründung der DDR die immer wieder aufflammenden Auseinandersetzungen vor allem über freie Wahlen und über die Endgültigkeit der Oder-Neiße-Linie zu unterbinden.

Bürgerliche Politiker, die einen Ausweg aus dem Dilemma der Blockpolitik gesucht hatten, indem sie sich nachträglich von der ihnen aufgenötigten Einstimmigkeit aller Beschlüsse des »Antifa-Blocks« distanzierten – zweifellos eine Form des passiven Widerstands –, wurden öffentlich denunziert, »die legale Basis für ihre antinationalen und antidemokratischen Ziele auszunutzen. Es hat sich der Zustand herausgebildet, daß einige dieser Leute zwar bei zentralen Beratungen den getroffenen Vereinbarungen zustimmten, aber dann in den Ländern, Kreisen oder Orten die gegenteilige Auffassung vertraten.«[49] In der Tat wurde die SED politisch bloßgestellt, wenn der erzwungene Schein von der Einheit aller Blockparteien durch oppositionelle Kräfte in den bürgerlichen Parteien fortwährend als Lüge entlarvt wurde.

Die harten, mit überaus ungleichen Waffen ausgefochtenen Auseinandersetzungen zwischen der SED und den bürgerlichen Blockparteien damals erklären sich nicht zuletzt aus der während der Durchführung des Zweijahrplans forcierten Sozialisierung in der DDR. Offiziellen Statistiken zufolge war der Anteil der »volkseigenen« Betriebe an der industriellen Bruttoproduktion bis 1950 auf 76,5 Prozent gestiegen. Der Anteil des sozialistischen Sektors am Sozialprodukt belief sich 1950 bereits auf 59,4 Prozent.

Mit der Gründung der DDR hatte die sowjetische Besatzungsmacht die Herrschaft der SED nicht nur politisch institutionalisiert, sondern auch die ökonomischen Machtpositionen ihrer Diktatur ausgebaut. Die Entwicklung zur Volksdemokratie hatte eine entscheidende Phase erreicht. »Gestützt auf die neue Qualität, die die Staatsmacht durch die Gründung der DDR erhalten hatte, konnte nunmehr der Prozeß des Hinüberwachsens der demokratischen in die sozialistische Etappe der Revolution in ein neues Stadium treten.«[50] Mit der Gründung der DDR war die »Revolution von oben« folglich in ein qualitativ neues Stadium getreten. Die Opposition der bürgerlichen Parteien dagegen bedeutete ein letztes legales Aufbegehren im Ringen um parlamentarische Demokratie auch in der DDR.

War es letztlich ein politisch sinnloses Unterfangen? So zu urteilen wäre leichtfertig. »Die Verschlagenheit, das hemmungslos praktizierte Prinzip, daß der (kommunistische) Zweck die Mittel heilige, der ideologische Fanatismus, alles verbunden mit der sowjetischen Macht – das bewirkte die Entfernung der sowjetischen Besatzungszone von Demokratie und nationaler Einheit. Der hartnäckige Widerstand der CDU andererseits bewirkte, daß dieser Prozeß in seinem konkreten Ablauf damals für die deutsche und die internationale Welt voll offenbar wurde.«[51] Analog verhielt es sich mit der Opposition, die aus der LDP kam, auch wenn ihre Führung sich weniger entschlossen gezeigt hatte als die der CDU in der SBZ.

Nachdem die bereits im Herbst 1948 fällig gewesenen Gemeindewahlen auf den Termin der im Herbst 1949 erwarteten Landtagswahlen verlegt worden waren, ersuchte die Volkskammer am 8. Oktober 1949 die fünf mitteldeutschen Landtage, ihre an sich ablaufende Wahlperiode um ein Jahr zu verlängern, damit die Neuwahlen gemeinsam mit den Wahlen zur Volkskammer und den Wahlen zu den Kreistagen und Gemeindevertretungen am 15. Oktober 1950 durchgeführt werden konnten. Zeitaufschub bedeutete unter den gegebenen Umständen für die SED in ihrer Furcht vor einer freien Wählerentscheidung bereits Gewinn. Denn die Opposition der bürgerlichen Parteien war noch zu stark, als daß bereits offen eingestanden werden konnte, was längst beschlossen war – daß nämlich Wahlen nach den Grundsätzen des Verhältniswahlrechts gemäß Artikel 51 der Verfassung für die SED überhaupt nicht in Frage kamen. Nachweislich sind darüber CDU und LDP bewußt getäuscht worden. Der ehemalige Vizepräsident des Brandenburgischen Landtags, Germanus Theis (CDU), gab dazu nach seiner Flucht zu Protokoll:

»Als im Oktober 1949 die Landtage ihre Legislaturperiode verlängern sollten, waren meine Freunde und ich zunächst dagegen, weil dies verfassungswidrig war. Es wurde nun mit allen Mitteln von den sowjetischen Offizieren auf uns ein Druck ausgeübt und schließlich sowohl von den maßgeblichen Offizieren als auch von Otto Nuschke uns erklärt, daß die Verlängerung der Legislaturperiode nur deshalb erfolgte, um ein Jahr später, am 15. Oktober 1950, allgemeine, freie, demokratische Wahlen durchzuführen, bei denen die Parteien eigene Listen aufstellen können. Unter diesen Voraussetzungen haben wir zugestimmt.«[52]

Freilich begnügte sich die SED nicht mit List und Täuschung, mit Lockungen und Versprechungen. Wo es ihr notwendig erschien, ging sie zu politischer Einschüchterung und zu gezieltem Terror über. Um zu begreifen, warum der zentrale Ausschuß des Demokratischen Blocks in Ost-Berlin am 14. März 1950 mit den Stimmen der CDU und der LDP erstmals eine »Liste der demokratischen Einheit« empfehlen konnte, bedarf es eines Blicks auf die damalige innenpolitische Situation in der DDR.

Die Zernierung der bürgerlichen Opposition

Zu Beginn des Jahres 1950 waren die drei bis dahin noch bestehenden sowjetischen Internierungslager in Bautzen, Buchenwald und Sachsenhausen aufgelöst, die Gefangenen aber keineswegs alle entlassen worden. 3432 Internierte wurden der Strafjustiz der DDR überantwortet. Von April bis Juni 1950 wurden sie in Waldheim – der Einfachheit halber meist im Gebäude des dortigen Zuchthauses – in Blitzverfahren durch politische Sonderstrafkammern abgeurteilt.[53] Verfahrensweise und Urteilsfindung wiesen so schwere rechtliche Mängel auf, daß die »Waldheimer Prozesse« als Justizskandal betrachtet werden mußten. Sie lösten eine Regierungskrise aus, die mit der Verhaftung des Staatssekretärs im Justizministerium Dr. Dr. Helmut Brandt (CDU) »beigelegt« wurde.

Der Staatssekretär hatte von Amts wegen einige Prozesse in Waldheim beobachtet und dem damaligen CDU-Vorsitzenden Otto Nuschke, der zugleich Stellvertreter des Ministerpräsidenten war, entsetzt Bericht darüber erstattet. Gemeinsam beschlossen sie, die schwerstwiegenden Einzelfälle in einer Dokumentation als Regierungsvorlage zusammenzustellen. »Wir wußten von skandalösen Einzelfällen nicht als Behörde, sondern das waren Informationen, die wir von Propst Grüber in Berlin erhalten hatten, die er gesammelt hatte und die ihm von Angehörigen – meistens in Westdeutschland befindlichen Angehörigen – der Waldheim-Opfer zugegangen waren. Das war unser Material, das wir zusammenstellten. Wir unterrichteten sämtliche CDU-Mitglieder innerhalb der DDR-Regierung und vergatterten sie, diesen Fall nicht hinzunehmen . . . Mit bei Herrn Nuschke selten erlebter Empörung und Energie forderte er unter Hinweis auf meinen Waldheim-Bericht Anfang Juli 1950 in einer Regierungssitzung, die Waldheim-Urteile für rechtsungültig zu erklären und sämtliche Prozesse öffentlich und ordnungsgemäß noch einmal zu verhandeln.«[54] Otto Grotewohl, ob dieser CDU-Opposition in seinem Kabinett irritiert, vertagte die Sache mehrmals, bis die Würfel gefallen waren – in der Kabinettssitzung vom 31. August 1950: »Grotewohl als Vorsitzender des Ministerrates ließ plötzlich über die CDU-Forderung überhaupt nicht mehr diskutieren, sondern stellte sie zur Abstimmung. Die SED-Minister lehnten bei Stimmenthaltung der Liberal-Demokratischen Partei die CDU-Forderung ab, die CDU-Minister stimmten geschlossen für die Ungültigkeitserklärung sämtlicher Waldheim-Urteile.«[55] Es war der vermutlich einzige Fall in der Geschichte der DDR, daß in einer Sitzung des Ministerrats eine CDU-Opposition gegen die Minister der SED geschlossen Front gemacht und so den Grundsatz der Einstimmigkeit bei der Beschlußfassung durchbrochen hatte. Wenige Tage danach ließ die SED den unbequemen Staatssekretär, der alles inspiriert hatte, »aus dem Verkehr ziehen«: Am 6. September 1950 wurde Helmut Brandt festgenommen. Es war der Anfang eines Martyriums, das den CDU-Politiker für rund 14 (vierzehn!) Jahre hinter DDR-Gefängnismauern brachte. Der Wille zur Opposition war danach bei den CDU-Ministern in der Ostberliner Regierung gebrochen. Die Führung der DDR-Union fand nicht einmal den Mut zum Protest gegen Brandts Festnahme. Von Solidarität keine Spur. Das Bemühen um eine generelle Revision des Waldheimer Unrechts war gescheitert. In den Kontext einer wohldurchdachten Einschüchterungsstrategie war auch der anderenorts schon erwähnte Schauprozeß vor dem Obersten DDR-Gericht im April 1950 einzuordnen. Von den neun Angeklagten stand mit den beiden Hauptangeklagten Prof. Willi Brundert und Dr. Leo Herwegen die Opposition ehemaliger Sozialdemokraten und bürgerlicher Kreise vor Gericht. Beide wurden zu jeweils 15 Jahren Zuchthaus verurteilt.[56] »Der Hauptgrund des damals großangelegten politischen Schauprozesses war die erkennbare Absicht, gegen den ›imperialistischen Monopolkapitalismus‹ einen Schlag zu führen, um damit das Volk von den wirklichen Gründen der wirtschaftlichen Krisenerscheinungen abzulenken. Daneben sollte der ›Fall Herwegen‹ dazu dienen, der damals immer noch latent vorhandenen Opposition der bürgerlichen Parteien das Rückgrat zu brechen und auch somit die für 1950 schon damals geplanten ›Einheitswahlen‹ im Sinne der SED-Ziele vorzubereiten. Der ›Fall Brundert‹ dagegen sollte die Begründung für die Notwendigkeit des schonungslosen Kampfes gegen den ›Sozialdemokratismus‹ geben.«[57] Dieser Wertung Brunderts, der am 19. März 1957 aus der Strafvollzugsanstalt Brandenburg-Görden entlassen wurde, ist nichts hinzuzufügen. Der Sozialdemokrat starb am 7. Mai 1970 als Oberbürgermeister der Stadt Frankfurt/Main. Leo Herwegen war am 27. September 1956 entlassen worden; er starb am 9. Mai 1972.

Ehe es zu den auf den 15. Oktober 1950 angesetzten Wahlen nach dem System der Einheitsliste kam, landete die SED auch gegen die LDP noch einen bösen Coup: Am 8. August 1950, genau einen Tag vor der Verabschiedung des die Einheitsliste begründenden Wahlgesetzes durch die Provisorische Volkskammer, wurde LDP-Generalsekretär Günter Stempel von der Staatssicherheit verhaftet. Stempel hatte sich in der vorausgegangenen Fraktionssitzung der LDP gegen die Zustimmung zu dem geplanten Wahlgesetz ausgesprochen. Nach seiner Festnahme fand in der LDP-Fraktion niemand mehr den Mut, gegen den von der SED eingebrachten Entwurf zu stimmen oder sich auch nur der Stimme zu enthalten. Stempel, nach seiner Verhaftung den sowjetischen Sicherheits- und Justizorganen überstellt, wurde unbeschadet seiner parlamentarischen Immunität als Abgeordneter von einem sowjetischen Militärtribunal zu 25 Jahren Zwangsarbeit verurteilt und in ein sowjetisches Arbeitslager verbracht.[58] Der Preis seiner Opposition: Haft bis zum 8. April 1956.

So konnte die SED der »Wahl« am 15. Oktober 1950 gefaßt entgegensehen. Protesthaltungen und Opposition aber verlagerten sich mehr und mehr auf illegale Ebenen. Vielfach wurden nachts politische Losungen an Mauern und Wände gemalt, in denen »Freie Wahlen« gefordert wurden – oftmals genügte schon ein »F«: Jedermann wußte, was mit der Chiffre gemeint war. Wer bei solchen Aktivitäten gefaßt wurde, hatte mit gnadenloser Verfolgung zu rechnen – wie ein damals 29jähriger, der am 8. Februar 1951 vom Landgericht Potsdam zu acht Jahren Zuchthaus verurteilt wurde: »Die Ermittlungen ergaben«, so die Anklageschrift, »daß der Technische Angestellte Hans Zickerow, der bei dem KWU-Bauhof Ludwigsfelde, Kreis Teltow, beschäftigt ist, am 20. April 1950 in den Straßenzügen von Ludwigsfelde an ungefähr 20 Stellen antidemokratische Inschriften und Propagandalosungen mit roter Ölfarbe an Häuser, Zäune, öffentliche Bekanntmachungstafeln usw. angeschmiert hat. Die Losungen hatten den Inhalt: Freie Wahlen, SPD lebt, Raus mit den Russen usw.«[59] Solche Prozesse gab es in den Jahren 1950/ 51 zu Hunderten in der DDR.

Mit über 99 Prozent Jastimmen brachte die »Wahl« am 15. Oktober 1950 erstmals eines jener Resultate, die fortan für die DDR üblich werden sollten. Von den 400 Mandaten der Volkskammer wurden der CDU und der LDP je 60 zugewiesen, während die SED für sich 100 Mandate, für die NDP und die DBD sowie für die Fraktionen der in der Volkskammer vertretenen Massenorganisationen insgesamt 180 beanspruchte. Diese Verteilung entsprach einem am 7. Juli 1950 – also noch vor der Wahl – beschlossenen Schlüssel. CDU und LDP, die nach den Landtagswahlen vom 20. Oktober 1946 immerhin 255 von insgesamt 519 Mandaten innegehabt hatten, verfügten in den neuen Landtagen nur noch über zusammen 144 Abgeordnete.

Gegen Ende des Jahres 1950 war die Opposition von CDU und LDP weithin gebrochen. Viele ihrer führenden Männer und Frauen waren geflüchtet, nicht wenige wurden verfolgt. In den Jahren 1948 bis 1950 wurden 597 CDU-Mitglieder wegen ihrer oppositionellen Haltung in Haft genommen, zum Teil in die Sowjetunion verschleppt, nicht alle kamen wieder. »Diese Zahl enthält nur die Fälle, die präzise bekanntgeworden sind. Die Zahl der Dunkelfälle ist viel höher.«[60] In den folgenden Jahren wurde die politische Gleichschaltung der Blockparteien durch ideologische Entmündigung ergänzt. Im Verein mit opportunistischen Politikern in der CDU und in der LDP – von denen einige, wie der ehemalige Generalsekretär der CDU, Georg Dertinger, und der zeitweilige Vorsitzende der LDP, Dr. Karl Hamann, später selbst dem Terror des Regimes zum Opfer fielen – erzwangen die Kommunisten ihre uneingeschränkte Unterwerfung unter die Diktatur der SED und ein Bekenntnis zum Sozialismus; folglich betrachteten sich diese beiden nichtkommunistischen Parteien auch selber bald nicht mehr als Oppositionsparteien.

Der kämpferische Geist der bürgerlichen Parteien im Ausgang der vierziger Jahre blieb allein in den unteren Parteieinheiten noch ein wenig lebendig. In Kreisverbänden und Ortsgruppen blieben vereinzelt Gegenwehr und Auflehnung gegen die Nötigung durch die SED bis in die jüngste Zeit hinein lebendig. Diese Opposition reicht von passiver Resistenz in kommunalen und berufsständischen Körperschaften bis zum offenen Boykott des Regimes. In einer Analyse aus dem Jahre 1958 heißt es dazu: »Bei den letzten Gemeinde- und Kreistagswahlen ist es oppositionellen Vertretern der CDU in den ländlichen Gegenden Brandenburgs und Mecklenburgs sogar gelungen, bei der Aufstellung der Kandidaten die SED-Vertreter von den Listen zu verdrängen, da sie von der Mehrheit der Bevölkerung unterstützt wurden. Die korrupten Parteiführungen sprechen auch immer wieder davon, daß sich sogenannte feindliche Elemente aus den Schichten des Bürgertums und der Bauernschaft in ihre Reihen eingeschlichen hätten und die Unterstützung zahlreicher Mitglieder und darüber hinaus der Bevölkerung besäßen.«[61] Gelegentlich erinnerte ein politischer Strafprozeß daran, daß auch Widerstand in den Blockparteien nicht völlig auszuschließen war. Typisch dafür mag in der bewegten Zeit vor dem Mauerbau eine fünfköpfige Widerstandsgruppe der LDP gewesen sein, die 1956 im Bezirk Suhl festgenommen wurde. Der Führer dieser Gruppe, Friedrich Geyer, »organisierte in Zeiten erhöhter Gefährdung der DDR – anläßlich des faschistischen Putschversuches am 17. Juni 1953 und während der Konterrevolution in Ungarn im Oktober 1956 – unter Anwendung konspirativer Methoden illegale Zusammenkünfte, auf denen seine staatsfeindliche Konzeption beraten wurde, und legte dabei gemeinsam mit den anderen Beschuldigten Maßnahmen zu deren Realisierung fest«, hieß es in der Anklageschrift des Bezirksstaatsanwalts.[62] Wie aus der Anklageschrift weiter hervorging, umfaßte die »staatsfeindliche Konzeption« die Wiederherstellung rechtsstaatlicher Verhältnisse in der DDR, die Auflösung der SED, die Bildung einer Koalition zwischen CDU und LDP nach Säuberung dieser Parteien von allen eingeschleusten Kommunisten sowie die Freilassung der politischen Häftlinge.

Während sich einerseits kleinste Zellen des Widerstands in den bürgerlichen Parteien behaupteten, konnten andererseits die Führungen der CDU und LDP den ständigen Mitgliederschwund ihrer Parteien jahrzehntelang nicht aufhalten. Ziemlich konstant ließen beide Parteien bis in die späten siebziger Jahre in ihrer Mitgliederbewegung einen rückläufigen Trend erkennen, bis ein leichter, im Vergleich zur Stärke der SED freilich kaum erwähnenswerter Zuwachs verzeichnet werden konnte. Im Juni 1948 zählte die CDU der SBZ rund 231 000 Mitglieder[63], die LDP registrierte im Dezember 1948 immerhin 197 000 Mitglieder.[64] 35 Jahre später hatten sich diese Zahlen, grob gerechnet, halbiert: Die CDU wies auf ihrem 15. Parteitag, der vom 13. bis 15. Oktober 1982 in Dresden stattfand, gut 125 000 Mitglieder aus[65], die LDP sprach auf ihrem 13. Parteitag in Weimar (5.–7. April 1982) von mehr als 82 000 Mitgliedern.[66] Ein leichter Aufwärtstrend hält seither an: Mitgliederzuwachs mit Tolerierung durch die SED!

Für Opposition und Widerstand in der DDR sind CDU und LDP in der Gegenwart kaum noch von Bedeutung, wenn man davon absieht, daß sich hier und dort gewiß einzelne Mitglieder auch heute noch als politisch Gleichgesinnte im kleinen Kreis sammeln. Das politische Gewicht solcher Keimzellen mag für den Augenblick gering eingeschätzt werden – in Krisenzeiten des Regimes ist mit ihnen zu rechnen.

Widerstand aus religiöser Bindung 5

Die Ideologie des Marxismus-Leninismus ist ihrem Wesen nach eine auf materialistischen, also atheistischen Grundlagen aufgebaute Weltanschauung, die mit dem Glauben an Gott unvereinbar ist. »Die Religion ist das Opium des Volkes – dieser Ausspruch von Marx ist der Eckpfeiler der ganzen Weltanschauung des Marxismus in der Religionsfrage.«[1] Das Verhältnis der beiden christlichen Kirchen und der Gläubigen zur SED und ihrer Ideologie ist unter dem Gesichtspunkt dieses prinzipiell unüberbrückbaren Gegensatzes zu sehen. Für die DDR-Kommunisten bedeutet »die Religion stets eine ideologische Waffe in den Händen der Ausbeuter zur Festigung ihrer Macht und zur Unterdrückung der Werktätigen«.[2] Für sie ist darum der Kampf gegen die Religion eine Sache des Klassenkampfes.

Auf dieser Grundlage entwickelte sich in der DDR die gesamte Religions- und Kirchenpolitik der fünfziger Jahre, die ein kundiger Autor schlechthin als Phase der Konfrontation charakterisiert hat.[3] Konflikte mußten sich um so mehr zuspitzen, je stärker die SED mit ihrem politischen Herrschaftsanspruch auch die Durchsetzung eines sozialistischen Bewußtseins zu forcieren für zweckdienlich hielt. Die Propagierung des Atheismus unter Einsatz auch administrativer Mittel kennzeichnete namentlich die Bildungs- und Erziehungspolitik der fünfziger Jahre. Das Motiv aller Opposition und die Ursache jedes Widerstands aus religiöser Bindung lagen und liegen in der DDR in diesem Mißbrauch der politischen Gewalt durch die SED begründet. Der dauernde, wenn auch zu verschiedenen Zeiten mit wechselnder Intensität vorgetragene Angriff der SED auf die Gläubigkeit der Menschen führte nicht nur zu Spannungen im Verhältnis zwischen Kirche und Staat, sondern stürzte in den fünfziger Jahren auch viele Gläubige aus einer damals zu schätzungsweise 85 bis 90 Prozent konfessionell gebundenen Bevölkerung in tiefe Gewissenskonflikte zwischen Gehorsam gegenüber der Obrigkeit und seiner Gründung im Sittengesetz des Christen.

Seiner geschichtlichen Tradition nach ist das Land zwischen Elbe und Oder das Stammland der Reformation. An das Portal der Schloßkirche zu Wittenberg schlug Martin Luther 1517 seine 95 Thesen. Der weitaus überwiegende Teil der mitteldeutschen Bevölkerung bekannte sich in den fünfziger Jahren zum evangelisch-lutherischen Glauben. Die Katholiken machten etwa ein Zehntel der Bevölkerung aus. Sie leben – von einigen wenigen konfessionell geschlossenen Gebieten wie dem Eichsfeld und Teilen der Lausitz abgesehen – in der Diaspora. Aus dieser konfessionellen Situation erklärt sich, daß und warum die SED den Hauptstoß ihres Angriffs gegen die evangelische Kirche und ihre Glieder richtete.

Kirchenkampf und Opposition

Die am 7. Oktober 1949 in Kraft gesetzte erste Verfassung der DDR – sie besaß bis zum 9. April 1968 Gültigkeit – garantierte in Artikel 41 nicht nur »volle Glaubens- und Gewissensfreiheit« und »ungestörte Religionsausübung«, sondern ausdrücklich auch »das Recht der Religionsgemeinschaften, zu den Lebensfragen des Volkes von ihrem Standpunkt aus Stellung zu nehmen.« Trotzdem sind seit 1949, seit Gründung des Arbeiter-und-Bauern-Staates, vor allem aber seit dem Jahre 1952, das mit der Verschärfung des Klassenkampfes durch die SED auch die erste Phase eines offenen Kirchenkampfes brachte, zahlreiche Geistliche und Laien in der DDR ihres Glaubens wegen und ihrer daraus folgenden Haltung drangsaliert und verfolgt worden. Das änderte sich erst in den sechziger Jahren.

Die Kirchen sahen sich schon 1946 dem Angriff auf ihre Existenz und auf ihr Wirken ausgesetzt, als die in den damaligen fünf mitteldeutschen Ländern in Kraft gesetzten Schulgesetze unter dem Vorwand einer Demokratisierung des Erziehungswesens den Religionsunterricht aus seiner traditionellen Einordnung in den allgemeinbildenden Schulunterricht herausrissen und zu einer Sache ausschließlich der Kirche außerhalb des Schulunterrichts erklärten. Aus räumlichen wie aus organisatorischen Gründen wirkte sich diese Regelung als nachhaltige Behinderung des Religionsunterrichts aus – und eben dies war beabsichtigt, denn die Kirche sollte ihren Einfluß auf die Erziehung der Schuljugend verlieren.

Die Spannungen zwischen Kirche und Staat verschärften sich, als das Zentralkomitee der SED 1951 die »Organisation einer systematischen, wissenschaftlichen politischen Höherqualifizierung der Lehrer« und die »Verbreitung der fortschrittlichen wissenschaftlichen Erkenntnisse des Marxismus-Leninismus und der Sowjetpädagogik unter den Lehrern« verfügte.[4] Jeder Lehrer, auch der christliche, sollte somit schon damals gezwungen werden, seinen Unterricht im Sinne einer materialistisch-atheistischen Bekenntnisschule zu gestalten, ohne Rücksicht auf seinen Glauben oder auf die Gesinnung der Eltern der von ihm unterrichteten Kinder.

Ergänzend dazu wurde ein gesellschaftswissenschaftliches Grundstudium an Universitäten und Hochschulen zur Indoktrinierung der Studenten eingeführt. Beides mußte den Protest und die Opposition der Christen und der Kirchen auf den Plan rufen. »Nicht so sehr die Tatsache, daß der Staat der DDR ein Monopol in Erziehungs- und Bildungsfragen für sich beanspruchte, rief den Widerstand der Kirchen hervor, da auch in den bürgerlich-parlamentarischen Demokratien Mittel- und Westeuropas das Bildungswesen weitgehend staatlich organisiert ist; es war vielmehr das Faktum, daß die Erziehungsinhalte ein Fundament erhielten, das den Wertvorstellungen, Normen und vor allem Glaubensüberzeugungen der überwiegenden Mehrheit der Bevölkerung nicht nur entgegengesetzt war, sondern ihre Legitimation weitestgehend in Frage stellte. Mehr oder weniger deutlich haben einzelne Kirchenleitungen Stellung bezogen gegen ein auf der Grundlage des Marxismus-Leninismus aufgebautes, also atheistisch ausgerichtetes Erziehungssystem.«[5]

Natürlich hing es von jedem Lehrer oder Hochschullehrer ab, wieviel Geschick und Zivilcourage er aufbrachte, sich dem weltanschaulichen Ausschließlichkeitsanspruch des Regimes zu widersetzen und seinen Unterricht, seine Vorlesungen so zu halten, wie sein religiöses Bekenntnis es ihm vorschrieb. Von seiten der Kirchen wurde der christliche Lehrer immer wieder darin bestärkt – zum Beispiel in einem Wort der Evangelisch-Lutherischen Landessynode von Sachsen vom 19. Oktober 1951, in dem unter anderem unmißverständlich festgestellt wurde: »Die durch die Verfassung gewährleistete Freiheit des Glaubens ist praktisch dadurch aufgehoben, daß in der Schule die Lehre des historischen und dialektischen Materialismus alleinige Geltung beansprucht . . . Wir wissen, daß der Glaube nicht jedermanns Ding ist, und nötigen den Glauben niemandem auf. Aber wir verlangen auch, daß niemandem der Unglaube aufgenötigt wird. Glaubensfreiheit in der Schule besteht nur dann, wenn der Unterricht in allen Fächern so erteilt wird, daß Christen und Nichtchristen in gleicher innerer Freiheit teilnehmen können. Die im heutigen Schulwesen herrschende Meinung, ein wissenschaftlich denkender Mensch müsse Atheist und der Atheismus müsse darum in der Schule letzthin maßgebend sein, ist nicht nur wissenschaftlich unhaltbar, sondern auch Verleumdung der Glaubensfreiheit und damit Nichtachtung der Verfassung.«[6] Das waren mutige Worte, Ausdruck kirchlicher Selbstbehauptung, die die Glieder der Gemeinden bestärken sollten, sich zu ihrem Glauben auch zu bekennen.

Die 2. Parteikonferenz der SED im Sommer 1952 hatte jedoch mit der Radikalisierung der politischen Entwicklung auch ein verschärftes Vorgehen gegen jeden Lehrer zur Folge, der sich der materialistisch-atheistischen Durchdringung des Unterrichts widersetzte. Die Evangelisch-Lutherische Landessynode von Sachsen sah sich daher am 12. März erneut zu einer Erklärung genötigt, die an Deutlichkeit nichts zu wünschen übrig ließ: »Die Schule in der Deutschen Demokratischen Republik ist nunmehr unverhüllt zur materialistischen Bekenntnisschule geworden. Das gilt für die Theorie wie für die Praxis. Folgerungen, die junge Christen aus ihrem Bekenntnis zu Christus gezogen haben, haben in verschiedenen Orten zu ihrem Ausschluß aus der Oberschule geführt; die Berufung auf ihr christliches Gewissen wurde verunglimpft, sie selbst wurden einer verbrecherischen Haltung bezichtigt. Das ist das Ende der durch die Verfassung gewährleisteten Glaubensfreiheit.«[7] Da die von der SED verfügten Maßnahmen gegen die Kirchen mit der Verfassung der DDR unvereinbar waren, führten sie zwangsläufig zu Spannungen, die die staatlich-kirchlichen Beziehungen stark belasteten und das Vertrauen auf die Verfassung schwer beeinträchtigten.[8]

Ein Oberschüler wehrt sich: Hermann Joseph Flade

Das Vertrauen zum Staat wurde auch durch bestürzende Erfahrungen mit der Justiz belastet. Seine Richter ahndeten politisches Handeln, dessen Motiv Wille zum Widerstand einerseits, religiöse Bindung und Erziehung andererseits hieß, mit geradezu barbarischer Strenge. Exemplarisch hatte dies der Fall des Oberschülers Hermann Joseph Flade deutlich gemacht. Als Achtzehnjähriger war er, streng katholisch erzogen, am 16. Oktober 1950 in

Olbernhau/Erzgebirge festgenommen worden. Im Vorfeld der tags zuvor durchgeführten Einheitswahlen hatte er nachts selbstgefertigte Flugblätter verteilt, »illegal«. Knapp drei Monate später wurde er von einer Strafkammer beim Landgericht Dresden wegen »Boykotthetze« und »versuchten Mordes« zum Tode verurteilt.

Tatsächlich hatte sich Hermann Joseph Flade einer Festnahme zunächst erfolgreich widersetzt, wobei er einen Volkspolizisten im Handgemenge mit einem feststehenden Messer verletzt hatte, keineswegs lebensgefährlich freilich und ohne Tötungsabsicht, aber das Gericht konstruierte daraus einen Mordversuch. Über seine Beweggründe machten die Richter in ihrem Urteil, das am 10. Januar 1951 erging, Ausführungen, die besser als jeder Kommentar illustrieren, wie die Rebellion des Oberschülers eine Konsequenz seiner Erziehung gewesen war: »In der Oberschule schloß sich der Angeklagte denjenigen Mitschülern an, welche in ihrer Einstellung nicht mit der Entwicklung in fortschrittlichem Sinne gingen. Durch sein Bekanntwerden mit dem katholischen Pfarrer Langer, welcher dasselbe Glaubensbekenntnis wie der Angeklagte hatte, fand er ebenfalls einen Gesinnungsfreund, welcher mit den Maßnahmen, wie sie in der ehemaligen Ostzone sowie in der späteren DDR durchgeführt wurden, nicht einverstanden war. Diese negative Einstellung brachte der Pfarrer Langer dem Angeklagten Flade dadurch zum Ausdruck, daß er sich als Gegner zur Frage der Oder-Neiße-Grenze offenbarte und indem er dem Angeklagten Flade Zeitschriften aus dem Westen zur Verfügung stellte . . . Unter diesem Einfluß erreichte der Angeklagte im Mai 1950 sein 18. Lebensjahr. Als dann im Herbst 1950 innerhalb der DDR an die Durchführung der Wahl gegangen wurde, faßte der Angeklagte Flade den Entschluß, ähnlich den Friedenskämpfern im Westen, in seinem Heimatort, in Olbernhau, aktiv gegen die Wahl sowie sonstige Maßnahmen der Regierung tätig zu werden. Er fertigte mit einem Druckkasten in der Zeit vom 8. bis 10. Oktober 1950 etwa 60 Flugblätter mit den Aufschriften ›Aufklärungsblatt der jungen Pioniere‹, ›Die Gans‹ und ›Oktober‹. Des weiteren fertigte der Angeklagte am 14. Oktober 1950 erneut etwa 130 Flugblätter mit der Überschrift ›Volkspolizei, SED-Funktionäre, Bevölkerung‹. Diese hergestellten Flugschriften enthielten durchweg Hetze gegen die DDR.«[9]

Das Todesurteil löste weltweit Empörung und Solidarität aus. Dem Achtzehnjährigen wurde dadurch das Leben gerettet: In einer Revisionsverhandlung wurde er am 19. Januar 1951 zu 15 Jahren Zuchthaus verurteilt. Rund zwei Drittel davon mußte Hermann Joseph Flade hinter Eisengittern und Mauern büßen, ehe er amnestiert wurde. Sein Erlebnisbericht »Deutsche gegen Deutsche«[10] bleibt ein gültiges Zeugnis politischen Widerstands, das der 1980 in Bonn Verstorbene hinterlassen hat.

Nachzutragen bleibt, daß auch Pfarrer Arthur Langer aus Olbernhau zur Rechenschaft gezogen wurde. Weil er Hermann Joseph Flade westliche Literatur überlassen hatte, verurteilte ihn das Oberlandesgericht Dresden am 10. Januar 1951 zu acht Jahren Zuchthaus wegen Verbrechens gegen den Frieden im Sinne des DDR-Friedensschutzgesetzes vom 15. Dezember 1950 – ein sowohl materiell wie dem Strafmaß nach willkürliches Urteil, ein Unrechtsurteil!

Die Junge Gemeinde: »Spionage- und Agentenorganisation«

In ihre bis dahin größte Bedrängnis geriet die evangelische Kirche in der DDR, als das Regime die Zeit für gekommen hielt, offen gegen die Junge Gemeinde vorzugehen. Die Anfänge dazu reichen bis in das Jahr 1950 zurück, als sich die FDJ zunehmend stärker daran rieb, daß der Zusammenschluß junger Christen in den Gemeinden und ihre freie, organisatorisch ungebundene, für alle jungen Menschen offene Jugendarbeit in der jungen Generation der DDR viel Sympathie fand. »Mit dem wachsenden Einfluß der Jungen Gemeinde und dem sich in der Jugend durchsetzenden Bewußtsein, daß es sich in der Jungen Gemeinde besser singt, spielt und reist, wuchs der Widerstand des Staates. Einen direkten Ansatzpunkt des Eingreifens bot für den Staat das von den Jugendlichen als Zeichen des Erkennens und der Verbundenheit getragene Bekenntniszeichen, die Weltkugel mit dem Kreuz, in der Öffentlichkeit ›Kugelkreuz‹ genannt.«[11] Junge Christen, die es öffentlich trugen, mußten darauf gefaßt sein, »von Lehrern, Volkspolizisten und Angehörigen der FDJ zur Rede gestellt, vernommen und sogar gemaßregelt« zu werden, beklagte sogar der CDU-Vorsitzende Otto Nuschke. »Es ist darüber hinaus zur Empörung der Jugendlichen versucht worden, das Kreuz auf der Weltkugel z. B. mit der Bemerkung: ›Das Kirchenclubabzeichen verschwindet!‹ (Säume-Oberschule in Weissenfels) verächtlich zu machen.«[12]

Nach der 2. Parteikonferenz der SED nahmen die Attacken auf die Junge Gemeinde die Form massiver terroristischer Einschüchterung an. Volksbildungsministerin Else Zaisser, Ehefrau von Wilhelm Zaisser, dem damaligen Minister für Staatssicherheit, verunglimpfte die Junge Gemeinde auf einer zentralen FDJ-Konferenz als »eine unter religiöser Maske getarnte illegale Agenten- und Spionageorganisation« und behauptete: »Wir wissen, daß die Junge Gemeinde ihr Unwesen nicht nur in unseren allgemeinbildenden Schulen treibt, wir finden sie auch in den Berufsschulen, in den Fachschulen, in unseren Institutionen der Lehrerbildung. Wir finden sie im Dorf, in den Betrieben, wir finden sie überall. Wir sind fest davon überzeugt, und das hat die Praxis der letzten Wochen und Monate gezeigt, daß die Junge Gemeinde eine Agentur des amerikanischen Imperialismus ist und daß es unsere Aufgabe ist, rücksichtslos gegen die Feindtätigkeit der Jungen Gemeinde vorzugehen, die zweifellos im Auftrage des anglo-amerikanischen Imperialismus und seiner deutschen Helfershelfer handelt. Die imperialistischen Hetzer haben sehr gut begriffen, was es heißt, die Jugend zu besitzen, und daher auch ihre Anstrengungen, unsere Jugend mit Agenten zu durchsetzen und zu spalten.«[13] Christliche Jugendarbeit – gesehen mit den Augen einer DDR-Volksbildungsministerin!

Die Junge Gemeinde also »ein Sammelbecken für Feinde unseres sozialistischen Aufbaus«, wie man in der FDJ-Zeitung »Junge Welt« am 17. März 1953 las. »In einer Reihe von Ortschaften der Deutschen Demokratischen Republik erregt das unverhüllt gegen den Frieden und die staatliche Ordnung gerichtete Auftreten von Leitern der protestantischen sogenannten ›Jungen Gemeinde‹ unter der Bevölkerung schweres Ärgernis . . .« Schmähartikel dieser Art häuften sich. Am heftigsten wurden Pfarrer angegriffen, die auf die Jugend ihres Wirkungsbereichs einen der SED unerwünschten Einfluß ausübten. »Aufmerksam gemacht durch Briefe von Lesern, fuhren wir nach Carmzow im Kreis Prenzlau. Hier versieht Herr Pfarrer Erdmann seinen Dienst. Wem dient er?« Die Antwort auf die provokatorische Frage fiel eindeutig aus. »Es besteht kein Zweifel, daß es darum geht, einen Keil in die Jugend zu treiben, um im trüben fischen zu können. Der Glaube junger Menschen wird mißbraucht, sie werden in Gewissensnot getrieben und sollen die Rolle der Reserve Adenauers in unserer Republik spielen . . . Die Tatsachen sind alarmierend, weil uns auch aus anderen Gegenden der Republik Briefe vorliegen. So fand in Bad Wilsnak (Kreis Perleberg) ein Treffen der ›Jungen Gemeinde‹ statt, bei dem in Vorträgen über Themen wie ›Freie Liebe‹ oder ›Lügen die Pfarrer oder täuschen sich die Gottlosen?‹ nicht nur sehr weltliche Politik gemacht wurde, sondern vor allem gegen unsere demokratische Ordnung gehetzt wurde.«[14]

Artikel dieser Art sollten das terroristische Vorgehen gegen Pfarrer und in der Jungen Gemeinde tätige Laien propagandistisch vorbereiten. Es kam zu Verhaftungen evangelischer Geistlicher und Laienhelfer. Die Gerichte fällten auf Grund der Generalklausel in Artikel 6 der DDR-Verfassung (»Boykotthetze«) ungeheuerliche Urteile: Pfarrer Karl August Brandt aus Lohmen bei Güstrow: sechs Jahre Zuchthaus; Pfarrer Erich Schumann aus Zwickau: sechs Jahre Zuchthaus; Pfarrer Werner Gestrich aus Heinersdorf im Bezirk Frankfurt/Oder: zwölf Jahre Zuchthaus; Pfarrer Albin Drechsler aus Annaberg-Buchholz: zehn Jahre Zuchthaus; Diakon Herbert Bütge aus Wismar (wegen seiner Arbeit in der Jungen Gemeinde): acht Jahre Zuchthaus. In Haft genommen, offenbar ohne verurteilt zu werden, wurden der Pfarrer Dr. Winterhager aus der Mark, der Studentenpfarrer Johannes Hamel und der Vikar Johannes Althausen, beide Halle/Saale, sowie der Ostberliner Jugendpfarrer Reinhold George.[15] Als die Kirchenkanzlei der Evangelischen Kirche in Deutschland eine Fürbitte u. a. für die inhaftierten Pfarrer anregte, fragte »Neues Deutschland« am 15. November 1952: »Fürbitte für Schwerverbrecher?«

Am 20. April 1953 klagten die evangelisch-lutherischen Bischöfe Deutschlands das Regime öffentlich an, verurteilten den »Druck, der in Glaubens- und Gewissensfragen auf Glieder der evangelischen Kirche innerhalb der Deutschen Demokratischen Republik ausgeübt wird«, verwahrten sich, »daß gegen die Glieder der Jungen Gemeinde mit besonderer Härte vorgegangen wird«, und wiesen alle Angriffe, »die in der ›Jungen Welt‹, dem Organ des Zentralrates der FDJ, gegen die Junge Gemeinde erhoben sind«, als »nicht wahr« zurück. »Uns ist weiterhin bekanntgeworden, daß Verhaftungen vorgenommen werden, ohne daß den Beschuldigten der Grund ihrer Verhaftungen mitgeteilt oder den Angehörigen der Aufenthaltsort der Verhafteten bekanntgegeben wird. Wir wissen von unbegreiflich hohen Strafen in Fällen, die das allgemeine Rechtsempfinden der gesamten zivilisierten Welt völlig anders beurteilen würde. Wir erklären, daß wir diese Methoden als unmenschlich empfinden.«[16] Ein Dokument kirchlicher Opposition!

Dennoch wurde die Junge Gemeinde in einer regierungsamtlichen Stellungnahme vom 27. April 1953 als »illegale Organisation« gebrandmarkt und beschuldigt, »unter dem Deckmantel der religiösen Betätigung systematisch

Spionage in der Deutschen Demokratischen Republik«[17] zu treiben. Eine Zeit der offenen Feindseligkeit gegen gläubige Christen und die Verfolgung der Jungen Gemeinde hatte begonnen. 1952/53 wurden insgesamt 72 Pfarrer und Jugendleiter verhaftet und über 300 junge Christen von den Oberschulen verwiesen[18] – unter letzteren übrigens Friedhelm Krummacher, ein Sohn des späteren Greifswalder Bischofs Friedrich-Wilhelm Krummacher. In einer erweiterten FDJ-Vollversammlung seines Gymnasiums hatte er seinen Glauben und die Arbeit der Jungen Gemeinde mutig verteidigt. Der Pädagogische Rat beschloß daraufhin zur Strafe die »Umerziehung« durch Arbeit in der Produktion.

Eine Wende trat im Zeichen des Neuen Kurses ein. Am 10. Juni 1953 fand auf Ersuchen der evangelischen Kirche eine Besprechung zwischen Bischof D. Otto Dibelius und anderen Bischöfen sowie Ministerpräsident Otto Grotewohl, Staatssicherheitschef Wilhelm Zaisser und weiteren hohen Funktionären statt. In einem Kommuniqué wurde mitgeteilt, daß über die »Wiederherstellung eines normalen Zustandes zwischen Staat und Kirche weitgehende Übereinstimmung erzielt« worden sei. Aus den Zugeständnissen des Regimes ging indirekt hervor, welchen Umfang die Kirchenverfolgung bereits angenommen hatte. Unter anderem wurde angeordnet: »Es sind keinerlei weitere Maßnahmen gegen die sogenannte ›Junge Gemeinde‹ und sonstige kirchliche Einrichtungen einzuleiten . . . Alle im Zusammenhang mit der Überprüfung der Oberschüler und der Diskussion über die Tätigkeit der ›Jungen Gemeinde‹ aus den Oberschulen entfernten Schüler sind sofort wieder zum Unterricht zugelassen. Es ist ihnen die Möglichkeit zu geben, die versäumten Prüfungen nachzuholen. Wegen der Wiedereinstellung der aus dem gleichen Anlaß entlassenen Lehrer hat das Ministerium für Volksbildung eine sofortige Prüfung und Entscheidung durchzuführen . . . Die beschlagnahmten Einrichtungen und Anstalten kirchlichen Charakters sind an die früheren Verwaltungen zurückzugeben . . . Die Urteile der Gerichte sind zu überprüfen und ungerechte Härten zu beseitigen.«[19] Die evangelische Kirche und die christlichen Bevölkerungsteile hatten sich im Ausharren, im Widerstand aus dem Glauben behauptet. Nur in dieser Situation konnte den Machthabern auch das Zugeständnis abgerungen werden, daß vom 7. bis 11. Juli 1954 zum ersten und letzten Mal ein Deutscher Evangelischer Kirchentag in der DDR abgehalten werden konnte – in Leipzig.

»Der letzte organisierte Feind«

Bereits im Herbst 1954 zeigte die Religions- und Kirchenpolitik der SED wieder schärfere Konturen. Ein erstes Alarmsignal war die Einführung einer kommunistischen Jugendweihe. Dieser als atheistischer Staatsakt für Schulabgänger gedachte Ersatzritus für Konfirmation, Kommunion und Firmung, der in »sozialistischen Jugendstunden« vorbereitet wurde, stieß bei den Kirchen naturgemäß auf heftigen Widerspruch. »Eltern und Kinder müssen wissen, daß sich das Bekenntnis zum evangelischen Glauben nicht mit der Teilnahme an einer Jugendweihe in Einklang bringen läßt.«[20] In einem Hirtenwort der katholischen Bischöfe vom 26. Dezember 1954 wurde festgestellt: »Die jetzt geplanten ›Jugendweihen‹ können für einen katholischen Christen niemals in Frage kommen; sie haben als Grundlage eine materialistische Weltanschauung und wollen die Belehrung im materialistischen Geist, die die religionslose Schule begonnen hat, fortsetzen und mit einer Feier krönen . . . Kann man ein Bekenntnis zu Gott ablegen und zugleich auch ein Bekenntnis zur Gottlosigkeit?«[21] Einstweilen stand ein Großteil der Bevölkerung hinter dieser Haltung der Kirchen: Die Jugendweihe wurde boykottiert, und an den ersten Veranstaltungen dieser Art im Frühjahr 1955 nahm nur etwa ein Prozent der Schulabgänger teil. Erst als die Kommunisten die ursprünglich zugesicherte Freiwilligkeit der Beteiligung an den Jugendweihen durch massiven gesellschaftlich-politischen Zwang ersetzten und die Weigerung spürbare Nachteile in Ausbildung und Beruf nach sich zu ziehen drohte, stieg der Anteil auf 90 Prozent und mehr an. Wiederum hatte die SED Zwangsmittel eingesetzt, wo sie oppositionelle Verhaltensweisen nicht durch Überzeugung zu ändern vermochte.

Die Erfahrungen des Sommers 1953 hatten die Kommunisten gelehrt, ihre Repressionen gegen die Kirche und ihre Gemeinden künftig zu differenzieren, um jede massenhafte Opposition aus der christlichen Bevölkerung – das waren ja vielfach Arbeiter und Bauern – zu konterkarieren oder sie ohne größeren Widerstand in den sozialistischen Umwälzungsprozeß einzubeziehen, nicht zuletzt mit Hilfe der DDR-CDU.

Die politische Linie, die die SED gegenüber den Kirchen einschlug, brachte Otto Grotewohl auf der 3. Parteikonferenz der SED (24.–30. März 1956) auf folgenden Modus: »Die Kirche selbst wird in der Pflege der Kulthandlungen in der Kirche in nichts begrenzt. Der Staat mischt sich in die inneren Angelegenheiten der Kirche ebensowenig ein wie in die inneren Angelegenheiten anderer Vereinigungen.« Allerdings: »Es unterliegt keinem Zweifel, daß die Tätigkeit der Kirche an die Gesetze unseres Staates gebunden ist. Es darf darum keinen Mißbrauch dieser Bestimmungen gegen die Interessen des Staates geben. In der Verfassung ist eine Bestimmung enthalten, wonach den Religionsgemeinschaften das Recht zusteht, zu den Lebensfragen des Volkes von ihrem Standpunkt aus Stellung zu nehmen. Diese Bestimmung darf aber nicht so verstanden werden, daß sich kirchliche Kreise in anmaßender Weise in die inneren Angelegenheiten des Staates in negativem, ja feindseligem Sinne einmischen.«[22]

Entgegen den eher zurückhaltenden Formulierungen Grotewohls hielt der Leipziger Bezirksparteichef Paul Fröhlich eine aggressiv-militante Rede wider die Kirchen und die Religion. »Die Ideologie des Aberglaubens – und, Genossen, wir spüren das auch noch innerhalb der Partei – hemmt doch den Fortschritt«, rief er aus. »Unsere Weltanschauung ist wissenschaftlich-atheistisch, also gegen den Aberglauben gerichtet.«[23] Danach konnte es kaum überraschen, wenn das Regime dazu überging, seine atheistische Agitation und antireligiöse Propaganda auszuweiten und zu verschärfen – ergänzt durch die Erfindung neuer, bewußt den Formen der Kirche angepaßter Ersatzriten wie der sozialistischen Eheschließung und der sozialistischen Namensgebung. Der Einfluß der Kirchen auf das Denken und Empfinden der Bevölkerung sollte systematisch zurückgedrängt werden.

Die Zustimmung der in Berlin tagenden Gesamtdeutschen Synode zum Vertrag der Evangelischen Kirche in Deutschland mit der Bundesrepublik Deutschland zur Regelung der evangelischen Militärseelsorge vom 22. Februar 1957 ließ die Auseinandersetzungen mit neuer Schärfe entbrennen. »Die Kirche ist der letzte organisierte Feind in der DDR«, verkündete Albert Norden am 11. Februar 1958, damals Sekretär für Agitation des Zentralkomitees der SED.[24] Eine Reihe von Gesinnungsprozessen gegen evangelische und katholische Geistliche und Laien machte anschaulich, wie die Formel vom »letzten organisierten Feind« mit politischem Inhalt gefüllt werden sollte.

So ahndete das Bezirksgericht Leipzig die kritische Auseinandersetzung mit dem DDR-Sozialismus, die der dortige Studentenpfarrer Dr. Siegfried Schmutzler im Kreis der evangelischen Studentengemeinde gepflogen hatte, als »Boykotthetze« und »illegale Gruppenbildung« mit fünf Jahren Zuchthaus. Konkret wurden dem oppositionellen Pfarrer Kontakte zu Evangelischen Akademien in der Bundesrepublik angelastet, vor allem der Umstand, daß er dort nicht nur selber Vorträge gehalten, sondern auch etwa 70 Leipziger Studenten zur Teilnahme entsandt habe. »Aufgrund der Anleitung, die der Angeklagte von diesen Akademien erhielt, schuf er in Leipzig eine illegale Gruppe, in der er die Hetze weiter trieb und mit deren Hilfe er weite Kreise der Bevölkerung negativ beeinflußte. Dabei nutzte er die sogenannte Studentengemeinde aus, aus deren Kreis er ›Vertrauensstudenten‹ auswählte. Diese Vertrauensstudenten waren mit dem Angeklagten gemeinsam der führende Kopf und somit die Leitung dieser illegalen Organisation. Im Vertrauenskreis wurden alle Maßnahmen besprochen und festgelegt. Zur systematischen Beeinflussung der Studenten wurden sozialethische Kleinkreise geschaffen. Diese sozialethischen Kleinkreise waren Versammlungen einer Reihe von Studenten und anderer Personen in Wohnungen oder im evangelischen Studentenheim, auf denen in Vorträgen und Aussprachen eine systematische Hetze gegen unseren Staat betrieben wurde.«[25] Christliche Studentenarbeit – für die Leipziger Richter waren sie Opposition oder, in ihrer Sprache, »Hetze«, »feindliche Handlungen«, »konterrevolutionäre Machenschaften«.

Wegen »Boykotthetze« verurteilte das Bezirksgericht Schwerin auch den in der Gemeinde Pampow tätigen evangelischen Propst Otto Maercker nach viertägiger Verhandlung am 19. Dezember 1957 zu zweieinhalb Jahren Zuchthaus. Nach einem Bericht in dem mecklenburgischen CDU-Organ »Der Demokrat« vom 18. Dezember 1957 war er wegen »fortgesetzter Hetze gegen demokratische Einrichtungen und Organisationen« sowie wegen »solcher Handlungen« angeklagt worden, die sich »gegen die in der Verfassung der DDR garantierte Gleichberechtigung aller Bürger richten«.

Eine relative Entspannung erfuhr das Verhältnis zwischen Staat und evangelischer Kirche in der DDR erst, als nach längeren Verhandlungen am 21. Juli 1958 eine Übereinkunft darüber getroffen wurde, daß die evangelischen Gliedkirchen in Mitteldeutschland nicht an den mit der Bundesregierung abgeschlossenen Vertrag über die evangelische Militärseelsorge gebunden seien.

Selbstverständlich hatten und haben in den fünfziger Jahren nicht nur evangelische Christen, Geistliche und Laien wegen ihrer Opposition, wegen ihres

Widerstands aus religiöser Bindung Maßregelungen, Nachteile und Verfolgung in der DDR hinnehmen müssen. Starke Impulse kirchlicher Selbstbehauptung gingen auch und gerade von katholischer Seite aus. So forderten die Bischöfe und Bischöflichen Kommissare in der DDR am 4. Dezember 1957 in einem der Ostberliner Regierung zugeleiteten Memorandum eine Veränderung des Status quo gemäß folgender sieben Punkte: »Aufgabe der Diskriminierung von Religion und Kirche; positive Toleranz in der schulischen Erziehung; Lehrerausbildung ohne Vorherrschaft der atheistischen Philosophie; tatsächlich freie Entscheidung ohne eventuelle berufliche Nachteile bei der Jugendweihe; die gleichen publizistischen Möglichkeiten für kirchliche Autoren wie für Vertreter des Atheismus; Freiheit der Kirche, Angriffe mit Mitteln moderner Publizistik abzuwehren, und schließlich Beendigung beruflicher Benachteiligung für aktiv zur Kirche stehende Christen«.[26] Auch wenn die Kommunisten unter den gegebenen Machtverhältnissen nicht im Traum daran dachten, diesen Forderungen nachzugeben, so hat der Sieben-Punkte-Katalog wenigstens dokumentiert, wogegen sich die Opposition der katholischen Bischöfe und Bischöflichen Kommissare in der DDR richtete.

Im übrigen veranschaulichten Strafprozesse gegen Priester und katholische Laien, wie wenig nachsichtig der Staat auch mit aufbegehrenden Katholiken umzugehen bereit war. Am 12. Dezember 1958 wurden elf Männer aus der katholischen Pfarrgemeinde in Rathenow vom Bezirksgericht Potsdam als »Agenten« und »Spione« zu Freiheitsstrafen bis zu fünf Jahren verurteilt, weil sie an Einkehrtagen im West-Berliner Exerzitienhaus teilgenommen hatten. Aufsehen erregte ein Prozeß vor dem Bezirksgericht Frankfurt/Oder, in dem nach mehrtägiger Verhandlung am 20. Dezember 1958 gegen vier Jesuitenpatres Urteile bis zu vier Jahren Zuchthaus ergingen. Auch sie wurden der »Agententätigkeit« beschuldigt. »Im Prozeß gegen die vier Jesuitenpatres«, so hieß es dazu in einer Stellungnahme des Bischöflichen Ordinariats Berlin, »wertete das Gericht seelsorgerische Gespräche und Ratschläge, um die sie von Gläubigen in Gewissensnot angegangen worden waren, als ›Spionage‹ und ›Abwerbung‹ . . .«[27] Einer der Verurteilten, Pater Wilhelm Rueter, wurde zu acht Monaten Gefängnis verurteilt, weil er in West-Berlin erschienene katholische Publikationen bei sich aufbewahrt hatte.

Im permanenten Konflikt: »Jehovas Zeugen«

Ein Überblick über den Widerstand aus religiöser Bindung wäre unvollständig, würde in ihm nicht das zähe Ringen einer ihrem Einfluß auf die Bevölkerung nach zwar unbedeutenden, aber äußerst beharrlich agierenden Sekte in der DDR berücksichtigt: der Widerstand der »Zeugen Jehovas«, die sich auch »Bibelforscher« nennen. Sie waren bereits unter dem nationalsozialistischen Regime Verfolgungen ausgesetzt. In der DDR wurden die »Zeugen Jehovas« durch Erlaß des Ministers des Innern vom 31. August 1950 »aus der Liste der erlaubten Religionsgemeinschaften gestrichen und somit verboten«, weil sie »eine systematische Hetze gegen die bestehende demokratische Ordnung und deren Gesetze unter dem Deckmantel einer religiösen Veranstaltung betrieben« sowie »illegales Schriftenmaterial eingeführt und verbreitet«[28] hatten. Da es die »Bibelforscher« seither nicht aufgegeben haben, im Machtbereich der SED ihre Auslegung der Heiligen Schrift zu propagieren, sahen sie sich in brutalster Weise verfolgt, ohne sich freilich in ihrem missionarischen Sendungsbewußtsein beirren zu lassen. Die Folge war, daß mehrere tausend Männer und Frauen seit der Zeit des Verbots verhaftet und verurteilt wurden. In mehreren Dutzend Fällen belief sich die Strafe auf lebenslanges Zuchthaus.

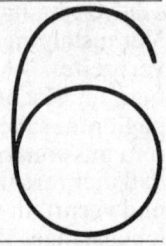

Das Verhältnis der mitteldeutschen Arbeiterschaft zur SED ist von Irritationen nie frei gewesen. Ihre Wurzeln haben sie vor allem in der historischen Erfahrung, daß die politischen und sozialökonomischen Umwälzungen in der sowjetischen Besatzungszone beziehungsweise, seit ihrer Gründung, in der Deutschen Demokratischen Republik nicht aus »revolutionären Klassenkämpfen« hervorgegangen sind, sondern das Resultat einer »Revolution von oben« waren und sind – von den deutschen Kommunisten vollzogen kraft Weisung, Steuerung und Unterstützung durch die sowjetische Besatzungsmacht. »Okkupationssozialismus«: der Begriff ist polemisch, aber treffend gewählt für den realen Sozialismus der DDR.

Der Tatbestand hat das Verhältnis der Bevölkerung zur SED zwar allgemein belastet, das politische Bewußtsein der weithin von sozialdemokratischen und kommunistischen Traditionen geprägten Arbeiterschaft, namentlich der mitteldeutsch-sächsischen Industriereviere, aber mußte er desto nachhaltiger bestimmen, je aufdringlicher die SED ihre Herrschaft als Diktatur des Proletariats deklarierte. »Unter Führung der Sozialistischen Einheitspartei Deutschlands vollzog sich in der Deutschen Demokratischen Republik eine grundlegende Wende in der Geschichte des deutschen Volkes, die Wende zum Sozialismus. In Gestalt der Deutschen Demokratischen Republik errichtete und festigte die Arbeiterklasse im Bündnis mit den Bauern und den anderen Werktätigen ihre politische Herrschaft. Sie schuf den sozialistischen Staat der Arbeiter und Bauern als eine Form der Diktatur des Proletariats.«[1] In Wirklichkeit empfindet die Arbeiterschaft der DDR die Diktatur des Proletariats bis in die Gegenwart hinein als das, was sie ist – als Parteidiktatur.

Die Einstellung führender Männer der SED zur Arbeiterschaft in ihrem Staat ist zwiespältig. Einerseits suchen sie sich durchaus mit den Werktätigen zu identifizieren, andererseits sind sie seit dem Aufstand vom 17. Juni 1953 voller Unsicherheit und politischem Mißtrauen. Es war für Walter Ulbricht, Wilhelm Pieck, Erich Honecker und Genossen eine schockierende Lektion, daß ausgerechnet ihre Arbeiter-und-Bauern-Macht nach Stalins Tod zuerst von Streiks, Demonstrationen und Unruhen erschüttert wurde. In bisher in der DDR nie wieder erlebtem Ausmaß kulminierten im Aufstand vom 17. Juni 1953 sozialer Massenprotest und politische Opposition, wobei sich Zeichen der Krise schon in den Jahren zuvor angedeutet hatten. Die früh vollzogene politische Gleichschaltung und funktionale Wandlung der Gewerkschaften unter Kuratel der SED hat das Verhältnis von Arbeiterschaft und Partei belastet. Nachdem durch Befehl Nr. 2 der SMAD vom 10.

Juni 1945 neben politischen Parteien auch »freie Gewerkschaften und Organisationen zur Wahrung der Interessen und Rechte der Werktätigen« zugelassen worden waren, hatte ein vorbereitender Ausschuß – bestehend aus drei Kommunisten, drei Sozialdemokraten und zwei christlichen Demokraten, um vorläufig das Prinzip der Überparteilichkeit zu wahren – zur Gründung eines Freien Deutschen Gewerkschaftsbundes aufgerufen. Der FDGB, der in sich verschiedene Industrie- und Fachgewerkschaften vereinigte, war als Einheitsgewerkschaft geschaffen. Immerhin dauerte es bis Herbst 1948, ehe die Kommunisten seine politische Unabhängigkeit für fragwürdig erklärten und das »noch stark vorhandene Unpolitische, Nur-Gewerkschaftliche in der Gewerkschaftsbewegung«[2] zu bekämpfen begannen.

Der FDGB als Erfüllungsgehilfe der SED

Auf dem 3. Kongreß des FDGB, der vom 30. August bis zum 3. September 1950 in Ost-Berlin tagte, hatte die SED ihr Ziel erreicht: Die Gewerkschaften, in denen kommunistische Kader bereits die Schlüsselpositionen innehatten, unterwarfen sich in aller Form ihrem Diktat, indem sie »die führende Rolle der Partei der Arbeiterklasse, der Sozialistischen Einheitspartei Deutschlands«, ausdrücklich anerkannten. »Damit war eine grundsätzliche, weit in die Zukunft weisende Entscheidung gefallen. Sie enthielt eine prinzipielle Absage an jegliche Versuche, Partei und Gewerkschaften voneinander zu trennen oder einer ›Neutralität‹ der Gewerkschaften gegenüber der Politik der SED das Wort zu reden.«[3] Der Preis dafür war hoch: Fortan fand der FDGB, der faktisch zur Staatsgewerkschaft geworden war, als unabhängige Interessenvertretung der Arbeiterschaft keinerlei Anerkennung mehr. Beseitigt war zugleich allerdings die bis dahin in begrenztem Umfang gegebene Möglichkeit, sozialen Protest aus der Arbeiterschaft gewerkschaftlich zu organisieren.

Die Kommunisten sehen im FDGB seither nur noch ein wichtiges sozialpolitisches Machtinstrument, einen Transmissionsriemen, der die Politik der Partei auf die Massen der Arbeiterschaft überträgt, eine »Schule des Sozialismus«. Statt die Rechte der Arbeiter zu schützen und ihre Mitwirkung an der Lösung arbeitsrechtlicher und sozialer Probleme zu sichern, führte und führt der FDGB in erster Linie den Kampf um die maximale Steigerung der Arbeitsproduktivität, ohne daß sich die Arbeiterschaft in der DDR selbst bis in die Gegenwart hinein mit dieser Denaturierung abgefunden hätte. Wohin sie in letzter Konsequenz führen kann, hat das Schicksal der polnischen Gewerkschaften gelehrt. Immer wieder hatte und hat sich die SED mit Auffassungen selbst unter Gewerkschaftsfunktionären auseinanderzusetzen, »daß der Staat die Gewerkschaften vor seinen Schlitten spannen wolle«, ganz zu schweigen von dem Argument, »die Gewerkschaften sollten eine bessere Interessenvertretung der Arbeiter vornehmen, indem sie in Opposition zum Staat gehen«.[4]

Der Logik dieser Entwicklung entsprach es, wenn die Arbeiter auch ihrer vom FDGB unabhängigen Vertretungsorgane in den Betrieben beraubt wurden. Tatsächlich existierten seit Herbst/Winter 1945 in nahezu allen Betrieben der SBZ wieder demokratisch gewählte Betriebsräte, durch die die Arbeiterschaft im Betrieb ein unmittelbares Mitbestimmungsrecht ausüben konnte. Mit zunehmender Sowjetisierung der Wirtschaft mußten die Betriebsräte den Machthabern der neuen Klasse mehr und mehr im Wege stehen. »Denn die Rechte, die der Staat den Betriebsräten gegenüber (privaten) Unternehmern gern gewährte, kehrten sich nun gegen ihn selbst als neuen Unternehmer«[5], zumal die Arbeiter vorwiegend Kollegen ihres Vertrauens in die Betriebsräte wählten, nicht Kommunisten. Schon die 1945 in einer Reihe von Großbetrieben in der SBZ durchgeführten ersten Betriebsratswahlen hatten für die Kommunisten denkbar ungünstige Ergebnisse gehabt. »In den Leuna-Werken hatten sie z. B. von insgesamt 32 Mandaten nur ein einziges erlangen können, während den Sozialdemokraten 26 Mandate zugefallen waren.«[6] Bei den Betriebsratswahlen des Jahres 1948 – den letzten in der SBZ – hatten die Arbeiter zu über 50 Prozent ihre Stimmen für parteilose Kandidaten abgegeben. In den Bitterfelder Beschlüssen vom 26. November 1948 erzwang die Führung des FDGB die Beseitigung des Dualismus zwischen Betriebsgewerkschaftsleitungen und Betriebsräten: Die Rechte der Betriebsräte wurden den Betriebsgewerkschaftsleitungen übertragen, die Betriebsräte wurden aufgelöst.

Der Unterschied war keineswegs formaler Natur. Im Gegensatz zu den unabhängigen Betriebsräten waren die Betriebsgewerkschaftsleitungen als organisatorische Einheiten des FDGB an dessen Weisungen gebunden. Von ihnen brauchte die SED keine die ökonomischen Interessen des Regimes beeinträchtigende Eigeninitiative mehr zu befürchten. Als am 7. Oktober 1949 die erste DDR-Verfassung in Kraft trat, wurde zwar den Arbeitern in Artikel 17 das Recht zugestanden, an der Regelung der Produktion und der Arbeits- und Lohnbedingungen durch Gewerkschaften und Betriebsräte mitzuwirken, aber diese Bestimmung blieb ebenso auf dem Papier wie das in Artikel 14 deklarierte Streikrecht der Gewerkschaften.

Die mitteldeutschen Arbeiter, die in den ersten Nachkriegsjahren durch höhere Lebensmittelrationen, bevorzugte Zuteilung von Textilien, Schuhwerk und alkoholischen Getränken sowie auf andere Weise umworben worden waren, sahen sich nunmehr nahezu wehrlos und entrechtet. Sie bekamen das immer nachhaltiger zu spüren, seitdem in der »volkseigenen« Industrie der Leistungslohn auf der Grundlage sogenannter technisch begründeter Arbeitsnormen eingeführt worden war. Da die Arbeitsnormen nicht nach der Durchschnittsleistung der Arbeiter errechnet werden, sondern »etwa in der Mitte zwischen der Arbeitsleistung der führenden Aktivisten und der Leistung der Masse der Arbeiter liegen müssen«[7], trieben sie den Arbeiter, wollte er keine Lohnminderung in Kauf nehmen, zu ständig höherer Leistung an.

Mit dem Gesetz der Arbeit vom 19. April 1950 und seinen nach und nach ergangenen Ausführungsbestimmungen wurde die Entrechtung der mitteldeutschen Arbeiterschaft legalisiert. Anstelle der bis dahin üblichen Tarifverträge und Betriebsvereinbarungen wurde die Gestaltung der Arbeits- und Lohnbedingungen in der »volkseigenen« Wirtschaft durch Verordnung geregelt. Außerdem führten die Kommunisten nach sowjetischem Beispiel den Betriebskollektivvertrag in das Arbeitsrecht der DDR ein. Seine Funktion als »ein wichtiges Mittel zur Planerfüllung« und zur »ständigen Steigerung der Produktion und der Arbeitsproduktivität«[8] wurde ausdrücklich hervorgehoben. Da der Betriebskollektivvertrag, der seit 1951 – dem ersten Jahr des ersten Fünfjahresplans – in jedem Jahr zwischen den Werkleitern der »volkseigenen« Betriebe und den Betriebsgewerkschaftsleitungen abgeschlossen wird, inhaltlich in der Hauptsache auf den von der staatlichen Planbehörde erlassenen Kenn- und Kontrollziffern und den vom Bundesvorstand des FDGB herausgegebenen Direktiven beruht, besitzen die Arbeiter keine Möglichkeit, auf seine Bestimmungen wesentlich einzuwirken. Angesichts dieser Entwicklung konnte es nicht ausbleiben, daß opponierende Arbeiter versuchten, mit Mitteln zu ihrem Recht zu kommen, die das Betriebsleben selbst anbot. Richtete sich ihre Auflehnung zunächst nur gegen die als Normenbrecher auftretenden Aktivisten, die von ihren Arbeitskollegen vielfach angefeindet und verachtet, gelegentlich auch verprügelt wurden, so versteifte sich die Opposition im Betrieb, als die ersten Betriebskollektivverträge abgeschlossen werden mußten.

Arbeiteropposition im Betrieb

1951 kam es in der DDR zu offenen Konflikten und ersten Warnstreiks. Die Kommunisten selbst rechneten nicht damit, daß die Ausarbeitung der Betriebskollektivverträge kampflos vor sich gehen würde. Die Praxis sollte sie in dieser Einschätzung bestätigen. Die Ablehnung durch die Arbeiter im Betrieb bedingte häufig heftige Auseinandersetzungen. »Es werden nicht nur zahlreiche Stimmen offen gegen den ›Vertrag‹ abgegeben, sondern die Arbeiter sprengen mit ›wüstem Lärm‹ Gewerkschaftsversammlungen, in denen über die Annahme abgestimmt werden sollte. Es werden nicht nur Stimmzettel ungültig gemacht, sondern auch unter Druck der aktivsten Gegner des ›Vertrages‹ einstimmige Ablehnungsergebnisse erzielt, wie es ausgerechnet in Leuna der Fall war. In anderen Betrieben müssen die Abstimmungen verschoben oder wiederholt werden.«[9]
»Im Leuna-Werk mußte Ulbricht selbst auftreten, aber er konnte die ungehaltenen Werkmänner nicht beruhigen, sie rebellierten. Verhaftungen brachen den Gegendruck. In Jena wagte man nicht, mit gleichen Maßnahmen gegen die Zeiss-Belegschaft vorzugehen. Drei Betriebsversammlungen lehnten immer wieder ab und setzten Änderungen durch, erst in der vierten gelang es mit Drohungen und Erpressungen, die Belegschaft zu ihrem Glück zu zwingen.«[10]
Selbst bei Funktionären der SED und des FDGB stieß der Betriebskollektivvertrag auf Ablehnung. »Im Leipziger Druckgewerbe ist noch kein Betriebskollektivvertrag abgeschlossen«, empörte sich die »Leipziger Volkszeitung« am 18. August 1951. »Die meisten Betriebsleitungen und Gewerkschaftsfunktionäre betrachten den Betriebskollektivvertrag als ›heißes Eisen‹, trauern dem alten Buchdruckertarif nach und machen ›besondere Verhältnisse‹ im graphischen Gewerbe geltend.«
In einem Beschluß des Politbüros vom 27. November 1951 zog die SED ihr

Resümee: »Bei der Beratung und Beschlußfassung über den Betriebskollektivvertrag traten in diesem Jahr alle Fehler und Schwächen der gewerkschaftlichen Massenarbeit in Erscheinung.« Als »größte Schwäche« wurde die »mangelhafte ideologische Arbeit der Gewerkschaftsleitungen« genannt. »Sie verstanden meistens nicht, die Bedeutung des Kollektivvertrages grundsätzlich zu beleuchten und den Arbeitern den Leistungslohn, die Fragen der Betriebsorganisation und der Arbeitsdisziplin vom grundsätzlichen Standpunkt der Verantwortung der Arbeiterklasse für die volkseigene Wirtschaft . . . zu erklären.«[11]

Selbst drei Jahrzehnte später wurde den Arbeitern noch einmal vorgehalten, wie sie sich seinerzeit gegen Leistungslohn und Betriebskollektivvertrag gewehrt hatten. »In manchen Betrieben verlangten Arbeiter Sonderrechte gegenüber Werktätigen anderer Betriebe. So kam es in einigen Fällen bei der Ausarbeitung und beim Abschluß des BKV zu harten Auseinandersetzungen.«[12] Wenn trotzdem 1951 bereits in 5000 Betrieben der DDR Betriebskollektivverträge abgeschlossen werden konnten, so läßt dies den Druck ermessen, der auf die Arbeiter ausgeübt wurde. Da andererseits den Arbeitern »volkseigener« Betriebe nicht mehr der private Unternehmer oder die Verwaltung eines kapitalistischen Konzerns gegenüberstand, sondern der Staat in der Rolle des Arbeitgebers, mußten soziale Konflikte zwischen Arbeitnehmer und Arbeitgeber zwangsläufig die Qualität politischer Gegensätze annehmen.

Sozialer Konfliktstoff reicherte sich zur Genüge an. 1952 belief sich das monatliche Durchschnittseinkommen aller Beschäftigten in der DDR auf 308 Mark, das der Produktionsarbeiter auf 313 Mark.[13] Die Stundenlöhne für Arbeiter lagen durchweg unter zwei Mark. Geradezu erbärmlich nahmen sich mit 65 Mark im Monat die Mindestrenten für Alters-, Invaliden- und Unfallrenten und mit 55 Mark für Witwen aus.[14] Solche Löhne und Renten mußten um so bedrückender empfunden werden, als die SED durchaus zu Recht stets darauf verwies, daß die zerrüttete Wirtschaft seit 1945 wiederaufgebaut war und die DDR beachtliche Erfolge besonders in der Energie-, Stahl- und Chemieproduktion aufzuweisen hatte. »Demgegenüber blieb die Entwicklung der Konsumgüterindustrie zurück. Trotz vieler Versprechungen war der Lebensstandard weiterhin relativ niedrig (und erheblich bescheidener als in der Bundesrepublik). Noch immer mußten Fett, Fleisch und Zucker rationiert werden, sehr viele Güter waren Mangelware, und die Qualität ließ oft zu wünschen übrig. Außerdem waren die hohen Preise in den HO-Läden für viele Arbeiter unerschwinglich.«[15] Nun bekamen die Arbeiter drastisch zu spüren, daß sie infolge der Gleichschaltung des FDGB ihrer herkömmlichen Interessenvertretungen beraubt waren.

Aufbau des Sozialismus oder: Verschärfung des Klassenkampfes

Vom 9. bis 12. Juli 1952 trat in Ost-Berlin die 2. Parteikonferenz der SED zusammen und faßte Beschlüsse, die die wirtschaftliche und soziale Lage der Arbeiter wie der ganzen Bevölkerung weiter verschlimmerten. Ihre grundlegende Fehleinschätzung: »Die politischen und die ökonomischen Bedingungen sowie das Bewußtsein der Arbeiterklasse und der Mehrheit der Werktätigen sind so weit entwickelt, daß der Aufbau des Sozialismus zur grundlegenden Aufgabe in der Deutschen Demokratischen Republik geworden ist.«[16] Ökonomisch hieß dies vor allem Auf- und Ausbau der Energiewirtschaft, des Hüttenwesens und des Schwermaschinenbaus, verbunden mit einer allgemeinen Steigerung der Arbeitsproduktivität durch höhere, technisch begründete Arbeitsnormen, was sinkende Löhne und somit Konsumverzicht nach sich ziehen mußte. Gleichzeitig verschlechterte sich die Ernährungslage infolge der auf der 2. Parteikonferenz verfügten Kollektivierung der Landwirtschaft und einer Mißernte. Erschwert wurde die Lage außerdem durch die finanziellen Lasten, die der Aufbau militärischer Streitkräfte der DDR-Bevölkerung auferlegte. Der Widerspruch zwischen Herrschaft und Gesellschaft mußte sich um so schroffer zuspitzen, als die 2. Parteikonferenz ausdrücklich auch die Verschärfung des Klassenkampfes sanktioniert hatte.

Hand in Hand mit dem verschärften Kurs in der Wirtschaftspolitik gingen Beschlüsse und Maßnahmen, die auf die Straffung und Zentralisierung der Staatsmacht zielten. »Das Hauptinstrument bei der Schaffung der Grundlagen des Sozialismus ist die Staatsmacht«[17], hatte die 2. Parteikonferenz der SED dekretiert. Im Trend dieser Zielsetzung lag die durch Gesetz vom 23. Juli 1952 beschlossene Neugliederung der fünf mitteldeutschen Länder in 14 Bezirke, die auch die Auflösung der Landesregierungen bewirken sollte. Der Aufbau des Gerichtssystems wurde dem angepaßt, die zentrale Anleitung und politische Kontrolle der Rechtsprechung wurde weiter ausgebaut. Ihren konkreten Niederschlag fand die Verschärfung des Klassenkampfes in der Radikalisierung der politischen Strafjustiz. Für politische Delikte, aber auch für Wirtschaftsdelikte, selbst für belanglose Zollvergehen, Schwarzhandelsgeschäfte oder Nichterfüllung des landwirtschaftlichen Ablieferungssolls wurden barbarisch hohe Freiheitsstrafen verhängt. Die Zahl willkürlicher Verurteilungen stieg sprunghaft. Die beim Obersten DDR-Gericht durchgeführten politischen Schauprozesse gegen »Saboteure« und »Agenten« sind anderenorts bereits erwähnt worden.

Selbst auf Regierungsebene suchte sich die politische Justiz ihre Opfer. Am 15. Dezember 1952 wurde der Minister für Handel und Versorgung, Dr. Karl Hamann (LDP), zusammen mit zwei Staatssekretären in Haft genommen. Ihnen lastete das Regime die Versorgungskrise der DDR als »Sabotage« an. Vier Wochen später wurde Außenminister Georg Dertinger (CDU) wegen »feindlicher Tätigkeit« gegen die DDR verhaftet. Es waren Symptome einer politischen Krise, die sich auch an einer nach der 2. Parteikonferenz sich dramatisch steigernden Flucht- und Abwanderungsbewegung aus der DDR ablesen ließ. Bis zum Jahresende 1952 wechselten Monat für Monat 15 000 bis 23 000 Menschen von Ost nach West.

Letztlich schlug die Krise der DDR auch voll auf die SED selbst durch. Ihre innere Situation war mehr und mehr von politischer Intoleranz und gegenseitigem Mißtrauen bestimmt. Außer der Eliminierung ehemaliger Sozialdemokraten in ihren Reihen richtete das Zentralkomitee der SED seinen Bannstrahl auch gegen »Trotzkisten« und andere »Verräter«, gegen »Spione« und »zionistische Agenten« in der Partei. Charakteristisch dafür war ein vom 20. Dezember 1952 datierender Beschluß, betreffend »Lehren aus dem Prozeß gegen das Verschwörungszentrum Slansky«[18], mit dem über Paul Merker, Leo Bauer, Bruno Goldhammer, Kurt Müller und andere prominente Kommunisten der Stab gebrochen wurde. Sie befanden sich, als das Zentralkomitee sein Verdikt sprach, bereits in Haft. Ulbricht entledigte sich auf diesem Wege einflußreicher Kritiker und möglicher Widersacher in der Führungsschicht der Partei.

Zu dieser Zeit, also ab Spätherbst 1952, traten auf Baustellen und in Industriebetrieben der DDR Symptome des Unmuts, des Protestes und der Opposition unter der Arbeiterschaft immer offener zutage. In Magdeburg zum Beispiel, einer Stadt mit großen sozialdemokratischen Traditionen, wurden wiederholt »Arbeitsniederlegungen« und »feindliche Aktionen« aus mehreren Großbetrieben des Schwermaschinenbaus gemeldet, die auf »Mißstände bei den Lohn- und Gehaltsfragen«[19] zurückzuführen waren.

In die sich buchstäblich von Tag zu Tag verschärfende Krise traf die Nachricht vom Tode J. W. Stalins am 5. März 1953. Es war ein politischer Schock ohnegleichen für die führenden Männer der SED.

Augenscheinlich wußte die Führung der SED, die auf den Stalinismus blindgläubig eingeschworen war, der inneren Krise der DDR im Frühjahr 1953 nicht mehr Herr zu werden. Allerdings beharrte sie auf ihrem stalinistischen Kurs. Zug um Zug setzte sie die auf der 2. Parteikonferenz proklamierte Strategie und Taktik in Politik um. Selbst als die Radikalisierung ihrer Agrarpolitik die Fluchttendenz unter der bäuerlichen Bevölkerung verstärkte, was kurzfristige Rückwirkungen auf die Versorgung mit landwirtschaftlichen Produkten hatte, wurde die »sozialistische Umgestaltung des Dorfes« nicht gebremst. Im ersten Halbjahr 1953 suchten nicht weniger als 226 000 Menschen den Weg nach Westen, in eine gewiß ungewisse Zukunft, weil ihnen die Gegenwart im Osten unerträglich geworden war. Diese »Abstimmung mit den Füßen« brachte ihre Opposition den Herrschenden schmerzhaft zur Kenntnis.

Zu welchen unsinnigen Entscheidungen die SED damals imstande war, demonstrierte sie einmal mehr, als sie bestimmten sozialen und beruflichen Gruppen kurzerhand die Lebensmittelkarten entziehen ließ – eine Maßnahme, die durch Ministerratsbeschluß vom 9. April 1953 legalisiert wurde. Mit Wirkung vom 1. Mai erhielten danach private Unternehmer und Großhändler, Handwerker mit mehreren Beschäftigten, Pendler, die in West-Berlin arbeiteten, selbständige Rechtsanwälte und Steuerberater, Gaststättenbesitzer und Einzelhändler, die Eigentümer »devastierter« Landwirtschaftsbetriebe sowie Hausbesitzer, die überwiegend vom Mietzins lebten, keine Lebensmittelkarten mehr – alles in allem etwa zwei Millionen Menschen, mehr als ein Zehntel der DDR-Bevölkerung. Die Willkürmaßnahme wurde zusätzlich verschärft, als wenige Tage später in der DDR die Verbraucherpreise für Fleisch, Wurst, Backwaren und Marmelade angehoben wurden.

Wie sich die Stimmung in der DDR entwickelte, ließ sich selbst in den Zeitungen der SED ablesen. »Kollegen, was sich jetzt bei uns tut, ist für uns Arbeiter beschämend. Siebzig Jahre nach dem Tode von Karl Marx müssen wir noch über die elementarsten Lebensbedingungen debattieren. Wenn Karl Marx dieses ahnte, würde er sich im Grabe umdrehen.«[20] Empört zitierte ein

Provinzblatt der Partei diese Äußerung eines Arbeiters, der auf einer Belegschaftsversammlung im Hydrierwerk Zeitz aus seinem Herzen keine Mör-
dergrube gemacht hatte, als Beispiel dafür, wie weit »offene Provokationen
gegen die Partei« inzwischen gedeihen konnten. Die Stimmung war mit dem
Arbeiterwort treffend wiedergegeben.

Normerhöhung provoziert Streiks

Am 13./14. Mai 1953 trat das Zentralkomitee in einer gespannten und gereizten Atmosphäre zu seiner 13. Tagung zusammen. Seine Tagesordnung
sah einerseits die Erörterung neuer Aufgaben in der Industrie sowie auf dem
Gebiet von Handel und Versorgung vor, andererseits die Diskussion darüber, warum aus dem Schauprozeß gegen das »Verschwörungszentrum
Slansky« in der SED nur »ungenügend« Konsequenzen gezogen worden waren. Führende deutsche Kommunisten, die während der nationalsozialistischen Diktatur in westlicher Emigration gelebt hatten, wurden erneut heftig
attackiert. Prominentestes Opfer einer neuen Säuberung wurde Franz Dahlem, der mit seinem Ausschluß aus dem Zentralkomitee auch seiner Funktionen als Mitglied des Politbüros und Sekretär des Zentralkomitees für Kaderpolitik entbunden wurde.
Das Zentralkomitee verlangte auf demselben 13. Plenum, »daß die Arbeitsnormen insgesamt um mindestens zehn Prozent erhöht werden. Diese Erhöhung der Arbeitsnormen muß der erste Schritt zur Beseitigung der bestehenden rückständigen Arbeitsnormen und der Ausgangspunkt einer systematischen Arbeit auf dem Gebiet der technischen Arbeitsnormung sein.«[21] Die
Führung der Partei reagierte damit auf den Widerstand gegen eine monatelang in Betrieben und auf Baustellen erfolglos geführte Kampagne, die bestehenden Arbeitsnormen »freiwillig« zu erhöhen. Vierzehn Tage später,
durch Beschluß vom 28. Mai 1953, ordnete der Ministerrat in Ost-Berlin eine generelle Überprüfung aller Normen mit dem Ziel an, »zunächst eine Erhöhung der für die Produktion entscheidenden Arbeitsnormen im Durchschnitt um mindestens zehn Prozent bis zum 30. Juni 1953 sicherzustellen«.[22]
Als Stichtag war nicht absichtslos Walter Ulbrichts 60. Geburtstag gewählt.
Wieder einmal bewies die SED mit diesem Vorgehen ihre Unfähigkeit, politische und ökonomische Probleme anders als auf administrative, also stalinistische Weise zu lösen.
Das aber hieß Öl in die schwelende Glut gießen. Schon im April war es punktuell zu Arbeitsniederlegungen gekommen, in mehreren Abteilungen des
VEB Zeiss Jena zum Beispiel und im Mansfeld-Kombinat »Wilhelm Pieck«,
der wichtigsten Kupferhütte der DDR. Im Mai streikten die Arbeiter mehrerer Betriebe in Ost-Berlin und im Mansfelder Kupferbergbau. In den letzten Mai- und ersten Junitagen häuften sich erneut Kurzstreiks. Zu Arbeitsniederlegungen hauptsächlich wegen der verfügten Normenerhöhung kam
es in Finsterwalde, Gotha, Hennigsdorf, Karl-Marx-Stadt und Nordhausen
sowie auf Baustellen in Ost-Berlin und im Reichsbahnausbesserungswerk
Treptow.[23] Unaufhaltsam trieb die DDR in ihrer inneren Entwicklung jenem kritischen Punkt zu, an dem die Quantität ökonomischer Beschwernis-

se und sozialer Nöte umschlug in die Qualität offener Empörung, in Streiks, Demonstrationen und Unruhen.

Neuer Kurs oder: Entschärfung des Klassenkampfes

Nicht ohne politischen Druck aus Moskau, für die Öffentlichkeit gleichwohl völlig überraschend, weil ohne jede informative oder propagandistische Vorbereitung, ging das Politbüro der SED am 9. Juni 1953 zu einer Politik des Neuen Kurses über. In einem Kommuniqué gestand die Parteiführung ein, »daß seitens der SED und der Regierung der Deutschen Demokratischen Republik in der Vergangenheit eine Reihe von Fehlern begangen wurde . . . Eine Folge war, daß zahlreiche Personen die Republik verlassen haben . . . Aus diesen Gründen hält das Politbüro des ZK der SED für nötig, daß in nächster Zeit im Zusammenhang mit Korrekturen des Planes der Schwerindustrie eine Reihe von Maßnahmen durchgeführt werden, die die begangenen Fehler korrigieren und die Lebenshaltung der Arbeiter, Bauern, der Intelligenz, der Handwerker und der übrigen Schichten des Mittelstandes verbessern.«[24]

Im einzelnen sicherte die Führung neben Verbesserungen in der Lebenshaltung Steuererleichterungen für Bauern und den gewerblichen Mittelstand zu, Erleichterungen im innerdeutschen Reiseverkehr, Lockerungen im Zulassungsverfahren zum Besuch von Oberschulen und Universitäten für junge Menschen »nichtproletarischer« Herkunft, die Rückgabe beschlagnahmten Eigentums an heimkehrende Flüchtlinge und eine Teilamnestie. Der Neue Kurs entpuppte sich als Entschärfung des Klassenkampfes!

Die sensationelle Schwenkung war ziemlich überstürzt zustande gekommen. Den Apparat und die Organisationen der Partei traf sie politisch unvorbereitet. Was das Politbüro hier beschlossen hatte, stand zur Politik der SED in den vorausgegangenen Jahren in diametralem Gegensatz. Konnte es da überraschen, daß viele Funktionäre und einfache Genossen den Neuen Kurs, als sie in den Zeitungen davon lasen, mit ungläubiger Skepsis hinnahmen, manche ihn gar für dunkles Agentenwerk hielten?

Zwei Tage später, am 11. Juni, wurde durch Beschluß des Ministerrates rechtswirkam, was das Politbüro »empfohlen« hatte. Wie die Regierung durch Kommuniqué verlautbaren ließ, hatte sie Maßnahmen beschlossen, »durch welche die auf den verschiedensten Gebieten begangenen Fehler der Regierung und der staatlichen Verwaltungsorgane korrigiert werden«[25] sollten. Im einzelnen war vorgesehen, daß durchweg alle DDR-Bürger wieder Lebensmittelkarten »wie früher« bekamen. Die zwei Monate zuvor angeordneten Preiserhöhungen wurden zurückgenommen, sämtliche Zwangsmaßnahmen zur Eintreibung von Steuer- und Sozialversicherungsbeiträgen wurden ausgesetzt. Enteignete Betriebe sollten zurückgegeben werden, »republikflüchtige Personen« bei Rückkehr in die DDR ihr Eigentum und ihre Bürgerrechte zurückerhalten. Der Justizminister und der Generalstaatsanwalt wurden angewiesen, »alle Verhaftungen, Strafverfahren und Urteile zur Beseitigung etwa vorliegender Härte sofort zu überprüfen«.[26] Was oppositionelle und regimekritische Stimmen der Partei seit Jahr und Tag vorgehalten hatten – nun wurde es parteiamtlich eingeräumt, verbunden mit der Verheißung auf Besserung.

Jedoch die Politik des Neuen Kurses vermochte die revolutionäre Situation, die in Ost-Berlin und der DDR herangereift war, nicht mehr zu entspannen. Eher wirkte sie stimulierend, weil die bis dahin als »unfehlbar« gepriesene Partei, »die immer recht« haben wollte, offiziell schwerwiegende Fehler zugegeben und damit ihre Funktionäre und Genossen um ihre stalinistische Selbstsicherheit gebracht hatte, während sich umgekehrt die Bevölkerung in ihrer kritischen Haltung bestätigt, in ihrem Widerstand bestärkt fand. Vor allem aber war es ein gravierender Fehler, daß weder der Politbüro-Beschluß über den Neuen Kurs noch der einschlägige Beschluß des Ministerrates auf das Problem der Normerhöhung eingegangen waren. Die hauptsächliche Ursache für die oppositionelle Stimmung und die unaufhaltsam wachsende Empörung der Arbeiterschaft war mithin nicht beseitigt.

Mehr noch: Das Gewerkschaftsblatt »Tribüne« veröffentlichte am 16. Juni einen Artikel aus der Feder von Otto Lehmann, damals Sekretär beim Bundesvorstand des FDGB, in dem die administrative Normerhöhung ausdrücklich bestätigt wurde: »Im Zusammenhang mit der Veröffentlichung des Kommuniqués des Politbüros und des Ministerrats vom 9. bzw. 11. Juni 1953 wird in einigen Fällen die Frage gestellt, inwieweit die Beschlüsse über die Erhöhung der Arbeitsnormen noch richtig sind und aufrechterhalten bleiben. Die Beschlüsse über die Erhöhung der Normen sind in vollem Umfang richtig.«[27] Nach allem, was sich in den Monaten und Wochen zuvor an Unmut unter den Arbeitern aufgestaut hatte, mußte dieser Artikel, zumal nach dem Eingeständnis von Fehlern durch die SED, den Massenprotest geradezu provozieren. »Das ist der Zünder gewesen für die Erregungswelle.«[28]

Der Juni-Aufstand in Ost-Berlin

Die Bauarbeiter, die Maurer, die Zimmerleute auf den Baustellen der »ersten sozialistischen Straße Deutschlands«, der Stalinallee in Ost-Berlin, setzten das Signal zum Aufstand, ohne sich dessen zunächst bewußt zu sein. Seit Wochen hatte es unter ihnen Diskussionen über die umstrittene Normerhöhung gegeben. Die Auseinandersetzungen waren heftiger geworden, als sich die Genossen unter ihnen auf einer Parteiaktivtagung einstimmig verpflichtet hatten, »ihre Brigaden bis zum 1. Mai für eine durchschnittliche Normerhöhung von 15 Prozent zu gewinnen«.[29] Warnstreiks und passiver Widerstand waren damit programmiert. Als die Normerhöhung zum 1. Juni tatsächlich wirksam geworden war, kam es zum Eklat. Immerhin bedeutete sie »für einen Facharbeiter die Schrumpfung seines wöchentlichen Prämienlohnes von 168 Mark Ost auf 72 Mark Ost. Der Wochenlohn weiblicher Bauhilfsarbeiter verringerte sich von 52,80 Mark Ost auf 46 Mark Ost.«[30] Das mußte böses Blut machen.

Den Bauarbeitern hatte der Neue Kurs nichts eingebracht. Schon am 15. Juni wurde auf Block 40, der Keimzelle des Aufstands in Ost-Berlin, die Arbeit niedergelegt und in gemeinsamer Beratung beschlossen, die Rücknahme der Normerhöhung zu fordern. Als die Bauarbeiter tags darauf besagten Artikel in der Gewerkschaftszeitung zu Gesicht bekamen, brach Empörung aus. Etwa 80 Bauarbeiter begannen sich gegen neun Uhr zu einem Protestzug zu formieren. »Wir fordern Herabsetzung der Normen« las man auf einem provisorisch gefertigten Transparent.[31] Auf ihrem Marsch durch die Stalinallee schlossen sich ihnen die Kollegen anderer Baustellen zu Hunderten an. Die Stimmung hob sich. »Kollegen, reiht euch ein, wir wollen freie Menschen sein« – Losungen wie diese, von den demonstrierenden Arbeitern immer wieder skandiert, wirkten innerlich befreiend und hoffnungsvoll.

Als der Demonstrationszug den Strausberger Platz erreicht hatte, vermochten Volkspolizisten ihn nicht aufzuhalten. Entgegen der ursprünglichen Absicht, vor dem Gewerkschaftshaus in der Ostberliner Wallstraße gegen die Arbeitsnormen zu demonstrieren, entschied sich der Zug, als er das Gewerkschaftshaus verschlossen fand, für ein anderes Marschziel – das Haus der Ministerien in der Leipziger Straße. Um die Mittagsstunde hatten sich hier mehrere tausend Arbeiter und Demonstranten, unter ihnen auch Westberliner, versammelt. Sprechchöre brandeten auf: »Nieder mit den Normen«, »Rücktritt der Regierung«, »Freie Wahlen!« Und immer wieder verlangten die Demonstranten nach Walter Ulbricht und Otto Grotewohl, um mit ihnen zu sprechen. Sie aber verweigerten sich den Arbeitern.[32]

Nur der damalige Minister für Erzbergbau und Hüttenwesen, Fritz Selbmann, ein alter Kommunist, verfolgt in der nationalsozialistischen Zeit, besaß den Mut, aus dem Haus der Ministerien herauszutreten und sich den Arbeitern zu stellen. Sein Versuch, eine Rede zu halten, kam über ein paar Sätze nicht hinaus. Selbmann wurde niedergeschrien. Es kam zu tumultartigen Szenen. Ein Volkskammerabgeordneter, der ebenfalls versuchte, zu den demonstrierenden Arbeitern zu sprechen, wurde ausgelacht. Sein Name: Robert Havemann.

Statt dessen sprachen Bauarbeiter: »Wir sind nicht nur die Bauarbeiter von der Stalinallee . . . Wir sprechen für die Arbeiter der ganzen Zone . . . Wir verlangen Freiheit . . . Das hier ist die Revolution.« Danach ergriff ein junges Mädchen, in Windjacke und Blauhemd der FDJ, das Wort, rednerisch äußerst wirkungsvoll. »Eine Hetzbombe von seltener Brisanz«, erinnerte sich Fritz Selbmann später voller Bosheit, »es wurde viel geklatscht.«[33] Mehrmals wechselten die Redner, bis einer das entscheidende Wort aussprach: Generalstreik. Nicht lange danach löste sich die Versammlung auf, der Demonstrationszug zog zurück zur Stalinallee. Mit Lautsprecherwagen der Regierung suchte man die Massen zu beschwichtigen. Ihre Durchsagen blieben ohne Gehör. Gegen 17 Uhr etwa, als sich der Zug aufgelöst hatte, war die Losung vom Generalstreik in aller Munde. Am kommenden Morgen wollten sich die Bauarbeiter der Stalinallee auf dem Strausberger Platz sammeln, um erneut zu demonstrieren.

Zu dieser Stunde hatte das Politbüro, das routinemäßig wie jeden Dienstag getagt hatte, den Beschluß des Zentralkomitees über die administrative Erhöhung der Arbeitsnormen schon zurückgenommen. Der Ministerrat hob seinen Normenbeschluß vom 28. Mai in aller Form auf. Die Meldung darüber wurde vom Rundfunk verbreitet. Die aufgebrachten Massen erreichte sie nicht. Vielmehr erfaßte die Nachricht von den Streiks und der Demonstration der Bauarbeiter die Menschen überall in Ost-Berlin und in der

DDR-Provinz, wo eine erregend revolutionäre Stimmung die Massen zu ergreifen begann.

Im Funkhaus des RIAS in West-Berlin erschien in den späten Nachmittagsstunden eine Delegation Ostberliner Bauarbeiter und bat darum, eine Resolution[34] auszustrahlen. Der Text enthielt auch alte Forderungen der Opposition. Außer um die »Auszahlung der Löhne nach den alten Normen« und um »sofortige Senkung der Lebenshaltungskosten« ging es um »freie und geheime Wahlen«. Diese Resolution wurde im Nachrichtendienst des RIAS ab 19.30 Uhr mehrmals wiederholt. Nicht verbreitet werden durfte die Losung vom Generalstreik.

Am Abend dieses gewittrigen Junitages sind die Demonstrationen abgeebbt, aber allenthalben bilden sich Menschenansammlungen in Ost-Berlin und diskutieren den für den 17. Juni, einen Mittwoch, geplanten Generalstreik. Die Volkspolizei ist in Alarmbereitschaft versetzt. Im Friedrichstadtpalast tagt das Ostberliner Parteiaktiv der SED. Ulbricht und Grotewohl sprechen zu mehreren tausend Funktionären. Über den gewaltigen Demonstrationszug der Bauarbeiter verlieren sie kein Wort.

In Ost-Berlin wird, als sich die Arbeiter am frühen Morgen des 17. Juni auf ihren Baustellen und in ihren Betrieben eingefunden haben, die Arbeit kaum mehr aufgenommen. Erregte Diskussionen bestimmen das Bild. Vergeblich versuchen Partei- und Gewerkschaftsagitatoren, die Eskalation des Streiks zum Aufstand aufzuhalten. Trotz strömenden Regens ziehen die Arbeiter zu Tausenden in die Innenstadt, zum Strausberger Platz. Die Arbeitsniederlegungen haben auf nahezu alle Betriebe, auf alle wirtschaftlichen Bereiche übergegriffen. Aus den industriellen Außenbezirken kommen demonstrierende Arbeiter heranmarschiert. Aus Hennigsdorf, einer Industriegemeinde im Norden Berlins, ziehen an die zwölftausend Arbeiter heran, zumeist Arbeiter aus dem dortigen Stahl- und Walzwerk, ferner Bauarbeiter mehrerer Bau-Unionen. Ihr Weg führt über mehrere Westberliner Stadtbezirke nach Ost-Berlin zum Marx-Engels-Platz.

Auf dem Alexanderplatz treffen schon gegen neun Uhr die ersten sowjetischen Panzerspähwagen ein, gegen zwölf Uhr sind schwere Panzer vom Typ T 34 aufgezogen, ebenso am Potsdamer Platz, Unter den Linden, in der Leipziger Straße. Als kurz nach elf Uhr die auf dem Brandenburger Tor gehißte rote Fahne unter dem Beifall Tausender Demonstranten heruntergeholt und zerrissen wird, peitschen die ersten Schüsse auf. Demonstranten aus West-Berlin, Jugendliche zumeist, drängen über die Sektorengrenze in den Osten, noch sind Mauern und Stacheldrahtzäune quer durch Berlin unbekannt, sie solidarisieren sich mit den Streikenden.

In den späten Vormittagsstunden kommt es zu Ausschreitungen, Fahnen und Transparente werden zerfetzt, an der Sektorengrenze reißen empörte Berliner Grenzmarkierungen nieder, in den Zentren des Aufstands werden Verwaltungsgebäude und Parteibüros gestürmt und ausgeräumt, Aufklärungslokale der Nationalen Front und Zeitungskioske gehen in Flammen auf, vereinzelt sind Plünderungen zu beobachten, am Potsdamer Platz wird das Columbushaus in Brand gesteckt, nachdem Demonstranten die dortige Wache der Volkspolizei verjagt haben. Der Verkehr in Ost-Berlin kommt zum Stillstand. Nach dem Ausfall der S-Bahn ruhen bald auch U-Bahn und

Straßenbahn. Während Zehntausende, Hunderttausende erregter, aufgebrachter, empörter Demonstranten durch Ost-Berlins Straßen drängen, werden mehr und mehr Sowjettruppen in die City geworfen, Panzer, Panzerspähwagen, sonstige Gefechtsfahrzeuge, die an Knotenpunkten und in Hauptstraßen postiert werden. Belagerungszustand.

Um 13 Uhr – inzwischen sind Schüsse und Salven aus Maschinenpistolen und Maschinengewehren nichts Seltenes mehr, es hat Verwundete und Tote auf beiden Seiten gegeben – verkündet der sowjetische Militärkommandant, Generalmajor P. T. Dibrowa, für Ost-Berlin den Ausnahmezustand. Der Befehl wird in regelmäßigen Abständen über Rundfunk verlesen. Am Tage danach steht es in allen Zeitungen: »Alle Demonstrationen, Versammlungen, Kundgebungen und sonstige Menschenansammlungen über drei Personen werden auf Straßen und Plätzen wie auch in öffentlichen Gebäuden verboten.«[35] Dennoch dauern die Unruhen in Ost-Berlin bis zum späten Nachmittag an. Allmählich ist die Volkspolizei zurückgezogen. Sowjetsoldaten beherrschen die Szenerie. Nach 21 Uhr sind die Straßen wie leergefegt: Ausgangssperre bis fünf Uhr.

In Ost-Berlin ist der Arbeiteraufstand infolge des bewaffneten Eingreifens der Sowjetarmee zu dieser Stunde schon zusammengebrochen. Befragt, ob seine Regierung mit dem Einsatz sowjetischer Panzer gegen streikende und demonstrierende Arbeiter einverstanden wäre, erwiderte Otto Nuschke, CDU-Vorsitzender und Stellvertreter des Ministerpräsidenten: »Selbstverständlich, weil sie ein Interesse daran hat, daß Ruhe und Ordnung zurückkehrt. Wenn das nicht mit polizeilichen Mitteln möglich ist, dann muß eben selbstverständlich die Besatzungsmacht, jede Besatzungsmacht, ihre Machtmittel einsetzen. Das ist ganz selbstverständlich.«[36] Der sozialistische Nimbus ist verweht.

Streiks, Demonstrationen, Unruhen in der Provinz

In der mitteldeutschen Provinz breitete sich die Nachricht von den Streiks und Demonstrationen in Ost-Berlin binnen Stunden aus. Reisende brachten sie mit in die Bezirke, über interne Betriebsfernsprechnetze wurde die Streiklosung weitergegeben, vor allem aber trugen westliche Rundfunksender, namentlich der RIAS Berlin und der NWDR Hamburg, durch ihre Nachrichten dazu bei, daß auch in den wichtigsten mitteldeutschen und sächsischen Industrierevieren die Arbeit niedergelegt und demonstriert wurde. Nicht die revolutionäre Theorie war, wie Marx einst vorausgesagt hatte, zur materiellen Gewalt geworden, als sie die Massen ergriff, sondern die schiere Nachricht.

In der Provinz verlief der 17. Juni 1953 meist wie folgt: Auf vielen Baustellen, in zahlreichen Betrieben wurde die Arbeit am frühen Morgen nur zögernd oder gar nicht aufgenommen, bis in Belegschaftsversammlungen der Streik beschlossen war – motiviert im allgemeinen von der Forderung, die Arbeitsnormerhöhung rückgängig zu machen. Die Nachricht, daß Parteiführung und Regierung dies längst zugestanden hatten, blieb ohne Glaubwürdigkeit. Wo ein Streik erst einmal beschlossen war, bildeten sich provisorische Streikkomitees, meist auf betrieblicher, gelegentlich auf überbetrieblicher Ebene.[37] Etwa bis zu diesem Stand der Entwicklung reicht das erste Stadium des Aufstands.

In seinem zweiten Stadium formierten sich Demonstrationszüge, die sozialen Forderungen der Arbeiter schlugen in politische Forderungen der ganzen Bevölkerung um, in den industriellen Ballungsgebieten fanden sich Streikende und Demonstranten zu Kundgebungen zusammen. Auch hier kam es zu Auseinandersetzungen mit Sicherungskräften und zu Ausschreitungen. Parteibüros, Verwaltungen, Polizeireviere und Dienststellen der Staatssicherheit wurden gestürmt, Häftlinge aus Gefängnissen befreit. Fälle von Lynchjustiz blieben Ausnahmeerscheinungen. Schließlich brach sich die Dynamik des Aufstands am Einsatz sowjetischer Truppen, die von der Waffe gleichwohl zurückhaltend Gebrauch machten, ebenso die ihrem Befehl unterstellten Einheiten der Kasernierten Volkspolizei, soweit sie am 17. Juni überhaupt eingesetzt wurden.

Nach offiziellen Angaben[38] der SED kam es am 17. Juni 1953 zu Streiks, Demonstrationen und Unruhen in 272 Städten und Ortschaften der DDR. Das Ausmaß des Arbeiteraufstands läßt sich daran ermessen, daß die sowjetische Besatzungsmacht über 167 von damals 217 Stadt- und Landkreisen den Ausnahmezustand verhängte, der übrigens in Ost-Berlin und Leipzig am längsten dauerte, bis zum 9. Juli!

Die Zahl der Toten und Verwundeten blieb – so beklagenswert auch jedes Opfer war – bemerkenswert niedrig, da sich die Sowjetarmee beim Einsatz ihrer Waffen verhältnismäßig maßvoll gezeigt hatte, da ihre Soldaten nicht blindlings auf Streikende oder Demonstranten geschossen hatten. Laut Mitteilung[39] des Ministers für Staatssicherheit fanden 19 Demonstranten und zwei unbeteiligte Personen sowie vier Angehörige der Polizei beziehungsweise der Staatssicherheit den Tod. Verletzt wurden 126 Demonstranten, 61 unbeteiligte Personen und 191 Angehörige der Sicherungskräfte. Mit Gewißheit sind die Zahlen zu niedrig gegriffen, zum Beispiel dürften Tote und Verletzte, die am 17. Juni aus Ost-Berlin über die Sektorengrenze nach West-Berlin gebracht wurden, dabei nicht berücksichtigt sein. In Westberliner Krankenhäusern sind allein acht Teilnehmer des Juni-Aufstandes ihren Verwundungen erlegen.[40] Dagegen erscheinen Angaben über 267 Tote unter den Aufständischen und 116 Tote unter den Sicherungskräften und Funktionsträgern des Regimes weit überhöht.[41]

Politisch am weitesten gedieh der Aufstand in Bitterfeld, wo die Arbeiter und Kumpel aus der Farbenfabrik Wolfen, aus der Filmfabrik Wolfen, aus dem Elektrochemischen Kombinat Bitterfeld, aus Reichsbahnbetrieben, von Baustellen und aus benachbarten Braunkohlegruben zusammengeströmt waren. Unter Leitung eines überbetrieblichen Streikkomitees wurden das Volkspolizei-Kreisamt, die Stadtverwaltung, die Dienststelle der Staatssicherheit und das Gefängnis besetzt.

Charakteristisch für den Geist, der den Aufstand dort beseelte, war ein Telegramm der zentralen Streikleitung an die Regierung in Ost-Berlin, in dem die Forderungen der bewußten Opposition wie des spontanen Massenwiderstands in der DDR zusammengefaßt waren:

»Wir Werktätigen des Kreises Bitterfeld fordern von Ihnen:

1. Rücktritt der sogenannten Deutschen Demokratischen Regierung, die sich durch Wahlmanöver an die Macht gebracht hat.
2. Bildung einer provisorischen Regierung aus den fortschrittlichen Werktätigen.
3. Zulassung sämtlicher großen demokratischen Parteien Westdeutschlands.
4. Freie, geheime, direkte Wahlen in vier Monaten.
5. Freilassung sämtlicher politischer Gefangenen (direkt politischer, sogenannter Wirtschaftsverbrecher und konfessionell Verfolgter).
6. Sofortige Abschaffung der Zonengrenze und Zurückziehung der Vopo.
7. Sofortige Normalisierung des sozialen Lebensstandards.
8. Sofortige Auflösung der sogenannten Nationalarmee.
9. Keine Repressalien gegen einen Streikenden.«[42]

Im Gegensatz zu anderen Brennpunkten des Aufstands in der Provinz kam es in Bitterfeld kaum zu Ausschreitungen. Als in den Nachmittagsstunden des 17. Juni sowjetische Panzertruppen einrückten, erteilte das Streikkomitee Weisung, den Befehlen der Besatzungsmacht zu folgen und keinen Widerstand zu leisten.

Die Zentren des Aufstands waren Ost-Berlin, die Berliner Randgebiete mit Brandenburg, Hennigsdorf, Kirchmöser, Ludwigsfeld, Potsdam, Rathenow sowie Cottbus und Görlitz, die mitteldeutschen und sächsischen Indust"riere"viere mit den Schwerpunkten Bitterfeld, Dresden, Halle, Merseburg, Leipzig und Magdeburg, ferner Jena, Gera und Umgebung. Gestreikt wurde auch in Rostock und auf der Insel Rügen. Die Initiative ging zumeist von größeren und großen »volkseigenen« Betrieben aus, von Großbaustellen auch der staatlichen Bau-Unionen. Die Zusammenballung von Arbeitern in großer Zahl begünstigte jeweils den Übergang von Erregung und Empörung zur spontanen politischen Aktion, zumal die heftigen Auseinandersetzungen über die Betriebskollektivverträge und der Widerstand gegen die Erhöhung der Normen die Arbeiter gelehrt hatten, daß sie, gemeinsam handelnd, ihre Interessen durchaus mit Erfolg verteidigen konnten.

Für die SED besonders enttäuschend war die Erkenntnis, daß die Zentren der deutschen Arbeiterbewegung vor 1933 die stärksten Unruhen zeigten, wobei sie in ehemals von der KPD dominierten Gebieten nicht weniger heftig waren als in früher zur Sozialdemokratie tendierenden Regionen. »Am 17. Juni jedenfalls haben die stärksten Erhebungen im Gebiet von Halle/Merseburg stattgefunden, einem Gebiet, in dem die KPD in der Weimarer Republik bis zum Aufstieg des Nationalsozialismus die stärkste Partei war. Andere Zentren des Aufstands, wie Magdeburg oder Leipzig, waren vor 1933 Hochburgen der Sozialdemokratie.«[43] In seinen Worten hat dies später auch Ministerpräsident Otto Grotewohl bestätigt: »In einigen Städten, zum Beispiel Magdeburg, Leipzig und anderen, bestanden illegale Organisationen aus ehemaligen SPD-Mitgliedern, die noch immer den arbeiterfeindlichen Auffassungen des Sozialdemokratismus anhingen.«[44] In der Tat waren zahlreiche ehemals führende Sozialdemokraten am 17. Juni 1953 als Streikführer hervorgetreten. Nicht organisiert, sondern spontan schlug der Streik in Demonstration um – wie in Dresden zum Beispiel, wo einem früheren Sozialdemokraten eine führende Rolle zuwuchs.

Wilhelm Grothaus, 1893 in Herten im nördlichen Ruhrgebiet geboren, Steinsetzer, Gerichtsschreiber, Soldat im Ersten Weltkrieg, Mitglied der SPD seit 1919, seit 1926 Geschäftsführer einer Wohnungsbaugenossenschaft in Berlin, war 1933 nach Dresden ausgewiesen, wo er nach mehrjähriger Arbeitslosigkeit Beschäftigung als kaufmännischer Angestellter beim Allgemeinen Brücken- und Stahlbau (ABUS) fand. 1944 nahm die Gestapo ihn fest, weil er mit der illegalen Organisation des ehemaligen KPD-Reichstagsabgeordneten Georg Schumann in Verbindung gestanden hatte. Während des furchtbaren Luftangriffs auf Dresden in der Nacht vom 13. zum 14. Februar 1945 konnte er sich aus dem brennenden Gefängnis befreien und bis zum Zusammenbruch der Hakenkreuz-Diktatur verborgen halten.

Nach 1945 in Dresden in verschiedenen politischen Funktionen tätig, zog er sich 1950 aus der Politik zurück. Die Linie der SED war nicht mehr seine Linie. Wieder arbeitete er bei ABUS, der mittlerweile »volkseigen« war, als Buchhalter. Als die Stunde des Aufstands schlug, wurde er noch am Abend des 16. Juni 1953 zum Vorsitzenden eines provisorischen Streikkomitees bestellt, das für den folgenden Tag zum Streik aufrief. Im VEB ABUS Dresden legten die Arbeiter zuerst die Arbeit nieder.

»Wir haben uns dann in der großen Montagehalle eingefunden. Hier versuchte zunächst der Vertreter der Zentralen Parteileitung, der Bezirksleitung, zu sprechen, der niedergeschrien wurde. Dann versuchte der Gewerkschaftsobmann zu sprechen, dem es aber auch nicht gelang, zu Wort zu kommen. Dann bin ich auf eine große Drehbank gestiegen und habe zu den Versammelten, etwa 1600 Arbeitern, gesprochen, und dann war's auch still. Die Arbeiter kannten mich ja alle und wußten auch, was ich wollte, mehr oder weniger. Ich habe dann den Arbeitern gesagt, daß nicht so entscheidend sei die Ursache des Kampfes in Berlin, die Frage der Normerhöhung, sondern daß wir diesen Kampf, der in Berlin noch das Gesicht eines Gewerkschaftskampfes trage, umgestalten müßten in einen politischen Kampf und daß unsere Forderung nicht darauf hinauslaufen könne, eine Beseitigung der Normerhöhung zu führen, sondern daß die entscheidenden Forderungen die seien, die grundsätzlich entscheidenden Forderungen: ›Beseitigung der Regierung‹, ›Sturz des kommunistischen Systems‹, ›Freilassung aller politischen Gefangenen‹, ›Freie und geheime Wahlen‹ und dann die Wiederherstellung der Einheit Deutschlands.«[45] So hat Wilhelm Grothaus Jahre danach seine Rede rekapituliert.

Noch in der Nacht zum 18. Juni wurde er festgenommen und in ein Gefängnis der Staatssicherheit gebracht. In der Hauptverhandlung am 22. und 23. Juli 1953 hatte er sich mit fünf Kollegen vor dem Bezirksgericht zu Dresden zu verantworten. Die Quittung lautete für ihn auf 15 Jahre Zuchthaus. Erst 1960 wurde er amnestiert – wenige Jahr später, 73jährig, ist er in seinem Geburtsort gestorben. Schicksal eines Aufständischen. Kein Einzelschicksal!

Mit vollem Recht verweist Wilhelm Grothaus auf die nationale Komponente des 17. Juni 1953, die einen Chronisten sogar veranlaßt hat, von einem »Aufstand für Deutschland«[46] zu sprechen. Das ist eine politische Stilisierung, die der historischen Legendenbildung nützen mag, aber sicher ist, daß die aufständischen Arbeiter damals für ein einheitliches, wiedervereinigtes Deutschland votiert haben. »Wenn die Demonstranten am 17. Juni die westliche Forderung nach freien Wahlen übernahmen, dann drückten sie damit aus, daß sie Einheit in Freiheit wollten, es war ein Bekenntnis zur westlichen Demokratie. Eine Alternative Einheit oder Freiheit ist damals niemandem in den Sinn gekommen.«[47] Eine wichtige Erkenntnis, zweifellos, aber keine neue. Schon 14 Tage nach dem Aufstand, am 1. Juli 1953, hat Willy Brandt im Deutschen Bundestag erklärt: »Diese Arbeiter haben sich nicht nur als Mitkämpfer, sondern als Vorkämpfer an die Spitze des Ringens um die Einheit in Freiheit bewährt. Sie haben, wie in allen großen revolutionären Krisen, den Kampf um ihre unmittelbaren wirtschaftlichen und sozialen Forderungen mit den Interessen der gesamten Nation verknüpft und den Kampf um die Einheit, um unser zentrales nationales Anliegen, auf eine höhere Ebene gehoben.«[48] Verdrängte Wahrheiten? Zur historischen Wahrheit gehört, daß auf zahlreichen Kundgebungen, so in Bitterfeld, in Görlitz, in Halle, in Jena, in Merseburg, Streikende und Demonstranten das Deutschlandlied gesungen haben. »Eine euphorische Stimmung hatte alle ergriffen«, erinnert sich als Augenzeuge der Journalist Hans Lützkendorf aus Merseburg. »Das Deutschlandlied klang auf, und niemand verband in dieser Stunde mit seinem Text nationale Überheblichkeit. An Einigkeit und Recht und Freiheit dachten die meisten beim Singen, auch wenn sie den Text nicht so im Gedächtnis hatten. Es war ein Rausch, der die Menge erfaßt hatte, in der sich Wildfremde umarmten, Frauen weinten und Parteigenossen sich verstohlen ihrer Abzeichen entledigten.«[49]

Ungebrochener Selbstbehauptungswille

Mit der gewaltsamen Niederwerfung des Aufstands war der Widerstand der Arbeiter nicht gebrochen, er verlagerte sich allerdings von der Straße zurück in die Betriebe und auf die Baustellen, von wo er ausgegangen war. Noch tage- und wochenlang nach dem 17. Juni 1953 kam es in zahlreichen Betrieben zu neuen Streiks, wobei die erste Forderung der Streikenden, offen auf Belegschaftsversammlungen gestellt, der Freilassung ihrer als Streikführer verhafteten Kollegen galt – etwa im Elektrochemischen Kombinat Bitterfeld, im Zeiss-Werk Jena, in der Farbenfabrik Wolfen und in den Buna-Werken bei Merseburg. Der führenden Zeitung der Partei blieb es überlassen, die Forderung nach Freilassung der Gefangenen als »eine Losung der faschistischen Strolche« zu verunglimpfen, »die ihre Kumpane freihaben möchten«.

Nach der Niederwerfung des Aufstandes, in deren Folge wichtige Verkehrsknotenpunkte, Straßen und Betriebe in Ost-Berlin und einer Reihe von Provinzstädten der DDR tage- und wochenlang von Sowjetsoldaten besetzt blieben, kehrten öffentliche Ruhe und Ordnung allmählich zwar zurück, aber es dauerte einige Zeit, bis sich das Regime von seiner Niederlage erholt hatte. »Es wird normal gearbeitet. Eine große Anzahl von Provokateuren ist verhaftet. Der verbliebene Teil wagt gegenwärtig nicht hervorzutreten. Aber die Ruhe ist noch keineswegs endgültig gesichert.« Selbst das Zentralkomitee der SED mußte dies vier Tage nach dem Arbeiteraufstand einräumen, verbunden mit der Feststellung, daß »ein Teil der Arbeiter verbittert«

sei; »ihnen ist noch nicht klar, daß die Niederschlagung der faschistischen Provokation auch ihnen nützt«.[50]

Unter dem Schutz sowjetischer Waffen neu ermutigt, gingen führende Männer der Partei in Belegschaftsversammlungen daran, »feindliche Argumente zu zerschlagen« und ihre Politik zu verteidigen. Gleichzeitig überflutete die Arbeiterschaft eine Welle politischer Verfolgung. Tausende von »Provokateuren« und »Rädelsführern« wurden festgenommen. Einem Dementi des Neuen Kurses kam es gleich, daß zur Nachfolgerin des gestürzten Justizministers Max Fechner ausgerechnet Hilde Benjamin, die damalige Vizepräsidentin des Obersten Gerichts, berufen wurde. In politischen Schauprozessen hatte sich die Stalinistin par excellence einen schlimmen Namen gemacht. Nun war sie dafür verantwortlich, daß die Aufständischen vom 17. Juni zur Rechenschaft gezogen wurden. Zwar sind DDR-offiziell niemals Zahlen darüber veröffentlicht worden, aber in westlichen Archiven wurden später rund 1400 Verurteilungen registriert.[51] Wie hoch die Dunkelziffer ist, kann niemand zutreffend einschätzen. Sowjetische Militärgerichte haben mindestens 19, DDR-Gerichte mindestens drei Todesurteile im Zusammenhang mit dem 17. Juni 1953 verhängt. Die letzten der zu Freiheitsstrafen verurteilten Teilnehmer des Aufstandes sind 1964 entlassen worden – elf Jahre danach.

Justizminister Max Fechner wurde seines Amtes enthoben, aus der SED ausgeschlossen und verhaftet, weil er öffentlich gegen die Linie der Partei opponiert hatte, indem er Arbeiter für nicht strafbar erklärte, wenn sie am 17. Juni das verfassungsmäßig garantierte Streikrecht ausgeübt hatten.

Um die Arbeiteropposition in den Betrieben und auf Baustellen zu konterkarieren, ergänzte die SED ihre Repressionsstrategie dialektisch durch eine Art Konzessionsstrategie. Wie notwendig dies war, hatte die Führung der Partei schon am Vorabend des Aufstands begriffen, als sie unter dem Eindruck der Streiks und Demonstrationen der Ostberliner Bauarbeiter ihre Haltung in der Normenfrage revidierte. Nunmehr setzte sie das Instrumentarium bedingter sozialer Konzessionen zielbewußt ein, um der Gefahr weiterer offener Konflikte entgegenzuwirken.

Ihre Doppelstrategie erwies sich als durchaus wirksam. Vor allem beschloß das Zentralkomitee der SED zur Bekräftigung des Neuen Kurses bereits vier Tage nach dem Aufstand, ab sofort bei den Lohnabrechnungen diejenigen Arbeitsnormen zugrunde zu legen, die am 1. April 1953 Gültigkeit hatten. Gleichzeitig wurden sämtliche Mindestrenten um monatlich 10 Mark erhöht. Danach folgte die Anhebung der Löhne in den vier unteren Lohngruppen um 20 bis 38 Mark im Monat. Auf dem vom 24. bis 26. Juli tagenden 15. Plenum des Zentralkomitees bekräftigte die SED ihre Politik durch das Versprechen, »in der nächsten Zeit eine ernsthafte Verbesserung der wirtschaftlichen Lage und der politischen Verhältnisse in der Deutschen Demokratischen Republik zu erreichen und auf dieser Grundlage die Lebenshaltung der Arbeiterklasse und aller Werktätigen bedeutend zu heben«. Eben darin bestehe das Wesen des Neuen Kurses. »Durch die Steigerung der Erzeugung der Nahrungs- und Genußmittelindustrie und der Leichtindustrie auf Kosten der Schwerindustrie, durch die Entfaltung der Initiative des privaten Handels und der Privatindustrie sowie durch die Förderung der bäuerlichen

Wirtschaften soll eine Verbesserung der materiellen Lage der Bevölkerung erzielt werden.«[52] Ausdrücklich erinnerte das Zentralkomitee noch einmal daran, daß die auf administrative Weise festgesetzten Normerhöhungen rückgängig gemacht worden waren.

Der Arbeiteropposition wie dem Massenprotest vom 17. Juni 1953 war insofern ein greifbarer Erfolg beschieden. Jedoch vermochte sich die SED zu einer prinzipiellen Revision ihrer Generallinie nicht durchzuringen, im Gegenteil: Gleichzeitig mit dem Neuen Kurs beschwor das Zentralkomitee die Richtigkeit des auf der 2. Parteikonferenz eingeschlagenen Weges. »Es war auch richtig, daß unsere Partei Deutschland auf den Weg des Sozialismus führte und in der Deutschen Demokratischen Republik mit der Errichtung der Grundlagen des Sozialismus begann. Diese Generallinie der Partei war und bleibt richtig.«[53] Statt eines grundlegenden Wechsels ihrer Politik fand sich die SED lediglich zur Korrektur taktischer Fehler bereit. Selbstverständlich blieb es auch beim Aufbau militärischer Streitkräfte in der DDR. Zu den Konsequenzen, die die SED aus dem Arbeiteraufstand zog, zählten im übrigen die personelle Verstärkung der Polizei- und Staatssicherheitskader sowie der Auf- und Ausbau einer Partei-Miliz in Gestalt sogenannter Betriebskampfgruppen, heute Kampfgruppen der Arbeiterklasse, die nach Ausbildung und Bewaffnung fortan zur inneren Sicherheit der DDR beizutragen und jede oppositionelle Erscheinung, jeden Widerstand zu unterdrücken hatten.

In ihrem Wesen sollte sich die regimekritische Haltung der mitteldeutschen Arbeiterschaft auch Jahre nach dem Scheitern des Aufstands vom 17. Juni 1953 kaum ändern. Da sich die Generallinie der SED nicht geändert hatte, konnte das nicht anders sein. Neben spontanen Streiks und gezielten Streikdrohungen entwickelten sich Sitzstreik und Langsam-Arbeit als neue Formen des passiven Widerstands und der Opposition. Mit Recht, obschon leicht mißverständlich, verweist Benno Sarel in einer Studie über die Lage der Arbeiter in der DDR auf die »Bummelei« als »eine der hartnäckigsten und wichtigsten Äußerungen der Arbeiter« gegen das Regime. »Zum einen praktizieren die Arbeiter ganz allgemein die Leistungszurückhaltung. Zum anderen verkürzen sie auf jede erdenkliche Weise die Arbeitszeit: sie kommen zu spät und gehen vorzeitig weg, sie unterbrechen den Arbeitstag oder melden sich krank . . . Da die Mehrzahl der Arbeiter nach Leistungslohn arbeitet, ist die ›Arbeite-langsam-Bewegung‹, wie sie von den Chefs genannt wird, eng mit dem Problem der Normen verbunden.«[54]

Im übrigen suchte die SED nach neuen Wegen zur sozialen Integration der Arbeiter. Einer Empfehlung des Zentralkomitees folgend, hatte eine Arbeiterkonferenz der Partei am 8. Dezember 1956 beschlossen, in zunächst 20 »volkseigenen« Betrieben probeweise »Arbeiterkomitees« zu bilden, mit deren Hilfe den Belegschaften stärkerer Einfluß auf den Wirtschaftsplan und den Produktionsprozeß in den Betrieben eingeräumt werden sollte.[55] Allerdings wurden schon während der vorbereitenden Diskussion Bedenken kommunistischer Funktionäre laut. Nach ihren Erfahrungen befürchteten sie, daß demokratisch gewählte und mithin nur von der Belegschaft, nicht von der Partei- und Gewerkschaftsbürokratie kontrollierte Arbeiterkomitees sich zu oppositionellen Zentren der Arbeiterschaft entwickeln könnten. »Wir müssen sehr wachsam sein, daß sich in diese Komitees nicht negative Elemente einschleichen und unsere Arbeit im Betrieb durcheinanderbringen«, warnte in Halle die »Freiheit« vom 27. November 1956 in einem Bericht aus dem Walzwerk Hettstedt. Die Meinung der Arbeiter faßte »Das Schwungrad«, die Betriebszeitung des VEB Schwermaschinenbau »Heinrich Rau« in Wildau, am 13. Dezember 1956 in dem Satz zusammen: »Wenn wir erst das Arbeiterkomitee haben, werden wir alles durchsetzen, was wir schon vor drei Jahren (am 17. Juni 1953!) gefordert haben und ändern wollten.«

Der seit Ende der vierziger Jahre latente Konflikt zwischen unabhängigen Betriebsräten und abhängigen Betriebsgewerkschaftsleitungen schien sich nun als Gegensatz von Arbeiterkomitees und Betriebsgewerkschaftsleitungen zu aktualisieren. Tatsächlich müssen sich die Befürchtungen der Kommunisten in der Arbeit der 18 Arbeiterkomitees, die insgesamt jemals bestanden, vollauf bestätigt haben. So setzte das Zentralkomitee auf seiner 35. Tagung (3.–6. Februar 1958) dem Experiment ein definitives Ende. Herbert Warnke, damals Vorsitzender des FDGB, begründete die Auflösung der Arbeiterkomitees: »Die Erfahrung lehrt, daß die Erhöhung der Teilnahme und des Einflusses der Arbeiter auf die Ausarbeitung und Erfüllung der Betriebspläne eng mit der Rolle der Gewerkschaften als Schulen des Sozialismus und als Vertretung der Arbeiterinteressen verbunden ist und daher nicht über Arbeiterkomitees, sondern mit Hilfe der Gewerkschaften erfolgen muß.«[56]

Punktuell sind in den Jahren und Jahrzehnten nach dem Aufstand des 17. Juni 1953 in der DDR immer wieder Protestaktionen und Streiks zu registrieren gewesen. Auch wenn die spärlichen Nachrichten darüber nur ein höchst unvollständiges Bild davon vermitteln, kann ihnen doch ein hoher Aussagewert zugebilligt werden, weil solche Aktivitäten der mitteldeutschen Arbeiterschaft unter den Bedingungen einer Diktatur des Proletariats ihre besondere politische Qualität haben.

Im Juni 1957 streikten zum Beispiel die meisten Arbeiter im VEB »Anna Seghers« in Neuhaus/Kreis Meiningen, wie die Suhler Parteizeitung »Freies Wort« in einem Bericht vom 20. Januar 1958 bestätigte. Das Blatt meldete die Verurteilung der Arbeiter Karl und Hans Ulbrich sowie dreier weiterer Kollegen zu Strafen zwischen sechs Monaten und dreieinhalb Jahren. »Die Angeklagten hatten Boykotthetze betrieben und durch eine Arbeitsniederlegung versucht, die Planerfüllung zu gefährden«, hieß es. »Im Juni des vergangenen Jahres wurde von der BGL eine Diskussion über die neue Prämienverordnung eingeleitet. Ulbrich und Komplicen benutzten diese Diskussion, um einen Teil der Belegschaft in unbegründete Erregung zu versetzen und zur Arbeitsniederlegung zu verleiten. Die Gruppe stellte die Losung auf, so lange nicht zu arbeiten, bis die Prämienverteilung ›in ihrem Sinne‹ geregelt sei.«

Anfang Juli 1957 wurde in mehreren Werkhallen der Filmfabrik Wolfen ein Proteststreik gegen eine beabsichtigte Normerhöhung durchgeführt. Zur selben Zeit wehrte sich die Belegschaft im Produktionsbereich 3 (Montage) des VEB Waggonbau in Niesky/Oberlausitz mit einem Streik gegen den Fortfall des bis dahin gezahlten Lohnausgleichs nach Einführung der 45-

Stunden-Woche, praktisch also gegen eine Lohnsenkung, bei der einzelne Arbeiter bis zu 60 Mark monatlich einbüßten. »Die Tatsache, daß ein großer Teil unserer Arbeiter im Monat Juni durch den Anlauf neuer Objekte und die formale Streichung des Lohnausgleichs weniger erhielt, war der Anlaß dazu, daß ein Teil der Arbeiter am 5. Juli die Arbeit niederlegte«, hieß es in der Betriebszeitung »Unser Weg« vom 2. August 1957. »Wir erkennen an dieser Tatsache, daß es feindlichen und rückschrittlichen Kräften in unserem Betriebe gelungen ist, einen Teil der Arbeiter irrezuführen.«

Gelegentlich nahmen Einzelaktionen politischen Charakter an. Im »volkseigenen« Drahtwerk Finsterwalde wurde im Februar 1958 auf eine Normerhöhung um 20 Prozent mit einem Streik reagiert. Es kam zu »Störungen im Produktionsablauf«, für die der zuständige Bezirksparteichef Albert Stief »negative und feindliche Elemente«[57] verantwortlich machte.

An der Diffamierung und Kriminalisierung opponierender Arbeiter hatte sich nichts geändert. Das bestätigte sich auch, als im Juni 1961 Arbeiter und Ingenieure des VEB Lokomotivbau- und Elektrotechnisches Werk »Hans Beimler« in Hennigsdorf ein gemeinsames Schreiben an Walter Ulbricht aufsetzten, um gegen die unzureichende Lebensmittelversorgung zu protestieren. »Mit großer Sorge beobachteten wir die Wiedereinführung der Rationierung von Butter, Abgabe eines Achtelkilo nach Kundenliste pro Familie, und die mangelhafte Versorgung mit den wichtigsten Grundnahrungsmitteln, wie Kartoffeln, Brot, Obst, Gemüse sowie Fleisch- und Wurstwaren . . . Ist diese ungenügende Versorgungslage der Lohn für unsere jahrelange intensive Mitarbeit am Aufbau der Volkswirtschaft in der DDR?« Als die Verfasser zu diesem Brief die ersten 56 Unterschriften von Betriebsangehörigen gesammelt hatten, verbot die Werkleitung jede weitere Aktivität im Betrieb. Zugleich wurden das Zentralkomitee der SED und der Staatssicherheitsdienst unterrichtet.

In den Augen der Kommunisten galten die Hennigsdorfer Arbeiter ohnehin als »unzuverlässig«, seitdem sie am 17. Juni 1953 einmütig in den Streik getreten waren und sich nach einem gewaltigen Protestmarsch durch den Norden Berlins mit ihren Ostberliner Kollegen vereinigt hatten. Bekannt wurde die Festnahme von fünf Hennigsdorfer Arbeitern. Sie erhielten am 25. Januar 1962 vom Bezirksgericht Potsdam Zuchthausstrafen zwischen fünf und neuneinhalb Jahren, weil sie in ihrem Betrieb »Provokationen gegen die Arbeiter-und-Bauern-Macht organisiert, Betriebsangehörige zum Verlassen der DDR verleitet und sich das Ziel gesetzt hatten, der Volkswirtschaft der DDR durch einen Diversionsakt schweren Schaden zuzufügen . . . Die Angeklagten Siegmund, Schilling, Dehler, Bensch und Wendt hatten ihre verbrecherische Tätigkeit mit der systematischen Verbreitung von Hetzparolen westlicher Rundfunk- und Fernsehstationen gegen die sozialistische Entwicklung in der DDR begonnen, mehrere Jungingenieure des LEW »Hans Beimler« zum Verlassen unserer Republik angestiftet und im Juni 1961 Provokationen in dem volkseigenen Betrieb organisiert, um weitere Belegschaftsangehörige gegen die Politik der Arbeiter-und-Bauern-Macht aufzuhetzen.«[58]

Arbeiter für freie Wahlen

Zu einer politischen Demonstration besonderer Art kam es am 10. August 1961 in dem Ostberliner Kabelwerk Oberspree, als Walter Ulbricht in einer Rede vor der Belegschaft auch das Problem freier Wahlen in Deutschland berührte: »Manche Leute möchten Patentlösungen vorschlagen. Eine Angestellte hier im Werk hat kürzlich gesagt, man solle doch in ganz Deutschland freie Wahlen machen, dann würden wir uns schon entscheiden, wohin wir wollen . . .« An dieser Stelle seiner Rede wurde der Erste Sekretär der SED laut »Neues Deutschland« durch den Beifall eines einzelnen unterbrochen, der den Zuruf machte: »Und wenn ich auch der einzige bin: Frei wählen!« Darauf wieder Ulbricht: »Moment, warten Sie! Die Sache wollen wird doch mal klären«. Zuruf des selben Arbeiters: »Dann werden wir sehen, was der richtige Weg ist« Ulbrichts Erwiderung: »Was wollen Sie denn frei wählen?«[59] Was »Neues Deutschland« nicht veröffentlichte, war ein weiterer Zwischenruf des Arbeiters – er hieß Kurt Wismach und flüchtete kurz darauf nach West-Berlin –: »Weißt du überhaupt, wie das Volk denkt?«[60]

Die Sperrmaßnahmen und Zwangsaktionen vom 13. August 1961 und das faktisch verhängte Reiseverbot in Richtung Westen vermehrten zwangsläufig die permanenten Spannungen zwischen der mitteldeutschen Arbeiterschaft und der SED. Hatten nicht Mauer und Stacheldraht quer durch das geteilte Berlin monströse Beweise für die inneren Konflikte und die Unsicherheit des Regimes geliefert? Daß es dennoch in dieser kritischen Situation nicht zu spontanen Widerstandsaktionen der Arbeiterschaft kam, dafür sorgten die enormen Sicherheitsvorkehrungen, die die SED in Erinnerung an den 17. Juni 1953 durch Bereitstellung militärischer Verbände und Einheiten der Bereitschaftspolizei sowie der Kampfgruppen der Arbeiterklasse in allen größeren Industriebetrieben oder in ihrer Nähe getroffen hatte. Außerdem lagen in den Tagen um den 13. August 1961 die in der DDR stationierten sowjetischen Streitkräfte in Alarmbereitschaft. »Die Erbitterung der Arbeiterschaft konnte sich aus diesem Grunde nur passiv äußern, indem beispielsweise Zustimmungserklärungen zum 13. August in den Betrieben entweder verweigert oder unter Protest abgegeben wurden. In Betriebsversammlungen, in denen Parteifunktionäre den 13. August zu rechtfertigen versuchten, verharrten die Belegschaften meist in eisigem Schweigen. Vielfach wurden ›Provokateure‹ vom Staatssicherheitsdienst verhaftet. Als sich in einem Ostberliner Betrieb eine Arbeitsbrigade den Namen ›Brigade 13. August‹ zulegte, erhielt sie von den Arbeitern die Bezeichnung ›Stacheldraht-Brigade‹. Der an sich nebensächliche Vorgang kennzeichnet die psychologische Reaktion der Arbeiterschaft«[61]. Noch drastischer gab ein Zeitungsbericht aus Schmölln die Stimmung unter den Arbeitern wieder: Zur Rede gestellt, warum er »feindlichen Elementen« in seinem Betrieb, dem VEB Feuma, nicht energisch entgegengetreten sei, redete sich ein Parteifunktionär darauf hinaus: »Man traut sich ja gegen die feindlichen Argumente nichts zu sagen, sonst kriegt man die Fresse voll!«[62].

Von einer Minderheit von schätzungsweise 15 bis maximal 20 vom Hundert abgesehen, die sich materiell oder ideologisch dem Regime verbunden fühlt, fehlt es den mitteldeutschen Arbeitern auch heute noch an dem, was ihnen die Kommunisten seit Jahren als Klassenbewußtsein suggerieren – die Überzeugung, in der DDR selbst die Macht auszuüben und nicht ausgebeutet zu werden, sondern für sich selber zu arbeiten. Auch in den siebziger und frühen achtziger Jahren ist es in der DDR gelegentlich zu Streikdrohungen und Kurzstreiks gekommen, die man weder überschätzen noch ignorieren sollte. Allerdings mischen sich in die kritische und ablehnende Haltung der Arbeiterschaft gegenüber der Diktatur der SED auch Resignation, Anpassung, Flucht ins Private.

Wie kann es anders sein nach 35 Jahren DDR? Die Zeit arbeitet für die Kommunisten. Es ist schon so, daß der Arbeiteropposition und dem Arbeiterwiderstand im sozialistischen deutschen Staat Grenzen gezogen sind. Ein geistreicher Kritiker hat als Ursache dafür drei Momente benannt: »Einmal die gesamte ökonomische und politische Repressionsgewalt – also Neuzusammensetzung der Klasse und Staatssicherheitsdienst. Dann die Ideologie, auf die sich der staatsmonopolistische Unternehmerstaat bezieht und aus der er alle seine Aktivitäten ableitet: ›die Interessen der Arbeiter und Bauern‹. Folglich muß eine Fundamentalopposition erst einmal als antiproletarisch erscheinen. Drittens gibt es ein ausgeklügeltes Netz von Integrationsmechanismen, das einzelnen Arbeitern immer wieder den Aufstieg nach oben garantiert. Lohnkämpfe können nicht stattfinden, da sich ja die Arbeiterklasse nicht selber bekämpfen kann – eine These, die in vielen Variationen auftritt und das staatliche Eigentum an den Produktionsmitteln mit der Assoziation freier Individuen verwechselt. Da sie nicht stattfinden können, werden sie verboten oder verschwiegen.«[63] Das ist eine pointiert formulierte, realistische Analyse.

Für die Mehrheit der Arbeiter in der DDR dürfte noch immer gelten, was der heute in Bochum tätige Soziologe Dieter Voigt durch Befragung von 900 Industrie-Bauarbeitern »volkseigener« Großbetriebe 1965/66 in der DDR empirisch festgestellt hat: »Die Einstellung zur SED und zum FDGB ist eindeutig negativ. Funktionäre sind weitgehend unbekannt.«[64] Seitdem die Arbeiter keine unabhängigen Gewerkschaften oder sonstige autonome Schutzorgane mehr besitzen, verblieb ihnen als einzige Abwehr aller Angriffe auf ihre Interessen ihre Solidarität am Arbeitsplatz, im Betrieb oder auf der Baustelle. Und ohne Frage ist der Sinn für Solidarität unter Arbeitern nie so stark ausgeprägt gewesen wie heute im sozialistischen Staat der Arbeiter und Bauern.

Opposition im Führungskern der SED

»Fast immer treten an großen Wendepunkten und in kritischen Momenten in der Arbeiterbewegung schwankende Elemente hervor, die den Druck der rückständigen Teile der Arbeiterklasse und des Kleinbürgertums widerspiegeln.«[1] Mit dieser Feststellung wurde in einem anonym veröffentlichten Grundsatzartikel in der führenden Zeitung der Partei das Fazit einer Opposition gezogen, die dem parteiamtlichen Abriß zur Geschichte der SED 25 Jahre später nur noch einen Satz wert war. Nach der Bemerkung, die Partei habe 1953 sich »von solchen Funktionären und Mitgliedern« trennen müssen, »die vor dem ideologischen Druck des Gegners oder vor Provokateuren zurückgewichen waren«, heißt es kurz und bündig: »Besonderes Gewicht hatte dabei die Auseinandersetzung mit dem Mitglied des Politbüros und Minister für Staatssicherheit, Wilhelm Zaisser, und dem Kandidaten des Politbüros und Chefredakteur des Zentralorgans ›Neues Deutschland‹, Rudolf Herrnstadt, die die Generallinie der Partei ändern, den von der 2. Parteikonferenz beschlossenen Kurs revidieren und den Aufbau der Grundlagen des Sozialismus hinauszögern wollten und hierbei mit fraktionellen Methoden arbeiteten.«[2] Dies und die Erwähnung, daß beide aus dem Zentralkomitee und aus der SED ausgeschlossen wurden, war alles, was die Historiker im Parteiauftrag über den bis heute schwerwiegendsten Fall einer oppositionellen Fraktionsbildung im Politbüro der SED für merkenswert hielten oder halten durften.

Die Zaisser/Herrnstadt-Fraktion

Ausgelöst wurde die Opposition der Zaisser/Herrnstadt-Gruppe durch die politischen, wirtschaftlichen und sozialen Folgen, die die Beschlüsse der 2. Parteikonferenz der SED in der DDR zeitigten und die spätestens im Spätherbst 1952 nicht mehr zu verkennen waren. Sie haben die Zaisser/Herrnstadt-Opposition gegen die Ulbrichtsche Linie vom Aufbau des Sozialismus in der DDR unmittelbar provoziert. Seine Zuspitzung erfuhr der heranreifende Konflikt durch die politische Verunsicherung, die der Tod Stalins am 5. März 1953 in der Führung der SED auslöste, sowie durch den Sturz Franz Dahlems, damals Mitglied des Politbüros und in seiner Funktion als Sekretär des Zentralkomitees der Kaderchef der Partei, der auf dem 13. Plenum des Zentralkomitees der SED am 13./14. Mai 1953 besiegelt wurde:
Augenscheinlich trat die Zaisser/Herrnstadt-Fraktion mit ihrer Opposition offen hervor, als die Führung der SED die am 9. Juni 1953 im Politbüro be-

schlossene Politik des Neuen Kurses zu formulieren begann. Dies geschah auf unmittelbare Weisung aus Moskau, überbracht von Botschafter W. S. Semjonow, dem neuen Hohen Kommissar der UdSSR für Deutschland, der am 5. Juni nach Ost-Berlin zurückgekehrt[3] war, wo er sich zuvor jahrelang als politischer Berater der Sowjetischen Militäradministration in Deutschland und der sowjetischen Kontrollkommission bewährt hatte. Das Datum seiner Rückkehr deutet auf einen zeitlichen Zusammenhang mit dem Politbüro-Beschluß vom 9. Juni. Ein politischer Zusammenhang wird durch Heinz Brandt bekundet, damals Sekretär für Agitation in der Berliner Landesleitung der SED. Brandt war von Hans Jendretzky darüber informiert worden, wie das Politbüro von dem Emissär aus dem Kreml anhand einer knapp formulierten Direktive auf die Ausarbeitung des Neuen Kurses »binnen einer Woche« verpflichtet wurde. Dabei war nicht nur die bisherige Führung der SED »von Semjonow unerhört scharf kritisiert«, sondern auch kein Zweifel daran gelassen worden, »daß Moskau an einer raschen Verwirklichung des Neuen Kurses äußerst interessiert sei«. Die Initiative ging eindeutig von dort aus. Laut Brandt unterbreitete Semjonow »die entscheidenden Gesichtspunkte« für die zu fassenden Beschlüsse »schriftlich in Thesenform«.[4] Das Politbüro übernahm sie wortwörtlich.

Wortführer des Neuen Kurses wurden Zaisser und Herrnstadt. Sie waren bis dahin konspirativ vorgegangen, »mit den Methoden des Nachrichtendienstes, der sogenannten aktiven Aufklärung«[5], wie sich Ulbricht später beklagt hat; nun hielten sie die Zeit für gekommen, mit geöffnetem Visier zu kämpfen und im Politbüro ihre Forderung nach einer Erneuerung der Partei zur Diskussion zu stellen. In den dramatischen Tagen vor und nach dem Aufstand vom 17. Juni blieb das Ringen unentschieden. Als vier Tage nach dem mitteldeutschen Aufstand das Zentralkomitee der SED sein 14. Plenum abhielt, war noch alles offen.

Öffentlich wurde der Fraktionskampf erst nach dem 15. Plenum des Zentralkomitees, das vom 24. bis 26. Juli 1953 zusammentrat. Erst zu diesem Zeitpunkt konnte Ulbricht seinen entscheidenden Schlag gegen die Zaisser/Herrnstadt-Gruppe führen und ihre politische Entmachtung durchsetzen. Zaisser und Herrnstadt wurden aus dem Zentralkomitee ausgeschlossen[6], wodurch sie zugleich aus dem Politbüro ausschieden und ihre Funktionen verloren: Zaisser als Minister für Staatssicherheit, Herrnstadt als Chefredakteur des »Neuen Deutschland«. Als sie ein halbes Jahr später durch Beschluß des 17. Plenums vom 23. Januar 1954 auch aus der Partei ausgeschlossen wurden[7], war die Affäre für Ulbricht erledigt. Die politische Abrechnung mit der Zaisser/Herrnstadt-Opposition auf dem IV. Parteitag der SED, der sich vom 30. März bis 5. April 1954 in Ost-Berlin versammelte, bedeutete nur noch ihre agitatorische Bewältigung.

Wilhelm Zaisser[8], 1893 in Rotthausen bei Gelsenkirchen geboren – also vom gleichen Jahrgang wie Walter Ulbricht –, war von Beruf ursprünglich Volksschullehrer. 1914 Soldat, 1919 heimgekehrt als Leutnant, trat er im selben Jahr in Essen der Kommunistischen Partei Deutschlands bei. Schon ab 1921 übernahm er hauptberuflich Funktionen in der Partei – als Redakteur, als Mitglied der Bezirksleitung Ruhrgebiet, später der Oberbezirksleitung West, als Mitarbeiter schließlich im Apparat des Zentralkomitees der KPD.

1927 ging er nach Moskau, wo er für die folgenden Jahre als Agent in die sowjetische Militärspionage wechselte – unter anderem mit Einsatz in China –, bis er zu Beginn der dreißiger Jahre neue Aufgaben in Moskau übernahm. 1932 wurde er Mitglied der KPdSU und absolvierte gleichzeitig einen Kursus an der Militärakademie der Roten Armee. Von daher gesehen war sein Einsatz im Spanischen Bürgerkrieg als Kommandeur der XIII. Internationalen Brigade und als Chef der Basis der internationalen Einheiten in Albacete eine folgerichtige Entscheidung. Unter dem Namen »General Gomez« erlangte Zaisser legendären Nimbus.

1938 wieder in Moskau, arbeitete er als Übersetzer und Redakteur. Von 1943 bis 1946 wirkte er als Lehrer an Antifa-Schulen für deutsche Kriegsgefangene in Talici und Krasnogorsk.

Erst im Februar 1947 kehrte Zaisser nach Deutschland zurück. Er wurde Chef der Landespolizei in Sachsen-Anhalt, wechselte im September 1948 als Innenminister nach Dresden und übernahm im Februar 1950 die Leitung des Ministeriums für Staatssicherheit. Gleichzeitig wurde er in den Parteivorstand der SED kooptiert und 1950 auf dem III. Parteitag ins Zentralkomitee gewählt. Unmittelbar danach stieg er als Mitglied in das Politbüro der SED auf.

Seine letzten Jahre brachte Zaisser als Lektor des Ostberliner Dietz Verlages zu. 1958 ist er, 65jährig, in Berlin-Hirschgarten an einem Herzinfarkt verstorben.

Im Gegensatz zu Wilhelm Zaisser, einem Mann von praktischer Intelligenz, mit großen administrativen und organisatorischen Fähigkeiten, zeichnet sich Rudolf Herrnstadt[9] durch hohe Intellektualität aus, durch die Fähigkeit zu konzeptionellem Denken, durch die Begabung zum Reden und zum Schreiben.

1903 als Sohn eines später in Auschwitz ermordeten Rechtsanwalts in Gleiwitz geboren, ursprünglich Jura-Student, Mitglied der KPD seit 1924, 1925 Lektor in Berlin, arbeitete Herrnstadt von 1928 bis 1936 als Korrespondent des »Berliner Tageblattes« – einer bürgerlichen Zeitung also – in Prag, Warschau und Moskau. Seit den frühen dreißiger Jahren betätigte er sich zugleich für den sowjetischen militärischen Nachrichtendienst. Diese Beziehung führte dazu, daß Herrnstadt 1939 Leiter der Westeuropa-Abteilung beim Geheimdienst der Roten Armee wurde. Ab 1943 Chefredakteur der Zeitung »Freies Deutschland« und Mitglied des Nationalkomitees Freies Deutschland, kehrte er 1945 als Mitglied der Gruppe Sobottka nach Deutschland zurück und übernahm hier die Chefredaktion der »Berliner Zeitung«. Im März 1949 betraute die Partei ihn mit der Chefredaktion des »Neuen Deutschland«. Als Mitglied des Zentralkomitees der SED und als Kandidat des Politbüros gehörte Herrnstadt seit 1950 zur Elite der Partei.

Nach Verlust von Funktion und Parteimitgliedschaft im Juli 1953 beziehungsweise im Januar 1954 durfte Rudolf Herrnstadt nur noch als wissenschaftlicher Mitarbeiter im Zentralarchiv der DDR, Zweigstelle Merseburg, tätig sein mit der Erlaubnis, über historische Themen wieder zu publizieren. 1966 ist er in Halle an der Saale gestorben.

Beide, Zaisser wie Herrnstadt, hatten kraft ihrer Funktionen in den frühen fünfziger Jahren im Führungskern der SED starke Positionen inne. Gleichzeitig haben sie zu den bestinformierten Männern in Ost-Berlin gezählt: Zaisser dank des vom Ministerium für Staatssicherheit aufgebauten Informationsnetzes, Herrnstadt als Chefredakteur des zentralen Parteiorgans mit Zugang zu allen journalistischen Informationsquellen einschließlich des Netzes von Volkskorrespondenten in allen Teilen der DDR.

Neun Mitglieder und sechs Kandidaten gehörten damals – in der Zeit zwischen der 2. Parteikonferenz und dem 13. Plenum des ZK – dem Politbüro[10] an. Von den neun Mitgliedern standen sich Walter Ulbricht und Hermann Matern, wahrscheinlich auch Fred Oelßner auf der einen Seite, Franz Dahlem und Wilhelm Zaisser auf der anderen Seite gegenüber. Die anderen nahmen, als sich die Zaisser/Herrnstadt-Fraktion offen formierte, eine abwartende bis schwankende Haltung ein, ausgenommen Wilhelm Pieck, der sich auf dem Höhepunkt des Fraktionskampfes zur Kur auf der Krim aufhielt und unbeteiligt blieb. Von den sechs Kandidaten des Politbüros hielten lediglich Erich Honecker und Erich Mückenberger zu Ulbricht. Von Herrnstadt abgesehen, dem intellektuellen Kopf der Opposition, sympathisierten Hans Jendretzky und Elli Schmidt mit der Zaisser/Herrnstadt-Gruppe. Anton Ackermann soll »die Position der Genossen Herrnstadt und Zaisser aktiv unterstützt«[11] haben.

Eine Verschiebung dieser Konstellation, die einer relativen Stärkung Ulbrichts gleichkam, brachte, wie gesagt, der Sturz Dahlems: Als Exponent der deutschen kommunistischen Westemigranten wurde er auf der ZK-Tagung vom 13./14. Mai 1953 »zur Sicherung der Parteiführung«[12] aus dem Zentralkomitee ausgeschlossen und aller Führungsfunktionen entbunden. Zaisser, der mit Dahlem aus der Zeit des Spanischen Bürgerkrieges gut befreundet war, mußte sich nach diesem Schlag in seiner Entschlossenheit, Ulbricht zu entmachten, bestärkt sehen.

»Erneuerung der Partei«

Inhaltlich läßt sich die Opposition der Zaisser/Herrnstadt-Fraktion auf drei Ziele zurückführen: Innerparteilich war sie um eine Erneuerung der SED bemüht, DDR-intern hatte sie sich auf eine Revision der auf die sozialistische Umwälzung gerichteten Strategie und Taktik der SED orientiert, und DDR-extern erstrebte sie einen Kurs, der der weiteren Vertiefung der Teilung Deutschlands entgegenwirken sollte. Die oppositionelle Plattform, die Zaisser und Herrnstadt ausarbeiteten, ist bis heute zwar nur bruchstückhaft bekanntgeworden, aber Walter Ulbricht hat sich mit ihr auf dem 15. Plenum des Zentralkomitees ausführlich auseinandergesetzt: »Der Hauptinhalt dieser schriftlich und mündlich entwickelten Plattform waren folgende Gesichtspunkte:

1. Die Politik der Partei sei in der Hauptrichtung fehlerhaft.
2. Die Partei sei entartet, deshalb sei eine grundlegende Erneuerung der Partei notwendig, weshalb sie auch in ihren schriftlichen Darlegungen eine ›Erneuerung der Partei‹ – so heißt wörtlich die Überschrift – forderten. Diese ›Erneuerung‹ sollte eine entschiedene Änderung der Parteileitung bedeuten.

3. Sie traten in ihrer Plattform mit der sozialdemokratischen These auf, daß die SED die Partei des ganzen Volkes sein soll. Sie wichen damit von dem grundlegenden marxistischen Lehrsatz ab, daß die SED eine Partei des Proletariats, eine Partei der Arbeiterklasse ist. In der Plattform wird eine These aufgestellt, daß die Partei der wirtschaftlichen Tätigkeit der kapitalistischen Elemente große Freiheit gewähren sollte; das ist eine These, die die Restaurierung des Kapitalismus in der Deutschen Demokratischen Republik bedeutet und gewissen sozialdemokratischen Forderungen entspricht.«[13] Soweit Ulbricht.

Logischerweise war eine solche Wende in der SED, eine solche Erneuerung der Partei, nicht ohne personelle Alternative denkbar. Folglich betrieb die Anti-Ulbricht-Opposition auch »die Neubesetzung der Parteiführung«. Zaisser unterbreitete »auf einer Sitzung der Kommission des Politbüros, die sich mit den organisatorischen Fragen der Vorbereitung (einer Plenartagung) des Zentralkomitees beschäftigte, den Vorschlag, Walter Ulbricht als Generalsekretär abzusetzen, und schlug als 1. Sekretär des Zentralkomitees den Genossen Herrnstadt vor. Genosse Herrnstadt erklärte seinerseits auf der Sitzung der Kommission, daß ihn die Partei unterstützen werde.«[14] Taktisch soll sich Herrnstadt darauf eingestellt haben, »gestützt auf die Redaktion des ›Neuen Deutschland‹ und auf Berlin, die Parteispitze zu erobern und den zentralen Parteiapparat so zu erneuern, daß er für ihn ein williges Werkzeug würde«.[15]

Unter den gegebenen Umständen konnte die Neubesetzung der Führungsspitze auf die Entfernung Ulbrichts nicht beschränkt bleiben. »Mit Ulbricht fängt man an. Dann kommt Matern, dann Genosse Honecker und dann die anderen«[16] – eiferte Ulbricht auf dem 15. Plenum. In der Tat wäre es folgerichtig gewesen, auch Hermann Matern zu entmachten: Der Chef der Zentralen Parteikontrollkommission war für Ulbricht jederzeit eine politische Stütze gewesen. Und auch der Austausch Erich Honeckers, der als Vorsitzender der Freien Deutschen Jugend die »Kaderreserve der Partei« in seiner Obhut hatte, wäre politisch unumgänglich gewesen, denn er war damals den stalinistischen Einpeitschern der auf der 2. Parteikonferenz beschlossenen Politik zuzurechnen. Für Wilhelm Zaisser war eine naheliegende Aufgabe vorgesehen: »Zaisser wollte über das Innenministerium, gestützt auf die Machtorgane, den Staatsapparat beherrschen«[17] – offenbar unter vorläufiger Tolerierung Otto Grotewohls als Ministerpräsident.

In wesentlichen Teilen wird das hier nach Ulbricht und Matern rekonstruierte Konzept der Zaisser/Herrnstadt-Gruppe durch Heinz Brandt bestätigt. Insbesondere bestätigt er auch, daß Herrnstadt von Semjonow »den Auftrag erhalten« habe, »personelle Vorschläge für ein neues Pol-Büro, ein neues Sekretariat sowie für ein neues ZK auszuarbeiten und sie der Parteispitze zur Beschlußfassung vorzulegen«.[18]

Mit dem Beschluß des Politbüros der SED über den Neuen Kurs, an dessen Formulierung Herrnstadt maßgeblich mitgewirkt hatte, schien Ulbricht die Führung der Partei faktisch schon entzogen. Während der offenen Konfrontation innerhalb der Führung suchte Herrnstadt nach außen zu wirken, indem er mit Hilfe des »Neuen Deutschland« den Neuen Kurs zu popularisieren und in seinem Sinne zu interpretieren trachtete. Nicht zufällig ist ihm dies nach seinem Sturz zum Vorwurf gemacht worden: »Als Chefredakteur des ›Neuen Deutschland‹ behandelte Herrnstadt nach dem 9. Juni den Neuen Kurs der SED von Ausgabe zu Ausgabe in mehr und mehr entstellter Form. Besonders nach dem 17. Juni veröffentlichte er in den Spalten der Zeitung Beiträge, die die Linie der Partei verzerrt darstellten. Er verstieg sich bei der Verfolgung seiner parteifeindlichen Linie so weit, daß er die Spalten des ›Neuen Deutschland‹ Fechner für seine offen regierungsfeindlichen Äußerungen zur Verfügung stellte.«[19] Das war eine Anspielung auf ein Interview, in dem sich der damalige Justizminister Max Fechner, wie anderenorts bereits dargelegt, gegen die strafrechtliche Verfolgung von Streikenden und Streikführern des 17. Juni ausgesprochen hatte. Auf jeden Fall bieten diese Äußerungen Einblicke in die Taktik der innerparteilichen Opposition, die zugleich ihre Möglichkeiten und ihre Grenzen ermessen läßt.

Ihren besonderen Aspekt erhielt die Konzeption der Zaisser/Herrnstadt-Gruppe durch ihre Haltung in der nationalen Frage, die für die Beschlüsse über den Neuen Kurs ebenfalls konstitutiv gewesen war, denn erklärterweise hatte das Politbüro der SED dabei »das große Ziel der Herstellung der Einheit Deutschlands im Auge, welches von beiden Seiten Maßnahmen erfordert, die die Annäherung der beiden Teile Deutschlands konkret erleichtern«.[20] Durch einen Leitartikel in der »Täglichen Rundschau« war der nationale Aspekt des Neuen Kurses sogar noch verstärkt worden: »Diese Beschlüsse haben große internationale Bedeutung. Sie sind auf das große Ziel der Wiedervereinigung des deutschen Volkes in einem geeinten nationalen deutschen Staat ausgerichtet.«[21] Für die Zaisser/Herrnstadt-Gruppe konnte es daher in der nationalen Frage kein Zögern geben: Ihrer Auffassung nach sollte der Aufbau des Sozialismus in der DDR nicht zuletzt wegen seiner separatistischen Konsequenzen gebremst werden. Die Lösung der nationalen Frage sollte Vorrang vor der Lösung der sozialen Frage erhalten – nicht umgekehrt.

Zaisser und Herrnstadt hatten sich in der nationalen Frage von der Überlegung leiten lassen, »daß die Sowjetunion unter den gegebenen Verhältnissen an einer Entspannung der internationalen Lage interessiert ist und deshalb eine Vereinigung der Bevölkerung der DDR mit dem Adenauer-Staat zulassen wird; anders ausgedrückt: Die Sowjetunion wird die DDR preisgeben, sie wird Konzessionen an das kapitalistische Deutschland machen«.[22] Karl Mewis, damals 1. Sekretär der Bezirksleitung Rostock der SED, äußerte dies vor dem Parteiaktiv des Ostseebezirks. In dieser Offenheit war der nationale Aspekt der Zaisser/Herrnstadt-Opposition niemals zuvor ausgesprochen worden.

Die ausgiebige innerparteiliche Diskussion darüber bewies, daß sich die Zaisser/Herrnstadt-Gruppe in der nationalen Frage durchaus auf Zustimmung in der SED hatte stützen können. So wurde, als Beispiel genommen, Georg Wehner, damals 1. Sekretär der Kreisleitung Karl-Marx-Stadt, wegen »Unklarheiten« in der nationalen Frage zur Verantwortung gezogen. »Genosse Wehner brachte zum Ausdruck, daß mit der Erringung der Einheit Deutschlands bei uns in der DDR durchaus eine bürgerliche Mehrheit entstehen könnte, wo die Partei der Arbeiterklasse eine Oppositionsrolle einnimmt.«[23] Eben dieser auch von der Zaisser/Herrnstadt-Gruppe vertretene Standpunkt wurde als »Parole des Feindes von der Einheit um jeden Preis« und als »eine sozialdemokratische Auffassung von Demokratie« parteioffiziell verworfen.

Schützenhilfe aus Moskau

Bereits auf dem 15. Plenum des Zentralkomitees hatte Walter Ulbricht »die sehr ernste Frage gestellt, ob es einen Zusammenhang der Fraktionsarbeit Herrnstadt/Zaisser mit dem Fall Berija gibt«.[24] Er lag nahe, da Zaisser als Minister für Staatssicherheit zu Berija in enger Beziehung gestanden hatte. Als Chef des sowjetischen Sicherheitsdienstes war dieser auch für die Steuerung und Kontrolle des DDR-Sicherheitsapparates zuständig gewesen. Inhaltlich trafen sich die Vorstellungen der Zaisser/Herrnstadt-Gruppe in der nationalen Frage mit Erwägungen der sowjetischen Deutschlandpolitik nach dem Tode Stalins. Ähnlich wie der Diktator selbst in seinen letzten Jahren, aber entschiedener, zielstrebiger scheinen zwei seiner Nachfolger, L. P. Berija und G. M. Malenkow, den Gedanken einer Wiederherstellung der staatlichen Einheit Deutschlands unter den Bedingungen der bewaffneten Neutralität erwogen zu haben.

Ulbricht bezichtigte Berija daher schon 1953: »Zum Beispiel trat er gegen den Aufbau des Sozialismus in Deutschland auf und wandte sich gegen die Landwirtschaftlichen Produktionsgenossenschaften, d. h., er war für die Restauration des Kapitalismus in der Deutschen Demokratischen Republik.«[25] Und er zitierte im Plenum des ZK ohne Namensnennung einen »Genossen Minister«, dem Zaisser »gesagt habe, die neue Linie bestehe in der Nachgiebigkeit gegenüber dem Westen und könne zur Wiedererringung der Herrschaft der Bourgeoisie führen«.[26] Ulbrichts Äußerungen spiegeln die Sorge wider, die ihn damals umgetrieben hat: Moskaus mögliche Bereitschaft zur Wiedervereinigung Deutschlands unter Preisgabe der DDR.

Wie unmittelbar damals die Mächtigen in Moskau in die Politik der SED eingriffen und hineingewirkt haben, hatte nicht nur die Durchsetzung des Neuen Kurses kraft Intervention durch Botschafter W. S. Semjonow erwiesen – auch die Unterstützung der Zaisser/Herrnstadt-Gruppe ist dafür Beweis. Als am 9. Juni 1953 im Politbüro der Neue Kurs beschlossen worden war, schien das politische Schicksal Ulbrichts besiegelt: In Moskau war seine Entfernung aus der Parteispitze für zweckdienlich befunden. Zumindest hat Berija, wahrscheinlich aber auch Malenkow, seine Ersetzung durch Rudolf Herrnstadt gebilligt und gutgeheißen. Berija soll damals bereits zwei Emissäre nach Ost-Berlin geschickt haben, Offiziere des sowjetischen Sicherheitsdienstes, die mit Zaisser konkret die erforderlichen personellen Umstellungen im Partei- und Staatsapparat erörtert haben.[27] Gerettet wurde Ulbricht – bittere Ironie der Geschichte! – erstens durch den Aufstand vom 17. Juni. »Ulbrichts Absetzung war eine Hauptforderung der Aufständischen gewesen. Im Kreml hatte sich nach anfänglichem Zögern die Meinung durchgesetzt, ein Nachgeben gegenüber dieser Forderung bedeute erheblichen Prestigeverlust, könne von den Aufständischen als Schwäche ausgelegt werden und zu neuen Unruhen mit noch weitergehenden Forderungen führen.«[28] Zweitens kam ihm eine dramatische Wende zugute, die die Zaisser/Herrnstadt-Gruppe nicht hatte vorhersehen können: In den letzten Juni-Tagen 1953 wurde Berija in den Diadochenkämpfen im Kreml gestürzt, »als Feind der Kommunistischen Partei und des Sowjetvolkes«[29] entlarvt, aller Partei- und Regierungsämter enthoben, aus der KPdSU ausgeschlossen und verhaftet. Damit aber war die Anti-Ulbricht-Opposition um ihre politischen Chancen gebracht. Ohne Schützenhilfe aus Moskau konnten Zaisser und Herrnstadt einen Führungswechsel in Ost-Berlin unmöglich durchsetzen.

Im Politbüro und im Zentralkomitee der SED hatten sie um so weniger eine Chance, als Ulbricht sich nun auch des Arguments bedienen konnte und bediente, daß Zaissers Unfähigkeit als Minister für Staatssicherheit durch die Geschehnisse des 17. Juni erwiesen wäre. Dennoch begnügte sich Ulbricht, ein erfahrener Taktiker, vorerst mit einer Funktionsenthebung seiner Widersacher. Erst nachdem Berijas Schicksal endgültig besiegelt war – bekanntlich wurde er durch Urteil einer Sonderkammer beim Militärkollegium des Obersten Gerichtshofes der UdSSR vom 23. Dezember 1953 mit dem Tode bestraft und noch am selben Tag erschossen[30] –, ließ er durch ZK-Beschluß vom 23. Januar 1954 auch ihre Entfernung aus der SED sanktionieren: »Nach der Aussprache beschloß das Zentralkomitee, entsprechend den vom Genossen Hermann Matern unterbreiteten Vorschlägen des Politbüros, Herrnstadt und Zaisser aus der Partei auszuschließen.«[31] Ulbricht hatte ihre Opposition endgültig niedergerungen und ließ sich seine Überlegenheit durch das Zentralkomitee bestätigen.

Vergleichsweise milde kamen die Sympathisanten der Zaisser/Herrnstadt-Gruppe davon: Ackermann wurde eine »strenge Rüge« erteilt, unter gleichzeitigem Ausschluß aus dem Zentralkomitee der SED, Elli Schmidt und Jendretzky erhielten einfache Rügen. Im Gegensatz zu Zaisser und Herrnstadt wurden sie zweieinhalb Jahre später sogar formell rehabilitiert.[32]

Im Ergebnis eines auf dem 15. ZK-Plenum beschlossenen Revirements wurden Karl Schirdewan und Gerhard Ziller als Mitglieder des Zentralkomitees kooptiert und die Führung der Partei neu formiert.[33] Für Franz Dahlem rückte Karl Schirdewan ins Politbüro auf, als Sekretär des Zentralkomitees zugleich neuer Kaderchef der SED, Wilhelm Zaisser wurde im Politbüro durch Willi Stoph ersetzt, damals Minister des Innern und in dieser Eigenschaft nicht nur Chef der Volkspolizei einschließlich ihrer kasernierten Verbände, der frühen Kader der Nationalen Volksarmee, sondern zugleich aufsichtführender Chef der Staatssicherheit. Das Ministerium für Staatssicherheit wurde nach dem Sturz Zaissers formell aufgelöst, sein Apparat dem Innenministerium als Staatssekretariat für Staatssicherheit unter Leitung von Ernst Wollweber eingegliedert.

Die Schirdewan-Gruppe

Zu dem, was Walter Ulbricht am tiefsten getroffen haben dürfte, gehört die Tatsache, daß die Zaisser/Herrnstadt-Opposition kein singuläres Ereignis blieb. Im Zuge des »politischen Tauwetters«, das 1956 nach dem XX. Parteitag der KPdSU und der 3. Parteikonferenz der SED einzusetzen begann, kristallisierte sich in der Führung der SED aufs neue eine gegen ihn gerichtete Opposition heraus, von der die Öffentlichkeit erst am 6. Februar 1958 erfuhr. Ein Kommuniqué über die 35. Tagung des Zentralkomitees enthielt den lakonischen Hinweis: »Das Plenum mußte sich mit der Tätigkeit einer opportunistischen Gruppe in der Partei beschäftigen, die versucht hatte, die politische Linie der Partei zu ändern.«[34] Aus einem gleichzeitig veröffentlichten Beschluß ging hervor, daß Karl Schirdewan und Ernst Wollweber aus dem Zentralkomitee (Schirdewan auch aus dem Politbüro) ausgeschlossen worden waren, daß ferner Fred Oelßner aus dem Politbüro ausgeschieden war. Damit lagen erste Informationen über die personelle Zusammensetzung der »opportunistischen Gruppe« vor.

In dem von Ulbricht erstatteten Rechenschaftsbericht[35] an den V. Parteitag der SED – er fand vom 12. bis 16. Juli 1958 in Ost-Berlin statt – war das Urteil über die »opportunistische Gruppe« wie folgt zusammengefaßt: »Die fraktionelle Gruppe Schirdewan, Wollweber und Ziller, denen die Genossen Oelßner und Selbmann Schützenhilfe leisteten, wollte der Generallinie der Partei eine opportunistische Linie entgegensetzen.« Das bedeutete »objektiv eine Unterstützung der feindlichen Tätigkeit, die auf die Unterminierung der Deutschen Demokratischen Republik gerichtet« war – ein Hinweis, der sich auf die Opposition der Harich-Gruppe und auf die Studentenunruhen im Herbst 1956 bezog.

In dieser Opposition in der Parteispitze war Karl Schirdewan der wichtigste, weil für Ulbricht gefährlichste Gegner. Vom Standpunkt der Partei konnte sein Lebenslauf[36] bis dahin als geradezu beispielhaft und vorbildlich gelten. Karl Schirdewan, 1907 in Königsberg geboren, ursprünglich Transportarbeiter, 1924 Mitglied des Kommunistischen Jugendverbandes, zwei Jahre später Eintritt in die KPD, begann seine politische Karriere als Zellenleiter des KJV, avancierte alsbald zum Sekretär des KJV für Ostpreußen und gehörte ab 1928 dem Zentralkomitee des KJV an. Nach Hitlers Machtergreifung in der illegalen Parteiarbeit aktiv, wurde er bereits Anfang 1934 verhaftet und 1935 wegen Vorbereitung zum Hochverrat zu drei Jahren Zuchthaus verurteilt. Das Ende seiner Strafverbüßung bedeutete den Anfang seiner Zeit als KZ-Häftling. Bis zur Befreiung ging er durch die Konzentrationslager Sachsenhausen, Mauthausen und Flossenbürg einen schweren Weg.

So schien Schirdewan, der 1945/46 selbstredend der KPD/SED beigetreten war, der geeignete Mann, im Apparat des Parteivorstands Kaderfragen zu bearbeiten, speziell mit dem Ziel, das Verhalten alter Genossen in der nationalsozialistischen Zeit zu überprüfen. Im Februar 1947 Chef der Abteilung »Westeinsatz« beim Zentralvorstand der Vereinigung der Verfolgten des Naziregimes, holt ihn Franz Dahlem zweieinhalb Jahre später in die zu diesem Zeitpunkt neugebildete Westkommission beim Parteivorstand der SED. Dahlem und Schirdewan dürften sich aus den Jahren gemeinsamer Haft in Mauthausen gekannt haben. Eine Zeitlang kontrollierte Schirdewan nun die KPD und ihre Gefolgsorganisationen in der Bundesrepublik. Von Februar 1952 bis Juli 1953 war er 1. Sekretär der Landes- beziehungsweise Bezirksleitung der SED in Dresden. Ulbricht vertraute ihm nach dem Sturz Dahlems dessen Aufgaben als Kaderchef der Partei an.

Schirdewan war dank seiner Position über die politische Stimmung, die 1956/57 unter den Funktionären und Mitgliedern der Partei und in der Bevölkerung herrschte, genau unterrichtet. Er und seine Gesinnungsfreunde waren zu der Auffassung gelangt, »daß die Politik der Partei, wie sie vom Zentralkomitee ausgearbeitet wurde, zu Schwierigkeiten führen würde. Sie spekulierten auf die Schwierigkeiten, die mit der weiteren Entwicklung der sozialistischen Umgestaltung in der Deutschen Demokratischen Republik verbunden sind«, und wollten nicht die Gefahren verstehen, »die sich aus der illusionären Auffassung ergaben, die Einheit Deutschlands um jeden Preis herbeizuführen«.[37] Im Oktober 1956 war Schirdewan im Politbüro gegen Ulbricht mit der oppositionellen Forderung aufgetreten, die sozialistische Umwälzung zu verlangsamen. Seiner Meinung nach sollte ferner gegen Regimekritiker im Staat der SED nicht mit terroristischer Gewalt, sondern mit Mitteln politischer Überzeugung vorgegangen werden, um dem inneren Druck in offener Auseinandersetzung eine Art politisches Ventil zu verschaffen. Als er sich mit dieser Forderung nicht durchzusetzen vermochte, versuchte er offensichtlich, weitere Anhänger in der Führung der Partei zu sammeln.

Verbündete in seinem Kampf, der sich speziell gegen Ulbricht und dessen Politik richtete, fand Schirdewan in Gerhard Ziller, der als Sekretär des ZK der SED für Wirtschaftsfragen die krisenhafte ökonomische Entwicklung in der DDR überschaute, und in Ernst Wollweber, dessen oppositionelles Motiv zwar vorwiegend in politischem Ehrgeiz gelegen haben dürfte, der aber als damaliger Minister für Staatssicherheit[38] über sein Spitzelnetz ebenfalls eine realistische Vorstellung von der inneren Situation besaß und sich vermutlich auch mit Schirdewan in der Auffassung traf, daß verschärfter politischer Terror gegen die Bevölkerung im Herbst 1956 die Gefahr eines Aufstandes eher begünstigen als verringern müßte.

Wollweber wurde später interessanterweise beschuldigt, »die Lage falsch eingeschätzt« zu haben. »Seine falsche Einschätzung der Lage und seine falschen Vorstellungen hinderten die Organe der Staatssicherheit daran, ihre Aufgaben so durchzuführen, wie es notwendig gewesen wäre. Vom Genossen Wollweber wurde der Kampf gegen feindliche Agenturen sträflichst vernachlässigt«; zuletzt habe er sogar »andere Genossen für die fraktionelle Tätigkeit der Gruppe Schirdewan zu gewinnen versucht«.[39] Die Stellung von Gerhard Ziller innerhalb der Schirdewan-Gruppe ist bis heute unklar geblieben. Nachdem Ulbricht zum Gegenangriff übergegangen war und feststand, daß Schirdewan und seine Mitverschwörer auf aussichtslosem Posten standen, verübte Ziller im Alter von 45 Jahren »in einem Anfall von Depression«[40] am 14. Dezember 1957 Selbstmord.

Die Vorwürfe gegen Fred Oelßner, den jahrelang führenden Theoretiker der SED, beschränkten sich auf dessen inkonsequente und kritische Haltung. Zur Opposition selbst gehörte er ebensowenig wie Fritz Selbmann. »Es ist so, daß Genosse Oelßner gegenüber den provokatorischen Ausfällen des Genossen Schirdewan nicht parteimäßig aufgetreten ist. Statt die Provokationen des Genossen Schirdewan, gemeinsam mit den Genossen des Politbüros, zurückzuweisen, hat er seinerseits den Angriff geführt.«[41] Fritz Selbmann räumte ein, von den Einzelheiten der fraktionellen Opposition Schirdewans gewußt und dazu geschwiegen zu haben, anstatt sie zu denunzieren, wie es für einen Ulbricht-treuen Funktionär Pflicht gewesen wäre.

Das 35. Plenum des Zentralkomitees (3.–6. Februar 1958) zog den Schlußstrich unter diesen zweiten Versuch einer innerparteilichen Opposition, die Politik der SED durch einen Wechsel in der Parteispitze zu ändern. Das Verdikt fiel eindeutig aus: »Genosse Karl Schirdewan wird wegen Fraktionstätigkeit aus dem Zentralkomitee ausgeschlossen und erhält eine strenge Rüge; Genosse Ernst Wollweber wird im Zusammenhang mit seinen Verstößen gegen das Parteistatut aus dem Zentralkomitee ausgeschlossen und erhält eine strenge Rüge; Genosse Fred Oelßner wird seiner Funktion als Mitglied des Politbüros enthoben wegen wiederholter Verletzung der Disziplin des Politbüros und der Weigerung, sich in das Kollektiv des Politbüros einzufügen.«[42] Alle Beteiligten übten Selbstkritik nach herkömmlichem Ritual und gaben politische Loyalitätserklärungen für Ulbricht ab. Der Ausschluß aus der Partei wurde ihnen so erspart: Schirdewan übernahm bis zu seiner Pensionierung die Leitung der Staatlichen Archivverwaltung in Potsdam, wo er auch seinen Lebensabend verbringt. Oelßner wurde 1958 mit dem Posten des Direktors des Instituts für Wirtschaftswissenschaft bei der Akademie der Wissenschaften in Ost-Berlin abgefunden, den er bis 1969 innehatte. Seine Auszeichnung mit dem Karl-Marx-Orden zu seinem 70. Geburtstag wies auf Nachsicht und Verzeihung hin. 1977 ist Fred Oelßner gestorben.

Fritz Selbmann baute sich nach seinem politischen Scheitern eine Karriere als Schriftsteller auf, wobei er sich, Kommunist aus Überzeugung, immer treu blieb. Als er 1969 seine Memoiren »Alternative, Bilanz, Credo« veröffentlichte, ließ er sein Buch mit dem Zweiten Weltkrieg enden. Die bedeutsamste Zeit seines Lebens blieb ausgespart. 1975 ist er gestorben.

Politische Parallelen zwischen der Zaisser/Herrnstadt-Fraktion und der Schirdewan-Gruppe waren unverkennbar. Andererseits dürfte das in der Führung der SED vorhandene Konfliktpotential zugleich innerparteiliche Strömungen oder oppositionelle Stimmungen widergespiegelt haben. »In beiden Fällen – im Juni 1953 und im Februar 1958 – hat es sich nicht nur um die politischen Auffassungen einzelner Parteiführer gehandelt. Ihre Opposition gegen den starren Kurs Ulbrichts und seiner Anhänger war sichtbarer Ausdruck einer Opposition breiter Teile der Mitgliedschaft und des Funktionärskörpers der SED.«[43] Die jeweils noch lange Zeit danach andauernden innerparteilichen Auseinandersetzungen machten das in beiden Fällen deutlich. Im Gegensatz zu der politisch isolierten Opposition der »revisionistischen« Intellektuellen bedeutete die Opposition im Führungskern der SED jedesmal eine echte Gefahr für Ulbricht, weil sie Einfluß auf das Funktionärskorps der Partei und auf erhebliche Teile der Mitgliedschaft hatte und innerhalb des Staatsapparates sowie in der Presse ebenfalls über Schlüsselpositionen verfügte. Bei inneren Krisen des Regimes könnten sie ein entscheidendes Moment zur Veränderung seiner Machtstrukturen sein.

Parallelen zwischen der Zaisser/Herrnstadt-Fraktion und der Schirdewan-Gruppe ergaben sich nicht nur aus Gemeinsamkeiten in der Zielsetzung, sondern auch aus dem Umstand, daß sich wiederum der Chef der Staatssicherheit, Zaissers Nachfolger Wollweber, der Opposition zugesellt hatte.

Rückversicherung bei Chruschtschow

Selbstverständlich handelte auch die Schirdewan-Gruppe nicht ohne politische Rückversicherung im Kreml. Ohne sie wären oppositionelle Auseinandersetzungen in der Führung der SED von vornherein aussichtslos. Zumindest steht fest, daß sich Karl Schirdewan, der als Nachfolger Ulbrichts an die Spitze der SED treten sollte, während eines Moskau-Aufenthaltes nach dem XX. Parteitag der KPdSU der Unterstützung N. S. Chruschtschows hatte versichern können. Allerdings hatte Chruschtschow zur Vorsicht geraten: »Es darf keine neuen Erschütterungen in der DDR geben. Der Führungswechsel muß glatt verlaufen«, hatte er Schirdewan bedeutet. »Dafür müssen Sie garantieren.«[44] Für Heinz Brandt steht es jedenfalls außer Zweifel, »daß eine kurze Zeit lang Nikita Chruschtschow damit einverstanden war, ja erstrebte, daß Karl Schirdewan zum Ersten Sekretär der SED aufrückte und ein neues Pol-Büro etablierte«.[45] Für Chruschtschow war diese kurze Zeit verstrichen, als er selber unter politischen Druck geriet.

Bekanntlich kam es in der Führung der KPdSU im Februar 1957 zu einer schweren Krise. Auf einer dramatischen Sitzung des Zentralkomitees, der heftige Auseinandersetzungen im Präsidium des ZK (= Politbüro) vorausgegangen waren, brachen in der zweiten Juni-Hälfte offene Fraktionskämpfe aus, in denen Chruschtschow seine Position als Nummer eins der KPdSU nur mit Mühe behaupten konnte. Auf der Strecke blieben G. M. Malenkow, W. M. Molotow und L. M. Kaganowitsch, alte Kampfgefährten J. W. Stalins, die aus dem Präsidium und aus dem Zentralkomitee ausgeschlossen wurden, ebenso D. T. Schepilow, der sich ihnen angeschlossen hatte. »Das Juni-Plenum des ZK erklärte die Tätigkeit der parteifeindlichen Gruppe für unvereinbar mit den Leninschen Prinzipien der Kommunistischen Partei. Angesichts der unwiderlegbaren, auf dem ZK-Plenum enthüllten Tatsachen gaben die Mitglieder der parteifeindlichen Gruppe zu, daß sie eine schädliche, fraktionelle, parteifeindliche Tätigkeit betrieben hatten.«[46] Unter diesen Auspizien konnte Chruschtschow wenig Neigung verspüren, einen womöglich mit unkalkulierbaren politischen Risiken belasteten Führungswechsel in der SED zu unterstützen oder zuzulassen. Statt dessen ließ er Schirdewan fallen. Wieder einmal hatten Konflikte im fernen Moskau auf Entscheidungen in Ost-Berlin durchgeschlagen.

Die revisionistische Opposition der fünfziger Jahre

Das politische Tauwetter, das sich in der Sowjetunion nach den Enthüllungen über die Fehler und Verbrechen Stalins 1956 auf dem XX. Parteitag der KPdSU zunehmend ausbreitete, schien eine Milderung des politischen Klimas im ganzen Ostblock zu versprechen. Es nährte auch in der DDR die Hoffnung auf eine Entstalinisierung der SED und ihrer Herrschaft. Die 3. Parteikonferenz der SED, die wenige Wochen nach dem Parteitag in Moskau abgehalten wurde, vom 24. bis 30. März 1956, enttäuschte diese Hoffnung indes bereits. Zwar wurden einige Besserungen des Lebensstandards und Lockerungen im innerdeutschen Reiseverkehr zugestanden, eine Teilamnestie für politische Gefangene – von der auch der frühere Justizminister Max Fechner betroffen wurde – korrigierte die ärgsten Auswüchse der politischen Strafjustiz, sonst aber blieb die Politik der SED ihrem Wesen nach unverändert. Namentlich jede grundsätzliche Auseinandersetzung mit der Hypothek ihrer stalinistischen Vergangenheit wurde unterdrückt.
Ebenso blieben personelle Konsequenzen in der Führung der Partei aus. Männer wie Walter Ulbricht oder Hermann Matern, die sich seit Jahrzehnten selbst in den Augen vieler Kommunisten als Stalinisten diskreditiert hatten, die in manchen Fällen sogar unmittelbar an den Verbrechen Stalins beteiligt gewesen waren, wurden nicht abgelöst. Die DDR erlebte keine tiefgreifende Entstalinisierung. Wie sollte sie auch? »Von Ulbricht die Entstalinisierung zu erwarten, das ist, als habe man Himmler mit der Entnazifizierung betraut.«[1] Von Alfred Kantorowicz stammt diese Äußerung. Es ist der politische Sarkasmus eines Mannes, der selber den für ihn schmerzlichen Weg vom gläubigen zum zweifelnden Kommunisten erst finden mußte, ehe er nach 26jähriger Mitgliedschaft mit der Partei brach. Am 22. August 1957 verließ der Hochschullehrer, Literaturkritiker und Publizist die DDR, in der er, einst Emigrant in Frankreich und den USA, dazwischen Teilnehmer am Spanischen Bürgerkrieg, das bessere Deutschland vermutet hatte. Mit 58 Jahren sah er, um sich selber treu zu bleiben, keine andere Alternative als die Absage an das Ulbricht-Regime.
Eben in der Verweigerung der Machtelite, die DDR zu entstalinisieren, wurzelten die Ursachen dafür, daß sich 1956 innerhalb der SED oppositionelle Kräfte zu regen begannen, besonders unter den Intellektuellen der Partei, denn sie hatten nach dem XX. Parteitag der KPdSU auch in der DDR reale Chancen für eine innere Erneuerung des Regimes erwartet. Diese Opposition richtete sich notabene nicht gegen die SED schlechthin, sondern allein gegen deren stalinistische Führung, ohne die Partei und den Sozialismus selbst prinzipiell in Frage zu stellen. Geistig-politisch wurde diese Opposi-

tion von dem Gedanken getragen, die realsozialistische Ordnung in der DDR aufrechtzuerhalten, aber die Prinzipien ihrer Herrschaft im Sinne einer Humanisierung und Liberalisierung zu »revidieren«. Die Parteiorthodoxie hat diese Opposition als »revisionistisch« abgestempelt, obwohl sie mit dem klassischen Revisionismus Eduard Bernsteins nur wenig zu tun hatte. Ihre Vorstellungen werden vielmehr durch eine Formulierung charakterisiert, die Wolfgang Harich geprägt hat: »Wir wollen nicht mit dem Marxismus-Leninismus brechen; aber wir wollen ihn vom Stalinismus und vom Dogmatismus befreien und auf seine humanistischen und undogmatischen Gedankengänge zurückführen.«[2]

Die revisionistische Opposition in der SED war demnach grundsätzlich sozialistisch/kommunistisch eingestellt, wollte aber den Sozialismus/Kommunismus vermenschlichen, indem sie ihm seine doktrinären, inhumanen, bürokratisch-terroristischen und sonstigen totalitären Züge zu nehmen versuchte. Es war eine Opposition, die ihre geistigen Waffen zwar nicht allein, aber in erheblichem Maße dem ideologischen Arsenal des dialektischen und historischen Materialismus entnahm, wobei spezifisch trotzkistische und titoistische sowie die humanistisch-sozialistischen Ideen von Ernst Bloch und Georg Lukács erheblichen Einfluß hatten. Da die Revisionisten ihre Kritik am kommunistischen System aus den Lehren von Marx und Lenin selbst herleiteten und in deren Begriffen und Kategorien formulierten, konnten sie ihre Auffassungen 1956 zeitweilig sogar in einigen Publikationen der DDR offen diskutieren, besonders in der kulturpolitischen Wochenzeitung »Sonntag« sowie in einigen wissenschaftlichen und literarischen Zeitschriften.

Das Prinzip Hoffnung und die Opposition

Entscheidende geistig-politische Impulse empfing die revisionistische Opposition aus der Philosophie Ernst Blochs. Seit 1949 Ordinarius für Philosophie an der Universität Leipzig, seit 1953 Mitbegründer und Mitherausgeber der »Deutschen Zeitschrift für Philosophie«, hatte Bloch mit seinem in den fünfziger Jahren in der DDR erschienenen Hauptwerk »Das Prinzip Hoffnung« ein Natur und Geschichte umfassendes philosophisches System entworfen, das Revolutionen als Verwirklichung ältester Menschheitshoffnungen in sich schloß. Bloch faßte die Wirklichkeit als dialektischen Prozeß auf, der sich nach immanenten Prinzipien vollzieht, aber er ging dabei vom denkenden und handelnden Menschen aus und erkannte ihm Willens- und Entscheidungsfreiheit in einem Maße zu, das mit der deterministischen Beschränktheit des historischen Materialismus unvereinbar ist. Es ist dieser zur Freiheit strebende revolutionäre Funke der Blochschen Philosophie, der in den Jahren 1956/57 auf die revisionistische Opposition übersprang und ihren Versuch stimulierte, den Marxismus-Leninismus aus seiner dogmatischen Befangenheit zu lösen.

»Erwartung, Hoffnung, Intention auf noch ungewordene Möglichkeit: das ist nicht nur ein Grundzug des menschlichen Bewußtseins, sondern, konkret berichtet und erfaßt, eine Grundbestimmung innerhalb der objektiven Wirklichkeit insgesamt. Es gibt seit Marx keine überhaupt mögliche Wahrheitsforschung und keinen Realismus der Entscheidung mehr, der die subjektiven und objektiven Hoffnungsinhalte der Welt wird umgehen können; es sei denn bei Strafe der Trivialität oder der Sackgasse. Philosophie wird Gewissen des Morgen, Parteilichkeit für die Zukunft, Wissen der Hoffnung haben, oder sie wird kein Wissen mehr haben.«[3] Für beamtete Parteiphilosophen waren das bereits ketzerische Gedanken – der revisionistischen Opposition verhalfen sie zu ihrer Selbstverständigung.

Jürgen Rühle hat die Philosophie Blochs als »die Grundlegung des menschlichen Sozialismus, das heißt: eines Sozialismus des Menschen und der Menschlichkeit«, charakterisiert und schwärmerisch hinzugefügt: »Ernst Blochs Philosophie ist ein Kommunismus der revolutionären Illusion, illuminiert vom Feuerschein der Utopie.«[4] Günther Zehm, einer der begabtesten Schüler Blochs, nannte das Werk seines Lehrers »eine großartige Phänomenologie der menschlichen Hoffnung unter den Bedingungen der entfremdeten Gesellschaft«, das »unausgesprochen, aber dennoch deutlich herauslesbar, eine gründliche Verurteilung des Stalinismus enthielt, ohne daß dabei die Hoffnung diskreditiert wurde. Sie wurde im Gegenteil erst richtig zum Leuchten gebracht, denn ihr gesamtmenschlicher, anthropologischer Standort wurde wiedererinnert. So wußte ich mich im Einklang mit der Philosophie meines Lehrers, als ich eine Arbeit schrieb, in der der Stalinismus als die tiefste Form der menschlichen Selbstentfremdung charakterisiert wurde.«[5]

Zwei Reden Blochs im Jahre 1956, die Helga Grebing als »fast schon Akte offenen Widerstands und Anstiftung zur Revolution«[6] charakterisiert, machen begreiflich, warum die SED die Blochsche Philosophie fürchten mußte. Eine Rede auf einer philosophischen Konferenz der Ostberliner Akademie der Wissenschaften schloß Bloch mit den Worten: »Die Praxis der Wahrheit ist der Sozialismus der Freiheit, die Theorie der Freiheit ist der Marxismus der Wahrheit. Je breiter das endlich begriffen und erfahren wird, je unvermeidlicher die Decke über den Augen verschwindet, desto freundlicher könnte sich auch die immense Freundlichkeit des Marxismus durchsetzen; desto eher wird Tag.« Worte, die für die SED Signale waren, Signale zum Handeln.

1957 wurde Ernst Bloch, wiewohl zwei Jahre zuvor noch als Nationalpreisträger der DDR geehrt und mit dem Vaterländischen Verdienstorden bedacht, unter skandalösen Umständen emeritiert. Seine Verhaftung als Staatsfeind, die bereits beschlossen war, unterblieb aus staatspolitischer Erwägung. Vier Jahre später, nach dem Bau der Berliner Mauer, entschied sich der große alte Philosoph auch öffentlich gegen den Staat der SED.

Ernst Bloch, der sich am 13. August 1961 in der Bundesrepublik aufhielt, sah für sich keinen Lebens- und Wirkungsraum mehr in Leipzig. Seine öffentliche Absage geriet zur Anklage: »In den ersten Jahren meiner Universitätstätigkeit erfreute ich mich ungehindert der Freiheit des Wortes, der Schrift und der Lehre. In den letzten Jahren hat sich diese Situation zunehmend geändert. Ich wurde in Isolierung getrieben, hatte keine Möglichkeit zu lehren, der Kontakt mit Studenten wurde unterbrochen, meine besten Schüler wurden verfolgt, bestraft, die Möglichkeit für publizistisches Wirken wurde unterbunden, ich konnte in keiner Zeitschrift veröffentlichen, und der Aufbau-

Verlag in Berlin kam seinen vertraglichen Verpflichtungen meinen Werken gegenüber nicht nach. So entstand die Tendenz, mich in Schweigen zu begraben.«[7] Ernst Bloch nahm seinen Wohnsitz in Tübingen. Heimat war für ihn nur, wo auch Freiheit war. 1977 ist er im Alter von 92 Jahren in der württembergischen Universitätsstadt verstorben. In der DDR wurde er keines Nachrufs für würdig befunden.

Keimzellen des Revisionismus: Akademische Zirkel

Das auffälligste Merkmal der revisionistischen Opposition der fünfziger Jahre bestand darin, daß sie nahezu zeitgleich in verschiedenen Zirkeln an Universitäten und Hochschulen zu keimen begann, die, unabhängig voneinander, gleichwohl verwandte, oft übereinstimmende oppositionelle Vorstellungen hervorbrachten. Revisionistische Zentren oder Zirkel bildeten sich außer an der Humboldt-Universität in Ost-Berlin an den Universitäten in Halle, Jena und Leipzig. Vertreter aller geisteswissenschaftlichen Disziplinen, vor allem der Philosophie und der Ökonomie, fanden sich zusammen. Mit revisionistischen Gedanken in der Wirtschaftstheorie traten besonders Prof. Dr. Fritz Behrens, damals Leiter der Staatlichen Zentralverwaltung für Statistik, und Dr. Arne Benary, damals Oberassistent am Wirtschaftswissenschaftlichen Institut der Akademie der Wissenschaften in Ost-Berlin, hervor. In wissenschaftlichen Aufsätzen hatten sie sich mit dem Widerspruch zwischen der Masseninitiative der Werktätigen in der Produktion und der bürokratisch-zentralistischen Reglementierung der Produktion durch den Staat in der DDR befaßt. Ausgehend von dem Marxschen Kerngedanken, daß die materiellen Produktivkräfte mit den gesellschaftlichen Produktionsverhältnissen übereinstimmen müssen, wenn es nicht zu ökonomischen Krisen und sozialen Konflikten kommen soll, hatten sie als Alternative zur Planbürokratie wirtschaftliche Selbstverwaltung angeregt. Behrens wandte sich schlechthin gegen die Wirtschaftspolitik der SED, wenn er polemisierte, »daß der sozialistische Staat das Tempo der ökonomischen Entwicklung nach seinem Ermessen bestimmen« wolle. »In dem Maße«, so seine Schlußfolgerung, »wie die ökonomischen Gesetze der sozialistischen Produktion zu wirken beginnen, d. h. in dem Maße, wie sich die sozialistischen Produktionsverhältnisse festigen, muß die Leitung der Wirtschaft durch zentrale Weisung zurücktreten, da sie sonst zu einem Hemmschuh der weiteren Entwicklung wird. Die wachsenden Produktivkräfte und das ökonomische System des Sozialismus geraten dann in Widerspruch zu der Leitung der Wirtschaft durch zentrale Weisung.«[8] Das war für Ulbricht nichts anderes als ein Angriff auf das Herrschaftsmonopol der SED in der Wirtschaft. Nur sich selbst verleugnende Selbstkritik ersparte den revisionistischen Wirtschaftstheoretikern den Weg ins Gefängnis.
Eine revisionistische Alternative zur Landwirtschaftspolitik der SED wurde von einem Manne inspiriert, der 1945 in der damaligen SBZ maßgeblich an der Bodenreform mitgearbeitet und sieben Jahre später in der DDR die Kollektivierung der Landwirtschaft selbst mit eingeleitet hatte: Prof. Dr. Kurt Vieweg, von 1950 bis 1953 Sekretär des Zentralkomitees der SED für Land-

wirtschaft und danach bis 1956 Direktor des Instituts für Agrarökonomie an der Akademie der Landwirtschaftswissenschaften. Vieweg war unter dem Eindruck einerseits der landwirtschaftlichen Mißerfolge in der DDR, andererseits des politischen Tauwetters für eine prinzipielle Revision der auf die Zwangskollektivierung der Landwirtschaft gerichteten Politik eingetreten, er hatte die Auflösung unrentabler Genossenschaften angeregt, die Erhaltung mittelgroßer bäuerlicher Familienbetriebe sowie die Liquidierung der Motoren-Traktoren-Stationen, der politisch-organisatorischen Stützpunkte der Partei auf dem Lande.

Seine »konterrevolutionäre Konzeption«, die zur Reprivatisierung von schätzungsweise 70 bis 80 Prozent aller landwirtschaftlichen Produktionsgenossenschaften geführt hätte, trug ihm zunächst nur seine Amtsenthebung ein. Als Vieweg seine Verhaftung befürchtete, flüchtete er im Frühjahr 1957 in die Bundesrepublik, kehrte jedoch aus materiellen und familiären Gründen im Herbst 1957 in die DDR zurück, wo er von der Staatssicherheit sofort festgenommen wurde. Aus Aussagen entlassener politischer Häftlinge ist bekannt, daß Vieweg am 19. Mai 1958 vom Bezirksgericht Potsdam wegen »Spionage« und »Republikflucht« zu vier Jahren und acht Monaten Zuchthaus verurteilt wurde, unter Ausschluß der Öffentlichkeit, versteht sich. Ein halbes Jahr später soll das Oberste Gericht auf den Protest des Generalstaatsanwalts hin das Strafmaß auf zwölf Jahre erhöht haben. In den sechziger Jahren ist Vieweg aus der Sonderhaftanstalt Bautzen II entlassen worden.

Die Harich/Janka-Gruppe

Mit besonderer Klarheit und politischer Entschiedenheit formierte sich die revisionistische Opposition in einem Kreis von Philosophen, Ökonomen und Journalisten, der sich um Prof. Dr. Wolfgang Harich gruppierte. Als Lehrbeauftragter für Geschichte und Philosophie an der Humboldt-Universität, als Lektor im Ostberliner Aufbau-Verlag und als Mitherausgeber der »Deutschen Zeitschrift für Philosophie« war Harich, geboren 1923 in Königsberg, unumstritten zum politischen Mittelpunkt der revisionistischen Opposition geworden. Zu seinen engsten politischen Freunden zählten Walter Janka, damals Leiter des Aufbau-Verlages, Manfred Hertwig, damals Redaktionssekretär der »Deutschen Zeitschrift für Philosophie«, Bernhard Steinberger, damals wissenschaftlicher Aspirant, der damalige Chefredakteur des »Sonntags«, Heinz Zöger, sein Stellvertreter Gustav Just und der Rundfunkkommentator Richard Wolf – Genossen der SED sie alle, einige von ihnen in der nationalsozialistischen Zeit verfolgt.

Nach der 3. Parteikonferenz der SED hatte die Harich/Janka-Gruppe eine politische Plattform diskutiert und erarbeitet, die im bewußten Gegensatz zur Führung der SED eine Erneuerung der Partei und eine Demokratisierung des Staates bezweckte. »Wir wollen unsere Konzeption vom besonderen deutschen Weg zum Sozialismus und unsere Plattform eines vom Stalinismus befreiten Marxismus-Leninismus vollkommen legal in der Partei und in der DDR diskutieren und verwirklichen«, hieß es in dem oppositionellen

Papier. »Diese Legalität findet aber dort ihre Grenzen und ihr Ende, wo die gegenwärtige Parteiführung diesen Boden der Legalität verläßt.«

Innerparteilich sah das Programm der Harich/Janka-Gruppe die Beseitigung der Herrschaft des bürokratischen Partei-Apparates über die Mitglieder der Partei und den Ausschluß aller Stalinisten aus der SED vor, ferner die Wiederherstellung des demokratischen Zentralismus nach den Prinzipien von Marx, Engels und Lenin.

Das Reformprogramm für die DDR umfaßte außer solchen Pauschalforderungen wie »Erhöhung des Lebensstandards der Volksmassen« und »Schluß mit der Normentreiberei« die Bildung von Arbeiterräten in den »volkseigenen« Betrieben nach jugoslawischem Vorbild und die Beendigung der Zwangskollektivierung der Landwirtschaft. Und weiter wörtlich:

»Wiederherstellung der völligen Geistesfreiheit; Schluß mit dem Kirchenkampf, der die Partei von den religiösen Schichten der Bevölkerung isoliert; Herstellung der Autonomie der Universitäten; völlige Herstellung der Rechtssicherheit; Auflösung des Staatssicherheitsdienstes und der Geheimjustiz.

Schaffung einer Regierungsform in der DDR durch ein erweitertes Blocksystem, an dessen Spitze eine reformierte SED steht; Wiederherstellung der völligen Souveränität des Parlaments.

Aufstellung von Einheitslisten des Blockes mit mehreren Kandidaten bei den Wahlen, so daß die Bevölkerung wirklich eine Wahl vornehmen kann; die reformierte SED muß dabei an der Spitze bleiben; durchgreifende Entbürokratisierung der Verwaltung.«[9]

Man versteht, daß und warum Staatsanwalt und Gericht die Konzeption der Harich/Janka-Gruppe später als »konterrevolutionär« verdammt haben.

Von einer Verwirklichung ihrer Konzeption versprach sich die Harich/Janka-Opposition die innere Konsolidierung der DDR und politische Entspannung in ganz Deutschland. Taktisch orientierte sie sich darauf, alle Oppositionskräfte innerhalb der SED legal oder illegal zu sammeln, zusammenzufassen und mit anderen oppositionellen Strömungen in der Bevölkerung zu verbinden; ihr Ziel dabei war, die bestehende Kluft zwischen dem stalinistischen Regime und der mitteldeutschen Bevölkerung systematisch zu vertiefen, um die Stalinisten zuletzt zu isolieren, einen neuen Aufstand jedoch nach Möglichkeit zu verhindern.

Kurze Zeit nach dem Polnischen Oktober und der Volkserhebung in Ungarn wurden Wolfgang Harich, Manfred Hertwig, Bernhard Steinberger und Walter Janka Ende November/Anfang Dezember 1956 von der Staatssicherheit festgenommen. Vom 2. bis 7. März 1957 hatten sich Harich, Hertwig und Steinberger vor dem Obersten DDR-Gericht in Ost-Berlin zu verantworten; sie wurden zu Zuchthausstrafen bis zu zehn Jahren verurteilt. In der umfangreichen Urteilsbegründung hieß es: »Das Bestreben Harichs ging dahin, eine Änderung der gesamten Politik der Deutschen Demokratischen Republik zu erreichen. Unter Berufung auf mißverstandene Ergebnisse des XX. Parteitages der KPdSU erklärte er, es sei ein besonderer deutscher Weg zum Sozialismus erforderlich. Im Laufe des Sommers verdichteten sich seine Vorstellungen über diesen besonderen deutschen Weg zu bestimmten konkreten Forderungen. Nunmehr stellte er bei den Diskussionen, die er in erster

Linie in der Betriebsparteiorganisation des Aufbau-Verlages und in der Redaktion des ›Sonntags‹ führte, diese Forderungen in den Mittelpunkt . . . Die ständigen Forderungen und Diskussionen Harichs im Aufbau-Verlag führten dazu, daß er dort eine Gruppe von Intellektuellen finden konnte, die sich grundsätzlich mit seinen Zielen einverstanden erklärte.«

Seine umfangreichen Darlegungen über die politische Aktivität der Harich/Janka-Gruppe faßte das Gericht wie folgt zusammen: »Die Angeklagten stellten sich gegen die Politik der Regierung und wurden schließlich zu Verbrechern gegen den Staat. Sie schlossen sich zu einer konspirativen Gruppe zusammen, deren Leiter der Angeklagte Harich war. Sie sammelten Gleichgesinnte um sich und propagierten weitgehende Beseitigung der sozialistischen Errungenschaften und völlige Veränderung der Führung der Sozialistischen Einheitspartei Deutschlands und der Regierung der Deutschen Demokratischen Republik. Für den Fall der Nichterfüllung ihrer ultimativen Forderungen wollten sie deren Durchsetzung über Westberliner Sender oder von Polen aus erzwingen und zum Streik aufrufen . . . Mit diesem verräterischen Verhalten haben die Angeklagten die Grundlagen unseres Staates angegriffen und den Bestand des Staates gefährdet.«[10]

In einem zweiten Prozeß vor dem Obersten Gericht, der vom 23. bis 26. Juli 1957 stattfand, wurden Walter Janka, Heinz Zöger, Gustav Just und Richard Wolf angeklagt und verurteilt. »Es ist festgestellt, daß die Zielsetzung der Gruppe auf die Veränderung gesetzlich geschützter gesellschaftlicher Verhältnisse gerichtet war. Es war beabsichtigt, die Wirtschaftsplanung und die gesellschaftliche Struktur der Deutschen Demokratischen Republik zu ändern.« So das Gericht in seiner Urteilsbegründung.[11]

Die Urteile lauteten auf Zuchthaus bis zu fünf Jahren.

Mit den beiden Prozessen gegen die Harich/Janka-Gruppe war der bis heute konsequenteste Versuch einer revisionistischen Opposition im realen DDR-Sozialismus zerschlagen. Immerhin waren die Bemühungen bis zu Kontakten zu hohen Politikern der SED gediehen, ja sogar bis zu einem Gespräch auch mit G. M. Puschkin, dem damaligen sowjetischen Botschafter in Ost-Berlin.

Die Verfolgung der revisionistischen Opposition

Die beiden Prozesse gegen die Harich/Janka-Gruppe waren die spektakulärsten, keineswegs aber die einzigen Verfahren, in denen revisionistische Oppositionelle vor die Strafgerichte des Regimes gestellt wurden. Umgekehrt »häuften sich die Angriffe gegen den Stalinismus und seinen bisherigen Hauptvertreter Ulbricht«, nachdem der Stalin-Mythos erst einmal zertrümmert war. »Die Rebellion der Intellektuellen gegen die Apparatherrschaft wirkte sich in der Partei aus. Für viele überzeugte stalinistische Intellektuelle (Robert Havemann ist dafür ein Beispiel) waren die Enthüllungen über Stalin ein Schock und der Anstoß, nach neuen Wegen zu suchen. Für einen Großteil der Intelligenz war die Entstalinisierung Anlaß, gegen die primitiven Führungsmethoden des Apparates zu opponieren. Vor allem an den Universitäten gehen die Diskussionen weit über den von der SED gesetzten

Rahmen hinaus.«[12] Es würde genügen, um eine Chronik der revisionistischen Opposition in der DDR zu schreiben, nur die einschlägigen Strafurteile zu zitieren – wären sie im Wortlaut greifbar. Das allerdings ist nicht der Fall. Die vollständige Veröffentlichung des gegen Harich und Mitangeklagte ergangenen Urteils blieb eine Ausnahme. Dabei zogen sich Prozesse gegen revisionistische Oppositionelle über die Jahre 1957 und 1958 hin. Die Angeklagten schienen austauschbar.»Er trat für eine Veränderung der ökonomischen Struktur der DDR, für die Schwächung des Staatsapparates ein und forderte Freiheit für alle Ideologien sowie die Zulassung idealistischer und revisionistischer Ideologien in Wissenschaft und Kultur.« Gemeint war ein junger wissenschaftlicher Assistent an der Philosophischen Fakultät der Friedrich-Schiller-Universität Jena. Sein Name: Günther Zehm.»Diese Zielsetzung popularisierte er in Zusammenkünften mit Assistenten und Studenten, die in der eigenen Wohnung oder in anderen Wohnungen in der Zeit von Oktober 1956 bis zu seiner Festnahme stattfanden.«[13] Durch Urteil des Bezirksgerichts Gera vom 26. September 1957 wurde der Bloch-Schüler zu vier Jahren Zuchthaus verurteilt.»Erst im Zuchthaus wurde der Kommunismus buchstäblich aus mir herausgeprügelt. Ich wollte mit den Vernehmungskommissaren debattieren, und sie antworteten mit der Faust. Was für eine Lehre wurde mir da zuteil!«[14]

In Leipzig wurden am 11. und 12. November 1956 die Universitätsdozenten Gerhard Hasse und Joachim Hoffmann festgenommen, beide Mathematiker – und Genossen! In einer oppositionellen Konzeption waren sie »für die weitere Demokratisierung in der DDR« eingetreten. »Hasse und Hoffmann forderten als weiteren Punkt in ihrem Programm die Neugründung der Sozialdemokratischen Partei Deutschlands in der DDR.«[15] Am 30. März 1957 erkannte das Bezirksgericht Leipzig auf fünf beziehungsweise zwei Jahre Zuchthaus.

Am Institut für Gesellschaftswissenschaften der Ostberliner Humboldt-Universität war der revisionistische Bazillus ebenfalls virulent. Ihre Diskussionen mit Studenten, ihre ketzerischen Vorlesungen brachten den Dozenten Heinrich Saar und Herbert Crüger sowie dem wissenschaftlichen Oberassistenten Dr. Erwin Gülzow, bis zu ihrer Festnahme am 25. März 1958 gute parteigetreue Genossen, den Vorwurf ein, eine partei- und staatsfeindliche Gruppe gebildet zu haben. »In ihrem Programm hatten sie vor allem die Absetzung Ulbrichts, die Neubildung von Politbüro und Zentralkomitee, eine Parlamentarisierung der DDR sowie die Umwandlung der Nationalen Volksarmee in eine Volksmiliz im Marxschen Sinne gefordert. Darüber hinaus warf man ihnen die Vervielfältigung und heimliche Verbreitung verbotener Literatur von Rosa Luxemburg, Trotzki u. a. vor.«[16]

Konkret gipfelten ihre Vorstellungen »in Forderungen nach einer legalen Opposition in der Volkskammer, Zulassung von Betriebsräten, Abschaffung der Staatssicherheitsorgane, öffentlicher Bereinigung aller Ungesetzlichkeiten und Ungerechtigkeiten, Demokratisierung und Dezentralisierung des öffentlichen Lebens«.[17] Das Ende war absehbar. Nach neun Monaten Untersuchungshaft verurteilte das Bezirksgericht Potsdam am 30. Dezember 1958 Saar und Crüger wegen Staatsverrats zu je acht Jahren, Gülzow zu fünf Jahren. Strafen, deren Härte freilich gemildert wurde, als die drei

Gleichgesinnten nach zwei, drei Jahren amnestiert oder durch bedingte Strafaussetzung freikamen, Heinrich Saar am 1. April 1961. Mit ihm hatte das Regime einen Mann hinter Gitter gebracht, der, 1920 in Berlin als Kind sozialdemokratischer Eltern geboren, im englischen Exil aufgewachsen war und aktiv in der tschechischen Legion gegen die nationalsozialistische Diktatur gekämpft hatte, bis er 1945 nach Ost-Berlin zurückkam, um am Aufbau einer besseren Gesellschaft mitzuwirken.

Unter der Beschuldigung, »konterrevolutionäre, staatsfeindliche Gruppen in Leipzig und Halle mit dem Ziel gebildet« zu haben, »die Regierung der DDR zu untergraben und die bestehende Wirtschaftsplanung aufzuheben«, kam es schließlich beim Bezirksgericht Halle vor ausgesuchten Zuhörern zu einem Prozeß, bei dem es sich wahrscheinlich um den letzten Revisionisten-Prozeß gehandelt hat. Zu verantworten hatten sich fünf Angeklagte, die durch Urteil vom 23. Dezember 1958 Freiheitsstrafen bis zu zehn Jahren erhielten. »Sie verbreiteten ihre staatsfeindliche Konzeption durch individuelle Gespräche, durch Vorträge auf literarischen Veranstaltungen oder anläßlich Vorlesungen an den Universitäten in Leipzig und Halle, um den Boden für einen Umsturz zu bereiten.«[18] Einer der Angeklagten hat die Geschichte des Verfahrens später eindrucksvoll geschildert[19]: der Schriftsteller Erich Loest, der seine siebeneinhalb Jahre Zuchthaus wegen Staatsverrats nahezu vollständig abbüßen mußte – vom 14. November 1957 bis zum 25. September 1964.

»Komplotte der Konterrevolution«

Politisch waren die Revisionisten-Prozesse vor dem Hintergrund des Polnischen Oktober und des Volksaufstandes in Ungarn zu beurteilen. Einerseits sollte unter Intellektuellen an Universitäten und Hochschulen »aufgeräumt« werden, andererseits sollten die Urteile abschreckend auf andere regimefeindliche Kräfte wirken – auf »konterrevolutionäre Elemente«, die sich unter Oberschülern und Lehrlingen, Studenten und Jungarbeitern allenthalben gerührt hatten, ohne daß sie unbedingt der revisionistischen Opposition zuzurechnen waren.

Einen Schwerpunkt oppositioneller Aktivität machte die Staatssicherheit an der Veterinärmedizinischen Fakultät der Humboldt-Universität in Ost-Berlin aus. Hier waren freiheitliche Flugblätter verbreitet, nicht genehmigte Zusammenkünfte organisiert und schließlich eine Protestdemonstration vor der Volkskammer geplant worden. Daraufhin ließen die Machthaber bewaffnete Kampfgruppen der Arbeiterklasse aufziehen und die Demonstration gewaltsam unterdrücken. Zu ähnlichen »Provokationen« kam es in Leipzig unter den Medizinstudenten. Die Führung der Partei blieb die Antwort nicht schuldig: »Auf Grund der Lehren vom 17. Juni 1953 und der Lage in Ungarn dürfen wir es nicht zulassen, daß provokatorische Elemente auch nur den geringsten Versuch unternehmen können, Studenten gegen den Arbeiter-und-Bauern-Staat zu mobilisieren.«[20] Ulbricht rechtfertigte den Aufmarsch der Kampfgruppen gegen die Ostberliner Studenten mit der Erklärung, »daß nicht nur mit den Mitteln der Überzeugung, sondern auch mit

staatlichen Machtmitteln der Kampf um die Sicherung der Arbeiter-und Bauern-Macht und den Sozialismus geführt werden muß«.[21]
Freilich ging es nicht nur um Studenten – es ging auch um Arbeiter. In der Nacht vom 10. zum 11. November 1956 verteilten sieben Oberschüler und Jungarbeiter in Dresden Flugblätter, die sie unter Leitung des Oberschülers Erhard Schönberg selbst angefertigt hatten. »Angestiftet durch die westliche Ungarnhetze, holte sich Schönberg seine gleichgesinnte Clique zusammen. Er organisierte, inszenierte, verteilte die Decknamen, nannte sich selbst ›Arsen‹ und seine geplante Aktion ›Farad‹. Ziel der ausgeheckten staatsfeindlichen Handlung war es, einen Streik bei der Dresdener Straßenbahn anzuzetteln und den Bahnverkehr zu stoppen. Mit selbstgetippten Hetzzetteln, mit Parolen und einem ›Programm‹ wollte die ›Arsen-Gruppe‹ in der Bezirksstadt Unruhe hervorrufen.«[22] Jedes Wort dieser Beschuldigung verriet die Gereiztheit und Unsicherheit des Regimes. Es rächte sich an den jungen Menschen mit Zuchthausstrafen bis zu drei Jahren wegen »Anstiftung zum Aufruhr«!
Wie weit sich damals in der DDR oppositionelle Gruppen an der Erhebung in Ungarn orientiert haben, macht das Beispiel von zehn Studenten der Hallenser Universität anschaulich, die sich den Budapester »Petöfi-Kreis« zum Vorbild nahmen, die sich zu politischen Diskussionen zusammenfanden und in ihren Zusammenkünften gemeinsam über einen Wandel in der DDR nachdachten. In der Urteilsbegründung des Obersten Gerichts las man über diese Aktivitäten hernach: »Die nächste Zusammenkunft fand am 12. März 1957 statt, zum Thema ›Die Wiedervereinigung Deutschlands‹ sprach der Angeklagte B. Er lehnte ›die Koalition im demokratischen Block‹ ab und behauptete, die Wahlen in der Deutschen Demokratischen Republik seien ein ›Wahlschwindel‹.
Man stellte folgende Forderungen auf:
1. Sturz der Regierung der Deutschen Demokratischen Republik;
2. Änderung in der Führung der SED und Beseitigung ihrer führenden Rolle;
3. Erteilung von Lizenzen für westdeutsche Betriebe;
4. Reprivatisierung kleinerer volkseigener Betriebe oder deren Umwandlung in Genossenschaften;
5. Auflösung der landwirtschaftlichen Produktionsgenossenschaften und MTS;
6. Beschränkung der Wirtschaftsplanung auf die wichtigsten Dinge und wirtschaftliche Selbständigkeit der volkseigenen Betriebe;
7. Auflösung der Nationalen Volksarmee und des Ministeriums für Staatssicherheit;
8. Austritt aus dem Warschauer Pakt.
Zur Realisierung wurden die verschiedenen Möglichkeiten erörtert. Es wurde Übereinstimmung darüber erzielt, daß wegen der Stärke der Deutschen Demokratischen Republik weder ein Putsch noch eine Intervention aus dem Westen möglich sei. Man kam überein, daß entsprechend den erwähnten Gesichtspunkten mit anderen Personen gesprochen werden mußte, um sie auf dem Wege der Überzeugungsarbeit dafür zu gewinnen.«[23]
Insgesamt waren die Studenten sechsmal in privaten Wohnungen zu ihren

Diskussionsabenden zusammengekommen. In zweiter Instanz verurteilte das Oberste Gericht den damals 24jährigen Studenten Heinrich Blobner und den 22jährigen Studenten Arno Seifert zu je sieben Jahren Zuchthaus wegen Staatsverrats.

An der Universität Jena bildeten im Herbst 1956/Frühjahr 1957 Studenten mehrerer Fakultäten einen oppositionellen Kreis, der zunächst konspirativ vorging und dann durch seine offene Opposition sogar breiteren Einfluß auf die Studenten der Friedrich-Schiller-Universität zu gewinnen vermochte. Er wurde, da sich in ihm vorwiegend Studenten aus dem thüringischen Städtchen Eisenberg zusammengefunden hatten, als »Eisenberger Kreis« bekannt. Zu ihren historischen Vorbildern hatten sich die jungen Menschen unter anderen den Hitler-Attentäter Claus Graf Schenk von Stauffenberg gewählt. Besonnenheit und taktisches Geschick führten dahin, »daß der ›Eisenberger Kreis‹ fast viereinhalb Jahre existierte und davon mindestens drei Jahre auch äußerlich erkennbar aktiv war« – durch Herstellung und Verbreitung von Flugblättern und durch Anbringen freiheitlicher Losungen an Hauswänden und Mauern. »Kein Mitglied der Gruppe hatte mehr Kenntnisse über andere Mitglieder und die Tätigkeit der Gruppe, als für seine eigene Mitarbeit unbedingt notwendig war«, berichtete später der damalige Medizinstudent Thomas Ammer, der führende Kopf. »Auch wurde jeder, der für die Gruppe gewonnen werden sollte, einer eingehenden Prüfung und Beobachtung unterzogen, bevor er für eine Mitwirkung angesprochen wurde. Unsere Unternehmungen wurden oft wochenlang vorbereitet, die örtlichen Bedingungen, die Erfordernisse der Absicherung und der Spurenbeseitigung genau untersucht und die nötigen Maßnahmen bis ins einzelne festgelegt. Andererseits machten sich bei einigen unter uns durch die jahrelange Belastung und Anspannung gewisse Abnutzungserscheinungen bemerkbar. Dies zeigte sich einerseits in der Überbewertung einzelner Sicherheitsmaßnahmen, zum anderen in der mangelhaften Kontrolle des Kontakts einzelner Mitglieder der Gruppe untereinander und zu außenstehenden Personen. Im letzten Jahr des Bestehens der Gruppe entfalteten auch manche unserer Freunde eine zu große Eigenaktivität und Eigeninitiative, die sich z. B. in der Gewinnung ungeeigneter und nicht ausreichend überprüfter Personen für die Widerstandstätigkeit auswirkte. Die Gefährlichkeit des MfS wurde unterschätzt.«[24] Umgekehrt hat das Regime die Gefährlichkeit des »Eisenberger Kreises« überschätzt. Mit 15 Jahren Zuchthaus für Thomas Ammer, je 14 Jahren für die damaligen Studenten Hans Frömel und Peter Hermann wurden durch Urteil des Bezirksgerichts Gera drakonische Exempel statuiert. Weitere 21 Studenten, Oberschüler und Dozenten erhielten Freiheitsstrafen zwischen anderthalb und acht Jahren. Insgesamt wurden drei Prozesse beim Bezirksgericht Gera geführt.

Zu protokollieren bleibt abschließend die Bildung einer studentischen Oppositionsgruppe an der damaligen Technischen Hochschule Dresden (heute Technische Universität), die sich als Nationalkommunistischer Studentenbund verstand.[25] Ihre Mitglieder fertigten Flugblätter, die sie unter Studenten verteilten – und sie entwarfen ein Grundsatzprogramm von 16 Punkten. Der Forderungskatalog reichte von der Garantie bürgerlicher Grund- und Freiheitsrechte bis zur Auflösung des Staatssicherheitsdienstes und Bestrafung seiner Mitarbeiter. Vermutlich durch Verrat wurden sämtliche Mitglieder des Nationalkommunistischen Studentenbundes am 29. Januar 1959 festgenommen. Fünf von ihnen kamen vor den Richter. Das Bezirksgericht Dresden verurteilte sie am 18. April 1959 zu hohen Strafen – die beiden Hauptangeklagten Gerhard Bauer und Armin Schreiter zu zehn und acht Jahren Zuchthaus.

Auf dem V. Parteitag der SED, der vom 10. bis 16. Juli 1958 stattfand, attackierte Walter Ulbricht den Revisionismus als »Wegbereiter der Konterrevolution« und frohlockte bereits: »Dank der Wachsamkeit der Partei und der Sicherheitsorgane der DDR gelang es, solche konterrevolutionären Gruppierungen wie die Gruppe Harich-Janka und Gruppierungen mit revisionistischen Plattformen, die zum Teil von ausländischen Agenturen gelenkt wurden, zu liquidieren.«[26]

In den fünfziger Jahren hat es zwar den »Revisionismus gegeben, aber keine Revision«[27] – wie der allzu früh verstorbene DDR-Forscher Peter Christian Ludz einmal resignierend festgestellt hat. Generell ist nicht zu übersehen, daß es der revisionistischen Opposition nicht gelang, ihre Isolierung zu durchbrechen. Ihr Einfluß blieb auf akademische Zirkel beschränkt, auf ein paar Verlage und Zeitungsredaktionen, aber einige ihrer Forderungen wurden später stillschweigend von der SED übernommen. Ohne die revisionistische Opposition wäre das Neue Ökonomische System der Planung und Leitung der Volkswirtschaft in den sechziger Jahren kaum denkbar gewesen. Das muß man bedenken, ehe man ein definitives Urteil fällt.

Andererseits bekam es einen fast paradigmatischen Sinn, daß einer der Schöpfer des Neuen Ökonomischen Systems, Dr. Erich Apel, in den politischen Freitod getrieben wurde. Der 48jährige Technokrat, der zugleich Kandidat des Politbüros der SED war, erschoß sich am 3. Dezember 1965 im Dienstgebäude der Staatlichen Plankommission, deren Vorsitz er innehatte. In seinem offiziell als »Kurzschlußreaktion«[28] erklärten Selbstmord muß er die einzige ihm verbliebene Möglichkeit gesehen haben, die nationalen Interessen zuwiderlaufende Wirtschafts- und Außenhandelspolitik der Sowjetunion gegenüber der DDR mit einem unüberhörbaren Protest anzuprangern. Suizid aus Opposition?

Bauern gegen die »Revolution im Dorf«

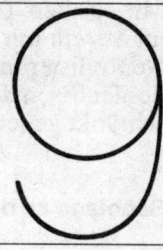

Das planvolle Vorgehen der Besatzungsmacht und der deutschen Kommunisten bei der Sowjetisierung Mitteldeutschlands und ihre streng aus den Lehren des Marxismus-Leninismus entwickelte Strategie und Taktik bei der »revolutionären Umgestaltung« der Gesellschaft treten auch und nicht zuletzt auf dem Gebiet der Agrarpolitik überzeugend zutage. Die »demokratische Bodenreform« bedingte bereits 1945/46 weitgehende Veränderungen der sozialökonomischen Struktur auf dem Lande. Sie war aber keineswegs als Maßnahme allein zur Entmachtung der Großagrarier in der SBZ gedacht. Vielmehr war sie als eine wesentliche Voraussetzung der sozialistischen Umwälzung überhaupt zu begreifen. Die Bodenreform entsprach exakt der Leninschen Theorie von den zwei Phasen der Revolution beziehungsweise vom Hinüberwachsen der demokratischen in die sozialistische Revolution.

Nach Lenin muß »das Proletariat« in der ersten Phase der Revolution »die demokratische Umwälzung zu Ende führen, indem es die Masse der Bauernschaft an sich heranzieht«[1]. Unter den Voraussetzungen in der SBZ hieß das 1945/46 Durchführung einer Bodenreform, die allerdings vorläufig nicht schlechthin die Beseitigung des privaten Grundeigentums bezweckte, sondern die Aufteilung des Grundbesitzes auf heimische Landarbeiter und landarme Bauern sowie auf Flüchtlingsbauern aus den heute polnisch verwalteten deutschen Gebieten jenseits von Oder und Neiße. Auf diese Weise sollte die Masse der Bauernschaft politisch an das neu entstehende Regime gebunden werden. Von insgesamt rund 3,3 Millionen Hektar Land, die in einen einheitlichen Bodenfonds eingebracht worden waren, wurden daher zwei Drittel aufgesplittet und verteilt, während das restliche Drittel schon 1945/46 in staatliches oder genossenschaftliches Eigentum übergeführt wurde.

Den Kommunisten war klar, daß die Mehrheit der Bauern einen Wechsel des politischen Regimes fürchten mußte, solange er möglicherweise ihr durch die Bodenreform erlangtes Eigentum bedrohte, und sie ließen es daher an Versicherungen, die den Bauern ihr neues Eigentum garantierten, keineswegs fehlen. So hob Walter Ulbricht, der 1960 die Zwangskollektivierung durchsetzte, 1946 »unmißverständlich« hervor, »daß der Bauer wirklich Privateigentümer seines Grundstückes sein soll«. Dreist leugnete er jede andere Absicht. »Man hat behauptet, in der sowjetischen Besatzungszone werde das Privateigentum abgeschafft. Aber genau das Gegenteil ist der Fall. Niemand hat daran gedacht zu kollektivieren, sondern jeder Bauer hat seinen Boden als vererbbares Privateigentum bekommen.«[2]

Mit solchen Täuschungsmanövern erreichten die deutschen Kommunisten im Verein mit der sowjetischen Besatzungsmacht zeitweilig eine politische Neutralisierung der Mehrheit der Bauern – nach Marx der »natürlichen Bundesgenossen der Bourgeoisie« –, so daß sie ihre Aktionen zunächst uneingeschränkt gegen das besitzende Bürgertum lenken konnten.

Sabotage an der Bodenreform?

Nicht nur aus diesem Grunde ist verständlich, warum unter den klein- und mittelbäuerlichen Schichten Mitteldeutschlands in den ersten Nachkriegsjahren kaum oppositionelle oder regimefeindliche Verhaltensweisen zu verzeichnen waren; dazu kam besonders in den Jahren 1946/48 ihre Einschüchterung durch den justiziellen Terror der Besatzungsmacht. »Die sowjetischen Organe machten auch Saboteure der Bodenreform dingfest«; sie trafen »die notwendigen Sicherungsmaßnahmen für die Durchführung der Bodenreform. So bestimmte z. B. die SMA von Thüringen auf Antrag der deutschen demokratischen Kräfte am 30. August 1947 die Entfernung aller noch verbliebenen Gutsbesitzer und Pächter mit ihren Familien, denen eine zersetzende Tätigkeit im Sinne der Reaktion nachzuweisen war und deren Verbleib an ihren alten Wohnsitzen der Demokratisierung des Dorfes nicht zuträglich gewesen wäre. Sie mußten das Kreisgebiet verlassen.«[3] So wurden in der damaligen sowjetischen Besatzungszone Zwangsumsiedlungen nach russischem Muster praktiziert.

Was aus kommunistischer Sicht in diesem Zusammenhang als Sabotage galt, waren Versuche namentlich der Bauern mit Betrieben über zehn Hektar Nutzfläche, sich gegen die ungerechtfertigt hohen Normen für das Ablieferungssoll landwirtschaftlicher Erzeugnisse zu wehren. Tatsächlich hatte sich das Ablieferungssoll nach 1945 vorerst in erträglichen Grenzen gehalten, ehe es derart überhöht wurde, daß es kaum noch zu erfüllen war. Die politische Absicht, die der Steigerung des Ablieferungssolls zugrunde lag, war an seiner Differenzierung zu erkennen. Das Abgabesoll wurde entsprechend der Größe der Anbaufläche statt nach dem Ertrag der Ernte berechnet, wobei die Ablieferungsnormen für Betriebe mit größerer Nutzfläche im Vergleich zu kleineren Wirtschaften nicht verhältnismäßig, sondern progressiv gesteigert wurden. Es lag in der Absicht der SED, die Bauernschaft zu spalten, indem sie die kleineren und mittleren Bauern mit Betriebsgrößen bis zu zehn Hektar gegen die sogenannten Großbauern mit Betrieben bis zu 20 Hektar und die »kapitalistischen Elemente« mit mehr als 20 Hektar Nutzfläche auszuspielen versuchte.

Ein weiteres Instrument für diesen »Klassenkampf im Dorf« besaßen die Kommunisten in den MAS, den Maschinen-Ausleih-Stationen. Sie waren nach der Bodenreform von der Vereinigung der gegenseitigen Bauernhilfe eingerichtet worden, um Ackerschlepper, Landmaschinen und sonstiges agrarisches Großgerät enteigneter Güter und Großwirtschaften zu erfassen und der Kollektivnutzung durch die Bauern zuzuführen. Mit Hilfe der MAS – die 1949 einer zentralen staatlichen Verwaltung unterstellt wurden – machte die SED die Klein- und Mittelbauern von sich abhängig. Darüber hinaus mißbrauchten die neuen Herren ihre Monopolstellung in den MAS gegenüber den »Großbauern«, indem sie ihnen – denen der Erwerb neuer Landmaschinen verboten war – die mehr und mehr anfallenden Leistungen der MAS nach höheren Tarifen berechneten als den kleineren Bauern, termingebundene Feldarbeiten bewußt verzögerten und auch sonst mannigfaltigen Schikanen aussetzten. Ihre Schwierigkeiten bei der landwirtschaftlichen Sollerfüllung wurden dadurch absichtlich vermehrt, wodurch die SED weitere Handhabe erhielt, gegen »Großbauern« vorzugehen – auch mit justiziellen Mitteln. Es war der Beginn einer Entwicklung, die mit der Auflösung der Bauernschaft als grundbesitzender Klasse und mit der Kollektivierung der Landwirtschaft endete.

Nach Lenin soll die erste (»demokratische«) Phase der Revolution in die zweite (»sozialistische«) Phase »hinüberwachsen«. Denn »wir werden sofort von der demokratischen Revolution, und zwar nach Maßgabe unserer Kraft, den Übergang zur sozialistischen Revolution beginnen. Wir sind für die ununterbrochene Revolution. Wir werden nicht auf halbem Wege stehenbleiben.«[4] Das politische Ziel dieses Übergangs erblickte der Genius des Roten Oktober in der Umwandlung der »revolutionär-demokratischen Herrschaft der Arbeiter und Bauern« in die Diktatur des Proletariats.

Auf die DDR übertragen bedeutete dies Umwandlung der antifaschistisch-demokratischen Ordnung in eine sozialistische Ordnung. In aller Offenheit propagierte die SED diese Strategie aus taktischen Gründen erst im Jahre 1952 mit den Beschlüssen der 2. Parteikonferenz über die Errichtung der Grundlagen des Sozialismus, obwohl sie tatsächlich bereits 1949 mit Gründung der DDR eingeleitet worden war. »Gestützt auf die neue Qualität, die die Staatsmacht durch die Gründung der DDR erhalten hatte, konnte nunmehr der Prozeß des Hinüberwachsens der demokratischen in die sozialistische Etappe der Revolution in ein neues Stadium treten.«[5] In der Agrarpolitik ging die SED indes erst 1952 zu einem offen sozialistischen Kurs über durch Bildung landwirtschaftlicher Produktionsgenossenschaften ähnlich den sowjetischen Kollektivwirtschaften. Die ersten LPG entstanden »spontan« in Worin (Kreis Seelow) und Merxleben (Kreis Langensalza) kurz vor der 2. Parteikonferenz. Zwar sollte der Zusammenschluß von Landarbeitern und Bauern zu Kollektivwirtschaften noch »auf völlig freiwilliger Grundlage« erfolgen, aber von Anfang an wurde dieser Freiwilligkeit durch politischen Druck und durch ökonomische Benachteiligung aller selbständigen Bauern nachgeholfen. Ihnen wurden im Vergleich zu den LPG höhere Ablieferungsquoten und Steuern zudiktiert und die Gewinnung von Arbeitskräften auf dem Lande erschwert, ebenso die Bewilligung von Krediten. Die politisch kontrollierende Funktion der MAS, die 1952 in Maschinen-Traktoren-Stationen umbenannt wurden, verstärkte sich. Die SED setzte die MTS unter bewußter Mißachtung landwirtschaftlicher Erfordernisse vornehmlich als politische Steuerungsinstrumente der Kollektivierung ein.

Wo Widerspruch laut wurde, wo sich Opposition regte, griffen die Kommunisten mit administrativen und justiziellen Mitteln durch. Der Landwirt Franz Plath aus Jeggel (Kreis Osterburg), der sich zeit seines Lebens nichts hatte zuschulden kommen lassen, wurde am 30. September 1950 unter der

Beschuldigung festgenommen, »durch Erfindung und Verbreitung tendenziöser Gerüchte den Frieden des deutschen Volkes gefährdet zu haben«. Was hatte er, der übrigens Vorsitzender der LDP-Ortsgruppe Jeggel gewesen war, Schlimmes getan? Laut Anklageschrift vom 3. November 1950, damals ausgestellt vom Ministerium für Staatssicherheit, Verwaltung Sachsen-Anhalt, hatte er »gegen die durchgeführte Bodenreform Stellung genommen und vor allem die Umsiedler aufgefordert, nicht zu siedeln, da die Bodenreform doch nicht bestehen bliebe . . ., er hat ständig versucht, Beschlüsse zur Demokratisierung und Weiterentwicklung des Dorfes nicht zustande kommen zu lassen, indem er die Bevölkerung dagegen aufhetzte . . .«[6] Das Urteil lautete auf drei Jahre Zuchthaus. Eines von vielen Beispielen – weil Wahrheit immer konkret sein muß.

Mit der Verschärfung des Klassenkampfes nach der 2. Parteikonferenz der SED nahmen auch auf dem Lande Opposition und Widerstand zu, da sich die Bauern in ihrer übergroßen Mehrheit für die Behauptung ihrer Selbständigkeit entschieden. In ihrer politischen Not zogen viele Bauern selbst die Flucht nach dem Westen und mithin den Verzicht auf ihre Höfe, auf Grund und Boden einem Eintritt in eine LPG vor. Der Prozentsatz der Bauern unter den Flüchtlingen aus der DDR stieg daher im zweiten Halbjahr 1952 und im ersten Halbjahr 1953 sprunghaft an. Zehntausende von Bauernwirtschaften verwaisten.

Widerstand gegen Kollektivierung der Landwirtschaft

Der bäuerliche Widerstand, der aus der besonderen gesellschaftlichen Struktur des Dorfes zu verstehen ist, beschränkte sich keineswegs auf passive Resistenz, sondern entwickelte sich in einzelnen Fällen zur politischen Aktion. »Auch auf dem Lande häufen sich die Sabotage- und Terrorakte«, warnte das Zentralkomitee der SED in einem Beschluß vom 20. Dezember 1952. »Besonders stark versuchen großbäuerliche und andere gedungene Elemente die Bildung und Entwicklung von Produktionsgenossenschaften zu hemmen und zu hindern. Sie bedienen sich dabei der Hetze gegen die Produktionsgenossenschaften, der offenen Sabotageakte, Verleumdungen gegenüber fortschrittlichen Genossenschaftsbauern, Überfällen und Einschleichversuchen in die Genossenschaften, um von innen her um so bessere Wühlarbeit leisten zu können.«[7] In einem Beschluß des ZK vom 14. Mai 1953 wird abermals hervorgehoben, daß »die Sabotage auf dem Lande, besonders in den MTS, stark zugenommen« habe; »es häufen sich die Fälle, in denen fortschrittliche werktätige Bauern von feindlichen Kräften überfallen und niedergeschlagen werden«[8]. Selbst wenn man berücksichtigt, daß solche Formulierungen polemisch überzogen und propagandistisch zugespitzt waren, um die politischen Pressionen auf dem Lande zu rechtfertigen, so vermitteln sie dennoch Aufschlüsse über die Stimmung im Dorf damals.
Exemplarisch scheinen die Vorgänge in dem Dorf Friedrichsaue (Kreis Seelow) gewesen zu sein. »Fortschrittliche« Bauern versammelten sich dort am 7. August 1952 in einer Gastwirtschaft, um eine LPG zu gründen. Nachdem sie es angesichts der ablehnenden Haltung zahlreicher anderer Bauern, die

sich ebenfalls einfanden, vorgezogen hatten, den formalen Gründungsakt in einer Privatwohnung vorzunehmen, kehrten sie in die Gastwirtschaft zurück, um die Dorfbewohner von ihrem Entschluß zu unterrichten. Hierauf kam es zu einer schweren Schlägerei. Am 14. August berief die Parteileitung des Kreises Seelow eine öffentliche Versammlung ein, in der sich die Empörung der Bauern zu »feindlichen Unruhen« steigerte. Ein Kreissekretär der SED erklärte daraufhin sogar die neugebildete Genossenschaft für »nicht bestehend«. Erst die Verhaftung und Verurteilung mehrerer Bauern und eine Säuberung unter den örtlichen Parteifunktionären vermochten den Widerstand der Bauern zu brechen.

Eine Rundverfügung[9] des Ministeriums der Justiz vom 5. März 1953 an die damals in allen Bezirken der DDR bestehenden Justizverwaltungsstellen bewies, daß solche Vorkommnisse nicht vereinzelt aufgetreten sind. »Die Gründung und der Ausbau landwirtschaftlicher Produktionsgenossenschaften dient der Schaffung der Grundlagen des Sozialismus auf dem Lande«, hieß es darin unter Bezugnahme auf die 2. Parteikonferenz der SED. »Gegen diesen Entwicklungsprozeß richten ein Teil der Großbauern und ihre Helfershelfer in verstärktem Maße ihre Angriffe. Mit Mitteln, die von der Verleumdung angefangen bis zum Überfall gehen, die selbst vor einem Mord nicht zurückschrecken, versuchen diese Elemente, die Bildung und den Aufbau der Produktionsgenossenschaften zu verhindern, zu verzögern und zu sabotieren.«

Auch in anderer Hinsicht dokumentierte die Rundverfügung auf ihre Weise bäuerlichen Widerstand: »Eine andere Erscheinungsform des sich mehr und mehr verschärfenden Klassenkampfes auf dem Dorfe ist die Nichterfüllung des Ablieferungssolls an landwirtschaftlichen Produkten. In allen Bezirken nehmen diese Delikte an Zahl und Bedeutung zu.« Alle Gerichte wurden angewiesen, »klassenfeindliche Aktionen« mit allen Mitteln zu bekämpfen. »Solchen Großbauern, die Verbrechen begehen, die sich gegen den demokratischen Aufbau richten, die die Gesetze der Deutschen Demokratischen Republik verletzen, müssen daher harte Strafen auferlegt werden. Bei der Verhandlung ist zu prüfen, ob die gesetzlichen Voraussetzungen für eine Vermögenseinziehung vorliegen.« Das Stichwort war gefallen: Die eingezogenen landwirtschaftlichen Betriebe wurden den LPG übereignet.

Das Signal, das eine Welle neuer Enteignungen auslösen sollte, hatte Walter Ulbricht bereits Ende 1952 gegeben, als er damit drohte, daß auf »heruntergewirtschafteten Gütern oder Großbauernwirtschaften Treuhänder eingesetzt« werden sollten, »um den Anbauplan und die Ablieferung zu sichern«[10]. Zwei Verordnungen vom 20. März 1952 und vom 19. Februar 1953 boten formell die Möglichkeit, »devastierte« Landwirtschaftsbetriebe zugunsten von LPG zu enteignen. Die SED mißbrauchte sie in so exzessiver Weise, daß von einer neuen Enteignungsaktion auf dem Lande gesprochen werden mußte. Die Flucht Zehntausender Bauern aus der DDR – auch eine Form von Opposition – trug im Herbst 1952/Frühjahr 1953 erheblich dazu bei, daß zwischen Rostock und Rennsteig eine in ihrem Ausmaß an die erste Nachkriegszeit erinnernde Versorgungskrise ausbrach.

Erst mit seiner am 9. Juni 1953 beschlossenen Politik des Neuen Kurses suchte das Politbüro der SED das Ruder herumzureißen. Nunmehr räumte es die

Folgen seiner verfehlten Agrarpolitik ein, indem es plötzlich vorschlug, »daß die Verordnungen über die Übernahme devastierter landwirtschaftlicher Betriebe aufgehoben werden und die Einsetzung von Treuhändern wegen Nichterfüllung der Ablieferungspflichten oder wegen Steuerrückständen untersagt wird. Die Bauern, die im Zusammenhang mit Schwierigkeiten in der Weiterführung ihrer Wirtschaft ihre Höfe verlassen haben und nach West-Berlin oder nach Westdeutschland geflüchtet (!) sind (Kleinbauern, Mittelbauern, Großbauern), sollen die Möglichkeit erhalten, auf ihre Bauernhöfe zurückzukehren.« Selbst Strafen, »die wegen Nichterfüllung von Ablieferungsverpflichtungen oder Steuerverpflichtungen ausgesprochen wurden, sollen überprüft werden«[11]. Der Ministerrat folgte zwei Tage später den Weisungen der Parteiführung.

Die politische Lektion, die die mitteldeutschen Bauern den Herrschenden erteilt hatten, sollte gleichwohl bald vergessen sein. Schon ein gutes halbes Jahr nach dem Aufstand vom 17. Juni 1953 verschärfte die SED ihre Agrarpolitik erneut. Das Zentralkomitee verfügte »die Entfaltung der politischen Massenarbeit im Dorf«. Auch dieser Beschluß, der vom 23. Januar 1954 datierte, enthielt interessante Indizien für den Widerstand der Bauern. »Mit den verschiedensten Methoden, durch Verbreitung von Lügen und Verleumdungen, durch Drohungen, Überfälle und Sabotage, versuchen die Feinde unserer Arbeiter-und-Bauern-Macht, die fortschrittliche Entwicklung in den Dörfern der Deutschen Demokratischen Republik zu hemmen. ... Ehemalige Gutsbesitzer, Verwalter, unbelehrbare Elemente großbäuerlicher Herkunft und Provokateure versuchen, in die Genossenschaften einzudringen, um sie von innen heraus zu zersetzen. Gegen die Einführung der Zweischichtenarbeit in den Maschinen-Traktoren-Stationen gibt es teilweise einen organisierten Widerstand ... Die Unterschätzung des Dorfes durch Partei- und Staatsfunktionäre hat dazu geführt, daß der Gegner besonders in den Bezirken Dresden, Schwerin, Cottbus und Frankfurt (Oder) noch immer Positionen auf dem Lande besitzt, Antisowjethetze betreibt und chauvinistische Forderungen gegen die Oder-Neiße-Friedensgrenze verbreitet.«[12] Es waren die gleichen Schmähungen, die die Kommunisten bereits zwei Jahre zuvor gegen die Bauern vorgebracht hatten.

Angesichts dieser Grundtendenz in der Agrarpolitik konnte es nur eine Frage der Zeit sein, bis die Landwirtschaft der DDR in eine Krise driftete. Die meisten LPG arbeiteten damals unrentabel und konnten nur auf Grund erheblicher Subventionen und Kredite existieren. Jahrelang wurde das im staatlichen Volkswirtschaftsplan gesetzte Ziel in der Landwirtschaft nicht erreicht. Selbst in der Führung der Partei und unter kompetenten Agrarwissenschaftlern wurde in den Jahren 1956/57 eine Revision der Landwirtschaftspolitik der SED erwogen, wie zum Beispiel die Haltung Fred Oelßners und die Opposition Kurt Viewegs zeigten. Die Bestrebungen dieser weniger doktrinären Funktionäre kamen den Forderungen der Bauernschaft entgegen. Die Führung der SED war dennoch nicht gewillt, ihren Kurs zu ändern, ganz im Gegenteil. Ende der fünfziger Jahre leitete sie die entscheidende Offensive gegen das selbständige Bauerntum in der DDR ein und vollzog im Frühjahr 1960 die totale Kollektivierung der Landwirtschaft. Der Widerstand der Bauern in der letzten Etappe der »Revolution im Dorf«

wurde mit terroristischer Gewalt gebrochen. Wer selbständig zu bleiben versuchte, wurde massivster Agitation ausgesetzt, erpreßt oder festgenommen und unter fadenscheinigen Vorwänden verurteilt. »Wir haben z. B. jetzt bei der sozialistischen Umgestaltung der Landwirtschaft einen schweren Kampf zu führen und haben nichts dagegen, wenn über unsere Perspektive eine sachliche Kritik geführt wird«, las man in der »Sächsischen Zeitung« vom 25. November 1959, »aber wir werden es niemals zulassen, daß unsere Funktionäre in einer schamlosen Art beleidigt und bedroht werden, wie es der Bauer Schubert tat. Bauer Schubert mußte in Haft genommen werden, weil er die Gesellschaft auf das gröbste gefährdet hat, indem er unsere fortschrittlichen Menschen arg beschimpfte und sogar Drohungen ausgesprochen hat. Wir können auf keinen Fall dulden, daß solche Bremsklötze und Saboteure wie Bauer Schubert, der uns in der weiteren Entwicklung hemmt, noch frei herumlaufen.«[13] Dasselbe Blatt berichtete aus dem Dorfe Buchholz von einer Sitzung der VdgB, in der der Bauer Robert Pietschmann aufgestanden war und offen protestiert hatte: »Erzählt uns keinen Quatsch. Ist ja alles Schwindel. Gebt uns doch die Maschinen. Die LPG bekommt alles, und uns unterdrückt man.«[14] Drei Monate später, am 28. Januar 1960, hieß es lakonisch: »Vor einigen Wochen berichteten wir, daß der stellvertretende VdgB-Vorsitzende Robert Pietschmann in Buchholz anläßlich einer Vorstandssitzung in maßloser Weise unseren Staat, Partei und Regierung verleumdete. Vor kurzem mußte er sich nun für seine Hetzreden vor dem Bezirksgericht in Dresden verantworten. Das Urteil lautete: acht Monate Gefängnis.«

Wie so häufig, wenn die SED politische Entwicklungen mit Gewalt zu erzwingen versuchte, bewirkte auch ihre radikale Agrarpolitik nicht nur die Selbstisolierung der Kommunisten im Dorf, sondern begünstigte noch den Zusammenhalt der Bauern und ihre Solidarität untereinander. Als der Diplomlandwirt Wilhelm Buchan, der in Stradow (Bezirk Cottbus) eine acht Hektar große Wirtschaft betrieb, als »ein übler Hetzer und Gegner des Sozialismus« festgenommen worden war, richteten die Bauern von Stradow eine Resolution an die zuständigen Justizbehörden, in der sie um seine Freilassung ersuchten: »Sofern sich nicht andere Vergehen des Kollegen Buchan nachweisen lassen als die uns bekannten Äußerungen, bitten wir im Interesse der gesellschaftlichen Weiterentwicklung, der Erhaltung des dörflichen Friedens und des Weiterbestehens einer der besten Wirtschaften des Dorfes um baldige Freilassung Wilhelm Buchans.«[15] Der Vorgang ist ein Beleg dafür, daß auch die Bauern ungeachtet ihrer oft eigenwilligen Haltung zu politischer Solidarität und gemeinsamer Gegenwehr zusammenfinden konnten.

Der Erfolg des bäuerlichen Widerstandes gegen die Kollektivierung der Landwirtschaft drückte sich darin aus, daß am 31. Dezember 1959 noch immer erst 45,1 Prozent der landwirtschaftlichen Nutzfläche in der DDR auf die LPG entfielen. Im Frühjahr 1960 verzichtete die SED auf jedweden Schein der Freiwilligkeit und vollendete die Kollektivierung innerhalb weniger Wochen durch politischen Zwang, durch kollektiven und individuellen Terror[16], so daß am 31. Mai 1960 nicht weniger als 83,6 Prozent der landwirtschaftlichen Nutzfläche von den LPG aller drei Typen erfaßt waren. Seither gibt es keinen selbständigen Bauernstand mehr in der DDR.

Im Zuge dieses radikalen Umbruchs auf dem Lande »wurden mehr als 810 000 private Landwirtschaftsbetriebe beseitigt, an ihre Stelle sind 1300 sozialistische Betriebe der Pflanzenproduktion und 3500 der Tierproduktion getreten. Am Ende der Kollektivierungsphase hatte man die durchschnittliche Betriebsgröße von 8 ha auf 300 ha gebracht, nun liegt sie schon bei 4600 ha. Die Siedlungsnetzstruktur wurde gleichzeitig durchgreifend verändert, das Leben auf dem Lande hat sich stärker gewandelt als der Lebensstil der Stadt. Die gerade erst geschaffene ›Klasse der Genossenschaftsbauern‹ wurde an den Rand gedrängt durch eine neue Klassen- und Schichtenstruktur, die ihrerseits durch stärkere Unterschiede gekennzeichnet ist.«[17] Diese bereits auf die frühen achtziger Jahre bezogenen Feststellungen beschreiben das Ergebnis einer in den sechziger, vor allem aber in den siebziger Jahren exekutierten Agrarpolitik: »Spektakulär war die in den siebziger Jahren durchgesetzte ›industriemäßige Produktion‹ in der Landwirtschaft. Die agrarpolitischen Ziele dieser dritten Reform wurden von den wirtschaftlichen Erfordernissen diktiert, das heißt der immer noch nachhinkenden Produktionsleistung ... Der neuerliche Wandel kann wie folgt gekennzeichnet werden: Verringerung der Zahl und damit Vergrößerung der Fläche der Betriebe, strikte Trennung von Pflanzenproduktion und Tierzucht, weitere Spezialisierung im Anbau durch horizontale und vertikale Kooperation, Verbesserung der Produktionsgrundlage durch weitere Mechanisierung, Rationalisierung und Chemisierung sowie durch umfangreiche Baumaßnahmen und schließlich die völlige Umgestaltung der Leitungsstruktur.«[18]

Diese Auflösung alter und Schaffung neuer wirtschaftlicher und sozialer Strukturen auf dem Lande hat auch neue Bedingungen der Opposition und des Widerstands im Dorf hervorgebracht. Den Bemühungen vieler Bauern in den sechziger Jahren, unter Berufung auf die Statuten der LPG aus den Genossenschaften wieder auszutreten, sollte kein Erfolg beschieden sein. In einigen Bezirken kam es zu gemeinschaftlichen Aktionen mit organisierten Unterschriftensammlungen; sie führten verschiedentlich sogar zur Auflösung bestehender LPG. »In Dörfern unseres Bezirks organisierten faschistische Elemente, die ihre alte Vergangenheit noch nicht überwunden haben, unterstützt und gelenkt vom RIAS, die Austritte von Genossenschaftsbauern aus den LPG, um die sozialistische Entwicklung auf dem Land rückgängig zu machen. Durch diese und ähnliche provokatorische Maßnahmen wollten sie ihre 5. Kolonne in unserer Republik formieren«[19], räumte zum Beispiel der Vorsitzende des Rates des Bezirks Leipzig in einem offenen Brief vom 29. August 1961 ein.

Diese »Austrittsbewegung« beschränkte sich nicht auf den Bezirk Leipzig. Sie trat in allen Agrargebieten der DDR hervor. Indirekt bestätigte dies Josef Streit, als er sich scharf gegen die »organisierte Hetze des Feindes« wandte, »Bauern zu veranlassen, aus den landwirtschaftlichen Produktionsgenossenschaften auszutreten«. Der DDR-Generalstaatsanwalt stellte kategorisch fest: »Ein Jahr nach der sozialistischen Umgestaltung kann deshalb für keinen Bauern mehr die Frage des Austritts aus der LPG stehen, weil das einen Rückschritt sowohl für die Gesellschaft als auch für ihn selbst bedeuten würde. Es wäre überdies eine Unterstützung des Klassenfeindes, die moralisch verwerflich und mit der sozialistischen Gesetzlichkeit unvereinbar ist.«[20] Nicht einmal den Schein der Freiwilligkeit wollte er mehr gewahrt sehen.

Streits Ausführungen zeigen, daß die mitteldeutschen Bauern sich auch nach der totalen Kollektivierung der Landwirtschaft lange Zeit nicht mit dem Gedanken abfinden wollten, daß sie ihr Eigentum an Grund und Boden für immer verloren hatten. Und es ist eben diese Haltung, aus der sich passiver Widerstand in den LPG entwickelte, der durch die Zusammenfassung vieler Bauern und Landarbeiter in größeren Betriebseinheiten sogar begünstigt wird, weil das Bewußtsein gemeinsam erlittener Unterdrückung Solidarität schafft und gemeinsames Handeln nahelegt. Solange die Bauern auf viele Einzelwirtschaften zersplittert waren, fehlten die Voraussetzungen für gemeinschaftliche politische Willensbildung und einheitliches Handeln. Jeder war sich selbst der Nächste. In der Kollektivwirtschaft sind alle gleich.

Brandstiftung als Protest

Nicht unerwähnt bleiben dürfen Protesthandlungen unmittelbar nach dem 13. August 1961, in denen sich rebellierende Landarbeiter und Bauern sogar zu Brandstiftungen auf dem Lande hinreißen ließen. Die Kommunisten bestraften derartige Handlungen aus Furcht, daß sie spontane Massenaktionen auslösen könnten, mit brutaler Härte. »Neues Deutschland« meldete am 28. Dezember 1961 die Verurteilung des 50jährigen Landarbeiters Walter Praedel aus Torgelow durch das Bezirksgericht Frankfurt (Oder) zum Tode, weil er in der Kollektivwirtschaft »Neue Ordnung« in Dannenberg zwei mit Erntegut gefüllte Scheunen eingeäschert hatte. »Der 13. August beschränkt meine persönliche Freiheit«, soll Praedel seine Tat vor Gericht motiviert haben, er habe mit ihr »unter der Bevölkerung eine Meuterei herbeiführen« wollen.

Ein weiteres Todesurteil fällte das Bezirksgericht Dresden am 2. Februar 1962 gegen den 37jährigen »Diversanten« und »Terroristen« Gottfried Strympe, der in der Umgebung von Bautzen »vor allem nach der sozialistischen Umgestaltung der Landwirtschaft« zu »Aktionen gegen die DDR« übergegangen war. »Er wollte die Festigung der LPG aufhalten und unter den Genossenschaftsbauern und allen anderen Dorfbewohnern Unzufriedenheit und Haß gegen den deutschen Friedensstaat schüren. Ganze Schuppenreihen, Scheunen, Garagen, Personenkraftwagen und Wohnhäuser gingen in Flammen auf.«[21] Gewiß waren solche Protestaktionen wenig geeignet, die Sache zum Besseren zu wenden; als Indiz für die Stimmung auf dem Lande signalisieren sie aber, wie weit auch die Menschen im Dorf in ihrer politischen Empörung getrieben werden können.

Mit dem 13. August 1961, dem Stichtag für die Errichtung der als »antifaschistischer Schutzwall« gerechtfertigten Mauer quer durch Berlin, war die innere Entwicklung der DDR auch unter dem Gesichtspunkt von Opposition und Widerstand in ein neues Stadium eingetreten. Die Partei- und Staatsführung hatte mit der Abriegelung ihres Machtbereichs gegenüber West-Berlin ein Ventil für die Opposition zerstört. Da nach einem einfachen physikalischen Gesetz Druck immer Gegendruck erzeugt, ist die SED seither verstärktem politischen Druck der Bevölkerung ausgesetzt. Nach dem Wegfall des Fluchtventils West-Berlin entwickelten sich spontan neue Formen von Opposition und Widerstand, zumal sich die Menschen dem totalen Mißtrauen des Regimes ausgeliefert sahen. Was sonst bedeutete die mit dem 13. August 1961 verhängte Westreisesperre, die Amputation der Freizügigkeit?

Opposition und Widerstand sind seit der Einigelung der DDR und Ost-Berlins insoweit neuen Risiken ausgeliefert. Die Konfrontation mit dem Regime läßt sich seither nicht mehr ohne weiteres durch eine Flucht nach West-Berlin auflösen, ein Fluchtversuch kann die Freiheit kosten oder das Leben. Der Schießbefehl für die Posten an Mauer und Stacheldraht in Berlin, die Verlegung von Tret- und Zugminen sowie die Installierung von Selbstschußanlagen an den Grenzzäunen entlang der deutsch-deutschen Scheidelinie zeitigten allzuoft ihre mörderische, in jedem Fall aber abschreckende Wirkung.

Die Zahl der DDR-Bürger, die als sogenannte Sperrbrecher die Grenzen zu überwinden vermochten, verminderte sich binnen weniger Jahre so drastisch, daß sie quantitativ alsbald nicht mehr ins Gewicht fiel. Statt der rund 8500 Sperrbrecher, die im Jahre 1961 nach dem Mauerbau »durchkamen«, waren es im Jahre darauf nur noch gut 5700 und 1963 knapp 3700, aber im Laufe der Jahre ging die statistische Kurve im Trend deutlich zurück. 1971, nach zehn Jahren totaler Abgrenzung, fanden 832 Sperrbrecher den Weg in die Freiheit, 1981 waren es 298.

Ökonomisch hatten die Herrschenden mit dem 13. August 1961 ihren Zweck erreicht. Zwar hatten sie mit der »gewaltsamen Selbstabschließung der DDR« eingestehen müssen, »daß die rigorose Politik gesellschaftlicher Umwälzung die behauptete umfassende Zustimmung nicht gefunden hatte. Die Demonstration der Macht enthüllte die Ohnmacht politischer Überzeugungskraft«, aber »gleichzeitig wurde die ›Schocktherapie‹ des Mauerbaus zur entscheidenden Bedingung der inneren Konsolidierung«[1]. Mit dem Ende der Flucht- und Abwanderungsbewegung aus der DDR begann ihre wirtschaftliche Stabilisierung. Das Arbeitskräftepotential ist seitdem für die Planbürokratie im Staat der SED eine berechenbare Größe, frei vom Risiko und Trauma eines ständigen Aderlasses. Mehr noch: »Nachdem die Möglichkeit der Verweigerung gegenüber dem staatlichen Verfügungsanspruch abgeschnitten war, entstand ein ›wechselseitiger Zwang zum Arrangement‹ zwischen der politischen Führung und der Gesellschaft. Er wurde bei Aufrechterhaltung des politischen Machtmonopols der SED zur Grundlage eines Sozialpaktes, der die Entwicklung der DDR zur leistungsorientierten Laufbahngesellschaft bewirkte.«[2] Peter Christian Ludz hat die nun einsetzende Entwicklung einmal als »partielle Interessenidentität« zwischen Herrschaft und Gesellschaft charakterisiert.

Oppositionelle und regimefeindliche Verhaltensweisen waren und sind damit keineswegs ausgeschlossen – der wechselseitige Zwang zum Arrangement fand und findet im Gegenteil seine Grenzen da, wo spontane Eigenständigkeit, politische Gesellschaftskritik und oppositionelles Denken als regime- oder systemfeindlich tabuisiert und mit staatlicher Repressionsgewalt erstickt werden.

Rebellierende Jugend

Dieser wechselseitige Zusammenhang war vor allem in der Zeit unmittelbar nach dem 13. August 1961 zu beobachten, als sich besonders in der jungen Generation der DDR heftige Reaktionen auf die Zwangsmaßnahmen zeigten. Als einzige soziale Gruppe bekundeten Teile der Jugend ihre Empörung in offenen Protesten und spontanen Widerstandsaktionen in einem Ausmaß und einer Stärke, daß sich die SED irritiert und beunruhigt zeigte. In einer Reihe von Städten kam es zu Ansammlungen und Demonstrationen. »In Filmtheatern wurde die Vorführung der kommunistischen Wochenschau mit Lärmszenen quittiert. In Klubhäusern wurden die Bilder führender Kommunisten von den Wänden gerissen und zertrümmert. In zahlreichen Fällen wurden Wortführer der Partei und Streifen der Volkspolizei von empörten Jugendlichen verprügelt.«[3] Auffallend stark machte sich demonstrativer Widerstand in den Oberstufenklassen der Erweiterten Oberschulen bemerkbar – was freilich im Grunde nichts Neues war seit Gründung der DDR. Immer wieder haben junge Menschen gegen die Willkür der Diktatur aufbegehrt.

Anfang der fünfziger Jahre existierte eine Widerstandsgruppe in Werdau, die fast schon zur politischen Legende geworden ist. Von einem Erwachsenen abgesehen, bestand sie aus Oberschülerinnen und Oberschülern, Lehrlingen und Jungarbeitern zwischen 16 und 19 Jahren, die »im bewußten und gewollten Zusammenwirken Anfang Oktober 1950 eine Widerstandsgruppe in Werdau gegen die Deutsche Demokratische Republik gegründet« hatten, wie aus der Anklageschrift[4] der Oberstaatsanwaltschaft Zwickau vom 24. September 1951 hervorging. Die führenden Köpfe dieser Gruppe waren die Oberschüler Hans Joachim Gäbler, Karl-Heinz Herbert Eckardt und Theobald Max Körner. Die Mitglieder stellten Flugblätter her und verteilten sie unter der Bevölkerung, auch störten sie Versammlungen der SED, sie streuten in einem Fall einem Agitator der Partei Zucker in den Benzintank, so daß sein Auto fahruntüchtig und seine Teilnahme an einer Veranstaltung verhindert wurde. Schließlich besorgten sich die jungen Widerständler bei der Kampfgruppe gegen Unmenschlichkeit in West-Berlin einen modernen Vervielfältigungsapparat, um den Druck regimefeindlicher Flugblätter zu erleichtern. Am 18. und 19. Mai 1951 wurde die Gruppe zerschlagen, ihre Mitglieder festgenommen. Nach einem Schauprozeß beim Landgericht Zwickau wurden sie am 3. Oktober 1951 zu Freiheitsstrafen bis zu 15 Jahren verurteilt.

Nach dem Bau der Berliner Mauer gab es ähnliche Reaktionen in der jungen Generation. Walter Ulbricht sah sich auf dem 15. Plenum des Zentralkomitees der SED, das vom 23. bis 26. November 1961 tagte, zu einer politischen Rüge der Erweiterten Oberschulen veranlaßt: »An einigen dieser Schulen kam es zu direkten Provokationen gegen die Arbeiter-und-Bauern-Macht. Der Gegner ist bestrebt, seine Ideologie verstärkt an diesen Schulen zu verbreiten und Zersetzungsarbeit zu organisieren.«[5] Welcher Gegner? In »volkseigenen« Industrie- und Baubetrieben waren im Sommer und im Herbst 1961 Proteste junger Arbeiter zu verzeichnen, nicht wenige verweigerten die von ihnen verlangte »freiwillige« Meldung zum Wehrdienst.

Natürlich waren es junge Menschen, die sich in ihrer Empörung über die Abriegelung Ost-Berlins und der DDR zu gewagten Fluchtaktionen nach West-Berlin oder in die Bundesrepublik hinreißen ließen. Ihr Handeln allein jugendlichem Wagemut zuzuschreiben oder politischem Abenteurertum, das es auch gegeben haben mag, hieße die Dinge unzulässig vereinfachen. Es war auch jugendlicher Widerstand, der sich in politischen Aktionen gegen das Abgrenzungsregime manifestierte. Tausende suchten in den ersten Jahren nach dem Bau der Berliner Mauer als Sperrbrecher oder Fluchthelfer bewußt die Konfrontation. Häufig handelten die jungen Rebellen nicht einzeln, sondern schlossen sich zu Gruppen zusammen – zu »Banden« im offiziellen DDR-Verständnis –, um gemeinsam das mit Lebensgefahr belastete Wagnis einer Flucht zu unternehmen oder auch anderen Menschen Fluchthilfe zu leisten.

Zwölf Mitglieder der Jungen Gemeinde aus Ost-Berlin versuchten wenige Tage nach dem 13. August 1961, während einer Fahrt vor der mecklenburgischen Küste mit dem Motorschiff »Seebad Binz«, eine Kursänderung nach Bornholm zu ertrotzen.[6] Das Unternehmen mißlang.

Und fraglos war auch dies Widerstand: Am 7. September 1961 wollten fünf Jugendliche aus einer später vom Bezirksgericht Magdeburg als »konterrevolutionäre Terrorbande« verunglimpften elfköpfigen Gruppe mit einem schweren Lastkraftwagen am Kontrollpunkt Marienborn die Grenzsperren durchbrechen. Sie scheiterten. Die Richter gelangten zu der Auffassung, »daß die Terroristen unter ständigem Einfluß der Hetzsendungen des westdeutschen Fernsehens und Rundfunks standen. Ihre Verbrechen nahmen konterrevolutionären Charakter an. ›Jeden Tag etwas gegen die DDR unternehmen‹ war das politische Programm, das von einem der Rädelsführer, dem Angeklagten Hans-Jürgen Rahn, aufgestellt worden war.«[7] Da der versuchte Grenzdurchbruch ein schweres Verkehrsunglück mit tödlichem Ausgang für eine unbeteiligte Person verursacht hatte, konstruierte das Gericht einen Mord und erkannte durch Urteil vom 12. Oktober 1961 auf lebenslänglich Zuchthaus in vier Fällen.

Ein drittes Beispiel: Neun junge Menschen aus Ost-Berlin, sie alle zwischen 16 und 21, versuchten in der Nacht vom 16. auf den 17. Juni 1962, zu einem »politischen Datum« also, mit einem gepanzerten Fahrzeug einen Durchbruch am Grenzübergang Checkpoint Charly – auch sie blieben im Kugelhagel der Grenzsoldaten stecken. Später wurden sie zu Freiheitsentzug bis zu zehn Jahren (für den 16jährigen Hauptangeklagten Richard Küter) bestraft. »Dem Alter nach waren einige von ihnen noch Jugendliche, aber in ihrem Denken und Tun hatten sie wenig mit dem Denken und Tun der Jugend gemeinsam. Gemeinsam planten sie den Mord an Grenzpolizisten. Ihr Verbrechen wäre in West-Berlin hoch bezahlt worden. Das wußten sie, das trieb sie.«[8] So einfach war das Geschehen für Parteijournalisten zu erklären.

Widerstand durch Fluchthilfe

Je unüberwindlicher die Grenzsperren gegenüber West-Berlin und an der »Staatsgrenze West« ausgebaut wurden, desto seltener kam es zu solchen von Gruppen unternommenen Versuchen zum Grenzdurchbruch. Zu groß waren die Gefahren für Leib und Leben geworden. Statt dessen entwickelte sich in der DDR der frühen sechziger Jahre gleichsam grenzübergreifend eine neue Form des politischen Widerstands: die Fluchthilfe. Das Regime verfemte sie als »staatsfeindlichen Menschenhandel«.

Nach dem 13. August 1961 fanden sich Hunderte gleichgesinnter junger Menschen aus Ost und West zur Planung und Durchführung gemeinsamer Fluchtaktionen in Gruppen zusammen, um fluchtentschlossenen DDR-Bürgern Wege nach Westen zu öffnen. Die Vielfalt der einfalls- oder listenreichen Unternehmen war groß. Sie reichte von der Ausschleusung von Menschen in umgebauten Kraftfahrzeugen oder durch unterirdische Stollen, durch Fluchttunnel unter der Mauer in Berlin bis zur Nutzung ausländischer Pässe, die DDR-Flüchtlingen ein legales Passieren der Grenzen ermöglichten.

Die Fluchthilfe beunruhigte die Machthaber einerseits ihres Ausmaßes wegen, andererseits aber auch wegen der »Aktionseinheit«, in der sich Studenten und junge Arbeiter zu regelrechten Fluchthelferorganisationen zusammenschlossen, vornehmlich im geteilten Berlin. Einzelne dieser Gruppen hatten ihre Aktionen konspirativ geplant und fast stabsmäßig organisiert, wie sich anhand eines Urteils des Obersten Gerichts vom 4. Juli 1962 dokumentieren ließ. »Aufgrund der zusammengestellten Unterlagen suchte die Zentrale geeignete ausländische Reisepässe aus. Ihr standen in den vergangenen Monaten Pässe der NATO-Länder Frankreich, Belgien, Holland, Dänemark, Norwegen sowie der neutralen Staaten Schweden, Schweiz und Österreich zur Verfügung. Diese Pässe wurden von ausländischen Studenten und von Verbindungsmännern der Organisation in den betreffenden Ländern beschafft. Aus Sicherheitsgründen wurden die Pässe von der Leitung der Organisation aufbewahrt und ihr Aufenthaltsort mehrfach gewechselt. Fanden sich für die DDR-Bürger, die illegal über die Grenze geschleust werden sollten, keine nach dem ›Ähnlichkeitsprinzip‹ geeigneten Pässe, so wurden Pässe durch Auswechseln der Bilder gefälscht oder belgische Blankopässe benutzt, die der Zentrale zur Verfügung standen. Die Organisation verschaffte sich auch durch ihre Verbindungsleute in den verschiedenen Ländern sogenannte ›Spielsachen‹, d. h. Gebrauchsgegenstände des Landes, dessen Paß ein DDR-Bürger erhalten sollte, wie: Zigarettenschachteln, Fahrscheine, Münzen, Prospekte, Firmenschilder an Kleidungsstücken usw.«[9] Was die Kommunisten Menschenhandel nannten, erinnerte an Formen des illegalen Kampfes, die schon in der Zeit des Dritten Reiches praktiziert worden waren. Vielfach wirkten ausländische Studenten mit, weil sie mit ihren Pässen damals mühelos nach Ost-Berlin und in die DDR reisen konnten.

Besonderes Aufsehen erregte die Fluchthilfe, die der ehemals in Ost-Berlin gefeierte Radsportler Harry Seidel, ein damals 24jähriger Elektromonteur, geleistet hat. Er hatte am 14. November 1962 ähnlich früheren gelungenen Aktionen gemeinsam mit anderen Fluchthelfern versucht, eine Gruppe von Flüchtlingen auszuschleusen – durch einen in wochenlanger Arbeit gegrabenen Tunnel im Grenzgebiet zwischen dem Ortsteil Düppel (im Westberliner Bezirk Zehlendorf) und dem auf DDR-Gebiet liegenden Vorort Klein-Machnow. Als Harry Seidel den 70 Meter langen Tunnel als erster nach gelungenem Durchbruch verließ, tappte er in eine Falle: Staatssicherheitsoffiziere erwarteten ihn mit schußbereiten Pistolen. Der Fluchthelfer wurde überwältigt und sechs Wochen später vor Gericht gestellt. Das Oberste Gericht verurteilte ihn am 29. Dezember 1962 wegen »staatsgefährdender Gewaltakte« und »friedensgefährdender Aggression« nach dem Friedensschutzgesetz zu lebenslänglicher Freiheitsstrafe. Durch Freikauf ist er vorzeitig, am 13. September 1966, aus der Haft zurückgekehrt. Die Herrschenden hatten wohl erkannt, daß eine Strafe verhängt worden war, die selbst für DDR-Maßstäbe in einem grotesken Mißverhältnis zur Handlung des Verurteilten stand. Prominente Gefangene sind auch für die Regierung in Ost-Berlin eine Last.

Hunderte von Fluchthelfern sind in den sechziger Jahren in die Zuchthäuser des Regimes gegangen. Sie haben Tausenden von DDR-Bürgern geholfen. Das Regime fand sich genötigt, 1968 im neuen Strafgesetzbuch der DDR in § 106 ein zu den Staatsverbrechen zählendes Delikt als »staatsfeindlichen Menschenhandel« zu definieren; seitdem droht jedem, der es unternimmt, »Bürger der Deutschen Demokratischen Republik in außerhalb ihres Staatsgebietes liegende Gebiete oder Staaten abzuwerben, zu verschleppen, auszuschleusen oder deren Rückkehr zu verhindern«[10], eine Mindeststrafe von zwei Jahren Freiheitsentzug. Die Regierung empfand selbst in den siebziger Jahren noch die Fluchthilfe als so gefährlich, daß sie 1977 die einschlägige Strafbestimmung durch Einführung der lebenslänglichen Freiheitsstrafe »für besonders schwere Fälle« erheblich verschärfte.[11] Die SED hielt eine verstärkte Abschreckung für unerläßlich.

Der Widerstand ungezählter Fluchthelfer, die in den sechziger Jahren viel Mut, Opferbereitschaft und Solidarität bewiesen, wird gewiß nicht dadurch entwürdigt, daß sich auch kommerzielle Fluchthilfe-Unternehmen bildeten. Sie machten aus der Not fluchtentschlossener DDR-Bürger ein ebenso einträgliches wie schmutziges Geschäft, indem sie ihnen zu horrenden Summen, bis zu sechsstelligen Zahlen, die Ausschleusung aus dem sozialistischen Staat deutscher Nation ermöglichten oder versprachen. Diese »Unternehmer« gingen nicht selten so dilettantisch und gewissenlos vor, daß sich die Flüchtlinge zuletzt in DDR-Gefängnissen statt im Westen fanden. Von selbst versteht sich, daß kommerzielle Fluchthilfe in der DDR besonders hart als »staatsfeindlicher Menschenhandel« bestraft wird.

Der Fall Michael Gartenschläger

Angesichts der politischen Stimmung in der DDR konnte es nicht ausbleiben, daß es in den Wochen nach dem 13. August 1961 punktuell auch zu demonstrativen Widerstandsaktionen kam. In Strausberg bei Berlin, Bezirk Frankfurt (Oder), schlossen sich Jugendliche, »moralisch und politisch verkommen, aufgeputscht durch die Hetzsendungen des Westfernsehens und der NATO-Sender«, wie DDR-Gerichtsreporter hernach berichteten, »zu einer staatsfeindlichen konterrevolutionären Gruppe zusammen«. »Sie versuchten fortgesetzt und planmäßig durch Anschmieren von Hetzlosungen sowie durch Gewaltakte die Bevölkerung von Strausberg in Furcht und Schrecken zu versetzen, ihr Vertrauen zur Arbeiter-und-Bauern-Macht zu erschüttern und die Grundlagen des Staates zu untergraben. Skrupellos forderten sie zu Gewalttätigkeiten gegen fortschrittliche Bürger auf.«[12] Weiter wurden sie beschuldigt, vier Tage nach dem 13. August 1961 eine mit Erntegut gefüllte Scheune in Brand gesetzt und geplant zu haben, sich gewaltsam in den Besitz von Armeewaffen zu bringen. »In ihrem unbändigen Haß gegen die DDR, ständig von den Hetzsendungen des Westfernsehens und NATO-Rundfunks gelenkt und geleitet, bereiteten sie sich darauf vor, mit Waffengewalt gegen unseren Staat vorzugehen.«[13] Bereits am 19. August 1961 waren die Angeklagten festgenommen worden. Wegen staatsgefährdender Gewaltakte, Diversion und Sabotage im Sinne des DDR-Strafrechts verurteilte das Bezirksgericht Frankfurt an der Oder den Oberschüler Gerd Resag, den Lehrling Michael Gartenschläger und weitere drei Jugendliche am 15. September 1961 zu hohen Freiheitsstrafen – die beiden Genannten zu je lebenslänglichem Zuchthaus. Vor Gericht nach seinem Motiv befragt, erklärte Michael Gartenschläger schlicht: »Ich war mit diesem Staat nicht einverstanden, weil es hier keine Freiheit gibt.«[14]
Michael Gartenschläger hat später in einem Erlebnisbericht die ihm vorgeworfenen Straftaten aufgezählt: »Werfen von Farbflaschen gegen Propaganda-Schilder der DDR-Regierung; Bemalen von Hauswänden mit Losungen wie ›Macht das Tor auf‹, ›Deutschland den Deutschen‹; Anzünden einer LPG-Scheune, aber gewiß nicht, um die DDR-Volkswirtschaft zu schädigen, sondern um ein Fanal gegen die soeben errichtete Mauer zu schaffen; Zusammenschluß von fünf Freunden im Alter von 17 bis 19 zu diesen Handlungen«[15].
Nach neun Jahren und zehn Monaten Strafvollzug im DDR-Zuchthaus Brandenburg erhielt Michael Gartenschläger dank humanitärer Bemühungen der Bundesregierung seine Freiheit zurück. Auch seine Mitverschworenen waren längst wieder frei. Gartenschlägers Schicksal indes vollendete sich tragisch. Durch seine Haft fand er sich als militanter Gegner des Regimes nur bestätigt,

in seiner antikommunistischen Haltung bestärkt. Nachdem er seinen Wohnsitz in Barsbüttel bei Hamburg genommen hatte, reifte in ihm der Entschluß, eines der an den DDR-Grenzzäunen installierten Selbstschußgeräte zu demontieren. »Ich untersuchte die Selbstschußaggregate mit Feldstecher und kam zu dem zwingenden Schluß, daß – wegen Fehlens eines Relais oder einer entsprechenden komplizierten Schaltung – die Stromabschaltung durch Zerschneiden der Stromzuführung durchführbar sein muß. Dies allerdings unter einem Vorbehalt: daß beim Besteigen des Metallgitterzaunes und der Demontage keine starken Erschütterungen entstehen, die den Auslösedraht bewegen. Ferner mußte den Grenzposten mein Arbeiten unbemerkt bleiben.«[16] Das Tollkühn-Unwahrscheinliche gelang. Der ehemalige DDR-Häftling beschaffte sich erstmals das Original eines Selbstschußapparates vom Typ SM 70. Als er den lebensgefährlichen Versuch ein zweites Mal wagte – eine gewiß schwer verständliche, weil politisch sinnlose Entscheidung –, wurde er in der Nacht vom 30. April zum 1. Mai 1976 im Alter von 32 Jahren von Grenzaufklärern des MfS an der Demarkationslinie bei Lauenburg erschossen. Offenbar durch Verrat war er in einen Hinterhalt geraten.

Der Tod beendete auch ein makabres Ermittlungsverfahren, das ein Lübecker Staatsanwalt gegen den ruhelosen Einzelkämpfer eingeleitet hatte. Michael Gartenschläger erschien ihm »dringend verdächtig«, »nicht nur im Besitz einer waffenbesitzkarten- und waffenscheinpflichtigen Pistole zu sein, sondern auch darüber hinaus im Besitz eines Selbstschußapparates, den er von den Grenzbefestigungsanlagen der DDR abgebaut und entwendet hat«.[17]

Verweigerer aus Gewissensgründen

Die Koexistenz von Kirche und Staat in der DDR verlangte es, daß im beiderseitigen Interesse ein Modus vivendi wegen und trotz der unauflöslichen Gegensätze zwischen ihnen gefunden wurde. Die Übereinkunft vom 21. Juli 1958 war ein erster Schritt dazu. Walter Ulbricht tat einen weiteren, als er am 4. September 1960 in einer programmatischen Erklärung als Vorsitzender des Staatsrates eine dem Verhältnis von Staat und Kirche gewidmete Passage mit der Erklärung beschloß: »Das Christentum und die humanistischen Ziele des Sozialismus sind keine Gegensätze.«[18]

Im Kirche-Staat-Verhältnis trat eine relative Entspannung ein. Andererseits reicherte sich immer wieder neuer Konfliktstoff an. Diese Dialektik bestimmte die Entwicklung in der DDR besonders nach dem 13. August 1961. Die sich über Jahre erstreckende Auseinandersetzung um die Bindung des Christen an den Fahneneid der Nationalen Volksarmee lieferte ein Beispiel dafür, wie Christen allein wegen ihres Glaubens in Gegensatz zu den Kommunisten geraten mußten. Das Problem wurde in der DDR mit der Einführung der allgemeinen Wehrpflicht durch Gesetz vom 24. Januar 1962 akut. Mit der Eidesformel, die jedem Soldaten abgefordert wird, muß bis heute geschworen werden, »den Sozialismus gegen alle Feinde zu verteidigen« und »den militärischen Vorgesetzten unbedingten Gehorsam zu leisten«.

Die Ostberliner Regionalsynode der Evangelischen Kirche in Berlin-Brandenburg mahnte auf ihrer Tagung vom 12. bis 16. März 1962: »Der Christ kann in der Bindung an das Wort Gottes die Klassenkampfideologie nicht als letztgültige Wahrheit (durch den Eid) anerkennen und bejahen. Er kann nicht in der Nachfolge seines Herrn Jesu Christus, der die Feindesliebe geboten und selbst am Kreuz verwirklicht hat, einem ›brennenden Haß‹ gegen alle Feinde Raum geben. Er kann nicht die Verpflichtung abgeben, sich für den Sieg des Sozialismus im Sinne des parteiamtlichen Schrifttums einzusetzen. Er kann auch nicht einen ›unbedingten Gehorsam‹ versprechen.«[19] Das Problem war damit benannt. Prinzipiell ist es nicht lösbar.

Das Regime zeigte sich unter dem Eindruck der ihm bekundeten Opposition insoweit kompromißbereit, als es sein ursprüngliches Nein zum Recht auf Wehrdienstverweigerung aus Gewissensgründen nicht aufrechterhielt. Provoziert durch eine bis zur Hysterie gesteigerte aggressive Wehragitation und Militärpropaganda, hatte die Problematik der Wehrdienstverweigerung politisch ein größeres Gewicht bekommen, als der SED erträglich schien. »Die Zahl der Verweigerer lag zwischen 1962 und 1964 mit schätzungsweise über 3000 höher, als man dies wohl von seiten des Staates erwartet hatte.«[20] Das Regime machte ein Zugeständnis. Die Anordnung des Nationalen Verteidigungsrates vom 7. September 1964 bot Wehrpflichtigen, »die aus religiösen Anschauungen oder aus ähnlichen Gründen den Dienst mit der Waffe ablehnen«[21], die Möglichkeit zum Wehrdienst ohne Waffe in besonderen Baueinheiten.

Die DDR hatte damit als einziger Staat der Warschauer-Pakt-Organisation den Gläubigen eine aus kommunistischer Sicht weitgehende Konzession eingeräumt. Das war ein respektabler Erfolg kirchlicher Opposition. Eine eindeutige Alternative zum Wehrdienst, wie sie ein ziviler Ersatzdienst geboten hätte, gab es jedoch nicht. Die Bausoldaten waren allemal Soldaten, dem Befehl von Unteroffizieren und Offizieren der Nationalen Volksarmee unterstellt. Ein Gelöbnis, das sie statt eines Fahneneides ablegen müssen, verpflichtet sie darauf, »durch gute Arbeitsleistungen aktiv dazu beizutragen, daß die Nationale Volksarmee und die Armeen der verbündeten sozialistischen Länder den sozialistischen Staat gegen alle Feinde verteidigen und den Sieg erringen können«.

Jungen Christen blieb und bleibt der innere Konflikt, einem atheistischen Regime dienen zu müssen, auch als Bausoldaten nicht erspart. Verweigern sie das Gelöbnis oder weigern sie sich, als Bausoldaten beim Bau militärischer Anlagen mitzuwirken, riskieren sie die Verurteilung wegen Befehlsverweigerung im Sinne des DDR-Militärstrafrechts. Die Strafe, die verurteilte Bausoldaten in speziellen Militärstrafvollzugseinrichtungen verbüßen müssen, etwa dem Militärstrafkommando Schwedt, beläuft sich auf Freiheitsentzug zwischen sechs Monaten und zwei Jahren. »Wir sind für diese um ihres Gewissens leidenden jungen Brüder eingetreten«, beklagte sich der Greifswalder Bischof Krummacher 1965. »Leider ist es uns bis zur Stunde noch nicht ermöglicht worden, seelsorgerlichen Dienst an diesen jungen Menschen zu tun.«[22] Daran hat sich nichts geändert. Die Zahl der Wehrdienstverweigerer aus Gewissensgründen schwankt im Laufe der Zeit zwischen 200 und 700 pro Jahr.[23]

Wie stark der Konflikt und die Wehrdienstverweigerung junger Christen in der DDR die evangelische – weniger die katholische – Kirche bewegt hat, zeigt die Konferenz der evangelischen Kirchenleitungen mit ihrer Handreichung für Seelsorge an Wehrpflichtigen vom 6. November 1965, die unter dem Titel »Zum Friedensdienst der Kirche« die Problematik aus theologischer und praktischer Sicht erörterte. Das Papier hat bis heute nichts von seiner Aktualität verloren.

Politische Gegnerschaft und Spionage

Spionage aus Überzeugung als spezifische Variante des politischen Widerstands hat es gegeben, seitdem die DDR existiert. Naturgemäß läßt sich darüber wenig berichten. Unter den Hunderten Männern und Frauen, die wegen ihrer Kontakte zu westlichen Nachrichtendiensten von DDR-Gerichten verurteilt wurden, waren nicht wenige, die aus prinzipieller Gegnerschaft zum Kommunismus handelten – oder aus tiefer Gewissensnot.

Zu nennen ist erstens der Fall Elli Barczatis. Als Chefsekretärin im Büro von Ministerpräsident Otto Grotewohl hatte sich die 1912 geborene Berlinerin der Organisation Gehlen zur Verfügung gestellt, der Vorläufer-Organisation des Bundesnachrichtendienstes. Der Kontakt zu dieser bemerkenswerten Frau, der unter der Deckbezeichnung »Gänseblümchen« lief, war für Reinhard Gehlen »eine der ersten wichtigen Verbindungen des Dienstes im anderen Teil Deutschlands«. Elli Barczatis war durchdrungen von ihrer Entschlossenheit, »ihren Beitrag im Kampf gegen das von ihr gehaßte Ulbricht-Regime zu leisten«[24]. Ihr Lebensgefährte Karl Laurenz hatte sie, die Genossin der SED, zur Spionage gewonnen. Laurenz, ein oppositioneller Sozialdemokrat, der 1949 aus der Partei ausgeschlossen worden war, handelte als bewußter Gegner der SED.

Jahrelang beschaffte die Spionin aus Idealismus politische Informationen und dokumentarische Unterlagen von hohem Erkenntniswert. Das Ende ihres Tuns kam am 4. März 1955, als sie gemeinsam mit Karl Laurenz von der Staatssicherheit in Haft genommen wurde. In geheimer Verhandlung ergingen am 3. Oktober 1955 vor dem Obersten DDR-Gericht gegen beide Angeklagte Todesurteile, die kurz darauf in Frankfurt an der Oder mit der Guillotine vollstreckt wurden. Eine Ehrung, wie sie »sozialistischen Kundschaftern« in der DDR zuteil wird, steht für Elli Barczatis und Karl Laurenz in der Bundesrepublik bis heute aus. Sie handelten im Glauben an eine gute Sache, für die sie auch gestorben sind.

Aus der Gewissensnot des verantwortungsbewußten Wissenschaftlers handelte Prof. Dr. Adolf-Henning Frucht, dessen Leben deutsche Geschichte auf besondere Weise widerspiegelt. Er wurde 1913 in Torgau als Sohn einer traditionsreichen Wissenschaftler- und Offiziersfamilie geboren. Medizinstudium in Jena, Cincinnati/Ohio und Leipzig, Militärarzt während des Zweiten Weltkrieges, 1957 Gründer und Chef des Instituts für Arbeitsphysiologie in Ost-Berlin – das ist sein biographischer Hintergrund. Am 17. Mai 1967 wurde Adolf-Henning Frucht von der Staatssicherheit festgenommen und am 2. März 1968 vom Militärstrafsenat beim Obersten Gericht wegen Spionage im Sinne des DDR-Strafrechts zu lebenslangem Freiheitsentzug verurteilt. Am 18. Juni 1977 konnte der oppositionelle Professor gegen den chilenischen Kommunisten Jorge Montes »freigetauscht« werden. Was war ihm vorgeworfen worden?

Prof. Frucht stand durch seine wissenschaftlichen Arbeiten in engem Kontakt zu dem damaligen Chefmediziner der Nationalen Volksarmee, dem heutigen Direktor der Militärmedizinischen Akademie der DDR, Generalleutnant Prof. Dr. Hans Rudolf Gestewitz. Dieser, offenbar ebenso vertrauens- wie redselig, unterrichtete den Kollegen eines Tages eher beiläufig davon, daß die Chemischen Dienste der NVA mit einem neuen Kampfstoff experimentierten. Mit diesem neuen, extrem kältebeständigen Kampfstoff sollte das Radarwarnsystem der US-Air Force in Alaska für zwölf Stunden außer Gefecht gesetzt werden können.

Aus der Art und Weise, wie Prof. Frucht davon erfuhr, konnte er schließen, daß die Planungen das Stadium theoretischer Überlegungen bereits überschritten und eine neue, potentiell katastrophale Dimension erreicht hatten. In seiner inneren Not reifte der Entschluß, den amerikanischen Geheimdienst zu informieren. Frucht wollte warnen. Groteskerweise war die Verbindungsaufnahme vor dem Bau der Berliner Mauer zwar technisch kein Problem, aber der »Verräter« aus Überzeugung fand vorläufig überhaupt keinen Glauben – zu ungeheuerlich waren seine Mitteilungen. Mit Mühe nur konnte sich der Wissenschaftler durchsetzen. Ergebnis: Die Amerikaner entschlossen sich zum Umbau ihres Frühwarnsystems in der Arktis. Ein Moment des Falles Frucht bleibt nachzutragen: das Bemühen der Staatssicherheit wie des Generalstaatsanwalts und des Obersten Gerichts, jedwedes Experimentieren der NVA mit chemischen Kampfstoffen aus den Ermittlungen wie aus der Beweisaufnahme auszuklammern. Weil nicht sein kann, was nicht sein darf, konnte also davon auch nichts verraten worden sein – und Fruchts Verrat wurde zu trivialer Spionage heruntergespielt. Wenige Minuten vor seinem Freitausch fragte Prof. Frucht seinen Verteidiger, den Rechtsanwalt Dr. h. c. Wolfgang Vogel: »Wissen Sie eigentlich, daß der wahre Grund meines Handelns im Prozeß gar nicht zur Sprache gekommen ist und daß Ihr Plädoyer völlig irreführend war?« Vogels Antwort: »Nein – und bitte erzählen Sie mir auch nichts davon!«[25]

Wird der Tag kommen, an dem westliche Geheimdienste ihre Dossiers freigeben, um all den Männern und Frauen, die Spionage aus Überzeugung getrieben haben, die ihnen gebührende Würdigung zuteil werden zu lassen?

Solidarität mit dem »Prager Frühling«

Die politische Konsolidierung ihres Regimes, die die SED in den sechziger Jahren allmählich erreicht hatte, wurde gänzlich unerwartet von Vorgängen in einem sozialistischen Bruderland bedroht: Die Mächtigen in Ost-Berlin erlebten mit wachsender Sorge, wie sich in der Tschechoslowakei eine kommunistische Reformbewegung zu entwickeln begann und wie der »Prager Frühling« auch in der DDR vor allem Genossen der jüngeren Generation faszinierte, junge Kommunisten, die im sozialistischen Geist erzogen worden waren, die aber gerade deshalb durch die Diskrepanz von Theorie und Praxis empfindlich desillusioniert und konsterniert worden waren. Nun schienen sie zu erleben, was sie bis dahin vergebens erhofft hatten: eine Synthese von Freiheit und Sozialismus, »Sozialismus mit menschlichem Antlitz«, ein System für Herrschaft und Gesellschaft, das den »partiellen Abbau von menschlichen Entfremdungserscheinungen durch die Gewährung von allseitigen, realen Partizipationsmöglichkeiten verwirklichen« wollte, wozu »größtmögliche individuelle Freiheiten und kollektive Eigentumsverhältnisse an den Produktionsmitteln für unabdingbare Voraussetzungen«[26] galten.

Walter Ulbricht, Erich Honecker und Genossen charakterisierten von ihrem Standpunkt aus die Reformbewegung als »konterrevolutionär«. Als Sachwalter des Systems erfaßten sie sofort die systemsprengende Wirkung dessen, was Alexander Dubček, Jiri Pelikan, Ota Sik und andere führende Männer des »Prager Frühlings« verwirklichen wollten: politischen Pluralismus im realen Sozialismus, Rechtssicherheit und bürgerliche Freiheiten, entbürokratisierte Planökonomie und »sozialistische Marktwirtschaft«. Zwar stand die Bevölkerung der DDR dem im südlichen Nachbarland gewagten Versuch zur politischen Selbstemanzipation in kritischer Sympathie gegenüber, aber ohne Illusionen, denn die Lehren des 17. Juni 1953 und des 13. August 1961 hatte sie nicht vergessen.

Allein eine Minderheit aus der jungen Generation trat aus ihrer Reserve hervor und bekundete offen ihre Solidarität mit dem tschechoslowakischen Reformkommunismus. Als am 21. August 1968 Truppen aus fünf Warschauer-Pakt-Staaten in die ČSSR einmarschierten, erlebte die Führung der SED offene Sympathiebekundungen und oppositionelle Solidaritätsaktionen in ihrem Staat. In Ost-Berlin kam es zu Ansammlungen auf offener Straße – zu »Zusammenrottungen«, um im Jargon der sozialistischen Obrigkeit zu sprechen. Jugendliche skandierten Sprechchöre »Dubček, Dubček« und »Svoboda, Svoboda« in der Karl-Marx-Allee. In Dresden und Gotha kam es zu ähnlichen Kurzdemonstrationen. Flugblattaktionen wurden aus Erfurt, Frankfurt (Oder), Jüterbog, Karl-Marx-Stadt und Oschatz gemeldet. Auf Hauswänden und an Mauern waren Losungen wie »Es lebe Dubček«, »Russen raus aus der ČSSR«, »Nieder mit Ulbricht«[27] zu lesen.

Robert Havemann beschreibt in seinen Erinnerungen die Formen, in denen sich solche Proteste von meist jungen Leuten äußerten. »Sie stellten mit der Hand geschriebene kleine Flugzettel her. Andere vervielfältigten ihre Thesen mit der Schreibmaschine. Der Regisseur der Komischen Oper B. und seine Frau verteilten solche Flugzettel auf der Karl-Marx-Allee in Berlin an die Passanten. Zwei junge Abiturienten befestigten selbstgemalte Zettelchen an den Windschutzscheiben parkender Autos. Ein sechzehnjähriger Schüler hißte am Fenster der elterlichen Wohnung am Strausberger Platz in Berlin eine große tschechoslowakische Fahne. Eine Gruppe junger Leute stellte Abschriften des Liedes ›In Prag ist Pariser Kommune‹ von Wolf Biermann her. Zwei junge Männer malten in der Nacht vom 22. auf den 23. August im Zentrum von Ost-Berlin den Namen ›Dubček‹ mit weißer Farbe an die Häuserwände.«[28] Eins der in Ost-Berlin verteilten Flugblätter trug den Wortlaut: »Bürger! Genossen! Fremde Panzer in der ČSSR dienen nur dem Klassenfeind. Denkt an das Ansehen des Sozialismus in der Welt. Fordert endlich wahrheitsgetreue Informationen. Niemand ist zu dumm, selbst zu denken.«[29] Studenten der Ostberliner Universität wurden diese Flugblätter zugeschrieben. In Dresden las man auf einem Flugblatt: »Brüderliche Hilfe? Sozialistische Demokratie? 13 Millionen ČSSR-Bürger? Wo bleibt Dein Gewissen? Habt Mut zur Wahrheit.«[30]

Wenige Wochen nur dauerte es, bis die ersten politischen Strafurteile die Solidarität mit der tschechoslowakischen Reformbewegung und den Protest gegen die Intervention »gerichtsnotorisch« machten. Zwei aufsehenerregende Prozesse fanden zwischen dem 21. und 28. Oktober 1968 vor dem Ostberliner Stadtgericht statt. Unter den sieben Angeklagten waren zwei Söhne Robert Havemanns, Frank und Florian, sowie der damals 23jährige Thomas Brasch. »Die Anklagevertreter hatten in beiden Prozessen festgestellt, daß es das Ziel der Beschuldigten war, Bürger der Deutschen Demokratischen Republik gegen die sozialistische Gesellschaft aufzuwiegeln. Die gerichtliche Beweisaufnahme bestätigte das.« Immerhin legte das Gericht Wert auf die Feststellung, daß es sich bei den jungen Menschen »um einen isolierten Kreis« gehandelt habe. »Zu ihrer gegen die sozialistische Ordnung in der DDR gerichteten Haltung wurden die Angeklagten von Robert Havemann und Wolf Biermann systematisch inspiriert.«[31] Erstmals waren die Namen der beiden Regimekritiker öffentlich mit sogenannten Staatsverbrechen in Verbindung gebracht worden.

Die Zahl derer, die aus Protest gegen die Intervention der ČSSR demonstrativ Widerstand leisteten, dürfte in die Hunderte gegangen sein. Viele von ihnen mußten dafür ins Gefängnis – selbst Jahre nach dem 21. August 1968 wie im Fall Ulrich Schacht. Sein Schicksal ist nur in der DDR denkbar: 1951 in dem Frauengefängnis Hoheneck geboren, wo seine Mutter eine politische Freiheitsstrafe von zehn Jahren verbüßte, erlebte Ulrich Schacht 1970 erstmals selber, welche Folgen politische Haltung haben kann. Nachdem er sich an einer Mahnwache am Grabe von Jan Pallach in Prag beteiligt hatte, wurde er aus der Tschechoslowakei ausgewiesen. Seiner oppositionellen Einstellung wegen wurde er ein Jahr später von der Universität Rostock, wo er Theologie studierte, relegiert. Zwischenzeitlich als Bühnenarbeiter in Schwerin tätig, wurde er am 29. März 1973 festgenommen und acht Monate später, am 22. November 1973, wegen »staatsfeindlicher Hetze« gegen die DDR und »ein anderes sozialistisches Land« zu sieben Jahren Freiheitsstrafe verurteilt.

Und warum? »Die Anklage bezog sich auf eine Reihe von Schriften, die ich verfertigt hatte – Gedichte, Kurzgeschichten, Aufsätze, die im Freundeskreis zirkulierten und die sich neben ganz belanglosen Themen – also nicht strafrechtlich relevanten Themen – eben auch Themen vorgenommen hatten, versuchten zu bewältigen, wie: ›Die Grenze in Deutschland‹, ›10. Jahrestag des Mauerbaus‹. Besonders aber waren diese Ding geprägt von den Erfahrungen 1968 in der Tschechoslowakei. Das lag ja noch keine sechs Jahre zurück und hatte mich intensiv seitdem beschäftigt . . . Dann kam noch dazu die Verbreitung von auf Tonbändern gespeicherten Rundfunk- und Fernsehsendungen, also Sendungen des Deutschlandfunks und aus dem ZDF.«[32] Nach drei Jahren Strafvollzug in Brandenburg-Görden konnte Ulrich Schacht freigekauft werden. Heute lebt und arbeitet er als Lyriker und Publizist in Hamburg.

Der Wechsel Ulbricht/Honecker – Zeit der Opposition?

11

Am 3. Mai 1971 trat das Zentralkomitee der SED in Ost-Berlin zu seiner 16. Plenartagung zusammen. Wie die überraschte Öffentlichkeit aus einem Kommuniqué erfuhr, hatte Walter Ulbricht das Plenum in einer Erklärung gebeten, ihn »aus Altersgründen« von den Pflichten des Erstes Sekretärs des Zentralkomitees zu entbinden, »um diese Funktion in jüngere Hände zu geben«. Zu seinem Nachfolger wurde Erich Honecker gewählt, einstimmig natürlich. Ulbricht hatte ihn ein Jahrzwölft lang als seinen Kronprinzen in der Partei aufgebaut.

Zweifel, ob der Führungswechsel wirklich nur generationsbedingt war, stellten sich unverzüglich ein. Allein die Tatsache, daß der zum 15. bis 19. Juni 1971 einberufene VIII. Parteitag der SED um einen Tag verschoben und die ursprüngliche, bereits veröffentlichte Tagesordnung völlig neu festgesetzt wurde, ließ darauf schließen, daß der Führungswechsel keineswegs so konfliktlos vor sich gegangen war, wie es scheinen sollte. Wenn, statt wie ursprünglich vorgesehen, der Rechenschaftsbericht des Zentralkomitees an den Parteitag nicht mehr lediglich schriftlich vorgelegt, sondern von Honecker erstattet werden sollte, während umgekehrt Ulbrichts Grundsatzreferat »Das entwickelte sozialistische System des Sozialismus in den siebziger Jahren« ersatzlos entfiel, so spiegelte dies politische Verwerfungen wider. Wäre es nicht überhaupt ehrenvoll gewesen, Ulbricht hätte seine Rücktrittserklärung statt in der Geschlossenheit eines ZK-Plenums öffentlich auf dem Parteitag abgegeben? In Wirklichkeit war die Entscheidung am 3. Mai nur formalisiert und veröffentlicht worden. Gefallen war sie Wochen zuvor im Kreml während des XXIV. Parteitages der KPdSU vom 30. März bis 7. April. Wie sich an protokollarischen Nuancen erkennen ließ, war Honecker in diesen Tagen bereits nach vorn gerückt.

Der erzwungene Rücktritt

Der Rücktritt, den Ulbricht in Ost-Berlin erklärt hatte, war in Moskau erzwungen worden, er glich einem politischen Sturz. Vielleicht scheint es zu weit gefolgert, eine gegen ihn gerichtete Opposition im Politbüro zu unterstellen, aber ein so intimer Kenner des »inneren Machtzirkels« wie Prof. Wolfgang Seiffert, langjähriger Chef des Instituts für Ausländisches Recht und Rechtsvergleichung an der DDR-Akademie für Staats- und Rechtswissenschaft in Potsdam-Babelsberg, gelangt immerhin zu der Einschätzung: »Ulbricht hatte viele Gegner – innerhalb der SED und auch außerhalb«, um hinzuzufügen: »Am schwierigsten wurden für den Stalinisten Ulbricht in den letzten Jahren seiner aktiven Amtszeit die Beziehungen zur sowjetischen Führung. Dabei hatte sich Ulbricht, der stets die ›führende Rolle‹ der Sowjetunion hervorhob, schon früh von einer naiven Haltung gegenüber der Sowjetunion befreit. Er vergaß nie, daß es auch bei den Beziehungen zur UdSSR um Interessenfragen ging. Für ihn war es daher selbstverständlich, das eigene Gewicht der DDR zur Geltung zu bringen.«[1] Die Zusammenhänge sind damit benannt.

Frühzeitig schon ist auch in der Publizistik der Rücktritt Ulbrichts eindeutig als Sturz qualifiziert worden – ausgelöst durch Differenzen, die den »Juniorpartner« in Ost-Berlin dem sowjetischen Partei- und Staatschef entfremdet hatten. »Breschnew ging es um die Wiederherstellung der unter Chruschtschow schwer angeschlagenen Hegemonie Moskaus im Block. Im konkreten Fall heißt das: Zurückstufung der DDR von der zweitstärksten und darum recht eigenwilligen Macht in der europäischen kommunistischen Gemeinschaft zum manipulierbaren Gliedstaat des Sowjetimperiums. Ulbricht, mit seiner persönlichen Autorität, seiner Erfahrung, seinen Erfolgen und seinem Ehrgeiz, behinderte diesen Prozeß. Als hartnäckiger Verteidiger der Eigeninteressen ›seiner‹ DDR da, wo sie mit den Großmachtinteressen Moskaus kollidierten, störte er die sowjetischen Kreise bei dem Versuch, ein neues weltweites Arrangement der Supermächte über den Kopf des Juniorpartners hinweg herbeizuführen . . . Ulbricht versuchte, der DDR durch Flexibilität gegenüber Bonn noch Mitspracherecht und Manövrierfähigkeit in der neuen Phase der Ost-West-Beziehungen zu erhalten, und durchkreuzte damit trotz scheinbarer Übereinstimmung die sowjetischen Intentionen.«[2]

Die Art und Weise, wie Ulbricht nach dem Führungswechsel in der Propaganda und Publizistik der SED behandelt wurde – als politische Unperson noch zu seinen Lebzeiten wie nach seinem Tode – am 1. August 1973 –, sie konnte aus der Profilierungsneurose des Nachfolgers allein kaum zureichend erklärt werden. Hier geschah mehr, hier erfuhr die SED eine kritische Kurskorrektur, in der sich ein offenbar lange aufgestauter Unwille im engsten Führungskreis über die Selbstherrlichkeit und Eigensinnigkeit Walter Ulbrichts entlud, mit Breschnews Segen, versteht sich.

Die Anfänge dieses Wandels setzten mit dem Führungswechsel ein. Das Signal, das die SED mit der politischen Neuakzentuierung der Tagesordnung ihres VIII. Parteitages gesetzt hatte, veranlaßte Ulbricht seinerseits zum Boykott. Nach der neuen Tagesordnung sollte er nur noch die Eröffnungsansprache halten. Er weigerte sich. Hermann Axen, Mitglied des Politbüros und Sekretär des Zentralkomitees, verlas zwar im Plenum des Parteitages eine Rede im Namen Ulbrichts, aber die Entschuldigung seines Nichterscheinens mit Krankheitsgründen war zu durchsichtig, als daß sie ihm jemand geglaubt hätte.

Als die Delegierten des VIII. Parteitages ihr Mammutpensum an Monologen bewältigten, war Ulbrichts Formel vom »entwickelten gesellschaftlichen System des Sozialismus« bereits dem Tabu verfallen. Die Führung kritisierte öffentlich seine sterile Sprache. Harry Tisch, damals Rostocker Bezirksparteichef, später Vorsitzender des FDGB, lobte Honeckers Rechenschaftsbericht sowohl wegen seiner Aufgabenstellung als auch seiner Sprache, weil sie »vom ganzen Volk verstanden« würde. Tisch berichtete zur allgemeinen Erheiterung, er habe vor einiger Zeit in einer Dissertation über den VEB Seerederei gelesen, »daß bei uns ein Schiff nicht mehr Transportmittel ist, sondern sich zu einem ›Gesellschaftssystem‹ entwickelt hat. Wenn ihr also in Zukunft auf der Mole in Warnemünde steht, sagt bitte nicht, jetzt läuft das Schiff ›Brandenburg‹ ein, sondern sagt, jetzt läuft das Gesellschaftssystem ›Brandenburg‹ ein.«[3] Jedermann wußte, daß Ulbricht verlacht wurde, auch wenn sein Name unausgesprochen blieb. Sein sogenanntes Systemdenken hatte in der Tat eine gekünstelt-wissenschaftliche Sprache hervorgebracht, die der Industriearbeiter im Betrieb, der Landarbeiter in der LPG längst nicht mehr verstanden.

Hinter der sprachlichen Entschlüsselung verbarg sich die bewußte Abkehr von der euphorischen Wissenschaftsgläubigkeit Ulbrichts und seinem von der Kybernetik beeinflußten Systemdenken, das die DDR-Gesellschaft als ein sich selbst regelndes System verstand, gegliedert in Teil- und Subsysteme. Das von Ulbricht als vorbildlich auch für andere Ostblockstaaten propagierte Modell des »entwickelten gesellschaftlichen Systems des Sozialismus« war die konzeptionelle Antwort der DDR auf die Probleme der modernen Industriegesellschaft, die mit den bisherigen Verfahrensweisen und Strukturen nicht mehr zu bewältigen waren. Die theoretischen Unklarheiten und praktischen Schwächen der Systemregelungen erfüllten die Führungsschicht mit politischer Unruhe und ökonomischen Erneuerungsforderungen.

Unter den gegebenen Voraussetzungen einer politischen Kurskorrektur war es folgerichtig, wenn der von Ulbricht 1963 geprägte Begriff der »sozialistischen Menschengemeinschaft« verworfen wurde. Statt dessen konstatierte Prof. Kurt Hager, der als Chefideologe der SED zuvor freilich auch das Gegenteil als richtig bewiesen hatte, nun im Zusammenhang mit der von ihm behaupteten Höherentwicklung der sozialistischen Gesellschaft eine Verschärfung des Klassenkampfes in der DDR selbst – verknüpft mit der Folgerung, »daß die Arbeiterklasse und ihre Partei die ausschlaggebende gesellschaftliche Kraft« seien. »Manche Modelle und Instrumentarien, auf die wir uns in der Vergangenheit eingelassen haben, erinnerten an das Märchen von des Kaisers neuen Kleidern«, höhnte Kurt Hager am 14. Oktober 1971 auf einer gesellschaftswissenschaftlichen Tagung; er wandte sich ausdrücklich gegen »den früher recht oft verwendeten Begriff der sozialistischen Menschengemeinschaft« mit dem Argument: »Dieser Begriff wird dem komplizierten, widersprüchlichen und langwierigen Entwicklungsprozeß der sozialistischen gesellschaftlichen Beziehungen nicht gerecht.«[4] Seine Kritik kam einer Demontage der bis dahin sakrosankten Ulbrichtdoktrin gleich, die in einem spezifischen Sinne oppositioneller Natur war, denn Ulbricht war, während dies alles geschah, noch immer Mitglied des Politbüros und Vorsitzender des Staatsrates. Nur hatte er seine Mehrheit im Zentralkomitee beziehungsweise im Politbüro der SED verloren. Seine Gegner hatten ihn isoliert.

Der Ulbricht-Kult in Propaganda und Publizistik der SED wich nun einer fortgesetzten Demütigung des entmachteten alten Mannes. Oder waren es keine Demütigungen, wenn die »Deutsche Akademie für Staats- und

Rechtswissenschaft ›Walter Ulbricht‹« ihres Namensgebers entraten mußte und in »Akademie für Staats- und Rechtswissenschaft der DDR« umgetauft wurde? Oder mußte es Ulbricht nicht als Affront empfinden, wenn das »Walter-Ulbricht-Stadion« in Ost-Berlin in »Stadion an der Chausseestraße« umbenannt wurde? Die Spuren des Ex-Parteichefs wurden getilgt, wo immer es möglich war. Oft geschah es auf so befremdliche Weise, daß es selbst hartgesottene Stalinisten betroffen machte. Am Ende wurde sogar das Weitererscheinen seiner gesammelten Reden und Aufsätze »Zur Geschichte der deutschen Arbeiterbewegung«, die bis 1971 in zehn Bänden und drei Zusatzbänden herausgekommen waren, eingestellt. Auch nach Ulbrichts Tod änderte sich vorläufig nichts daran.

Es dauerte mehrere Jahre, bis Ulbricht in der DDR wieder zitiert werden durfte. Erst 1978, als die SED den Abriß »Geschichte der Sozialistischen Einheitspartei Deutschlands« herausgab, ließ sie Ulbricht wieder erwähnen und zitieren, wenn auch längst nicht so häufig wie Honecker. Weitere fünf Jahre vergingen, bis nach Biographien ungleich weniger wichtiger DDR-Kommunisten auch ein biographischer Abriß[5] Ulbrichts erscheinen durfte. Heinz Voßke, sein Verfasser, skizzierte ihn darin nicht mehr als den nach Ernst Thälmann »größten Sohn der deutschen Arbeiterklasse«, sondern nur mehr als »Leiter des Kollektivs der Partei- und Staatsführung«.

Bürgerlicher Widerstand obsolet

Die aufgezeigten Umstände des Führungswechsels sollten zweierlei demonstrieren: Einerseits belegen sie innere Auseinandersetzungen in der Spitze der SED, die ohne Schützenhilfe aus Moskau nicht beigelegt werden konnten. Ohne L. I. Breschnew wäre Honecker kaum imstande gewesen, Ulbricht zu entmachten. Zweitens ist durch sie zu exemplifizieren, wie ideologische Korrekturen einen Wandel der politischen Linie signalisieren. Der abstrakten These von der Verschärfung des Klassenkampfes DDR-intern folgten konkrete Zwangsmaßnahmen: Kaum ein halbes Jahr nach dem Führungswechsel in der SED entschloß sich Honecker zu einem radikalen Eingriff in die sozialökonomische Struktur der DDR und ließ mit Hilfe der Staatsmacht die bis dahin bestehenden privatkapitalistischen und halbstaatlichen Betriebe binnen weniger Monate liquidieren.

Die halbstaatlichen Betriebe waren in der DDR überhaupt erst seit 1955 möglich geworden. Genau gesagt handelte es sich um private Betriebe mit staatlicher Kapitalbeteiligung. In der juristischen Konstruktion einer Kommanditgesellschaft war eine Betriebsform entwickelt worden, bei der ein staatlicher Gesellschafter – in der Regel ein »volkseigener« Betrieb oder eine staatliche Bank – als Kommanditist Kapital in ein kleineres oder mittleres, bis dahin privates Unternehmen einbrachte, während der ehemals selbständige Inhaber als Komplementär in seinem Betrieb Geschäftsführer mit Gehalt und Gewinnbeteiligung wurde. Der Sinn dieser Mischform bestand darin, den privaten Kleinunternehmer in den sozialistischen Umgestaltungsprozeß einzubeziehen. 1971 zählte die DDR amtlichen Statistiken zufolge 5632 halbstaatliche Betriebe sowie 3184 private Unternehmen, die zumeist in der Leichtindustrie, im Maschinen- und Fahrzeugbau, in der Textil- und Lebensmittelindustrie sowie im Bauwesen angesiedelt waren. Ihr Anteil an der industriellen Bruttoproduktion belief sich auf etwa ein Zehntel.

Die Stunde der halbstaatlichen und privaten Betriebe schlug, ohne daß die Öffentlichkeit zunächst davon erfuhr, auf dem 4. Plenum des Zentralkomitees, das am 16./17. Dezember 1971 darüber beschloß. Um jedweder Opposition, allen Widerständen der privaten und halbstaatlichen Unternehmer entgegenzuwirken, wurde der Kurswechsel vorläufig geheimgehalten und schließlich die Liberal-Demokratische Partei als Schrittmacher vorgeschickt. Auf ihrem 11. Parteitag, der vom 16. bis 19. Februar 1972 in Weimar abgehalten wurde, bewies sie sich als zuverlässige Gefolgspartei der SED, indem sie privaten und halbstaatlichen Betriebsinhabern aus ihren Reihen ein Forum bot, ihre Betriebe oder Anteile dem Staat »freiwillig« und »spontan« zum Kauf anzubieten – wie Werner Zeuke, Mitinhaber des halbstaatlichen Herstellerbetriebes von Modelleisenbahnen Zeuke & Wegwerth KG, Berlin. Weil die Zeit historisch reif geworden sei, den Betrieb »endgültig in die sozialistische Volkswirtschaft einzugliedern«, offerierte er dem Staat seinen persönlichen Kapitalanteil zum Erwerb: ein wundersamer Wandel vom heimlichen Kapitalisten zum bekennenden Sozialisten.

Die zynische Taktik des »freiwilligen Zwanges« – hier kehrte sie wieder. »Mit Methoden, die man nur erpresserisch nennen kann, zwang man meine Mutter, den Schein zu unterschreiben, mit dem sie sich in den gesetzlich verordneten Diebstahl fügte«, berichtet Andreas Schmidt, als Sohn einer Kleinfabrikantenfamilie unmittelbar betroffen. Seine verwitwete Mutter war in Crimmitschau an einem halbstaatlichen Textilbetrieb mit 40 Beschäftigten beteiligt gewesen. »Wenige Tage später quollen alle Zeitungen über von der Lügenbehauptung, die ehemaligen Unternehmer hätten die Richtigkeit des sozialistischen Weges endgültig erkannt und ihr Vertrauen in die Politik der Partei der Arbeiterklasse unter Beweis gestellt, indem sie allesamt freiwillig ihre Betriebe in die Hände des Volkes gaben. Dabei erhängten sich allein bei uns in Crimmitschau damals drei kleine Fabrikanten. Auch mein Bruder Johannes beging Selbstmord . . . Die ›Entschädigung‹ für die geraubte Kapitaleinlage betrug in meinem Fall 16 000 Mark. Dieses Geld kam auf ein Sperrkonto, wo es keine Zinsen trug. Jährlich durfte ich 1000 Mark abheben, keinen Pfennig mehr.«[6] In jedem Fall wurde der Widerstand weniger »fortschrittlicher« Unternehmer, wo er punktuell auftrat, durch massive politische Einschüchterung gebrochen.

Binnen vier Monaten, von Februar bis Mai 1972, fielen sämtliche privaten und halbstaatlichen Betriebe sowie ein Teil der Produktionsgenossenschaften des Handwerks, deren Produktion industrielle Formen angenommen hatte, einer »blitzartig durchgeführten Sozialisierungsaktion« zum Opfer. »Das überraschendste Moment an der Aktion war zweifellos die Tatsache, wie schnell und offenbar ohne größere Widerstände sie abgewickelt werden konnte. Ein wesentlicher Grund dafür lag zweifellos darin, daß bereits gründliche Vorarbeit geleistet worden war.«[7] Im sozialistischen Staat deutscher Nation war aller bürgerlicher Widerstand obsolet geworden, verloren und verweht. Auf dem 6. Plenum des Zentralkomitees am 6./7. Juli 1972 konnte das Politbüro der SED mitteilen, daß nunmehr über 10 900 neue

»volkseigene« Betriebe in der DDR geschaffen worden wären – und daß 99,4 Prozent der industriellen Bruttoproduktion auf den »volkseigenen« Sektor entfielen.

Forscht man nach den Ursachen, warum die Verstaatlichungsaktion ohne spürbare Opposition, ohne wirksamen Widerstand hatte »durchgezogen« werden können, obwohl die bis dahin privaten oder halbstaatlichen Unternehmer in ihrer Mehrheit keineswegs aus freiwilliger Entscheidung verkaufen wollten, obwohl sie zu von Staats wegen festgesetzten Preisen verkaufen mußten, obwohl die vom Staat gezahlte Kaufsumme auf ein Sperrkonto überwiesen und somit die Verfügung darüber beschränkt wurde, so rücken vor allem zwei Momente ins Blickfeld: Erstens wurden Unternehmer, die nicht ohne weiteres zum Verkauf bereit waren, unter massiven politischen Druck gesetzt, zum Teil als »Ausbeuter« und »Steuerbetrüger« öffentlich verunglimpft; eine Alternative blieb ihnen gar nicht. Zum anderen sahen sie sich von den nichtsozialistischen Blockparteien der DDR, von denen sie sich die Wahrung ihrer Interessen erhofft hatten, völlig im Stich gelassen.

Nicht ganz so erfolgreich operierte die SED bei einer gleichzeitig eingeleiteten Aktion zur Vergesellschaftung des Handwerks. Zwar wurden im Zuge der Verstaatlichungsaktion 1972 auch rund 1700 industriell produzierende Handwerkergenossenschaften in »volkseigene« Betriebe umgewandelt, aber die mit Hilfe steuerlicher Restriktionen, Nichterteilung von Gewerbegenehmigungen und anderer Schikanen eingeleitete Aktion gegen die selbständigen Handwerker scheiterte an deren Gegenwehr. »Die Kampagne gegen das private Handwerk erreichte ihren Höhepunkt 1974/75 und erinnerte zum Teil an die Pressionen während der Periode der versuchten Zwangskollektivierung (des Handwerks) im Frühjahr 1960. Ähnlich wie damals wurden Inhaber privater Betriebe, die dem Anschluß an eine PGH skeptisch gegenüberstanden, in der Presse namentlich diffamiert. Den privaten Handwerkern warf man überholtes Besitzdenken, mangelndes sozialistisches Bewußtsein sowie zu hohe Verdienste vor. In geradezu kränkender Weise wiederholten sich in diesem Zusammenhang die Aufforderungen zur ›soliden und ehrlichen Arbeit‹. Zurückhaltend wurden nur jene Handwerksberufe behandelt, in denen extreme Engpässe bestanden, so vor allem Bäcker, aber auch Klempner, Uhrmacher, Dachdecker, Tischler.«[8]

Die Handwerker resignierten nicht wie die Unternehmer. Als die Ostberliner Führung begriff, welche negativen Folgen ihre handwerkerfeindliche Politik für die Versorgung der Bevölkerung zeitigte, entschloß sie sich zu einer Kurskorrektur. Politbüro und Ministerrat faßten am 12. Februar 1976 einen – interessanterweise nie veröffentlichten – Beschluß zur Förderung privater Einzelhandelsgeschäfte, Gaststätten und Handwerksbetriebe für Dienstleistungen, Reparatur- und unmittelbare Versorgungsleistungen. Es war kein Zufall, wenn die führende Zeitung der SED nun plötzlich eine Lanze für die Erteilung von Gewerbegenehmigungen brach: »Engherzigkeit, formales, bürokratisches Herangehen oder gar Sektierertum gegenüber dem Handwerk sind unserer Partei wesensfremd und werden von ihr nicht geduldet!« – nachzulesen im »Neuen Deutschland« vom 6. Februar 1976. Die Gegenwehr von Handwerk und Dienstleistungsgewerbe hatte ihre Wirkung nicht verfehlt.

Einerseits Repression – andererseits Konzession

Die Liquidierung der privaten und halbstaatlichen Betriebe hatte die politische Entschlossenheit demonstriert, mit der Erich Honecker die sozialistische Umgestaltung der DDR zu vollenden gedachte. Die westöstliche Entspannungspolitik konnte ihn dabei nicht verunsichern, im Gegenteil, die Entspannungspolitik nach außen glich er in ihrer psychopolitischen Wirkung durch einen härteren Kurs im Inneren der DDR aus. Am 8. November 1972 wurde in Bonn der Vertrag über die Grundlagen der Beziehungen zwischen den beiden deutschen Staaten paraphiert – am 21. Dezember erfolgte seine Unterzeichnung in Ost-Berlin. Dazwischen lag eine Konferenz des Zentralkomitees am 16./17. Dezember 1972, auf der Werner Lamberz, Politbüro-Mitglied und damals zuständiger Sekretär des Zentralkomitees, den Agitatoren und Propagandisten der SED die Orientierung auf verschärfte politisch-ideologische Abgrenzung vermittelte. »Der Klassenfeind wird alles versuchen, auch aus dem Prozeß der Entspannung, aus den Erfolgen unseres Kampfes um Koexistenz und Sicherheit in Europa, um die völkerrechtliche Anerkennung der DDR für sich neue, direkte Einflußmöglichkeiten herauszuholen. Wir müssen das ganz nüchtern betrachten. Bislang versuchte der Gegner im wesentlichen in zweierlei Form, bei uns Einfluß zu nehmen. Er rechnete mit den in unserer Gesellschaft noch vorhandenen alten Ansichten, Gewohnheiten und Verhaltensformen, an die er mit seiner ideologischen Diversion anknüpft und die er zu reaktivieren versucht. Dazu und generell nutzt er die Massenmedien, vor allem Rundfunk und Fernsehen, um bürgerliche Ideologie bei uns einzuschleusen.«[9] Die Furcht vor innerer Aufweichung, vor der Aktivierung auch oppositioneller und regimefeindlicher Tendenzen in der DDR, sie war hier deutlich artikuliert.

Die quantitative und qualitative Stärkung des Ministeriums für Staatssicherheit und seiner Organe war eine der Konsequenzen, die die SED aus ihrer Einschätzung der inneren Situation zog. Ein Indiz für die Aufwertung der Staatssicherheit war zudem die Einbeziehung ihres Chefs in die Führungsspitze der SED. Schon wenige Wochen nach dem Wechsel Ulbricht/Honekker wurde Erich Mielke Kandidat, 1976 Mitglied des Politbüros der SED. Der Minister für Staatssicherheit erhielt erstmals seit 1953 wieder unmittelbaren Einfluß auf politische Entscheidungen der höchsten Ebene.

Eine der ersten Maßnahmen der DDR nach Unterzeichnung des deutsch-deutschen Grundlagenvertrages bestand in der Erweiterung des Kreises der Geheimnisträger mit Westkontaktverbot. Entsprechend einem Ministerratsbeschluß vom 18. April 1973 erließ der Minister für Staatssicherheit am 10. Mai 1973 eine Direktive, die nach einer Begriffsbestimmung »Geheimnisträger« über diesen Personenkreis ein generelles Verbot »für außerdienstliche Ausreisen nach nichtsozialistischen Staaten und West-Berlin sowie für Kontakte und Beziehungen zu Bürgern nichtsozialistischer Staaten und West-Berlin« verhängt beziehungsweise für »nicht gestattet« erklärte. »Für Besuche durch Verwandte 1. Grades kann eine Ausnahmegenehmigung erteilt werden. Das gilt auch für jedes Treffen mit ihnen bei anderen Personen. Das Unterhalten von postalischen oder anderen indirekten Beziehungen ist genehmigungspflichtig.«[10] Der Zweck dieser Direktive braucht nicht erläutert zu werden.

Die politischen Berührungsängste der SED waren nicht gänzlich unbegründet, denn in der Bevölkerung der DDR wuchsen Unverständnis und Vorbehalte gegenüber einer Deutschlandpolitik, die sich einerseits in Verträgen mit der Bundesrepublik niederschlug, die aber andererseits die Abgrenzung zu ihrem Prinzip erhob. »Einerseits verweisen wir auf den objektiven Prozeß der Abgrenzung, der sich zwischen der DDR und der BRD vollzieht, andererseits treten wir für Beziehungen friedlicher Koexistenz auch mit der westdeutschen Bundesrepublik ein. Abgrenzung und Koexistenz – vereinbart sich denn beides miteinander?«[11] Solche kritischen Stimmen wirkten sich auch auf die innerparteiliche Meinungsbildung aus, jedenfalls an der Basis, weniger wohl in der Spitze der Partei, obschon sich auch dort bekanntlich wiederholt Konflikte an deutschlandpolitischen Fragen entzündet hatten.

Indes demonstrierte die Führung der SED in den siebziger Jahren Geschlossenheit. In der Volkskammer regte sich keine Stimme der Opposition, als sie – für die Öffentlichkeit gänzlich unvorbereitet – am 27. September 1974 im Verfolg der Abgrenzungspolitik eine Revision der sozialistischen Verfassung beschloß, die unter anderem das Ja zur deutschen Nation aus der Präambel strich, das in der Fassung vom 6. April 1968 enthalten war. Getilgt wurde selbst das in Artikel 8 niedergelegte Bekenntnis zur »schrittweisen Annäherung der beiden deutschen Staaten bis zu ihrer Vereinigung auf der Grundlage der Demokratie und des Sozialismus«.

Die neue Führung der Partei war klug genug, sich nicht auf eine Politik der Repression zu beschränken. Sie ergänzte sie durch eine Politik der Konzession, durch materielle Zugeständnisse an die Bevölkerung. Auf dem VIII. Parteitag der SED vom 15. bis 19. Juni 1971 hatte Honecker bereits offen die Lücken in der Versorgung mit Konsumgütern und Wohnraum bemängelt und spürbare Verbesserungen zugesichert. Zwar könne die DDR nicht »allzu viele außerplanmäßige Wunder« verkraften, hatte er gewitzelt, aber er sprach die im Grunde banale Erkenntnis aus, daß »die Wirtschaft Mittel zum Zweck« sei, »Mittel zur immer besseren Befriedigung der wachsenden materiellen und kulturellen Bedürfnisse des werktätigen Volkes«[12]. Tatsächlich begnügte sich die SED nicht mit leeren Versprechungen. Noch im Jahr des Führungswechsels wurden die monatlichen Mindestbruttolöhne erhöht und die Tarifsätze der unteren Lohngruppen differenziert angehoben. Ein Jahr später folgten Rentenerhöhungen und Maßnahmen zur Förderung berufstätiger Mütter, 1974 erhöhte sich der Mindesturlaub um drei Tage, und die Arbeitszeit für Schichtarbeiter wurde gesenkt. Ein für DDR-Verhältnisse großzügiges Wohnungsbauprogramm lief an. Das alles stimmte hoffnungsvoll und sorgte für eine gewisse innere Entspannung. Gute Leistung schien sich in der DDR erstmals wirklich zu lohnen, zumal auch das Warenangebot verbessert und vergrößert wurde.

Honecker schien sich zur Abstützung der Abgrenzungspolitik einer Art Konsum-Sozialismus verschrieben zu haben, der sich an dem Gulasch-Kommunismus in Ungarn János Kádárs ein Beispiel nahm. Der Chef der SED versprach sich von einem höheren sozialen Standard in der DDR nicht nur gesteigerte Leistung in der Produktion – er spekulierte auch auf politische

Konsolidierung. Versorgungsfragen sind in der DDR systembedingt politische Fragen. Von einer Verbesserung der Versorgung sind deshalb politisch positive Folgen zu erwarten.

Literatur ohne Tabus?

Das Bemühen der SED um ein Arrangement mit der Bevölkerung in den siebziger Jahren schloß den Versuch ein, ihr Verhältnis zu Kunst und Literatur von den Verhärtungen und Verkrustungen der Ära Ulbricht zu befreien. Honecker, der auf dem seither berüchtigten 11. Plenum des Zentralkomitees der SED vom 15. bis 18. Dezember 1965 den Stab über unbotmäßige Schriftsteller gebrochen hatte, schien sich in den Augen Leichtgläubiger von einem dogmatischen Saulus zu einem liberalen Paulus der Kulturpolitik gewandelt zu haben. »Wenn man von den festen Positionen des Sozialismus ausgeht, kann es meines Erachtens auf dem Gebiet von Kunst und Literatur keine Tabus geben.«[13] Eine Zeitlang nährte dieses Wort die Illusion, daß Künstler und Schriftsteller in der DDR, sofern sie nur eine sozialistische Grundhaltung bewiesen, politische Tabus fürderhin nicht mehr zu meiden hätten.

Honecker, Kurt Hager und andere führende DDR-Kommunisten hatten sich auf besagtem ZK-Plenum in haßerfüllten Ausfällen vor allem gegen Wolf Biermann, aber auch gegen Manfred Bieler, Werner Bräunig, Stefan Heym, Heiner Müller und andere ergangen. »Verrat sozialistischer Grundpositionen«, »Nihilismus«, »Anarchismus«, »spießbürgerlicher Skeptizismus« und »Überheblichkeit«, »Zynismus« und »Zersetzung der Moral« mußten sich diese Schriftsteller vorwerfen lassen, ohne sich öffentlich verteidigen zu können. »Das Charakteristische all dieser Erscheinungen besteht darin, daß sie objektiv mit der Linie des Gegners übereinstimmen, durch die Verbreitung von Unmoral und Skeptizismus besonders die Intelligenz und die Jugend zu erreichen und im Zuge einer sogenannten Liberalisierung die DDR von innen her aufzuweichen.«[14] Honecker selbst hatte damit die unbotmäßigen Literaten als literarische Opposition hochstilisiert – zu Recht gewiß, auch wenn der eine weniger, der andere mehr Kritik am realen Sozialismus formuliert hatte, zum Teil in Texten, die nur außerhalb der DDR gedruckt worden waren, zuerst in West-Berlin und in der Bundesrepublik, später auch in der Schweiz und in Italien.

Wolf Biermann, 1936 in Hamburg geboren, 1953 in die DDR übergesiedelt, hatte die SED im Bunde mit Robert Havemann am meisten herausgefordert. »In einem Gedichtband, der im Westberliner Wagenbach-Verlag erschien, hat Biermann die Maske fallen lassen«, eiferte Honecker auf dem 11. Plenum. »Im Namen eines schlecht getarnten spießbürgerlich-anarchistischen Sozialismus richtet er scharfe Angriffe gegen unsere Gesellschaftsordnung und unsere Partei. Mit seinen von gegnerischen Positionen geschriebenen Versen verrät Biermann nicht nur den Staat, der ihm eine hochqualifizierte Ausbildung ermöglichte, sondern auch Leben und Tod seines von den Faschisten ermordeten Vaters.«[5]

»Die Gegenwart, euch/Süßes Ziel all jener bittren Jahre/Ist mir der bittre

Anfang nur, schreit/Nach Veränderung. Voll Ungeduld/Stürz ich mich in die Kämpfe der Klassen, die neueren, die/Wenn schon ein Feld von Leichen nicht/So doch ein wüstes Feld von Leiden schaffen.« Biermann klagt in Übereinstimmung mit anderen Schriftstellern wie Günter Kunert, Heiner Müller, Peter Hacks, aber deutlicher die Führungsschicht an, die alten Genossen, daß sie längst nicht mehr für die Erfüllung der gewaltigen Verheißung von Karl Marx arbeiten. »Riesen brauchts an Mut und Lust/Und Riesen auch an Schmerz/An Tatkraft Riesen . . . Drum seid mit meiner Ungeduld/Nicht ungeduldig, ihr alten Männer;/Geduld/Geduld ist mir die Hure der Feigheit/Mit der Faulheit steht sie auf du und du/Dem Verbrechen bereitet sie das Bett./Euch aber ziert Geduld. / Setzt eurem Werk ein gutes Ende / Indem ihr uns/Den neuen Anfang laßt!«

Schlagfertig begegnet er dem allzeit lauernden Vorwurf des Individualismus: »Das Kollektiv liegt schief/Ich bin der einzelne/das Kollektiv hat sich von mir/isoliert.«

Diese »Rücksichtslose Schimpferei« findet sich ebenso wie das zitierte Gedicht »An die alten Genossen« in dem Quartheft »Die Drahtharfe«[16]. Die Veröffentlichung dieser Gedichte, Balladen und Lieder in der Tradition von François Villon, Heinrich Heine und Bertolt Brecht 1965 in West-Berlin bedeutete eine in der DDR noch nie dagewesene politisch-literarische Provokation. Sie rief Honeckers Verdammungsurteil im Zentralkomitee hervor. Für den oppositionellen Liedermacher, der zu dieser Zeit wohlgemerkt in Ost-Berlin ansässig war, bekräftigte der Skandal sein Berufsverbot in der DDR. 1968 veröffentlichte Wolf Biermann seinen zweiten Band Gedichte, Balladen, Lieder »Mit Marx- und Engelszungen«[17], die bereits stark von den politischen Hoffnungen des »Prager Frühlings« stimuliert waren. »In Prag ist Pariser Kommune, sie lebt noch! Die Revolution macht sich wieder frei . . .« Und zum Schluß: »Wir atmen wieder, Genossen. Wir lachen/die faule Traurigkeit raus aus der Brust/Mensch, wir sind stärker als Ratten und Drachen!/Und hattens vergessen und immer gewußt.«

Solche Verse trafen die Staatspartei wie Peitschenhiebe. Sie sprachen insbesondere Kommunisten an, die ihren Idealen treu geblieben waren, Intellektuelle und Studenten allemal. Natürlich kursierten die ketzerischen Gedichte, Balladen und Lieder tausendfach in der DDR, Biermanns Quarthefte wurden heimlich von Hand zu Hand gereicht, abgeschrieben, vervielfältigt, auf Flugblättern verbreitet. Sie waren zu dem geworden, was der Publizist Hans-Dietrich Sander in Anlehnung an den österreichischen Revisionisten Ernst Fischer zugespitzt einmal »Partisanen-Literatur«[18] genannt hat – Gedichte und Romane, die oppositionelle DDR-Schriftsteller unbekümmert um alle persönlichen Konsequenzen im Westen drucken ließen, weil sie nicht schweigen wollten.

Auch die Lyrik Reiner Kunzes ist in den sechziger Jahren Partisanen-Literatur geworden. 1933 im erzgebirgischen Oelsnitz geboren, Sohn eines Bergarbeiters, Studium der Philosophie und Journalistik, wissenschaftlicher Assistent an der Universität Leipzig, verheiratet mit einer tschechischen Ärztin, war der Lyriker und Essayist ursprünglich durchaus geschätzt von der offiziellen DDR. Ein Schriftsteller-Lexikon aus Weimar bescheinigte ihm noch in den frühen sechziger Jahren, »in volkstümlich einfachen, nach eigenem

Ausdruck und Klang strebenden Versen seine sozialistische Umwelt individuell zu erfassen«[19]. Als er 1969 seinen zweiten Gedichtband im Westen »Sensible Wege« bei Rowohlt in Reinbek herausbrachte, gewidmet »dem tschechischen Volk, dem slowakischen Volk«, war ein endgültiger Bruch programmiert.

Viele seiner Gedichte sind von jener subtilen Opposition, die langfristig wirkt. »Dialektik« betitelt er in seinem Gedicht »Kurzer Lehrgang« folgende Verse: »Unwissende damit ihr/unwissend bleibt/werden wir euch/schulen.« In seinem 1972 bei Fischer in Frankfurt erschienenen Band »Zimmerlautstärke« fängt er die DDR-Realität in den »Monologen mit der Tochter« in dem Gedicht »Gegenwart« zum Beispiel so ein: »Was ich verwahre hinter schloß und siegel?/Keine konspiration nicht einmal/pornografie/Vergangenheit,tochter/Sie zu kennen kann/die zukunft kosten.« Lyrik zum Nachdenken.

Auch nach dem Wechsel Ulbricht/Honecker war es schwer vorstellbar, daß die DDR solcherart Literatur offiziell die Tür öffnete. Zwar war es, im Vergleich zu den Zeiten des Stalinismus, ein Wandel zum Guten, wenn oppositionelle Literaten in der DDR »nur« durch Berufsverbot gemaßregelt wurden, ohne hinter Gittern zu verschwinden. Aber die Hoffnung, für sozialistische Kunst und Literatur gäbe es keine Tabus mehr, die Hoffnung auf Publikationsfreiheit auch für DDR-kritische Werke sozialistischer Schriftsteller in der DDR erwies sich bald als illusionär. Der Lyriker und Dramatiker Volker Braun (»Gegen die symmetrische Welt«, »Die Kipper«), als zorniger junger Mann in den sechziger Jahren prominent, konnte 1973 seine die DDR-Bürokratie von ideal-sozialistischer Position her anklagende Tragödie »Tinka« nur mit Mühe veröffentlichen. Erich Loest verließ die DDR nach Erscheinen und Unterdrückung seines systemkritischen Romans »Es geht seinen Gang oder Die Mühen der Ebene«. Die Literatur in der DDR wurde so interessant wie noch nie, indem sie realistischer wurde, indem sie allgemeine Realitätserfahrungen in Form von Dokumentationsliteratur gestaltete oder als rein persönliche Lebensverständigung, als genaue kleine Alltagsskizzen ohne jeglichen Kommentar, als Parabeln oder phantastisch verfremdete Geschichten. Qualität und Quantität literarischer Regimekritik und Opposition nahmen zu.

Die Diskussion, die sich über mehrere Jahre hinzog, zeigte ein widerspruchsvolles Bild. Einerseits wurden Romane und Schauspiele toleriert, die jahrelang hatten in der Schublade bleiben müssen, selbst ein Gedichtband »Brief mit blauem Siegel« von Reiner Kunze durfte 1973 in Leipzig herauskommen, andererseits aber wies Kurt Hager den kritischen Schriftstellern nach einer Zeit des Zögerns die Schranken.

Hagers Nein zu allem, »was darauf abzielt, unsere Kunst so zu deformieren, daß das Bild des Sozialismus in den Schmutz gezerrt wird«, bedeutete eine Kampfansage der Partei an die literarische Opposition. »Die gegnerische Taktik der ›Erosion des Sozialismus‹ zielt nicht zuletzt darauf ab, unsere eigene notwendige Kritik und Selbstkritik ins Negative umzukehren – und dahin zu bringen, daß wir uns selbst Wunden schlagen.«[20] Solche Äußerungen, wie sie Kurt Hager hier auf dem 6. Plenum des Zentralkomitees am 6./7. Juli 1972 getan hatte, erinnerten allzusehr an frühere Zeiten. Die Diskussion fand ihr demonstratives Ende an jenem 16. November 1976, an dem Wolf Biermann während eines nach langem, zähem Ringen ertrotzten Gastspiels in Köln die Staatsbürgerschaft der DDR »aberkannt« und das Recht zum Aufenthalt in der DDR entzogen wurde. Auf einem anderen Blatt steht, daß die SED mit dieser Ausbürgerung die empörte Solidarität der künstlerischen und literarischen Opposition in einem Ausmaß heraufbeschwor, das sie selber am wenigsten erwartet haben dürfte.

Die Reklamation
der Bürger- und Menschenrechte

12

»In der DDR kann von sogenannten Bürgerrechtlern keine Rede sein.«[1] So Erich Honecker 1977. Schon ein Jahr zuvor hatte der Generalsekretär der SED für die DDR erklärt: »Hier sind die Menschenrechte verwirklicht.«[2] Diese Äußerungen belegen, daß selbst der erste Mann der Staatspartei sich der Bürger- und Menschenrechtsdiskussion in der DDR der siebziger Jahre nicht zu entziehen vermochte. Auch die damals in beachtlicher Zahl erschienenen ideologischen Grundsatzartikel und rechtswissenschaftlichen Arbeiten zur Bürger- und Menschenrechtsproblematik in der DDR[3] waren Beweis dafür, wie stark die SED von einem Konfliktpotential beunruhigt war und ist, das sich in Nonkonformismus, Opposition und Widerstand bis heute bemerkbar macht.

Überraschen konnte diese Entwicklung nicht. Mit ihrem Beitritt zur Organisation der Vereinten Nationen 1973 hatte sich die DDR zur Einhaltung der Allgemeinen Erklärung der Menschenrechte verpflichtet. Im Jahre 1976 entschloß sie sich zur Ratifizierung der beiden internationalen Pakte über bürgerliche und politische Rechte sowie über wirtschaftliche, soziale und kulturelle Rechte. Nachdem beide Pakte dadurch für die DDR völkerrechtsverbindlich geworden waren – ihr Wortlaut wurde im Gesetzblatt veröffentlicht[4] –, mußten sich viele Bürger zwangsläufig fragen, warum im Staat der SED nicht auch der neuen Rechtslage gemäß verfahren wurde.

Die Konferenz über Sicherheit und Zusammenarbeit in Europa und ihr publizistisches Echo lieferten der Bürger- und Menschenrechtsdiskussion in der DDR zusätzliche Argumente. Erich Honecker, der am 1. August 1975 in Helsinki zu den Mitunterzeichnern der KSZE-Schlußakte gehört hatte, fand sich zunehmend mit den Forderungen konfrontiert, die im sogenannten Korb 3 enthalten sind.

Im Sog dieser Auseinandersetzungen entwickelte sich 1972/73 in der DDR eine neue Form von Opposition. Mehr und mehr Menschen treten seitdem selbst um den Preis administrativer Schikanen, sozialer Diskriminierung und strafrechtlicher Verfolgung offen für ihre bürgerlichen und politischen Rechte ein und reklamieren für sich vordringlich das Recht auf Freizügigkeit. In der DDR-Bevölkerung hatten sich Unzufriedenheit und Unmut über die ihr vorenthaltene Freizügigkeit schon seit dem Bau der Berliner Mauer gestaut. In den siebziger Jahren bemühten sich Menschen in sprunghaft steigender Zahl um eine legale Ausreise aus dem ungeliebten Staat, wobei sie in aller Regel formell ihre Entlassung aus der Staatsbürgerschaft beantragten. Eine neue und die SED verunsichernde Erfahrung bestand darin, daß solche Anträge auf Ausreise gegenüber den zuständigen DDR-Behörden jeweils der Abteilung Innere Angelegenheiten beim Rat des Kreises mit rechtlichen und politischen Argumenten begründet wurden, die eine regimekritische, oppositionelle oder strikt ablehnende Einstellung nicht nur nicht verhehlten, sondern demonstrativ zum Ausdruck brachten.

Konkret gesagt: Seit den siebziger Jahren ist es keine Seltenheit mehr, daß ein Bürger wie der damals 19jährige Uwe Kästner am 15. September 1975 einen »Antrag auf Austritt aus der Staatsbürgerschaft der DDR und damit verbundener freier Ausreise in die Bundesrepublik Deutschland« an den Rat des Stadtbezirks Leipzig-Nord, Abteilung Innere Angelegenheiten, richtet und zur Begründung unverblümt bekennt, daß er sich »in keiner Hinsicht mit den Zielen und Absichten der Deutschen Demokratischen Republik identifizieren«[5] könne.

»Abstimmung mit dem Ausreiseantrag«

Welche Dimensionen die Ausreisebewegung Mitte der siebziger Jahre angenommen hatte, kann nur vermutet werden. Robert Havemann bezifferte sie am 13. Oktober 1976 in einem Rundfunk-Interview[6] auf über 120 000. Als die amtliche Nachrichtenagentur ADN Meldungen, »wonach 200 000 Bürger der DDR Anträge gestellt hätten, die Deutsche Demokratische Republik zu verlassen«, als »glatte Erfindung« und »Teil einer gezielten Diffamierungskampagne«[7] zurückwies, war die Formulierung so geschickt gewählt, daß sich das Dementi sowohl auf die Zahl als auch auf den Sachverhalt selbst beziehen konnte. Eine gewollte Unklarheit.

Mut und Zivilcourage bei der Reklamation der Bürger- und Menschenrechte nahmen ein Ausmaß an, das in der DDR vordem kaum denkbar gewesen war. Eine neue Qualität oppositioneller Selbstbehauptung entwickelte sich. Keineswegs singulär, sondern exemplarisch handelte Prof. Dr. Horst Gundermann aus Neuruppin, der seine rund einjährigen, also vergleichsweise kurzfristigen Bemühungen um Ausreise in seinem Buch »Entlassung aus der Staatsbürgerschaft«[8] eindrucksvoll dokumentiert hat. Der Mediziner, ursprünglich Chefarzt der Hals-Nasen-Ohren-Klinik des Bezirkskrankenhauses, richtete seinen ersten Ausreiseantrag am 23. Juni 1975 an die zuständige Behörde. Seine Begründung war religiös und politisch-ideologisch zugleich: »Als engagierte und praktizierende Christen sind wir nach langjähriger geistiger Auseinandersetzung und sorgfältiger Prüfung unserer Motive in Übereinstimmung mit den für uns verbindlichen Worten der Heiligen Schrift: Gott stets mehr zu gehorchen als den Menschen – zu der Gewißheit gelangt, daß wir nicht länger aufrichtigen Herzens und wahrhaftigen Gewissens in einem Gemeinwesen leben können, das an seine Bürger – besonders auch an die heranwachsenden – einen weltanschaulich-politischen, eindeutig atheistisch geprägten Totalitätsanspruch stellt.«[9] Hier war ein Gegensatz aufgebrochen, der sich nicht mehr überbrücken ließ.

Nach dem vergeblichen Bemühen, ihn durch eine Aussprache beim Rat des Kreises zur Rücknahme des Antrags zu bewegen, geschah überhaupt nichts. Um diese Hinhaltetaktik zu durchkreuzen, stellte Horst Gundermann am 22. September 1975 einen zweiten Ausreiseantrag. Die ersten politisch-moralischen Pressionen gegen ihn und seine Familie setzten ein. Als ein dritter Ausreiseantrag vom 10. November 1975 wiederum erfolglos blieb, wandte sich der Mediziner am 1. Dezember 1975 an die Menschenrechtskommission der Vereinten Nationen. Einen vierten Antrag richtete er am 23. Dezember 1975 direkt an den DDR-Ministerrat. 14 Tage später erfolgte Gundermanns Ablösung als Chefarzt. Seinen fünften Ausreiseantrag stellte er am 17. Februar 1976: »Angesichts des anhaltenden Schweigens appellieren wir an die Verantwortlichen, die selbst dekretierten moralischen und rechtlichen Instanzen nicht zu übergehen. Unsere Haltung ist unverändert.«[10] Zwei Tage später trat endlich der erstrebte Erfolg ein. Die Behörde händigte die notwendigen Formulare zwecks Entlassung aus der Staatsbürgerschaft aus – und am 11. Mai 1976 konnte die Familie in die Bundesrepublik ausreisen.

Der Fall Gundermann wirft ein Schlaglicht auf die innere Situation eines Staates, der Ausreisen zu einem Privileg macht. Bezeichnenderweise wurde dem in seiner Stadt bekannten und beliebten Arzt Solidarität zuteil. »Der junge, bisher unbeachtete Kollege, der uns ohne jede Scheu coram publico seine Hochachtung aussprach. Die Krankenschwester, die uns ihr Leid klagte, daß ihr Mann nicht die Courage habe, einen ähnlichen Schritt zu riskieren. Der Lehrer, der unter der Schizophrenie staatlich geforderter Erziehungspolitik und christlich geprägter Weltanschauung litt und resignierend meinte: Wenn ich meine Gesinnung offenbaren würde, in welchem Beruf könnte ich dann wohl arbeiten, ich habe ja nur gelernt, Pädagoge zu sein. Der Patient, der kam, nicht um ärztlichen Rat einzuholen, sondern mir – wie er es verstanden wissen wollte – einen Auftrag zu geben: Herr Doktor, wenn Sie drüben sind, dann verdrücken Sie sich aber nicht in die schweigende Mehrheit, dann berichten Sie von uns. Dann sagen Sie, daß wir nicht die Hoffnung auf ein geeintes und freies Deutschland aufgegeben haben.«[11] Zeugnisse eines politischen Bewußtseins, das Realität ist in der DDR.

Die Entschlossenheit vieler Menschen, mit der sie ein offenes Nein zum sozialistischen Staat bekundeten, um eine beantragte Ausreise zu ertrotzen, bewies schwarz auf weiß eine oppositionelle Risikobereitschaft, die dem Mut der Verzweiflung gleichkam. Opposition durch »Abstimmung mit dem Ausreiseantrag« statt der »Abstimmung mit den Füßen« wie vor dem Bau der Mauer. Peter Pragal schrieb als Ostberliner Korrespondent der »Süddeutschen Zeitung«: »Viele stehen – aus politischen und religiösen Gründen – in scharfer Opposition zur SED; bei anderen scheinen materielle Erwägungen zu überwiegen. Was sie verbindet, ist das Gefühl, im sozialistischen Deutschland in ihrer persönlichen Freiheit eingeengt und einer Weltanschauung mit Monopolanspruch ausgeliefert zu sein.«[12] Ein Vierteljahrhundert DDR-Sozialismus hatte den Wunsch nach Ausreise nicht erstickt, sondern bestärkt.

Der KSZE-Prozeß und die Opposition

Der sogenannte KSZE-Prozeß, der sich nach der Konferenz in Helsinki in den Folgekonferenzen von Belgrad und Madrid fortsetzte, aktivierte im Staat der SED oppositionelle Kräfte schon deshalb, weil ihnen offen und legal neue Argumente und neue politische Maßstäbe zugänglich wurden, an denen sie die Realität im Lande offen messen konnten und können. Die Ratifizierung der beiden internationalen Pakte über bürgerliche und soziale Rechte wirkte im Sinne des Regimes ähnlich »kontraproduktiv«.
In einer Rede vom 16. Oktober 1978 hat Staatssicherheitsminister Erich Mielke diesen Zusammenhang in seinen Worten zur Sprache gebracht: »Die derzeitige internationale Klassenkampfsituation, die Entwicklung des gegnerischen Vorgehens und der politisch-operativen Lage im Innern der DDR bestätigen vollauf die bereits getroffene Einschätzung, daß der Imperialismus seit der Konferenz von Helsinki alle Formen seiner subversiven Tätigkeit gegen die sozialistischen Staaten weiter vervollkommnet und wesentlich intensiviert hat.«[13] Wenn der Chef der Staatssicherheit in derselben Rede vom Wirksamwerden feindlich-negativer Kräfte in der DDR sprach, so weiß man, was er meint. Zum Beispiel meint er auch eine Haltung, wie sie der damals 29jährige Schriftsteller Siegmar Faust aus Heidenau (Bezirk Dresden) an den Tag legte, nachdem er am 18. August 1973 einen Antrag auf Ausreise für sich und seine Familie beim zuständigen Rat des Kreises Pirna, Abteilung Innere Angelegenheiten, gestellt hatte. Dem Schritt waren vielfältige Schikanen vorausgegangen, ein faktisches Berufsverbot gegen den Schriftsteller, ein Ermittlungsverfahren mit elf Monaten Untersuchungshaft bei der Staatssicherheit wegen »staatsfeindlicher Hetze«, deren strafrechtliche Ahndung nur dank einer Amnestie unterblieb.
Siegmar Faust hatte die politische Begründung seiner Eingabe zwecks Ausreise bewußt zugespitzt formuliert, um sich selbst gleichsam untauglich zu machen für den weiteren Verbleib in der DDR. »Ich kann keine einsicht mehr aufbringen, in diesem sogenannten sozialistischen staat wie in einer sklavenhalterordnung, faktisch unter dem existenzminimum leben zu müssen.« Im einzelnen führte er aus, wie er als Student relegiert, als Autor boykottiert, als Bürger durch Zuweisung niederer Arbeit diskriminiert worden war. »Und da ich durchaus kein ruhe- & ordnungsstörer in diesem system hier werden will, und nicht erst einen skandal vom zaune brechen möchte, der nur irgendwelchen antikommunisten wasser auf ihre mühlen brächte, appelliere ich hiermit an ihre sachliche vernunft und betone das grundsätzliche recht des menschen (UNO-Charta!), sich den staat, das system, dem er sich einordnen möchte, selbst aussuchen zu dürfen!«[14]
Der Rat des Kreises Pirna bestätigte das Schreiben eine Woche später mit einem einzigen Satz: Nach erfolgter Bearbeitung weitere Mitteilung. Dabei blieb es – wie in abertausend Fällen, auch bei Frank Hauptmann, damals ebenfalls in Heidenau ansässig. Hauptmann hatte wie Faust für sich und seine Familie die Ausreise beantragt. Ein für die DDR-Obrigkeit unerhörter Vorgang unterschied die beiden Fälle von vielen anderen: 45 Bürger solidarisierten sich aus Protest mit den beiden ausreisewilligen Familien. Im Oktober 1973 unterzeichneten sie mit vollem Namen eine Resolution gegen die

Verweigerung der Übersiedlung. »Wir, die Unterzeichner dieses Schreibens, wünschen auf der Grundlage der UNO-Konvention ein friedliches Zusammenleben mit allen Völkern dieser Erde, wobei wir voraussetzen, daß die Regierungen aller Länder so tolerant sind, jenen Bürgern, die nicht länger den politischen, ökonomischen & sozialen Verhältnissen eines Staatssystems unterstellt sein wollen, freiwillig die Auswanderung zu ermöglichen. Im Falle der zwei konkreten Beispiele, der Familien Hauptmann & Faust, sind wir nicht mit der Verweigerung der legalen Übersiedlung nach der BRD durch den Rat des Kreises Pirna einverstanden.«[15] Erstmals hatten sich, soweit bekannt, DDR-Bürger zu einer Bürgerrechtsinitiative zusammengefunden, um ihre Opposition gegen die bestehenden Ausreiserestriktionen zu bekunden.

Der Fall Faust nahm ein gleichsam DDR-typisches Ende. Da der aufsässige Literat, der als Transportarbeiter einer Heidenauer Papierfabrik arbeiten mußte, keine Ruhe gab, wurde er am 10. Mai 1974 von der Staatssicherheit erneut festgenommen und in die Untersuchungshaftanstalt Dresden verbracht. Das dortige Bezirksgericht verurteilte ihn am 25. September 1974 wegen »staatsfeindlicher Hetze« zu viereinhalb Jahren Freiheitsstrafe. Die nächste Station hieß Cottbus, wohin Siegmar Faust zum Strafvollzug eingeliefert wurde. Dort war und blieb er ein unbequemer Häftling, der aus seiner oppositionellen Einstellung auch im Gefängnis kein Geheimnis machte, sondern führend an Widerstandsaktionen beteiligt war. Schikanen und Arrest im Strafvollzug brachten ihn gesundheitlich dem physischen Ende nahe. Nach einer persönlichen Intervention Robert Havemanns bei Erich Honekker, flankiert von westlichen Protesten, wurde Faust am 22. März 1976 im Wege »bedingter Strafaussetzung« entlassen. Ein halbes Jahr später durfte er mit Familie in die Bundesrepublik ausreisen.

Der Fall Faust ist ungeachtet seiner außergewöhnlichen Aspekte zugleich exemplarisch. Zehntausende von DDR-Bürgern, die sich mit einem Ausreisebegehren an die zuständigen Behörden wandten, haben denselben Mut zur äußersten Konsequenz bewiesen. Vor allem verliehen die Antragsteller ihrem Vorgehen auch dadurch politische Wirksamkeit, daß sie bewußt Dritte über ihr Ausreisebegehren unterrichteten – sei es, daß sie die Ständige Vertretung der Bundesrepublik in Ost-Berlin, das Bundesministerium für innerdeutsche Beziehungen in Bonn oder internationale Institutionen wie die Menschenrechtskommission der Vereinten Nationen in Genf darüber informierten; sei es, daß sie Publizität für ihr Anliegen durch Kontakte zu westlichen Funk- und Zeitungsredaktionen suchten; sei es, daß sie sich an die »Gesellschaft für Menschenrechte« in Frankfurt/Main oder an die Lippstädter Vereinigung »Hilferufe von drüben« wandten mit dem ausdrücklichen Ersuchen, ihr Ausreisebegehren öffentlich zu machen, um dadurch politischen oder moralischen Druck auf die DDR-Behörden ausüben zu können.

Kriminalisierte Westkontakte

Als sich im Trend der dargelegten Entwicklung die Kontakte zu Institutionen oder Organisationen außerhalb der DDR massenhaft vermehrt hatten, sah sich der sozialistische Staat schließlich veranlaßt, diese Form der Opposition durch eine Verschärfung des Strafrechts gezielt zu kriminalisieren. Durch Gesetz vom 28. Juni 1979 wurde dem Strafgesetzbuch in § 99 der Tatbestand der »landesverräterischen Nachrichtenübermittlung« und in § 219 betreffend die »ungesetzliche Verbindungsaufnahme« ein zweiter einschlägiger Absatz eingefügt. Fortan waren Westkontakte in vielfacher Hinsicht mit Strafen bis zu zwölf Jahren Freiheitsentzug bedroht.[16] Die Gerichte zögerten nicht, die neue juristische Handhabe auch anzuwenden.

Welche Folgen selbst die bloße Solidarisierung mit ausreiseentschlossenen Familienangehörigen haben konnte, hat der Leipziger Lektor Rolf Mainz erleben müssen. Zwei seiner Brüder hatten Ausreiseanträge gestellt, die er öffentlich unterstützte. Die Quittung hieß Entlassung und Berufsverbot. In einem Artikel, den er am 1. Oktober 1976 in der Hamburger Wochenzeitung »Die Zeit« veröffentlichte, stellte er das Regime schonungslos an den Pranger: »Und Helsinki? Buchstabe und Geist der legendären Schlußakte? Lese ich beispielsweise die auch von Erich Honecker feierlich signierte Botschaft, daß ›die Einreichung eines Gesuches betreffend Familienzusammenführung zu keiner Veränderung der Rechte und Pflichten des Gesuchsstellers oder seiner Familienmitglieder führen wird‹, kann ich als DDR-Bürger nur lachen. Hier ist es selbstverständlich an der Tagesordnung, daß nicht nur der Gesuchsteller auf rabiate Weise belehrt wird, was Helsinki wert ist . . . Sogar jene, die sich lediglich bittstellend für die Familienzusammenführung des Nachbarn, des Kollegen, des Freundes, der Verwandten mit ihren Angehörigen in der Bundesrepublik einsetzen, trifft die Schrotladung der Obrigkeit. Sie erhalten, wenn sie nicht eben Ärzte oder Arbeiter sind, Berufsverbot wie die Antragsteller selbst.«[17] Dies war die generelle Erfahrung der Antragsteller. Das Bezirksgericht Leipzig bestrafte Rolf Mainz wegen seines im Westen veröffentlichten Zeitungsartikels am 12. April 1977 mit viereinhalb Jahren Freiheitsentzug. Das Verdikt lautete auf »staatsfeindliche Hetze«.

Der Zusammenhang von KSZE-Prozeß und Opposition in der DDR spiegelte sich auch in dem folgenden Schicksal: Rainer Bäurich, Jahrgang 1937, Elektroingenieur von Beruf, in Dresden ansässig, praktizierender Christ, hatte seine Ausreise angestrebt – erfolglos. In seiner Entschlossenheit entschied auch er sich für ein Vorgehen, das die Herrschenden als Provokation auffassen sollten: Er verfaßte als radikale Kritik an der Wirklichkeit der DDR das »Manifest eines Christen im Sozialismus«[18], das – versehen mit einem Vorwort von Franz Josef Strauß – vom »Brüsewitz-Zentrum« in Bad Oeynhausen als Broschüre veröffentlicht wurde, ein zeitgeschichtliches Dokument eigener Art.

Für die Staatssicherheit war die Sache klar. Am 29. November 1977 wurde der Ingenieur in Dresden festgenommen und am 7. April 1978 vom Bezirksgericht der Elbestadt wegen »staatsfeindlicher Hetze« zu fünfeinhalb Jahren Freiheitsstrafe verurteilt. Die Amnestie zum 30. Jahrestag der DDR-Gründung brachte ihm die vorzeitige Entlassung am 6. Dezember 1979, aber die

Ausreise wurde weiter verweigert. Da Rainer Bäurich weiterhin auf seiner Ausreise bestand und erneut Kontakt zum »Brüsewitz-Zentrum« aufnahm, wurde er nach dreieinhalb Monaten wieder in Haft genommen und am 24. Juni 1980 vom Bezirksgericht Dresden abermals verurteilt – diesmal wegen »landesverräterischer Agententätigkeit«. Das Strafmaß lautete auf fünf Jahre Freiheitsentzug.[19] Aus dem Strafvollzug in Brandenburg-Görden, wo er schwer erkrankte, wurde er am 1. September 1983 entlassen, nachdem Franz Josef Strauß bei seinem Treffen mit Erich Honecker am Werbellinsee für Rainer Bäurich eingetreten war. Fast sechs Jahre hatte er hinter Eisengittern für seine Freiheit opfern müssen.

Vereinzelt hat es in Ost-Berlin, in Leipzig und anderen Städten der DDR auch offene Demonstrationen für die Bürger- und Menschenrechte gegeben. Zum Beispiel zeigte sich Günter Weinhold, ein Dresdner Bürger, der sich rund dreieinhalb Jahre lang vergeblich um Ausreise für sich und seine Familie bemüht hatte, während einer Maikundgebung mit einer Protestlosung: »Ich habe auf eine Tapetenrolle eine Losung geschrieben«, berichtete er später, »die ich sinngemäß dem Gesetzblatt der DDR entnommen habe – und zwar ganz konkret aus der Konvention über die zivilen und politischen Rechte der Bürger, wo in Artikel 12 steht, daß es jedem frei stünde, sein Land zu verlassen. Ich habe diese Losung dann gewissermaßen auf unsere Familie zugeschnitten, indem ich den Beisatz gebracht habe, ›auch uns‹. Ich bin mit dieser Tapetenrolle dann am 1. Mai 1980 in Dresden zur Maidemonstration gegangen. Als ich unmittelbar vor der Tribüne war, auf der die Partei- und Staatsfunktionäre standen, habe ich die Tapetenrolle entrollt, sie gezeigt.«[20] Die sofortige Festnahme und später die Verurteilung wegen »Beeinträchtigung staatlicher oder gesellschaftlicher Tätigkeit« zu 15 Monaten Freiheitsstrafe waren die Folgen. Nach 13 Haftmonaten wurde die Ausreise genehmigt – vermutlich dank Freikauf.

Ähnliche Demonstrationen gingen weniger glimpflich aus. Sie wurden mit zum Teil mehrjährigen Freiheitsstrafen geahndet wie im Fall des damals 27jährigen Kraftfahrers Alois Wilk aus Klein-Machnow. Wilk hat am 24. Januar 1975 gemeinsam mit seiner Ehefrau Eva und seinem Bruder Herbert am Brandenburger Tor in Berlin die DDR auf Transparenten der Verletzung der Menschenrechte angeklagt. Ein halbes Jahr später verurteilte das Bezirksgericht Potsdam die drei Demonstranten wegen »staatsfeindlicher Hetze« und »Staatsverleumdung« zu Freiheitsstrafen bis zu vier Jahren und vier Monaten.[21]

Solche demonstrativen Herausforderungen lassen die Frage aufkommen, ob es der Mut der Verzweifelten ist, der Menschen in der DDR zu solchen »Provokationen« getrieben hat und treibt – oder ob die DDR-Bürger der Ära Honecker weniger Furcht vor Verfolgung haben oder zu haben brauchen als zu Ulbrichts Zeiten. Robert Havemann hat die Frage seinerzeit im letztgenannten Sinne beantwortet. Befragt zu den Ausreiseanträgen, meinte er: »Es zeigt sich darin meiner Meinung nach ein wachsendes Vertrauen der DDR-Bürger in ihre Regierung, indem sie sich tatsächlich getrauen, einen solchen Antrag zu stellen. Früher haben viele Leute gar nicht daran gedacht, daß es in Frage käme, sie könnten einen solchen Antrag stellen, ohne gleich um ihre Stellung gebracht zu sein. Sie hatten zuviel Angst, dem Kadi zu offenbaren, daß sie nach Westen möchten.«[22] Havemanns Erklärung, geäußert in Ost-Berlin, war aus taktischer Raffinesse schönfärberisch formuliert. Es gab und gibt Repressalien und Sanktionen, die sich zum Teil über Jahre hinziehen – ein ausgeklügeltes System von Schikanen. »Das fand und findet seinen Ausdruck in beruflicher Benachteiligung wie Degradierung und Lohnminderung, Verweigerung von Prämien, Ferienplätzen, Qualifizierung, Wohnungszuteilung oder Ausweisentzug. Kinder und Verwandte der Antragsteller wurden durch eine Art Sippenhaft betroffen, die in Verboten, die Stadt oder den Landkreis zu verlassen, Urlaub im sozialistischen Ausland zu machen, weiterführende Schulen oder die Universität zu besuchen, bestehen.«[23] Man begreift, daß und warum ein Ausreisebegehren in der DDR politischen Mut voraussetzt.

Ein letztes Beispiel dafür, wie ein zunächst rein privates Ausreisebegehren zu politischer Opposition eskalieren kann, läßt sich am Schicksal des Arztes Dr. Friedrich Wilhelm Koch und seiner Familie aus Ebersbach/Oberlausitz anschaulich machen.[24] Nachdem seine Frau, eine gebürtige Hamburgerin, Anfang 1980 von einer Reise nach Hamburg in dringender Familienangelegenheit nicht in die DDR zurückgekehrt war, beantragte der Arzt, damals 50 Jahre alt, im Februar für sich und seine drei Kinder die Ausreise. Unverzüglich verlor er seine Stellung als Ärztlicher Direktor und Leitender Arzt im Kreiskrankenhaus Ebersbach. Sein bereits erwachsener Sohn, bis dahin Ingenieur bei der Reichsbahn in Cottbus, wurde zum Hilfsarbeiter »degradiert«, die ältere der beiden unmündigen Töchter durfte nicht zum Abitur zugelassen werden.

Nachdem Dr. Koch seinen 13. Ausreiseantrag gestellt hatte, wurde er am 12. September 1980 in Haft genommen und am 2. März 1981 vom Bezirksgericht Dresden zu einem Jahr und vier Monaten Freiheitsstrafe wegen »staatsfeindlicher Hetze« verurteilt. Warum? Demonstrativ hatte sich der Arzt mit der polnischen Gewerkschaftsbewegung »Solidarnosc« solidarisiert und brieflichen Kontakt zu Lech Walesa aufgenommen. Nach Verbüßung seiner Strafe betrieb er mit verstärkter Energie seine und seiner Kinder Ausreise, was erneut zu seiner Verhaftung und am 14. Februar 1983 zu seiner neuerlichen Verurteilung führte, diesmal durch das Kreisgericht Löbau zu zwölf Monaten Freiheitsstrafe wegen »öffentlicher Herabwürdigung« des Staates und seiner Organe. Ein politisch »anstößiger«, weil oppositioneller Beschwerdebrief wegen fortgesetzter Ausreiseverweigerung hatte den Vorwand geliefert. Erst am 1. Dezember 1983 wurde der Arzt in die Bundesrepublik entlassen – dank Freikauf. Auch seine Kinder durften schließlich ausreisen.

Die Bürgerrechtsinitiative von Riesa

Im Fall des Schriftstellers Siegmar Faust hatten sich Freunde und Mitbürger mit dem Antragsteller öffentlich solidarisiert und durch Unterschriften unter eine gemeinsame Entschließung gegen die Verweigerung der Ausreise protestiert. In der sächsischen Industriestadt Riesa entwickelte sich diese Form des Protestes schon einen qualitativen Schritt weiter, als sich zunächst

33 Bürger zu einer Bürgerrechtsinitiative zusammenschlossen, um gemeinsam ihre Ausreise zu erwirken – ein für die Sicherheitsorgane der DDR bis dahin unbekanntes Vorgehen. Mit Namen und Anschriften unterzeichneten sie eine »Petition zur vollen Erlangung der Menschenrechte«[25], der sich später weitere Bürger anschlossen, nicht nur in Riesa, auch in Karl-Marx-Stadt und Umgebung. Alle Petenten hatten sich seit Jahr und Tag vergebens um ihre Ausreise bemüht. Sie forderten in ihrer vom 10. Juli 1976 datierten Petition, »unterzeichnet von mündigen Bürgern«, ihre Übersiedlung in die Bundesrepublik und Entlassung aus der DDR-Staatsbürgerschaft unter ausdrücklicher Berufung auf die Allgemeine Erklärung der Menschenrechte, auf den Internationalen Pakt über bürgerliche und politische Rechte, auf die KSZE-Schlußakte, auf die Verfassung der DDR, Artikel 8, auf die einschlägigen Bestimmungen des DDR-Staatsbürgerschaftsgesetzes und auf Artikel 2 des deutsch-deutschen Grundlagenvertrages.

Die Argumentation in der Petition von Riesa: »Das im Widerspruch zu den aufgeführten DDR-unterschriftlich anerkannten internationalen Dokumenten stehende Verhalten der DDR-Behörden zwingt die in freier Selbstbestimmung unterzeichnenden mündigen Bürger zu dieser Petition, die sie an die United Nations – Division of Human Rights –, an die hohen Vertreter der KSZE-Teilnehmerstaaten, an die nationalen Körperschaften für Menschenrechte und an die Weltöffentlichkeit mit dem Ersuchen richten, die unterzeichnenden Bürger und Familien bei der vollen Erlangung ihrer Menschenrechte einschließlich des aus den zitierten internationalen Dokumenten erwachsenen Rechtes auf freie Wahl des Wohn- und Arbeitsortes wirksam zu unterstützen.«

Die DDR-Behörden reagierten auf die im Westen in vollem Wortlaut veröffentlichte Petition zunächst abwartend, bis die Staatssicherheit nach etwa vier Wochen zu einer massiven Einschüchterungskampagne überging. Ermittlungsverfahren wurden eingeleitet, Hausdurchsuchungen durchgeführt und zur Einschüchterung demonstrativ Personenbeobachtungen angeordnet. Zahlreiche Unterzeichner wurden zunächst nur zum Verhör geladen, bis es in mindestens fünf Fällen zu Festnahmen kam. Als erster wurde am 31. August 1976 der Riesaer Arzt Dr. Karl Heinz Nitschke in Untersuchungshaft genommen. Der Mediziner hatte in den sechziger Jahren bereits eine Freiheitsstrafe wegen versuchter Republikflucht verbüßen müssen. Aus grundsätzlicher politischer Gegnerschaft heraus stellte er für sich und seine Frau bis zu seiner Festnahme nicht weniger als 13 Ausreiseanträge. Er galt, da er die Petition formuliert und die Unterschriftensammlung initiiert hatte, als »Rädelsführer«. Daß er nicht verurteilt, sondern am 26. August 1977 – ohne in dieser Sache je vor Gericht gestellt zu werden – abgeschoben wurde, ließ auf das Interesse der DDR an einer möglichst wenig Aufsehen erregenden, stillschweigenden Beilegung der Angelegenheit schließen. Humanitäre Bemühungen der Bundesregierung, aber auch der »Gesellschaft für Menschenrechte« und die Publizität des Falles mögen dabei mitgewirkt haben. Auch andere Wortführer der Riesaer Bürgerrechtsinitiative, Uta und Oskar Porsche, Jörn Riedesel, Gernot Zimmermann, Wolfram Wenzel und Joachim Muth, wurden in Haft genommen. Sie sind alle verurteilt und später in die Bundesrepublik »freigekauft« worden.

Die Riesaer Petition basierte auf Rechtsgrundlagen, auf die sich DDR-Bürger legal berufen konnten. Artikel 8 der DDR-Verfassung erklärt die »allgemein anerkannten, dem Frieden und der friedlichen Zusammenarbeit der Völker dienenden Regeln des Völkerrechts« als »für die Staatsmacht und jeden Bürger verbindlich«.

Die politische Gefahr haben die Herrschenden allerdings frühzeitig erkannt und benannt. Generaloberst Herbert Scheibe, Leiter der Abteilung Sicherheitsfragen im Apparat des Zentralkomitees, erklärte unmittelbar nach dem IX. Parteitag der SED kategorisch: »Wir werden nicht dulden, daß die internationalen Verträge, insbesondere die Schlußakte von Helsinki, im Kampf gegen den Sozialismus mißbraucht werden.« Der später auch von Erich Mielke aufgezeigte Kausalzusammenhang zwischen der internationalen Entspannungspolitik und einer inneren Entwicklung der DDR, die Scheibe als »verstärkte Versuche des Gegners« verstand, »den Sozialismus von innen heraus zu zersetzen«[26], ist evident.

Das Dilemma der SED war eindeutig zu bestimmen. Einerseits wollte und mußte sie an der internationalen Entspannungspolitik festhalten, die immerhin der DDR die weltweite Anerkennung als Staat und die Formalisierung ihrer Beziehungen zur Bundesrepublik gebracht hatte. Andererseits wirkte sich eben diese Entspannungspolitik »destabilisierend« aus, »von innen heraus zersetzend«, weil sich die Menschen nicht damit abfinden wollten, daß ihre Hoffnungen auf Freizügigkeit und humanitäre Erleichterungen enttäuscht wurden. Der Grat, auf dem sich Erich Honecker bewegen konnte und kann, war und ist schmal: Ließe er die Menschen nach Belieben ausreisen, hätte das politische und ökonomische Rückwirkungen, die mit dem Bau der Berliner Mauer ja gerade bewältigt sein sollten. Würde er intern auf einem harten Kurs DDR-Bürgern gegenüber beharren, so würde er das Image der DDR aufs Spiel setzen, sein Ja zur Entspannungspolitik und zum KSZE-Prozeß wäre unglaubwürdig. Im Rahmen seiner begrenzten Möglichkeiten mußte er die Entspannungspolitik nach außen mit ihren Rückwirkungen im Innern ständig aufs neue ausbalancieren. Eben dies bedingt häufig Schwankungen, erklärt die Unkalkulierbarkeit des Vorgehens in Ost-Berlin, das Pendeln der DDR-Behörden zwischen zuweilen erstaunlicher Generosität und unverständlicher Härte.

Die Antragsteller kamen und kommen aus allen sozialen Schichten und aus jeder Altersgruppe, auch wenn jüngere und junge Menschen wohl überwiegen. So verhielt es sich in den siebziger Jahren, gegen deren Ende die Ausreisewelle abzuflauen begann, ebenso wie in den frühen achtziger Jahren, als sie wieder anschwoll – bedingt durch die Madrider Nachfolgekonferenz der KSZE, deren abschließendes Dokument vom 1. September 1983 erneut das Recht auf Freizügigkeit bekräftigt hat. Wenn in den Jahren 1983/84 die Welle der Ausreisebegehren zu einer politischen Springflut zu werden drohte – Schätzungen lagen zwischen 200 000 und 500 000 Ausreiseanträgen[27], die sich bis Ende 1983 angesammelt hatten –, so erklärt dies den politisch überstarken Druck, unter den die SED geraten war und dem sie ein Ventil öffnete, indem sie in den Monaten Januar bis April 1984 mehr als 25 000 DDR-Bürgern die legale Ausreise zugestand. Darunter waren viele, die seit Jahr und Tag um ihre Ausreise aus der DDR gekämpft hatten, wie die Ostberliner Krankenschwester Doris Wels, die mehr als 100 (hundert!) Anträge eingereicht hatte, bis sie im Juli 1980 ihrer Beharrlichkeit wegen festgenommen und zu drei Jahren Freiheitsstrafe verurteilt wurde: wegen ihrer Kontakte zur »Gesellschaft für Menschenrechte«, die für Doris Wels öffentlich eingetreten war. Nach nahezu vollständiger Strafverbüßung wurde sie im Juni 1983 in die Bundesrepublik entlassen – acht Jahre nach ihrem ersten Ausreiseantrag[28]. Ist es polemisch, die DDR einen Staat zu nennen, der seine Bürger wie Leibeigene behandelt?

Öffentlicher Protest und gewaltfreie Aktion

In ihrem Ringen um Freizügigkeit griffen DDR-Bürger schließlich auch auf die oppositionelle Taktik gewaltfreier Aktion zurück, die in ihren Anfängen den von Mahatma Gandhi entwickelten Formen des zivilen Ungehorsams und des gewaltfreien Widerstands vergleichbar war. »Wer sich vollkommen auf den zivilen Ungehorsam eingestellt hat, ignoriert einfach die Autorität des Staates. Er stellt sich außerhalb des Gesetzes, um jedes unmoralische Gesetz außer acht lassen zu können. So mag er sich weigern, die Autorität des Staates in seinen täglichen Beziehungen anzuerkennen, und er kann sich weigern, den Anordnungen Folge zu leisten, die ihm das Betreten bestimmter Plätze verbieten.«[29] Mit diesen Worten des großen Inders ließe sich recht genau umschreiben, wozu sich im Sommer 1983 in der Universitätsstadt Jena vornehmlich jüngere Menschen entschlossen: Um ihre Ausreisebegehren zu unterstreichen und gegen ihre Verzögerung oder Verweigerung zu protestieren, versammelten sie sich allsonnabendlich um neun Uhr auf dem Platz der Kosmonauten, in weiße Hemden, weiße Blusen gekleidet, um eine Stunde lang schweigend im Kreis zu verharren – wortlos anklagend, ohne Sprechchöre, ohne Transparente, stumme Zeugen gegen ihre Regierung, die sie nicht ausreisen lassen wollte.

»Am ersten Samstag (18. Juni) standen etwa 30 Menschen in dem Kreis. Die Bevölkerung reagierte verwundert, die MfS-Angehörigen beschränkten sich auf Fotografieren.«[30] Das wiederholte sich mehrmals bei steigender Teilnehmerzahl. »Beim fünften Samstag-Treff war der ganze ›Platz der Kosmonauten‹ von Mannschaftswagen der VP umgeben, und die MfS-Leute hatten sich gleichmäßig verteilt. Ein Offizier der Volkspolizei stellte sich in die Mitte des Kreises – es waren bereits 60 – und sagte: ›Lösen Sie sich auf, das ist eine nicht genehmigte Demonstration‹. Auf die Situation vorbereitet, verließen alle ohne Widerrede und in verschiedenen Richtungen den Platz.«[31] Zwei Tage später strahlten westliche Sender einen Bericht über den »Jenaer Kreis« aus und veröffentlichten eine an Honecker gerichtete 12-Punkte-Erklärung, in der sich 26 Jenaer Bürger, darunter ganze Familien, unter Nennung von Namen und Anschriften an den Staatsratsvorsitzenden gewandt hatten, um ihre Ausreise zu ertrotzen.

Die Jenaer beklagten sich: »Wir sind nicht einverstanden, daß Staatsbürger der DDR, die einen Antrag auf Entlassung aus der Staatsbürgerschaft der DDR gestellt haben, allein auf Grund der Antragstellung zu Staatsfeinden erklärt oder kriminalisiert werden sollen.«[32] Das war zwar polemisch formuliert, entsprach aber der tatsächlichen Situation. Die Wirkung der Fernsehsendung war erstaunlich: »Angehörige des MfS suchten zahlreiche Teilnehmer auf und baten sie, am kommenden Sonnabend nicht mehr auf den Platz zu gehen, es wäre unnötig, weil ihre Ausreise genehmigt sei.«[33] Bei der achten Samstagsbegegnung – sie fand am 23. Juli statt – waren immerhin 184 Demonstranten im Schweigekreis gezählt worden. Viele waren, durch das Fernsehen informiert, auch aus anderen Städten nach Jena gekommen, aus Dresden und Merseburg, aus ländlichen Gegenden Thüringens und selbst aus Ost-Berlin. Die Staatssicherheit griff nicht ein, sondern begnügte sich mit Ausweiskontrollen und Fotoaufnahmen. Etwa 40 Jenaer Bürger erhielten binnen einer Woche ihre Ausreise. Einmal mehr hatte sich bestätigt, wie dringend dem Regime daran gelegen ist, öffentliches Aufsehen zu vermeiden.

Gerade deshalb versuchen ausreisewillige Bürger auch mit der gezielten öffentlichen Kompromittierung der DDR ihre Ausreise durchzusetzen. Sie wissen, daß sie damit einen empfindlichen Nerv des Regimes treffen. Vor allem reiften aus diesem Kalkül auch Pläne, durch spektakuläres Eindringen in westliche Missionen in Ost-Berlin die Ausreise zu erzwingen. Zwei spektakuläre Fälle dieser Art erregten Aufsehen weit über Deutschlands Grenzen hinaus.

Sechs Menschen aus Ostberlin und der DDR, fünf Deutsche und ein Italiener im Alter zwischen 19 und 43 Jahren, suchten am 20. Januar 1984 die Botschaft der USA in Ost-Berlin auf und erklärten hier, daß sie das Gebäude nicht eher verlassen würden, bis sie politisches Asyl und die Ausreise aus der DDR zugesichert bekämen. Sie übergaben ein vorformuliertes Schreiben an den amerikanischen Präsidenten Ronald Reagan, dessen Wortlaut sie gleichzeitig in westlichen Medien veröffentlichten. »Sehr geehrter Herr Reagan, wir bitten um politisches Asyl in der Botschaft der Vereinigten Staaten von Amerika in Berlin. Wir bitten Sie um Schutz vor Verfolgung durch DDR-Sicherheitsorgane. Uns steht die Inhaftierung bevor. Wir haben den Behörden der DDR mitgeteilt, daß wir in unbegrenzten Hungerstreik treten, da uns die Ausreise aus der DDR verweigert wird. Der Hungerstreik ist für uns die letzte, verzweifelte Möglichkeit, unseren Willen nach Übersiedlung in ein demokratisches Land zu bekunden. Für den Versuch, die DDR zu verlassen, mußten zwei von uns bereits Gefängnisstrafen erleiden. Wir wurden diskriminiert, weil wir Rechte wahrnehmen wollen, die in den Statuten der Vereinten Nationen für alle Menschen gefordert werden und für jeden Amerikaner selbstverständlich sind.« Und auch die radikale Absage an die DDR fehlte nicht: »Nach jahrelangen Bemühen, persönlichen Entbehrungen und Gefängnisstrafen haben wir immer noch keine Aussicht, aus der DDR entlassen zu werden. Aufgrund unserer inneren Überzeugung ist uns ein Leben in der DDR unmöglich geworden. Die völlige Entmündigung und Unfreiheit der Menschen in der DDR können wir nicht ertragen.«[34] Durch die Veröffentlichung des Briefes in westlichen Medien war nicht nur für das bei solchen Aktionen politisch nötige Aufsehen gesorgt, auch die amerikanische Botschaft war in Zugzwang gebracht worden, und zwar zu einem für die Aktion geschickt gewählten Zeitpunkt: In Stockholm hatte die Konferenz über vertrauensbildende Maßnahmen und Abrüstung in Europa begonnen, in Ost-Berlin wurde hoher Staatsbesuch erwartet: Der französische Außenminister Claude Cheysson und der kanadische Premier Pierre Trudeau hatten ihr Kommen angekündigt. In Verhandlungen hinter verschlossenen Türen, in die auch der Ständige Bonner Vertreter in Ost-Berlin, Staatssekretär Hans Otto Bräutigam, einbezogen wurde, konnte der Fall gelöst werden. Bereits am Abend des 22. Januar trafen die sechs Asylsuchenden in West-Berlin ein. Zwei von ihnen, das sei am Rande notiert, waren Söhne hoher Offiziere der DDR-Staatssicherheit.

Der Fall zog infolge der Publizität, die er trotz allen Bemühens um Stillschweigen auslöste, Nachahmungen nach sich – und das nicht nur in Ost-Berlin. Am 24. Februar erschien in der bundesdeutschen Botschaft in Prag das Ehepaar Hans-Dieter und Ingrid Berg mit Schwiegermutter und zwei Kindern, um um Unterstützung bei der Ausreise in die Bundesrepublik nachzusuchen. Ingrid Berg, das gab dem Fall seine pikante Note, war eine geborene Stoph – eine Nichte des DDR-Ministerratsvorsitzenden Willi Stoph, die Tochter seines verstorbenen Bruders Kurt Stoph. Wiederum hatte die DDR ihren Skandal. Wiederum gelang es, allerdings über den Umweg einer Rückkehr in die DDR, die Familie loszueisen. Bereits am 20. März 1984 reisten sie über den Grenzkontrollpunkt Wartha in die Bundesrepublik ein.

Die Nachgiebigkeit, die die DDR bei der Behandlung beider und ähnlich gelagerter Fälle bewiesen hatte, ließ eine politische Güterabwägung erkennen, die nachdenklich stimmt. Entgegen der Versuchung, mit einem harten Nein ein drakonisches Exempel zu statuieren, entschied sich Honecker im Interesse der deutsch-deutschen Beziehungen für eine humanitäre Lösung, die sich allerdings für die DDR meist als recht einträglich erwies: Zur Lösung des Falles Berg zum Beispiel wurde eine Summe von 500 000 Mark aufgewendet.

Opposition von links

13

Der Stalinismus hatte den realen Sozialismus in einem Maße politisch diskreditiert, daß lange Zeit nicht an eine »kommunistisch« motivierte Opposition im Staat der SED zu denken war. Zwar hatte sich 1956 während des politischen Tauwetters eine revisionistische Opposition herausgebildet, aber sie beruhte im wesentlichen auf Grundsätzen und Kerngedanken, die dem »Sozialdemokratismus« näher waren als dem Marxismus-Leninismus. So war es kein Zufall, daß die Harich/Janka-Gruppe, das politisch-ideologische Zentrum der revisionistischen Opposition der fünfziger Jahre, Kontakte zur SPD gesucht hatte. Eine Systemkritik von links, die den realen Sozialismus auf seine radikaldemokratischen und revolutionären Ursprünge zurückführen wollte, die sich außer auf Marx und Engels auf Rosa Luxemburg und Leo Trotzki berief, begann sich in den Reihen der SED erst allmählich zu entwickkeln – vorerst unter dem Einfluß des jugoslawischen Kommunismus, später in Auswirkung der Lehren Mao Tse-tungs und des sowjetisch-chinesischen Schismas, danach inspiriert vom tschechoslowakischen Reformkommunismus und, in den siebziger Jahren, vom Eurokommunismus.

Das Charakteristische dieser Opposition von links, die der Politologe Dieter Knötzsch als »innerkommunistische Opposition«[1] bezeichnet, bestand in der Grundauffassung, den Stalinismus aus seinen gesellschaftlichen Bedingungen und historischen Wurzeln zu erklären. Daraus folgte die Notwendigkeit, den Stalinismus statt durch Auswechseln führender Politiker und Beseitigung bürokratischer Auswüchse durch radikale Demokratisierung seiner Strukturen zu überwinden. Entstalinisierung aus diesem Blickwinkel gesehen hieß: »Überwindung der Herrschaft des Parteiapparates, freie Wahl der Parteiorgane, Möglichkeiten für oppositionelle Fraktionen in der Partei, Aufhebung der Parteidisziplin in Meinungs- und Überzeugungsfragen«[2]. Durch Erfahrung müßte somit erkennbar werden, daß realer Sozialismus nicht weniger, sondern mehr demokratische und politische Freiheiten garantiert, als sie ein bürgerlicher Staat jemals verwirklichen kann.

Hermann Weber hat diese innerkommunistische Opposition politisch-ideologisch als »demokratischen Kommunismus« umschrieben. »Die demokratischen Kommunisten messen die Realität der kommunistisch regierten Länder an der eigenen Theorie. Aus dem Widerspruch zwischen Theorie und Praxis, Anspruch und Wirklichkeit leiten sie die Forderung nach Veränderung der bürokratisch-diktatorischen Herrschaftsmethoden des Kommunismus ab. Sie halten nicht nur an den sozialen Zielen der marxistischen Theorie fest, sondern sie wollen die klassenlose Gesellschaft durch eine Demokratisierung der gegenwärtigen Strukturen erreichen.«[3]

Man mag die Synthese von Demokratie und Kommunismus für eine politische Utopie halten, sogar für einen Widerspruch in sich selbst, aber sie entspricht jedenfalls traditionellen marxistischen Vorstellungen. Rosa Luxemburg hat das Credo des demokratischen Kommunismus schon 1918 in ihrem berühmten Wort formuliert: »Freiheit nur für die Anhänger der Regierung, nur für die Mitglieder einer Partei – mögen sie auch noch so zahlreich sein – ist keine Freiheit. Freiheit ist immer die Freiheit des Andersdenkenden.«[4] Es lag ganz im Sinne dieser Tradition, wenn die innerkommunistische Opposition der SED nicht konspirativ, nicht illegal vorging, um die Partei von ihrer stalinistischen Sklerose zu heilen, sondern in aller Offenheit. Die demokratischen Kommunisten suchten die politische Provokation. Ihr konsequentestes Beispiel gab in der DDR ein Mann, der seit seinem 22. Lebensjahr für den Kommunismus gekämpft und gelitten hatte: Robert Havemann.

Der intellektuelle Aufstand des Robert Havemann

Als die Exponenten der revisionistischen Opposition in die Zuchthäuser der DDR kamen, war Robert Havemann mit der Partei noch keineswegs in Konflikt geraten. Zwar hatte er die Enthüllungen über die Fehler und Verbrechen J. W. Stalins mit tiefer Bestürzung zur Kenntnis genommen, aber er glaubte auch an die Bereitwilligkeit der SED, in der DDR ihre Folgen zu beseitigen. Erst die Enttäuschung über das Ausbleiben einer konsequenten Entstalinisierung führte ihn zu jener innerkommunistischen Opposition, deren Wortführer er schließlich wurde.
1910 als Sohn eines Lehrers in München geboren, war Robert Havemann schon als Student 1932 Mitglied der KPD geworden. Während der nationalsozialistischen Diktatur promovierte er 1935 im Fach physikalische Chemie, in dem er sich 1943 auch habilitierte. In dieser Zeit stand er im antifaschistisch-kommunistischen Widerstand. Als Mitglied der illegalen Gruppe »Europäische Union« wurde er am 16. Dezember 1943 vom »Volksgerichtshof« des Dritten Reiches zum Tode verurteilt.[5] Die Vollstreckung des Urteils konnte bis Kriegsende aufgeschoben werden, weil Freunde Robert Havemanns im Heereswaffenamt seine »kriegswichtigen Forschungen« reklamierten. 1945 befreiten ihn Soldaten der Roten Armee aus dem Zuchthaus Brandenburg-Görden.
Robert Havemann leitete von 1950 bis 1964 das Physikalisch-Chemische Institut der Ostberliner Humboldt-Universität, er wurde 1959 mit einem Nationalpreis der DDR ausgezeichnet, von 1950 bis 1963 war er Mitglied der Volkskammer. Als er im Wintersemester 1963/64 vor 1200 eingeschriebenen Hörern an der Humboldt-Universität Vorlesungen über naturwissenschaftliche Aspekte philosophischer Probleme hielt, die gerade kritische, zweifelnde Kommunisten als Entwurf zur geistigen Erneuerung des dialektischen und historischen Materialismus empfinden mußten, reagierte die SED mit seiner Maßregelung. Havemanns Vorlesungen glichen der Verkündung einer Philosophie der Freiheit. Er übertrug zum Beispiel seine aus der Quantenmechanik gewonnenen Einsichten in die Dialektik von Zufälligkeit und Notwendigkeit, Möglichkeit, Wahrscheinlichkeit und Wirklichkeit physika-

lischer Vorgänge auf historische Abläufe und verband damit einen kaum verschlüsselten Angriff auf die Diktatur der Partei: »Freiheit, hat Hegel gesagt, ist Einsicht in die Notwendigkeit. Dieser Satz ist oft sehr einseitig, sehr mechanisch, sehr armselig interpretiert worden«, zum Beispiel von der SED. »Herablassend wird uns gesagt: Wenn ihr nicht einseht, was nun einmal Notwendigkeit ist – und diese Notwendigkeit hatten gewöhnlich diejenigen bestimmt, die das sagten –, so könnt ihr eben auch keine Freiheit haben und werdet dafür eingesperrt, Freiheit könnte man sich also dadurch erkaufen, daß man freiwillig tut, was man tun muß, obwohl man es gar nicht tun will.«[6] Im Schatten der Berliner Mauer gesprochen, waren das Worte voller Brisanz.

1964 wurde Robert Havemann von seinem Lehrstuhl vertrieben und aus der Partei ausgeschlossen. Ein Jahr später büßte er auch einen Forschungsauftrag an der Ostberliner Akademie der Wissenschaften ein. Zum Schweigen gebracht werden konnte er freilich nicht – im Gegenteil, der »Prager Frühling« sollte seinen intellektuellen Aufstand gegen die Ideologie der Staatspartei erst recht schüren. Gemeinsam mit seinem politischen Freund, dem durch Berufsverbot ebenfalls geächteten Liedermacher Wolf Biermann, solidarisierte er sich frühzeitig mit Alexander Dubčeks »Kommunismus mit menschlichem Antlitz«.

Der rebellische Systemkritiker formulierte in seiner Analyse des realen Sozialismus Argumente, die die innerkommunistische Opposition theoretisch fundieren halfen. »Das Wesentliche am stalinistischen Sozialismus ist nicht nur der Polizeiterror, die Tätigkeit der Geheimpolizei, die jeder Kontrolle entzogen ist, und die Unterdrückung jeder kritischen oder gar oppositionellen politischen und weltanschaulichen Meinung. Im Grunde weit bedeutungsvoller ist die ökonomische Struktur. Sie ist der Nährboden, in dem der stalinistische Überbau blüht, wächst und gedeiht. Ökonomisch ist im stalinistischen Sozialismus die sozialistische Revolution nur halb vollendet: Nicht die Produzenten, die Arbeiter und Bauern, sind als Eigentümer an die Stelle der Kapitalisten und Grundbesitzer getreten, sondern der Staat. Die Volksmassen üben gar nicht die Diktatur des Proletariats aus. Dies wäre eine Diktatur der Mehrheit über eine historisch abgewirtschaftete Minderheit. Statt von den Volksmassen wird die Diktatur von einer Minderheit von Funktionären ausgeübt, die sich als die Repräsentanten der Volksmassen ansehen. Und damit entstehen wieder alle Erscheinungen der Diktatur einer Minderheit.«[7] Systemkritik mit den Kategorien von Marx – das war es, was Havemann für die SED allmählich so gefährlich gemacht hatte.

Seine politischen Folgerungen aus dieser theoretischen Analyse waren konkret. Havemann entwarf zwei Phasen der sozialistischen Revolution: »Die erste Phase, die Erringung der Macht und die Entmachtung der Bourgeoisie, vollzieht sich zwangsläufig in den Formen der Diktatur des Proletariats . . . In der Phase der Diktatur zerstört die Revolution die Privilegien der bisher herrschenden Klasse . . . In der zweiten Phase, in der die Diktatur aufgehoben wird, weil die Spaltung der Gesellschaft in antagonistischen Klassen beseitigt ist, werden Freiheit des Individuums und Demokratie des Staates erstmals in der Geschichte als reale Grundlagen der Gesellschaft durchgesetzt.« Im Prager Reformkommunismus erblickte er »diesen entscheidenden Schritt zur Vollendung der sozialistischen Revolution«, der eben in der UdSSR wie in der DDR noch aussteht. Der »Prager Frühling« war für Robert Havemann »eine Revolution von oben, der Sieg der besseren Kommunisten über die Stalinisten. Sie verbanden zum ersten Mal nicht nur mit Worten, sondern in ihren Taten die Idee des Sozialismus mit der Idee der Freiheit. Das Ergebnis war die breiteste Massenzustimmung, die je einer kommunistischen Partei zuteil wurde.«[3]

Historisch erwies sich diese Einschätzung zwar als zu optimistisch, ein Sieg der besseren Kommunisten steht in der ČSSR bis heute aus, aber Robert Havemann ließ sich in seiner Grundauffassung nicht beirren. Er hat sie bis zu seinem Tode 1982 vertreten – in Interviews und Artikeln, in politischen Essays und mehreren Büchern, von denen seine Autobiographie »Fragen Antworten Fragen«, die 1970 bei Piper in München erschien, zu den lesenswertesten Zeugnissen innerkommunistischer Opposition zählt.

Mit der gezielten Veröffentlichung seiner Thesen und Schriften in der Bundesrepublik prägte er, unbekümmert um parteiamtliche Tabus, einen neuen oppositionellen Stil. Immer wieder hat er die Öffentlichkeit gesucht, bei Wahrung unbedingter Legalität allerdings, bei Enthaltung von jedweder Konspiration – was aus guten Gründen als »Ausdruck der Überzeugung von der inneren Rechtmäßigkeit einer Absichten« kommentiert worden ist, »von der Pflicht eines Kommunisten, durch öffentliche Kritik jeder Verfälschung des Kommunismus entgegenzuwirken«.[9] Havemanns politischer Stil hat bei der innerkommunistischen Opposition alsbald Schule gemacht. Gerade junge Menschen in der DDR, Studenten, Intellektuelle waren fasziniert.

Gewiß zählten sie nur nach Hunderten, nicht nach Tausenden, die sich in der DDR offen zu Robert Havemann bekannt haben, aber sie taten es mit aller Entschiedenheit – wie Jürgen Fuchs, ein junger Schriftsteller, der am 19. November 1976 wegen seiner Kontakte zu dem »Sokrates von Grünheide« festgenommen wurde und rund neun Monate bei der Staatssicherheit in Untersuchungshaft verblieb bis zu seiner Ausweisung nach West-Berlin, die er nie begehrt hatte, die ihm aber aufgenötigt wurde. »Ich wurde nicht Mitglied der Partei, um Karriere zu machen, ich wollte als Genosse mithelfen, den Sozialismus in der DDR zu verwirklichen.«[10] In einem Brief an Erich Honecker hat Jürgen Fuchs dies geschrieben.

So viel Mut zur Illusion konnte in den siebziger Jahren wohl nur in der DDR gedeihen. 1950 in der Textilarbeiterstadt Reichenbach im Vogtland geboren, Sohn eines Elektrikers, besuchte Jürgen Fuchs die Oberschule mit Abitur und Facharbeiterbrief als Abschluß. Das war 1969. Die Mitgliedschaft in der Pionierorganisation »Ernst Thälmann« und in der FDJ war für ihn so selbstverständlich wie später der Eintritt in die SED. Den entscheidenden Bruch verursachten erst die Erfahrungen des anderthalbjährigen Wehrdienstes in der Nationalen Volksarmee, die auf Fuchs schockierend wirkten. Prosastücke, in denen er den Militarismus der DDR geißelt, sind dafür literarische Dokumente.

Jürgen Fuchs studierte nach dem Wehrdienst an der Sektion Psychologie der Friedrich-Schiller-Universität Jena Sozialpsychologie und Soziologie. Nebenher begann er literarisch zu arbeiten, er schrieb Impressionen aus dem

Alltag des realen Sozialismus, knappe, pointierte Aussagen, die durch ihre sprachliche Dichte überzeugten. Anfänglich wurden seine Texte in der DDR gedruckt. Als sie zunehmend Opposition von links verrieten, waren die Folgen absehbar: 1975 wurde er, »ein Hetzer«, »ein Staatsfeind«, aus der SED ausgeschlossen. Der Tropfen, der das Faß zum Überlaufen brachte, war eine öffentliche Veranstaltung in Bad Köstritz (Bezirk Gera), wo Jürgen Fuchs eigene, beifällig aufgenommene Texte gelesen hatte. Für die SED waren sie »Machwerke«. Sie brandmarkte den Autor mit dem Stigma der »Konterrevolution«. Dem Parteiausschluß folgte die Relegation. Kurz vor dem Examen mußte Fuchs die Universität verlassen.

Arbeit fand der Gemaßregelte in Jena nicht. Um für seine Frau und seinen 1975 geborenen Sohn sorgen zu können, nahm er eine Tätigkeit als Pfleger in einem kirchlichen Kinderheim in Ost-Berlin an. Wohnung fand er mit seiner Familie im Gartenhaus auf dem Grundstück von Robert Havemann in Grünheide. Den Schlußpunkt setzten die Festnahme in Ost-Berlin und die Ausweisung nach West-Berlin.

Der Exodus oppositioneller Schriftsteller

Der Fall Jürgen Fuchs war symptomatisch. Das Ausbürgern begann sich einzubürgern in der DDR, wie Stefan Heym in einem Bonmot einmal gesagt hat. Es war zu einem probaten Mittel gegen oppositionelle Schriftsteller und Künstler geworden – Ironie eines Staates, der sonst die Ausreise zu einem Privileg erhebt. Den spektakulären Anfang setzte das Regime mit dem Liedermacher Wolf Biermann. Nach mehr als einem Jahrzehnt Berufsverbot in der DDR war ihm überraschend die Ausreise zu Gastspielen in Köln und Bochum erlaubt worden. Während seiner Abwesenheit aber wurde ihm am 16. November 1976 die Staatsbürgerschaft der DDR »aberkannt«, wurde er mit den Worten Heinrich Bölls »auf das schäbigste reingelegt«, wobei das behördliche Vorgehen sogar dem Buchstaben des Gesetzes widersprach. »Mit seinem feindseligen Auftreten gegenüber der Deutschen Demokratischen Republik hat er sich selbst den Boden für die weitere Gewährung der Staatsbürgerschaft der DDR entzogen.«[11] Der Gemaßregelte erfuhr es aus der Zeitung.

Empörung löste der Willkürakt nicht nur in der Bundesrepublik und im westlichen Ausland aus. Auch in Ost-Berlin und der DDR regte sich Protest. Eine Erklärung von zwölf DDR-Schriftstellern vom 17. November 1976 zur Ausbürgerung Biermanns trug die Unterschriften von Sarah Kirsch, Christa Wolf, Volker Braun, Franz Fühmann, Stephan Hermlin, Stefan Heym, Günter Kunert, Heiner Müller, Rolf Schneider, Gerhard Wolf, Jurek Bekker und Erich Arend. »Biermann selbst hat nie, auch nicht in Köln, Zweifel darüber gelassen, für welchen der beiden deutschen Staaten er bei aller Kritik eintritt. Wir protestieren gegen seine Ausbürgerung und bitten darum, die beschlossenen Maßnahmen zu überdenken.«[12] Eine eindeutige Protestbekundung, der sich in den folgenden Tagen mehr als hundert Schriftsteller und Künstler durch ihre Unterschrift anschlossen. Für die DDR »etwas ganz Einmaliges«, wie Robert Havemann seinerzeit in einem Interview äußerte.

»Bisher haben wir niemals solch eine Solidarität mit einem Menschen, dem Unrecht getan worden ist, erlebt in einem solchen Umfang. Das ist ein Politikum ersten Ranges.«[13]

Das Regime reagierte nervös. Es kam zu Auseinandersetzungen mit Unterzeichnern – und es kam zu Festnahmen. Zu denen, die unverzüglich hinter Gitter gebracht wurden, gehörten Jürgen Fuchs, ferner der Leipziger Liedermacher Gerulf Pannach und der Musiker Christian Kunert, beide Mitglieder der Renft-Combo, die in der DDR Auftrittsverbot erhielt. Robert Havemann wurde für mehrere Wochen unter Hausarrest gestellt. Auf eigenen Wunsch wurden die Popsängerin Nina Hagen, ihre Mutter, die Sängerin Eva Maria Hagen, der Schriftsteller Thomas Brasch und seine Lebensgefährtin, die Schauspielerin Katharina Thalbach, aus der DDR ausgebürgert. »Vor den Vätern sterben die Söhne« betitelte Thomas Brasch, Sohn eines einst prominenten DDR-Funktionärs, sein erstes in West-Berlin erschienenes Buch.

Die Solidarität mit Wolf Biermann und der Protest gegen seine Ausbürgerung waren auf Literaten und Künstler keineswegs beschränkt. Thomas Auerbach, Jugendleiter bei der evangelisch-lutherischen Kirche in Jena, berichtete über eine zum 18. November 1976 anberaumte Informationsveranstaltung der Jungen Gemeinde: »Zum Fall Biermann wurden Pressemitteilungen verlesen, ebenso der Brief Havemanns an das Politbüro der SED. Dazwischen spielten wir Biermann-Lieder ab und rezitierten Gedichte – ›Lob des Revolutionärs‹ von Brecht und ›Die Abnehmer‹ von Erich Fried. Ein Tonband mit Rundfunkmeldungen der letzten Tage wurde vorgespielt, worin die internationale Reaktion zur Biermann-Ausbürgerung zum Ausdruck kam. Die Erklärung der Berliner Künstler wurde verlesen. Es folgten Diskussionen über die zu erwartende Verfolgung für uns als namenlose Unterzeichner. Nach Minuten des Überdenkens unterschrieben etwa 50 Personen von den etwa 80 Anwesenden. Nach der Veranstaltung sammelten wir in der Stadt weiter Unterschriften von Bekannten. Am späten Abend versammelten wir uns bei Freunden und hörten die ersten Aufzeichnungen des Kölner Biermann-Konzertes. Dann wurden Absprachen über die weitere Verbreitung der Erklärung in anderen Städten getroffen.«[14] Ehe sich die Opposition formiert hatte, griff die Staatssicherheit ein. Fünf Mitglieder der Jungen Gemeinde, unter ihnen Thomas Auerbach, kamen am Morgen nach dem Informationsabend in Untersuchungshaft, wo sie rund zehn Monate verblieben, ehe das eingeleitete Ermittlungsverfahren wegen »staatsfeindlicher Hetze« eingestellt wurde.

Der Schriftsteller Bernd Jentzsch, der sich zum Zeitpunkt von Biermanns Ausbürgerung in der Schweiz aufhielt, kehrte aus Protest nicht in die DDR zurück. »Aus der Presse habe ich von den beiden unglaublichen Ereignissen erfahren, die sich in den letzten Tagen in der DDR zugetragen haben und gegen die ich leidenschaftlich und unwiderruflich protestiere: den Ausschluß Reiner Kunzes aus dem Schriftstellerverband der DDR und die Ausbürgerung Wolf Biermanns.« So Bernd Jentzsch in einem am 24. November 1976 veröffentlichten Brief an Honecker. »Ich schließe mich hiermit dem Protestbrief der zwölf DDR-Schriftsteller an.«[15] Ein Exodus oppositioneller, zumindest nonkonformistischer Schriftsteller und Künstler setzte ein. Binnen kurzem kehrten der DDR den Rücken: Sarah Kirsch und Jurek Becker, Hans-Joachim Schädlich und Klaus Schlesinger, Günter Kunert und Erich Loest, es kamen der Schauspieler Manfred Krug, der Komponist Thilo Medek und die Liedermacherin Bettina Wegner – um nur ein paar Namen zu nennen.

Auch Reiner Kunze verließ die DDR. Seinem spektakulären Ausschluß aus dem DDR-Schriftstellerverband am 29. Oktober 1976 – einer Vergeltung für seinen in Frankfurt am Main veröffentlichten Roman »Die wunderbaren Jahre« – folgten Monate des politischen Psychoterrors gegen ihn und seine Familie. Das Telefon wurde überwacht, die Post kontrolliert, der Bekanntenkreis auf Kontakte zu Reiner Kunze überprüft. Seine Frau verlor ihre Stellung als Fachärztin, die Tochter wurde von der Oberschule gejagt. Die Entscheidung konnte nicht mehr anders lauten: Einer der begabtesten Lyriker und Schriftsteller der DDR verließ am 13. April 1977 seinen Wohnsitz im thüringischen Greiz, um fortan in der Bundesrepublik frei leben und arbeiten zu können.[16]

Andere, die in der DDR blieben, ließen sich gleichwohl nicht einschüchtern – am wenigsten Stefan Heym, der Schriftsteller aus Chemnitz, der 1933 als Zwanzigjähriger vor den Nationalsozialisten floh, der 1943 in die US-Armee eintrat, sie, angewidert vom stupiden Antikommunismus der Ära McCarthy, 1948 verließ und seit 1952 in der DDR lebt. In den siebziger und achtziger Jahren erschienen seine aus einer sozialistischen Grundhaltung heraus verfaßten, allerdings regimekritischen Romane »5 Tage im Juni« (1974), »Collin« (1979) und »Schwarzenberg« (1984) bei Bertelsmann in München: exemplarische Werke jener »Partisanen-Literatur«, die in der DDR nicht gedruckt werden darf, aber heimlich gelesen wird.

Das betrifft namentlich »Collin«, den inzwischen auch verfilmten Schlüsselroman, der den Stalinismus in der DDR unter literarische Anklage stellt.[17] Im Mittelpunkt der Handlung stehen der Staatssicherheitsminister Wilhelm Urack, der deutlich die Züge Erich Mielkes trägt, und sein Opfer Paul Merker, Mitglied des Politbüros der SED und 1952 als »Agent des Zionismus und Imperialismus« verfolgt, der bei Heym Julius Faber heißt; dazu kommt als dritte Schlüsselfigur der Schriftsteller Georg Havelka, der sich als Walter Janka identifizieren läßt, als jener Alt-Kommunist, der einst zur revisionistischen Opposition um Wolfgang Harich gezählt hatte. Mit dem Roman »Collin«, in dem der Staatssicherheitsminister als selbstberufener Erfüllungsgehilfe der Geschichte geriet – sozusagen »Hirn der Klasse, Schild der Klasse, Scharfrichter der Klasse« –, schrieb Stefan Heym seinen politisch mutigsten Roman.

Rudolf Bahros Alternative

»Der Kommunismus ist nicht nur notwendig, er ist auch möglich. Ob er wirklich wird, das muß im Kampf um seine Bedingungen entschieden werden.« Rudolf Bahro beschließt mit diesem Satz sein Buch »Die Alternative«, erschienen 1978 in Köln – geschrieben in den Jahren 1971 bis 1977 in Ost-Berlin in der erklärten Absicht, die Herrschenden daran zu gewöhnen, »einer offenen Opposition ins Gesicht sehen zu müssen«[18], verfaßt von einem Genossen, der selbst ein politisches Produkt der DDR war. Denn dies machte den Fall exemplarisch: Der spätere Dissident, 1936 als Sohn eines Bauern in Bad Flinsberg/Niederschlesien geboren, ist politisch durch seine kommunistische Erziehung an mitteldeutschen Schulen geprägt worden.

Mit 16 Jahren bereits wurde Rudolf Bahro Kandidat der SED – was nach dem Statut seinerzeit möglich war –, 1954 tauschte er seine Kandidatenkarte gegen das rote Mitgliedsbuch der Partei ein. Einem Studium der Philosophie an der Humboldt-Universität in Ost-Berlin stand so nichts im Wege. Nach seinem Examen 1959 redigierte er für zwei Jahre eine Dorfzeitung mit dem beziehungsreichen Titel »Die Linie« für die Maschinen-Traktoren-Station Sachsendorf im Oderbruch. Danach folgte eine Zeit als Redakteur an der Universitätszeitung in Greifswald. »Von Greifswald hat mich die Abteilung Wissenschaft beim ZK der SED nach Berlin geholt«, berichtete Bahro später selber, »zum Zentralvorstand der Gewerkschaft Wissenschaft.«

Drei Jahre danach machte die SED den vielversprechenden Genossen zum stellvertretenden Chefredakteur der FDJ-Studentenzeitung »Forum«, die 1983 ihr Erscheinen einstellen mußte. Als Bahro hier den ersten politischen Ärger bekam und erste ideologische Konflikte durchzustehen hatte, wurde er in die Industrie abgeschoben – zum VEB Berliner Gummiwerk, wo er im Rahmen eines Ingenieur-Teams Fragen der Rationalisierung und der Arbeitsnormung zu bearbeiten hatte. Der totale Bruch mit der SED kam, als am 21. August 1968 der Befehl zur Intervention in der Tschechoslowakei erteilt wurde. In seiner ersten Empörung verfaßte Bahro eine Austrittserklärung aus der SED, verwarf sie aber wieder: »Ich konnte und mußte etwas Besseres, Einschneidenderes entgegensetzen.«

Die Idee zu einer grundlegenden Kritik des realen Sozialismus war geboren. Bahro begann erneut zu studieren. Nach Feierabend las er Marx »zum dritten Mal«, wie er in seinem Selbstinterview gestand, »und den Leninismus zum ersten Male kritisch«. Das Ergebnis war ein 543 Druckseiten umfassendes Buch, eine gründlich erarbeitete theoretische Analyse des kommunistischen Systems, deren politisch-ideologische Langzeitwirkung selbst heute noch nicht einzuschätzen ist.

Im Zentrum der Bahroschen Kritik steht die Übersteigerung des politbürokratischen Prinzips im realen Sozialismus. »Die zentralistische Monopolisierung aller ökonomischen, politischen und geistigen Entscheidungsmacht führt zu einem unüberwindlichen Widerspruch zwischen dem sozialen Auftrag der Partei und ihrer politisch-organisatorischen Existenzform«, lautet eine Kernthese. »In dieser institutionellen Identität von Staatsautorität, ökonomischer Verfügungsgewalt und ideologischem Ausschließlichkeitsanspruch« erblickt er »das politische Frontproblem im real existierenden Sozialismus«.[19]

In der Sache legt Rudolf Bahro die Anatomie des kommunistischen Systems am Beispiel der DDR bloß: seine Strukturen, Triebkräfte, Hemmnisse, die »organisierte Verantwortungslosigkeit« im realen Sozialismus, der aus seiner Sicht durch denselben Widerspruch zwischen Produktivkräften und Produktionsverhältnissen bestimmt wird, der nach den Lehren der kommunistischen Klassiker die bürgerliche Gesellschaft der proletarischen Revolution entgegentreibt. Die Alternative, »die im Schoße des real existierenden Sozialismus und in den industriell entwickelten Ländern überhaupt heranreift«, sieht Bahro in einer Umwälzung aller bisherigen Arbeitsteilung, Lebensweise und Mentalität, die er als »umfassende Kulturrevolution« begreift, als »allgemeine Emanzipation des Menschen«. In der Formulierung seiner Alternative war Bahro ohne Kompromiß. »Die Politbürokratie muß entmachtet, die Herrschaft des Apparats über die Gesellschaft beseitigt, das Verhältnis von Gesellschaft und Staat neu geregelt, die kommunistische Bewegung, die der Gesellschaft von innen heraus die Perspektive der Kulturrevolution eröffnen soll, neu konstituiert werden.«[20]

Träger dieser Kulturrevolution kann und soll nach Bahro jene »kommunistische Opposition« sein, »für die ein Potential in allen Ländern des real existierenden Sozialismus da ist«, nämlich »eine wahrhaft kommunistische Partei«, »ein neuer Bund der Kommunisten«. Diesen Prozeß zu beeinflussen, indem er der Opposition von links in der DDR zu theoretischem Selbstverständnis verhilft, war sein ureigenes Anliegen und der politische Sinn seines Buches. »Die Stunde der Theorie und der Geschichte muß beginnen. Die Stunde der Politik wird früher oder später folgen.«

Man kann Bahros Alternative als Utopie abtun, man kann sie als naiv belächeln oder als »konterrevolutionär« verteufeln, aber das ändert nichts an der Bereitschaft dieses Mannes, seine Opposition öffentlich zu machen und dafür ins Gefängnis zu gehen. Immerhin nahm er, als er seinen Wohnsitz noch in Ost-Berlin hatte, zur Veröffentlichung seines Buches in einem von Funk und Fernsehen in der Bundesrepublik und in West-Berlin ausgestrahlten Selbstinterview Stellung. Tags darauf standen die Männer von der Staatssicherheit vor seiner Tür: Am 23. August 1977 wurde er in Haft genommen und am 30. Juni 1978, nach gut zehn Monaten Untersuchungshaft, vom Ostberliner Stadtgericht zu acht Jahren Freiheitsstrafe verurteilt. Das Gericht erkannte auf »Sammlung von Nachrichten« und »Geheimnisverrat«, es sah »die nachrichtendienstliche Tätigkeit Bahros« für bewiesen an, als Motiv seiner »feindlichen Aktivitäten«, seiner »antisozialistischen und subversiven Tätigkeit«[21] nannte das Gericht Geldgier.

Das Urteil war nicht nur juristisch skandalös, es war auch politisch töricht. Als politischer Gefangener mußte Rudolf Bahro dem Regime nicht weniger unbequem sein denn als Kritiker. Seine Verurteilung hatte gezeigt, wie ernst die SED seine oppositionelle Herausforderung genommen hatte. Gewiß trugen politische Überlegungen dazu bei, daß Rudolf Bahro, begünstigt von der Amnestie zum 30. Jahrestag der DDR-Gründung, am 11. Oktober 1979 aus dem Gefängnis in Bautzen entlassen wurde und eine knappe Woche später in die Bundesrepublik ausreisen durfte. Sein politischer Weg seither steht hier nicht zur Diskussion. Sein Bild in der Geschichte der DDR-Opposition bleibt davon unberührt.

In der DDR gewann Rudolf Bahro mit seinem Buch bald Einfluß auf die Diskussion linker Oppositionszirkel, innerkommunistischer Kreise, die seine Thesen ebenso wie die Schriften Robert Havemanns begierig aufgriffen und weiterverbreiteten. Punktuell kam es auch zu Solidaritätsaktionen, die ihrerseits neue Verfolgungen auslösten.

Eine dieser linken Gruppen hatte sich in Leipzig gebildet.[22] Ihr Kopf, Heinrich Saar, war schon einmal wegen seiner Opposition gegen die Ideologie und Politik der SED hinter Gefängnismauern gebracht worden. Man traf sich im kleinen Kreis, studierte die Schriften von Theodor Adorno, Herbert Marcuse, Ernst Bloch, las Havemann und Bahro, diskutierte die Ideen des »Prager Frühlings«. Und man blieb nicht bei theoretischer Diskussion – man handelte praktisch. Mit Autolackspray malten die Mitglieder der Gruppe 1978, kurz vor Beginn der Leipziger Herbstmesse, die Losung »Freiheit für Bahro« an die obere Stufe des Völkerschlachtdenkmals. Außerdem druckte die Gruppe Flugblätter mit der Forderung nach Bahros Freilassung und Veröffentlichung seines Buches in der DDR.

Das Ende war absehbar: Heinrich Saar wurde am 31. August 1979 von der Staatssicherheit festgenommen, ebenso mehrere Mitglieder seiner Gruppe. Am 17. Oktober 1980 sprach das Bezirksgericht Leipzig nach mehrtägiger Verhandlung sein Urteil: »staatsfeindliche Hetze« im schweren Fall und siebeneinhalb Jahre Freiheitsstrafe für Heinrich Saar, Strafen bis zu fünf Jahren für mehrere Mitangeklagte. Simone Langrock, die ebenfalls zur Gruppe gehörte, aber wegen der Geburt ihres Kindes erst am 22. April 1980 festgenommen war, wurde in abgetrenntem Verfahren zu fünf Jahren Freiheitsstrafe verurteilt. Sie war die Tochter des Bürgerrechtlers Rolf Mainz und Enkelkind eines Mannes, der als Kommunist im Dritten Reich die gestreifte Kluft des politischen Häftlings hatte tragen müssen. Am 4. August 1982 kam Heinrich Saar dank Freikauf frei, Simone Langrock und die übrigen Mitglieder wurden kurz darauf oder kurz zuvor entlassen. Festzustellen bleibt, daß es ähnliche Gruppen auch anderswo in der DDR gegeben hat.

Ein Manifest demokratischer Kommunisten?

In seinem Buch hatte Rudolf Bahro rein theoretisch einem neuen »Bund der Kommunisten« die Aufgabe gewiesen, Träger innerer Wandlungen in der DDR zu sein. Das öffentliche Aufsehen war daher groß, als sich aus der DDR die »Zentrale Koordinierungsgruppe« einer als »Bund Demokratischer Kommunisten Deutschlands« auftretenden illegalen Gruppe demokratisch und humanistisch denkender Kommunisten mit einem Diskussionspapier zu Wort meldete, das im Oktober 1977 niedergeschrieben sein soll. Im Januar 1978 hat es »Der Spiegel« als »Manifest«[23] veröffentlicht. Das war gewiß ein zu hoher Anspruch. »Die Verfasser, die auf Anonymität Wert legen, sind mittlere und höhere Funktionäre der SED«, hieß es erklärend in dem Hamburger Nachrichtenmagazin. Die Reaktion des Regimes ließ nicht auf sich warten. Das mit einem akkreditierten Korrespondenten besetzte Büro des Nachrichtenmagazins in Ost-Berlin wurde geschlossen. Ein Indiz dafür, wie getroffen sich die Führung der SED fühlte?

Inhaltlich behandelte das Manifest in vier Kapiteln die Problemkreise »Krieg und Frieden«, »Reformkommunismus und sowjetische Orthodoxie«, »Deutschlandpolitik« sowie die innere Situation der DDR. »Es ist unser Ziel, in ganz Deutschland auf eine demokratisch-kommunistische Ordnung hinzuwirken«, lautete die Kernthese, die mit dem Bekenntnis zu einem

»pluralistischen Kommunismus« verbunden war. »Wir schätzen die ›Klassiker des Marxismus-Leninismus‹ als bedeutsame Glieder einer langen Gedankenkette von Morus und Campanella über die französischen, englischen und deutschen Utopisten, die Aufklärung, die Klassik bis hin zu Bebel, Rosa Luxemburg und Liebknecht . . ., bis hin zu Bloch, Harich, Havemann und Bahro.« Einflüsse des Eurokommunismus waren unverkennbar, besonders in der radikalen Kritik an der »politbürokratischen Orthodoxie« in Moskau, an der »parasitären Bürokratenkaste«, die die sowjetische Arbeiterklasse ausbeute.

Das Reformprogramm des Bundes Demokratischer Kommunisten Deutschlands war in sieben Punkten zusammengefaßt:
»Wir sind daher
- gegen die Einpartei-Diktatur, die eine Diktatur der Sekretärs- und Politbüro-Clique ist,
- gegen die Diktatur des Proletariats, die eine Diktatur der Bürokratie über das Proletariat und gegen das gesamte Volk ist,
- für einen Parteienpluralismus, denn Freiheit ist, nach Luxemburg, immer die Freiheit der Andersdenkenden,
- für ein unabhängiges Parlament, das aus freier Entscheidung der Wähler hervorgeht,
- für einen unabhängigen Obersten Gerichtshof, wo jeder Bürger seine Klagen gegen Machtmißbrauch vorbringen kann . . .,
- für eine von lebensfremden ZK-Apparatschiks unabhängige Regierung,
- für die Abschaffung des ›demokratischen Zentralismus‹ in Partei, Staat und Gesellschaft, da er ein Zentralismus gegen die Demokratie ist.«

Außenpolitisch verriet das Manifest eine radikale Frontstellung gegen den »Großmacht-Chauvinismus« der Sowjetunion; von ihm gehe alle Kriegsgefahr aus. »Die sowjetische Aufrüstung zu Lande, zu Wasser und in der Luft, das Schüren von Kriegsherden im afrikanisch-arabischen Raum durch Lieferung von Waffen, Personal und Ausbildern, die zunehmende Militarisierung des gesamten öffentlichen Lebens im Ostblock gefährden den Weltfrieden.« Parallel zu ihnen sollten alle überseeischen NATO-Truppen aus Westeuropa abgezogen werden und beide deutsche Staaten aus ihren jeweiligen Bündnissen ausscheiden. »Ganz Deutschland soll total abgerüstet werden.« Unter diesen außenpolitischen Voraussetzungen votierten die Verfasser des Manifestes auch für die Überwindung der deutschen Spaltung: »Wir sind für eine offensive nationale Politik, für ein Konzept, das auf die Wiedervereinigung Deutschlands zielt, in dem Sozialdemokraten, Sozialisten und demokratische Kommunisten ein Übergewicht gegen die konservativen Kräfte bilden. Das wird der entscheidende Beitrag für eine europäische Friedenssicherung in Deutschland sein.«

Obschon stark polemisch formuliert, enthielt der analytische Teil des Papieres »zur inneren Situation der DDR« weithin zutreffende, in ihrer Zustandsbeschreibung realistische Passagen aus dem Alltag des realen Sozialismus; sie zeugten für die öffentlich alsbald angezweifelte Echtheit des Manifestes. In Ost-Berlin wurde, wen wundert's, alsbald die Version verbreitet, bei dem Manifest handele es sich um »ein miserables Machwerk, in Pullach (Sitz des Bundesnachrichtendienstes der BRD) ausgearbeitet«[24].

Im Gegensatz zu gewissen Politikern, die dem Dokument jegliche Authentizität absprachen, haben Publizisten, die weniger taktische Rücksichten gegenüber einer gereizten SED-Führung üben mußten, seine Echtheit uneingeschränkt bejaht – Heinz Brandt zum Beispiel, der eigentlich keinen Grund gehabt hätte, eine mutmaßliche Fälschung zu beschönigen. »Das diffuse eklektizistische Dokument – entstanden unter konspirativen Bedingungen asiatischer Despotie, die den Klärungsprozeß, die Diskussion ungemein erschweren – ist symptomatisch für die Kinderkrankheit radikaler DDR-Opposition.«[25] So seine Argumentation, die letzte Zweifel an der Echtheit gewiß nicht ausschließt. Weniger die allzu sensationell aufgemachte, aus Gründen der Auflagensteigerung in zwei Teilen erfolgte Veröffentlichung im »Spiegel« als vielmehr die Tatsache, daß sich seitdem niemals mehr ein Bund Demokratischer Kommunisten Deutschlands zu Wort gemeldet hat, läßt das Manifest problematisch erscheinen.

Die »Sektion DDR« der KPD/ML

Der innerkommunistischen Opposition ebenfalls zuzurechnen sind Splittergruppen der KPD/ML, deren Dasein durch Verhaftungen und Verurteilungen in der DDR gerichtsnotorisch geworden ist. Zwar ist die um die Jahreswende 1968/69 gegründete Kommunistische Partei Deutschlands/Marxisten-Leninisten in der Bundesrepublik und in West-Berlin niemals über eine sektiererische Existenz hinausgekommen, doch das hinderte die ursprünglich von den chinesischen und albanischen Kommunisten gemeinsam, später allein von der Partei der Arbeit Albaniens finanziell geförderte KPD/ML keineswegs, um die Jahreswende 1975/76 auch eine »Sektion DDR« ins Leben zu rufen. »Die Zeit ist längst reif, auch in der DDR den Aufbau einer neuen marxistisch-leninistischen Partei der Arbeiterklasse in Angriff zu nehmen«, wurde in einer Gründungserklärung festgestellt. Denn: »Schon lange ist die SED unwiderruflich zu einer Partei des revisionistischen Verrats, zu einer bürgerlichen, sozialfaschistischen Partei entartet.«[26] Für die Genossen der KPD/ML galten und gelten Ulbricht wie Honecker als »revisionistische Verräter«.
Auch in späteren Äußerungen beharrte die KPD/ML auf ihrer ultralinken Linie. In ihrem 1970 vom III. Parteitag beschlossenen Programm, das noch »die unvergänglichen Lehren von Marx, Engels, Lenin, Stalin, Mao Tsetung und Enver Hoxha zur Grundlage« hat – Mao gilt inzwischen als Abweichler –, wird die Herrschaft der SED als »sozialfaschistische Diktatur« charakterisiert: »Der Staat in der DDR ist das wichtigste Instrument der Diktatur der neuen ostdeutschen Bourgeoisie unter der Oberherrschaft des russischen Sozialimperialismus. Der Staatsapparat ist auf allen Ebenen eng mit dem Parteiapparat der SED verfilzt und verwachsen. Die Spitzenpositionen des Staatsapparates wie des Parteiapparates sind in den Händen der neuen bürokratischen Monopolbourgeoisie der DDR. Die neuen Zaren im Kreml wachen sorgfältig darüber, daß die Spitzenpositionen in Partei- und Staatsapparat mit Leuten besetzt werden, die sich als willfährige Lakaien Moskaus erwiesen haben.«[27] Und so weiter.

Die SED selbst wird in diesem Sinne folgerichtig als »revisionistisch« und »sozialfaschistisch« bekämpft. »Die SED ist die politische Partei der neuen Bourgeoisie, also eine revisionistische Partei an der Macht. Gleichzeitig ist sie auch eine Agentur der neuen Bourgeoisie und des russischen Sozialimperialismus innerhalb der Arbeiterbewegung. Mit Phrasen von der ›Gestaltung der entwickelten sozialistischen Gesellschaft‹ versucht sie, die Arbeiterklasse über den kapitalistischen Charakter der heutigen DDR zu täuschen und an das sozialfaschistische Regime zu ketten.«[28] Speziell auf die Politik Erich Honeckers gemünzt ist der Vorwurf: »Durch Ökonomismus, durch die Ideologie des Gulasch-Kommunismus und des materiellen Anreizes, durch Konsumideologie versucht die SED systematisch, bürgerliche Ideologie in die Arbeiterklasse hineinzutragen, betreibt sie die Entpolitisierung der Werktätigen. Die große Losung der Diktatur des Proletariats mißbraucht sie, um ihren sozialfaschistischen Terror gegen die Arbeiterklasse und die Werktätigen zu rechtfertigen.«[29]

Man könnte derlei linkes Sektierertum einfach belächeln, wäre da nicht der Tatbestand, daß es die KPD/ML bei verbalen Attacken keineswegs beließ. Mit der Gründung einer »Sektion DDR« schritt sie zur politischen Aktion. »Die KPD der DDR organisierte ihren Kampf in tiefer Illegalität. Man traf sich in kleinsten Gruppen, gab Flugblätter heraus, schrieb Artikel für das Zentralorgan ihrer Partei, den ›Roten Morgen‹ – Ausgabe DDR. Sie verschickten ihn, gaben ihn interessierten, vertrauenswürdigen Kollegen und Nachbarn. Über Nacht erschienen Parolen an den Fabrikmauern. Immer häufiger fanden DDR-Bürger Propagandamaterial der Partei in ihren Briefkästen, Telefonzellen etc. Zuerst in Ost-Berlin. Hier erschien in regelmäßigen Abständen die illegal herausgegebene, hektographierte Zeitschrift ›Der Rote Stachel‹. Kolleginnen und Kollegen des Braunkohlekombinats Schwarze Pumpe und seiner Versorgungsbetriebe fanden immer öfter die Betriebszeitung der KPD ›Roter Blitz‹ an ihrem Arbeitsplatz.«[30] War das bloße Agitation? War es übertrieben, wenn das in Dortmund gedruckte Wochenblatt »Roter Morgen«, das Zentralorgan der KPD/ML, Aktivitäten auch aus Rostock, Magdeburg, Frankfurt (Oder), Karl-Marx-Stadt, Dresden, Leipzig, Gera und Halle meldete?

Tatsache ist jedenfalls die Verbreitung illegaler Flugblätter der KPD/ML in der DDR, deren Informationen Authentizität verrieten. Tatsache ist weiter, daß am 19. März 1981 der damals 28jährige Diplom-Mathematiker Andreas Bortfeldt und der 30jährige, in der Druckerei des »Neuen Deutschland« beschäftigte Betriebsschlosser Manfred Wilhelm in Ost-Berlin festgenommen wurden. Sie wurden der Leitung der »Sektion DDR« der KPD/ML zugerechnet. Nach fast 16monatiger Untersuchungshaft wurde Bortfeldt am 9. Juli 1982 vom Ostberliner Stadtgericht wegen »staatsfeindlicher Hetze« zu acht Jahren Freiheitsstrafe verurteilt[31], die er zum Zeitpunkt, da diese Schrift erscheint, in der Sonderhaftanstalt Bautzen II noch zu verbüßen hat. Kurz vorher war auch Manfred Wilhelm zu demselben Strafmaß verurteilt worden, während mindestens fünf weitere Mitglieder der KPD/ML in der DDR niedrigere Strafen erhielten. Danach zu urteilen, muß es ein paar Dutzend Genossen gegeben haben, die zum Wagnis innerkommunistischen Widerstands bereit waren.

Die Existenz einer KPD/ML-Opposition in der DDR ist unbestreitbar. Genau zu quantifizieren ist sie nicht. Sie scheint unter den Schlägen der Staatssicherheit dezimiert worden zu sein, denn 1983 auf ihrem V. Parteitag gab die KPD/ML den Anspruch auf, eine Partei für »ganz Deutschland« mit Sektionen für die beiden Staaten in Deutschland zu sein. Statt dessen wurde ein »Nationaler Ausschuß« als gemeinsames Gremium für die Gruppierungen der KPD/ML in beiden deutschen Staaten gebildet. Die Sektierer im Geiste Stalins und Enver Hoxhas gaben sich realistisch. Punktuelle Versuche, in der DDR illegal aktiv zu sein, dauern indes an.

Friedensbewegung und Opposition

Auch in der DDR kann und muß von einer autonomen, staatsunabhängigen Friedensbewegung gesprochen werden, die sich jenseits der institutionalisierten, gleichsam »offiziellen« Friedensbewegung spontan sammelt, die die Aufrüstung nicht nur des Westens, sondern auch des Ostens ablehnt – allerdings mit einer Einschränkung: Was sich an Basisgruppen, Friedensinitiativen und Gesprächskreisen in einer Reihe von Städten zusammengeschlossen hat, ist keine Massenbewegung. Bewegung ist hier eher im ideellen Sinne gemeint. »Sie formiert sich in den Köpfen, selten bei öffentlichen Manifestationen: man fühlt sich als eine Bewegung, die international ist, wenn man die Berichte über die westliche Friedensbewegung verfolgt; man hat ein inneres Zusammengehörigkeitsgefühl.«[1] Trotz dieser Einschränkung, die sich aus den politischen und gesellschaftlichen Verhältnissen erklärt, haben die von autonomen Friedensfreunden in der DDR ausgehenden Initiativen und Aktionen qualitativ durchaus eine Bedeutung erlangt, die ihre Forderungen mit den von der westlichen Friedensbewegung artikulierten Forderungen vergleichbar macht. Dies festzustellen ist um so mehr begründet, als es »grenzüberschreitend« informative Kontakte und gemeinsame Unternehmungen zwischen pazifistischen Kreisen in Ost und West gegeben hat und gibt.
Subjektiv hat sich die autonome Friedensbewegung der DDR keineswegs immer als Opposition im Sinne einer systemüberwindenden politischen Kraft empfunden. »Meine Hoffnung gilt der blockübergreifenden Friedensbewegung«, schrieb eine ihrer Wortführerinnen, die Historikerin Ulrike Poppe, »die nicht in sektiererische Gruppen zerfallen und die auch die realpolitischen Gegebenheiten berücksichtigen sollte. Das heißt konkret: Ich will im Rahmen der Gesetze der DDR und nicht gegen den Staat arbeiten. Aber die Bereitschaft zum Dialog muß auf beiden Seiten da sein«.[2] Eben diese Bereitschaft lassen Partei und Staat noch immer vermissen. Statt dessen riskiert die autonome Friedensbewegung, als Opposition bekämpft zu werden. Das folgt aus der politischen Räson der Herrschenden. »Selbstorganisation wird in der DDR als Opposition verstanden. Und Opposition ist systemfremd. Folglich trägt Selbstorganisation das Odium der Staatsfeindschaft und wird entsprechend bekämpft. Schon wegen dieser Lage sind DDR-Bürger, denen es um autonomes gemeinschaftliches sittliches und politisches Nachdenken über den Frieden und entsprechende Aktivität geht, auf die Kirche angewiesen.«[3] Deren Freiräume wurden in der Tat in zunehmendem Umfang genutzt – selbst da, wo das Engagement für den Frieden nicht christlicher Verantwortung, nicht religiöser Bindung entsprang, son-

189

dern in anarchistischen, linkssozialistischen oder pazifistischen Überzeugungen wurzelt.

Für die Kirche – gemeint ist hier die evangelische Kirche – erwuchs hieraus das Dilemma, sich seitens der SED durch allzu enge Verquickung mit autonomen Friedensgruppen erneut dem Vorwurf der Opposition ausgesetzt zu sehen. Nicht zuletzt zur Wahrung ihrer Freiräume mußte die Kirche ihrerseits darauf bedacht sein, sich nicht in einer Weise zu betätigen, die als politische Opposition ausgelegt werden konnte. Die Kirche ist sich dieses Dilemmas bewußt, sie »will diese Grenze auch nicht überschreiten, verteidigt aber nachdrücklich ihre Pflicht und das Recht der Christen, innerhalb des DDR-Systems die Frage nach Friedensbereitschaft und Friedensfähigkeit als kritische Elle an Politik und Praxis des Staates zu legen«.[4] Namentlich im Verhältnis zu DDR-Friedensgruppen gleicht der Kurs der Kirche seither der gefahrvollen Segelfahrt zwischen der Scylla der Opposition und der Charybdis politischer Anpassung.

»Kirche im Sozialismus«: Weder Opposition noch Akklamation?

Nach den vom Kirchenkampf der SED geprägten fünfziger Jahren und nach dem Bemühen um Abbau der Konfrontation zwischen Kirche und Staat in den sechziger Jahren setzte sich in den siebziger Jahren schließlich ein kirchenpolitischer Kurs durch, der einerseits auf der vom lutherischen Staatsverständnis geforderten Verpflichtung des Christen basierte, »der Obrigkeit untertan zu sein«, andererseits von dem Postulat bestimmt war, daß der Staat es dem einzelnen Christen auch ermöglichen müsse, »mit gutem und ungebrochenem Gewissen loyaler Staatsbürger«[5] zu sein. Der thüringische Landesbischof Dr. Moritz Mitzenheim hat den Kompromiß auf diese Formel gebracht.

Eine wesentliche Voraussetzung für ein gutes Nebeneinander von Kirche und Staat war in dem Zusammenschluß der acht evangelischen Landeskirchen in der DDR zum »Bund der Evangelischen Kirchen in der DDR« mit Wirkung vom 10. Juni 1968 gegeben. Seither gehören die acht Landeskirchen von Anhalt, Berlin-Brandenburg, Görlitz, Greifswald, Mecklenburg, Provinz Sachsen, Sachsen und Thüringen nicht mehr der Gemeinschaft der evangelischen Kirchen in Deutschland an. Sie haben sich gleichzeitig »zu der besonderen Gemeinschaft der ganzen evangelischen Christenheit in Deutschland« bekannt und die Mitverantwortung für diese Gemeinschaft »in partnerschaftlicher Freiheit« zu bewahren erklärt.

Die Eisenacher Synode des Bundes der Evangelischen Kirchen in der DDR, die im Jahre 1971 zusammentrat, hat das Verhältnis von Kirche und Staat mit der seither gebräuchlichen, bereits früher gefundenen Formel »Kirche im Sozialismus« definiert: »Eine Zeugnis- und Dienstgemeinschaft von Kirchen in der Deutschen Demokratischen Republik wird ihren Ort genau zu bedenken haben: in dieser so geprägten Gesellschaft, nicht neben ihr, nicht gegen sie.«[6] Damit konnte sich die SED zufriedengeben. Für die Kirche hingegen war es nicht leicht, ihre Politik gegenüber dem Staat in der Öffentlichkeit überzeugend zu vertreten. Denn »der kirchliche Verzicht darauf, Sammelbecken für oppositionelle Kräfte zu werden oder Kirche gleichsam als Ersatz für die im Sozialismus nicht vorgesehene politische Opposition zu verstehen und zu praktizieren, hat immer wieder Kritik und Mißtrauen sowohl von Gemeindemitgliedern im Lande selbst als auch im Westen ausgelöst und den Verdacht eines neuen Bündnisses nach dem Modell ›Thron und Altar‹ genährt«.[7] Der Verzicht auf Opposition konnte indes für die Kirchen in der DDR »nicht Verzicht darauf« heißen, »für unterprivilegierte oder gar diskriminierte Menschen und Bevölkerungsschichten einzutreten. Jedoch geschieht das nur relativ selten auch öffentlich. So werden die Grenzfrage und die mangelnde Freizügigkeit in kirchlichen öffentlichen Erklärungen selten und relativ allgemein angesprochen, während tatsächlich kirchliche Verbindungen genutzt werden, um die Notwendigkeit von Erleichterungen zu unterstreichen, Härten zu mildern und Übersiedlungsanträge in den Westen, wo sie begründet erscheinen, zu fördern«.[8] Es liegt auf der Hand, daß mancher der Herrschenden in Ost-Berlin diesen Kurs voller Argwohn beobachtet und versucht ist, ihn womöglich als eine raffinierte Variante oppositioneller Taktik zu mißdeuten.

Hier sollte ein Gespräch für Klarheit sorgen, das Erich Honecker als Vorsitzender des DDR-Staatsrates am 6. März 1978 mit dem damaligen Vorsitzenden des Bundes Evangelischer Kirchen in der DDR und anderen Mitgliedern des Bundesvorstands führte, um die erstrebte Koexistenz von Kirche und Staat noch konfliktärmer zu gestalten. Seither hat sich manches »vor Ort« gebessert in den Gemeinden, obschon die Konfliktsituation junger Menschen in Schule, Studium und Ausbildung nicht grundlegend beseitigt wurde. »Entsprechend unterliegt das Staat-Kirche-Verhältnis weiterhin Schwankungen und Spannungen«, resümiert ein Kenner der kirchlichen Situation in der DDR, Reinhard Henkys. Einen Grund dafür, daß die Genossen an der Basis Schwierigkeiten mit der Kirchenpolitik Honeckers haben, sieht er darin, daß sie sich »so weit von der marxistisch-leninistischen Ideologie und von dem, was in den fünfziger und sechziger Jahren galt, entfernt hat«. Fazit: »Die Grundstimmung, es eben doch mit dem nur taktisch noch zu tolerierenden Klassenfeind zu tun zu haben, verschafft sich allzuleicht Bahn, wenn Funktionäre mit Christen zu tun haben, die ihren eigenen Überzeugungen folgen wollen.«[9] Umgekehrt wirkt sich das in den fünfziger und sechziger Jahren eingewurzelte Mißtrauen von Christen gegenüber den Machtträgern eines nach wie vor atheistischen Staates genauso konfliktträchtig aus.

Auch das Konzept einer »Kirche im Sozialismus« konnte und kann das Kirche-Staat-Verhältnis nicht gänzlich frei von Spannungen und Belastungen halten, zumal die SED im Jahre 1978 mit der Einführung des obligatorischen Wehrunterrichts für Schüler der neunten und zehnten Klassen an allen allgemeinbildenden Schulen erneut den allerdings erfolglosen Widerspruch der Kirche hervorrufen mußte. Als die Synode des Bundes Evangelischer Kirchen in der DDR vom 22. bis 26. September 1978 zu ihrer Herbsttagung zusammentrat, konnte sie nur noch ihr Bedauern darüber bekunden, daß trotz der von seiten der Kirche wiederholt vorgebrachten Bedenken der Wehrunterricht eingeführt worden war.[10] Macht und Ohnmacht kirchlicher Opposition in der DDR waren wieder einmal sichtbar geworden.

Niemals hat der Staat gezögert, seinen Willen durchzusetzen, wo immer er Opposition wähnte – wie 1980, nach Ausbruch der politischen Kämpfe und sozialen Konflikte in Polen: »Kirchliche Äußerungen, die auch den Einmarsch in Afghanistan zu den das Weltfriedenssystem destabilisierenden Faktoren zählten und zudem vorsichtig auf die zunehmende Militarisierung der Berichterstattung in den Medien im Zusammenhang mit Manövern des Warschauer Paktes hinwiesen, führten zum Einstampfen der Kirchenzeitungen, die darüber kurz berichteten.«[11] Auch in den achtziger Jahren bestimmt allein die Staatsräson, in welchen Grenzen sich die »Kirche im Sozialismus« bewegen darf. Zum anderen machte es die forcierte Militarisierung in Staat und Gesellschaft der DDR-Kirche bis heute zunehmend schwieriger, ihren Kurs einer loyalen Kooperation mit dem Staat dem wachsenden politischen Druck der Gemeinden gegenüber zu behaupten. Was sich am 18. August 1976 auf dem Marktplatz in Zeitz zugetragen hatte, war ein fatales Omen.

Ein Zeichen aus Zeitz: Oskar Brüsewitz

»Die Kirchen klagen den Kommunismus wegen der Unterdrückung der Jugend an.« Diese Aufschrift trug ein selbstgefertigtes Transparent, das der damals 47jährige evangelische Pfarrer Oskar Brüsewitz inmitten der sächsischen Industriestadt Zeitz am 18. August 1976 aufspannte; dann übergoß er sich am Morgen jenes Augusttages mit einer brennbaren Flüssigkeit und zündete sich an. Vier Tage später erlag er in einem Krankenhaus in Halle seinen schweren Verbrennungen. Ein religiöser Protest war durch einen freiwilligen Opfertod besiegelt.

Es war ein verzweifelter Protest gegen die Nöte der Kirche in der DDR, eine schreckliche Demonstration auch gegen die regimebedingten Konflikte und die Benachteiligung junger Christen. Oskar Brüsewitz hatte sich dazu nicht spontan entschlossen, sondern sich zu öffentlicher Selbsttötung in reiflicher Überlegung durchgerungen, wie er in einem Abschiedsbrief an seine kirchlichen Amtsbrüder bekannte. Darin findet sich auch der düstere Satz: »Obwohl der scheinbar tiefe Friede zukunftverprechend ist, der auch in die Christenheit eingedrungen ist, tobt zwischen Licht und Finsternis ein mächtiger Krieg. Wahrheit und Lüge stehen nebeneinander.«[12] Die Motive der Verzweiflungstat sind nur zu ahnen.

Der Opfertod des Oskar Brüsewitz läßt sich aus christlicher Sicht nicht rechtfertigen, aber zutiefst respektieren. Die Art und Weise, wie Presse, Funk und Fernsehen der DDR das Geschehen bewältigen zu müssen glaubten, indem sie den Toten als »abnormal und krankhaft veranlagten Menschen« diffamierten, »offenkundig von Wahnvorstellungen heimgesucht«, als »einen ›Pfarrer‹, der nicht alle fünf Sinne beisammen hatte«[13], zeugt für sich selbst. »Ein Schwärmer oder Geisteskranker war Brüsewitz jedoch nicht«, schrieb Jochen Desel, der ihn persönlich gekannt hat, in einem Nachruf.[14] »Er machte es sich und anderen nicht leicht mit seiner eingleisigen kompromißlosen Haltung, die kein Wenn und Aber kannte.«

Oskar Brüsewitz, 1929 in Willkischken/Litauen geboren, kam 1945 aus sowjetischer Kriegsgefangenschaft nach Sachsen, wo er das Schuhmacher-handwerk erlernte. 1947 siedelte die Familie in die Nähe von Osnabrück um, wo Brüsewitz 1951 die Meisterprüfung ablegte. 1954 wechselte er, nach einer gescheiterten Ehe, wieder in die DDR und arbeitete bis 1960 als selbständiger Schuhmacher in Markkleeberg bei Leipzig. Hier heiratete er 1955 ein zweites Mal. 1960 zog er mit seiner Familie nach Weißensee (Bezirk Erfurt) und arbeitete vorerst weiter in seinem Beruf, entschloß sich 1964 aber zu einem Theologiestudium, das er 1969 erfolgreich beendete. 1970 wurde er Vikar im Kreis Bitterfeld, danach Gemeindepfarrer in Droßdorf-Rippicha, einem Dorf im Kreis Zeitz.

Brüsewitz' Einstellung zur DDR-Obrigkeit war keinswegs immer ablehnend gewesen. »Unser sozialistischer Staat gibt uns Christen ja so viel Chancen und Möglichkeiten«, schrieb er 1973. »Unser größter Feind ist die Resignation.« Erst später wurde ihm die Bedrängnis vieler junger Christen bewußt. »Seine anfänglichen Hoffnungen schienen ihm nun Illusionen gewesen zu sein. Jetzt häuften sich seine Versuche, Zeichen aufzurichten. Übergroße Plakate und Transparente mit kurzen, einprägsamen Sätzen wurden seine Waffe im Alltag. So fuhr er mit Pferd und Wagen von Rippicha in die nahe Kreisstadt Zeitz und führte ein Transparent mit sich: ›Ohne Regen, ohne Gott geht die ganze Welt bankrott!‹ Das war seine Antwort auf die atheistische Parole: ›Ohne Gott und Sonnenschein fahren wir die Ernte sein.‹«[15] Handelt so ein Geisteskranker? Mit seinem Opfertod wollte Oskar Brüsewitz ein Zeichen setzen und deutlich machen, was seinerzeit viele Christen in der DDR bedrückt hat. »Die Selbstverbrennung ist als Ausdruck des politischen Protestes gegen eine unerträgliche Unterdrückung der Christen, insbesondere der Jugend, interpretiert worden. In Pfarrerschaft und Gemeinden der DDR sah man in der Tat weiterhin ein Signal der Verzweiflung über eine zu wenig kämpferische, zu sehr am Frieden mit dem kommunistischen Staat interessierte Kirche und eine Anklage gegen basisfremde opportunistische Anpassung von Kirchenleitungen.«[16]

Der Magdeburger Leitung der Evangelischen Kirche der Kirchenprovinz Sachsen wird es immer zur Ehre gereichen, daß sie in einem »Wort an die Gemeinden« die Schmähungen der DDR-Medien gegen Oskar Brüsewitz zurückgewiesen hat. Zwar konnte und wollte sie seine demonstrative Selbsttötung nicht rechtfertigen, aber sie bekannte sich zu dem Mann, der seinen Protest mit dem Tod besiegelte. »Wir dürfen unseren Bruder Oskar Brüsewitz nicht verurteilen.«

Basisinitiativen für sozialen Friedensdienst

Die Intensivierung der sozialistischen Wehrerziehung in der DDR in den späten siebziger Jahren, dazu die verstärkte Militarisierung von Staat und Gesellschaft, die in der Neukodifizierung des Verteidigungsgesetzes vom 13. Oktober 1978 und des Wehrdienstgesetzes vom 25. März 1982 mit erweiterten und verschärften Bestimmungen ihren juristischen Ausdruck[17] fand, aktualisierte notwendigerweise auch die Diskussion über Sinn und Widersinn der Wehrerziehung in der DDR.

Zusätzlich provoziert wurde die Auseinandersetzung durch die Agitation und Propaganda der SED, die einerseits zum Haß auf den imperialistischen Feind, zum Frieden durch militärische Überlegenheit erziehen sollte – und die sich andererseits zum ungebetenen Fürsprecher der bundesdeutschen Friedensbewegung berufen glaubte. In politischer Rückwirkung dieser Dialektik belebten sich im Arbeiter-und-Bauern-Staat zusehends pazifistische Bestrebungen, die ihr Nein zur Militärpolitik der SED in Freiräumen der Kirche artikulierten. In zahlreichen evangelischen Gemeinden war die Bildung christlicher Basisinitiativen mit pazifistischer Zielsetzung zu verzeichnen, die sich besonders der Wehrdienstverweigerer annahmen. Aus diesem weithin regimekritischen Potential ging auch die Idee zur Schaffung eines »sozialen Friedensdienstes« hervor, der als ziviler Ersatzdienst eine Alternative zum Dienst in den Baueinheiten der Nationalen Volksarmee bieten sollte.

Ihren Ursprung hatte die rasch populäre Forderung nach einem sozialen Friedensdienst in einem vom 9. Mai 1981 datierten Aufruf an die Gemeinden, in dem eine Initiative »Sozialer Friedensdienst«[18] in Dresden erstmals die Idee propagierte, Wehrpflichtigen in der DDR die Möglichkeit zu einem zweijährigen Einsatz in Alters- und Pflegeheimen, Krankenhäusern und Behindertenheimen, in der Sozialfürsorge und im Umweltschutz zu erschließen, in Bereichen also, in denen es in der DDR ohnehin an Arbeitskräften mangelt. An die Volkskammer richtete sich die Aufforderung, das damals geltende Wehrpflichtgesetz in diesem Sinne zu ändern.

Die Forderung nach einem sozialen Friedensdienst ergab sich aus der richtigen Überlegung, daß für Christen und Pazifisten der militärische, wenn auch waffenlose Dienst als Bausoldat keine wirkliche Alternative zum Wehrdienst darstellte – ganz abgesehen davon, daß dieser vielfach mit politischer und gesellschaftlicher Diskriminierung verbunden war. »Ursprünglich als Eingabe an die Volkskammer formuliert, wählten die Initiatoren und die, bei denen sie Resonanz fanden, als Adressaten dann die Synoden der evangelischen Landeskirchen und des Kirchenbundes. Mehrere tausend Briefe mit insgesamt über 4000 Unterschriften, die die Kirche aufforderten, sich für den sozialen Friedensdienst einzusetzen, gingen in den Kirchenbüros ein. Sämtliche Synoden stellten sich hinter die Sache, wenn auch schon frühzeitig klar wurde, daß die SED zu dieser Konzession nicht bereit sein wollte.«[19] Immerhin ließ die Kirche die jungen Christen und radikalen Pazifisten in ihrer Opposition gegen den Militarisierungskurs der SED nicht allein.

Ihre Initiative löste ein solches Echo aus, daß sich Klaus Gysi, Ost-Berlins Staatssekretär für Kirchenfragen, öffentlich damit auseinandersetzen mußte. In einer Diskussion mit Studenten der Sektion Theologie der Humboldt-Universität wies er die Forderung nach einem sozialen Friedensdienst schroff zurück. Schon das Wort bedeute, »daß der Dienst mit der Waffe in der NVA ›antisozialer Kriegsdienst‹ wäre, und die ganz überwiegende Mehrheit der jungen Christen leistet den Dienst mit der Waffe in der NVA – diese können nicht diffamiert werden«. Der Staatssekretär verteidigte die Regelung mit den Bausoldaten als »weltweit eine der progressivsten«, fügte indes unmißverständlich hinzu: »Wer mit dieser klaren Stellungnahme des Staates nicht einverstanden ist, zeigt damit, daß es ihm um die Konfrontation geht.«[20] Wieder sah sich der Andersdenkende in die oppositionelle Ecke gedrängt.

Das Regime mobilisierte die FDJ zu einer Gegenoffensive. Die Führung des 2,3-Millionen-Verbandes nahm die Dresdner Initiative so ernst, daß sie eine Kampagne unter der Losung »Der Frieden muß verteidigt werden – der Frieden muß bewaffnet sein« inszenierte. Angesichts der Tatsache, daß die Medien der DDR nicht über die Initiative »Sozialer Friedensdienst« berichteten, war dies ein überzeugender Erfolg der evangelischen Basisgruppen. Selbst das Zentralkomitee der SED sah sich außerstande, die Diskussion zu ignorieren. Werner Walde wurde vorgeschickt, Politbürokandidat und Bezirksparteichef von Cottbus, der »dem Feind« keine Chance lassen wollte, »mit der Phrase des sogenannten sozialen Friedensdienstes Front zu machen gegen die notwendige militärische Stärke des Sozialismus, wer auch zu solchen friedens-, sozialismus- und verfassungsfeindlichen Aktionen aufrufen möge«[21]. Eine pazifistische Initiative als »friedens-, sozialismus- und verfassungsfeindlich« zu verunglimpfen, das war jenseits aller sachlichen Haltlosigkeit ein politischer Stil, der die Gereiztheit des Regimes verriet.

Während die Kirchenleitungen schwiegen, fand der Cottbuser Pfarrer Hans Tschiche den Mut zu einem offenen Brief, in dem er Waldes Anwürfe zurückwies. »Die innere Bereitschaft zu militärischer Gewaltanwendung – auch um einer guten Sache willen – ist nach meiner Ansicht kein Erziehungsziel mehr, das dem Staat dient«, formulierte er darin. »Was sollen da noch Ihre Drohungen? Sollten wir nicht gemeinsam jungen Leuten eine Chance geben, sich vom militärischen Aberglauben abzuwenden und mit ihrer Existenz in anderer Weise der sozialistischen Gesellschaft zu dienen? Ich sehe hier keine Friedensfeinde, keine Feinde des Sozialismus, keine Verfassungsfeinde. Ich sehe hier vielmehr junge Menschen, die – mich tief beschämend – nicht mehr mittun wollen, die Saat des Hasses und der Gewalt auszustreuen.«[22] Ein Dokument christlich-pazifistischer Opposition. Natürlich durfte der offene Brief Pastor Tschiches in DDR-Zeitungen nicht veröffentlicht werden.

Die Diskussion eines sozialen Friedensdienstes geht gleichwohl weiter. »Während in Schulen und Universitäten, Betrieben und Massenorganisationen die ›Wehrbereitschaft‹ der Bevölkerung mit immer neuen Initiativen gefördert werden soll, beharrt die Kirche auf der Einführung eines ›sozialen Friedensdienstes‹ als Alternative zum Dienst mit der Waffe oder in den Baueinheiten der NVA. Trotz staatlicher Ablehnung sei diese Forderung ›nicht vom Tisch‹, wurde auf dem Kirchentag in Thüringen betont. Die Aussichten sind allerdings in letzter Zeit noch schlechter geworden. Neuerdings müssen sogar Wehrpflichtige, die auf der Einberufung in waffenlose Baueinheiten bestehen, mit Haftstrafen rechnen. Die sieben Anfang dieses Jahres (1983) von einem Militärgericht Verurteilten kamen zwar relativ schnell wieder frei, doch der kalkulierte Abschreckungseffekt wird weiterwirken.«[23] Die Benachteiligung ehemaliger Bausoldaten in Ausbildung und Beruf hat bis heute kein Ende gefunden. Bleibt ein Fall von Wehrdienstverweigerung nachzutragen, der seiner politischen Begründung wegen besonders interessant erscheint, auch wenn er singulär geblieben ist. Der damals 20jährige Niko Hübner, Sohn eines Parteifunktionärs und einer Staatsanwältin, in

Ost-Berlin lebend, verweigerte den Wehrdienst unter Hinweis auf den entmilitarisierten Status der ehemaligen Reichshauptstadt. Als er sich weigerte, der Aufforderung zur Musterung Folge zu leisten, wurde er am 16. März 1978 von der Staatssicherheit festgenommen und knapp vier Monate später, am 7. Juli, vom 1. Strafsenat des Ostberliner Stadtgerichts wegen Verstoßes gegen das Wehrpflichtgesetz, wegen »staatsfeindlicher Agententätigkeit« und »staatsfeindlicher Hetze« zu fünf Jahren Freiheitsstrafe verurteilt.[24] Die öffentliche Empörung im Westen über die Verurteilung, die ungewöhnliche Publizität erfuhr, trug wohl dazu bei, daß Niko Hübner nach gut einjähriger Strafhaft nach West-Berlin entlassen wurde.

»Frieden schaffen ohne Waffen«

Ursprünglich war »Frieden schaffen ohne Waffen« eine Losung der westlichen Friedensbewegung. Bald aber wurde sie auch von den pazifistischen Kräften übernommen, die sich in der autonomen Friedensbewegung der DDR sammelten – von jungen Männern und Frauen unterschiedlicher Herkunft und Weltanschauung, die Frieden im Westen wie im Osten wollten, die es allerdings für ihre Pflicht hielten, zuerst gegen die Militarisierung im eigenen Lande zu opponieren.

Daß es dabei in den frühen achtziger Jahren zum grenzüberschreitenden Zusammenwirken zwischen Pazifisten in Deutschland-West und Deutschland-Ost gekommen ist, haben sich die Herrschenden in Ost-Berlin selbst zuzuschreiben. Einerseits unterstützten sie nach Kräften die westliche Friedensbewegung, speziell die Initiative des »Krefelder Appells« gegen den Brüsseler Doppelbeschluß der Nordatlantik-Pakt-Organisation vom 12. Dezember 1979, weil sie sich davon eine innenpolitisch destabilisierende Wirkung in der Bundesrepublik versprachen. Andererseits wirkte eben diese zuweilen penetrant aufdringliche Solidarisierung mit den West-Pazifisten auf die Friedensfreunde im eigenen Lande zurück. Diese wagten sich ihrerseits auch deshalb stärker an die Öffentlichkeit, weil das Regime mit jeder Repression gegen DDR-Pazifisten die Glaubwürdigkeit seiner Solidarität mit westlichen Friedensfreunden desavouiere.

Ein besonderes deutschlandpolitisches Moment kam hinzu. Nach mehrmaliger Verschiebung kam es vom 11. bis 13. Dezember 1981 am Werbellinsee zu einem Treffen zwischen Bundeskanzler Helmut Schmidt und dem DDR-Staatsratsvorsitzenden Erich Honecker. Im Vorfeld dieses Treffens hätte sich ein allzu scharfes Vorgehen gegen christlich-pazifistische Gruppierungen und Initiativen in der DDR für das Prestige des Arbeiter-und-Bauern-Staates höchst abträglich ausgewirkt. Das machten sich oppositionelle und pazifistische Kreise zunutze. In diesem Kontext ist wohl auch die »Berliner Begegnung zur Friedensförderung« einzuordnen, zu der sich auf Initiative Stephan Hermlins erstmals seit Jahren wieder Schriftsteller, Künstler und Wissenschaftler aus Ost und West am 13. und 14. Dezember 1981 zu einer Diskussionsrunde in Ost-Berlin zusammenfanden. Ihr politisches Etikett war zwar europäisch, hernach aber sah man unter den 95 Teilnehmern nicht weniger als 82 Deutsche. Günter Grass saß neben Hermann Kant, Stefan

Heym neben Klaus Fuchs, Thomas Brasch neben Dieter Noll – und Diskussionsteilnehmer aus beiden deutschen Staaten sorgten dafür, daß orthodoxe Genossen die Begegnung nicht zu einem einseitigen Tribunal gegen die amerikanische Hochrüstung umfunktionieren konnten. »Meine Angst konzentriert sich nicht nur auf Pershing-Raketen, vor denen habe ich auch Angst, aber ich habe auch vor SS-20-Raketen Angst, und die gibt es auch.«[25] Dieses Grass-Wort klärte die politische Atmosphäre.

Der DDR-Schriftsteller Günter de Bruyn klagte die Doppelzüngigkeit der östlichen Machthaber in aller Öffentlichkeit an: »So erfreulich die Unterstützung der westeuropäischen Friedensbewegung durch die DDR auch ist, so fraglich wird ihr Nutzen bleiben, solange der Eindruck entstehen muß, daß das drüben Bejubelte hüben unerwünscht ist. Die auf Frieden gerichtete Politik der DDR, die das Bündnis mit den Friedensbewegungen in aller Welt anstrebt, schädigt sich selbst, lehnt sie das Bündnisangebot unabhängiger Friedensbestrebungen im eigenen Land ab, das junger Christen zum Beispiel, die einen sozialen Friedensdienst fordern. Drängt man die in den Untergrund ab, verliert man nicht nur wertvolle Friedenskräfte, sondern schädigt auch die eigene Glaubwürdigkeit.«[26] Das entscheidende Problem der DDR-Friedensbewegung war damit angesprochen.

Spätere internationale Schriftstellertreffen, die an die »Berliner Begegnung« anknüpfen und ihre Bemühungen fortsetzen wollten, haben deren politische Bedeutung bei weitem nicht mehr erreicht. Zwar trafen sich vom 24. bis 26. Mai 1982 Schriftsteller aus 18 europäischen Ländern in Den Haag, aber das Treffen, das bereits überschattet war von dem sich rapide verschärfenden Ost-West-Gegensatz, erschien nicht zuletzt wegen der Querelen unter den Schriftstellern aus beiden deutschen Staaten als wenig geglückt. Immerhin reichte der Konsens noch zu einer Entschließung, deren Wortlaut in den Zeitungen der DDR indes schon nicht mehr veröffentlicht werden durfte – vermutlich wegen folgender Passage: »Wir unterstützen alle Bemühungen, die der Sicherung des Friedens durch Abrüstung gelten, gleich, ob sie den Segen ihrer jeweiligen Regierungen haben oder nicht. Wir sehen es als unsere Pflicht an, den Menschen, die wegen ihres Eintretens für den Frieden verfolgt werden, nach bester Kraft zu helfen.«[27] Das konnte, wer wollte, als Solidarität auch mit bedrängten DDR-Pazifisten deuten.

Die autonome Friedensbewegung der DDR ist von Jahr zu Jahr erstarkt. Mit großem Ernst fanden und finden sich junge Christen, Pazifisten und Sozialisten in Friedensdekaden und Friedensseminaren zusammen. Das bekannteste, das seit 1972 zweimal im Jahr abgehaltene Königswalder Seminar – benannt nach Königswalde bei Zwickau –, zog republikweite Aufmerksamkeit auf sich.

Zu einer eindrucksvollen Friedensdemonstration gestaltete sich am 13. Februar 1982 ein Friedensforum in und vor der Kreuzkirche in Dresden. Vor rund fünftausend Jugendlichen bekannten sich auch hohe Kirchenführer wie Landesbischof Dr. Johannes Hempel zu den Losungen »Frieden schaffen ohne Waffen« und »Schwerter zu Pflugscharen«. Um Mitternacht zogen etwa tausend Friedensfreunde von der Kreuzkirche zur Ruine der Frauenkirche, wo sie im stillen Gedenken an die Dresdner Opfer des Bombenkrieges mit Kerzen verharrten.

Von demselben Geist beseelt waren die sieben Kirchentage der evangelischen Landeskirchen der DDR im Luther-Jahr 1983. Die Diskussionsforen, die im Rahmen der kirchlichen Großveranstaltungen abgehalten wurden, waren vielfach von pazifistischen Gedanken geprägt, freilich auch von dem Bestreben der Kirche, den eigenen Freiraum nicht durch kirchenfremde Konfrontation zu gefährden. »Auch Antragsteller und Dissidenten können gern zu uns kommen. Aber die Kirchenleitung wird nicht zulassen können, daß aus Gemeindegruppen Auswanderungszentralen und Oppositionslokale werden.«[28] Das war eine ebenso deutliche wie verständliche Mahnung, ausgesprochen vom Ostberliner Konsistorialpräsidenten Manfred Stolpe auf einem Friedensforum in der Dresdner Heilandkirche. Sein Geständnis, Staat und Kirchenleitung wären vom Aufbruch der Basis »überrascht und erschreckt« worden, ließ die Unruhe in den Gemeinden ahnen.

Unter der Losung »Frieden schaffen ohne Waffen« artikulierten 35 Geistliche, Intellektuelle und Arbeiter am 25. Januar 1982 auch einen »Berliner Appell«[29], in dem sie ihre Forderungen nach einer aktiven Friedenspolitik niederlegten, verbunden mit dem Vorschlag, »in einer Atmosphäre der Toleranz und der Anerkennung des Rechts auf Meinungsäußerung die große Aussprache über die Fragen des Friedens zu führen«.

Die Initiative dazu war von Rainer Eppelmann ausgegangen, einem Ostberliner Jugendpfarrer, der zu Beginn der achtziger Jahre mehr und mehr zu einem Mittelpunkt der DDR-Friedensbewegung geworden war, vor allem wegen seiner »Blues-Messen«, die alle zwei Jahre Tausende junger Menschen in seine Gemeinde holten. Sein biographischer Hintergrund: Der 1944 Geborene verweigerte 1966 den Dienst mit der Waffe und wurde Bausoldat. Wegen Befehlsverweigerung verurteilte ihn ein Militärgericht zu acht Monaten Gefängnis. Von Beruf ursprünglich Maurer, studierte er später Theologie und wurde 1975 Pfarrer in der Samaritergemeinde Berlin-Friedrichshain. »Eppelmann gehört zu einer neuen Generation von kirchlichen Mitarbeitern und Theologen, die in der DDR politisch sozialisiert worden sind. Anders als bei den älteren Theologen, die sich eher distanziert gegenüber den politischen Strukturen der DDR verhalten, verstehen die Jüngeren Kirche nicht als Raum des Rückzugs und der religiösen Innerlichkeit, sondern sie fordern als Christen gleiches Recht auf politisches Handeln in diesem Lande und engagieren sich an gesellschaftlichen Konfliktpunkten.«[30]

Nachdem er mit dem »Berliner Appell« zu einer Unterschriftensammlung in beiden deutschen Staaten aufgerufen hatte, wurde der furchtlose Pfarrer von der Staatssicherheit festgenommen, auf Intervention der Evangelischen Kirche von Berlin-Brandenburg aber nach zwei Tagen wieder auf freien Fuß gesetzt, und zwar unter formeller Einstellung eines gegen ihn eingeleiteten Ermittlungsverfahrens wegen »staatsfeindlicher Hetze«. Gleichzeitig riet die Kirchenleitung nachdrücklich davon ab, sich an der Unterschriftensammlung zu beteiligen. Insoweit distanzierte sie sich von Rainer Eppelmann.

Einen Bundesgenossen fand er in Robert Havemann, der die Idee zu einer Unterschriftensammlung unverzüglich aufgriff und sie unterstützte. »Was ist zu tun?« Seine Antwort auf die am 25. März 1982 selbstgestellte Frage konnte nur lauten: »Die Unterschriftensammlung für den ›Berliner Appell‹ auf volle Touren bringen. Die staatlichen Organe der DDR dazu zu bewegen, die Sammlung nicht zu behindern, ihre einwandfreie Legalität einzugestehen und eine Drucklegung für offizielle Unterschriftenformulare zu genehmigen. Das internationale Ansehen der DDR und die Glaubwürdigkeit ihrer Friedenspolitik werden auf diese Weise enorm gewinnen.«[31] In der DDR unterzeichneten etwa 200, in der Bundesrepublik über 1000 Bürger, sonst aber blieb der Aufruf des Regimekritikers ohne Erfolg. Wie hätte die SED eine solche Aktion von Pazifismus und Opposition tolerieren können?

Der staatsgefährdende Aufnäher

1957 machte die Sowjetunion der Organisation der Vereinten Nationen für ihren Sitz in New York eine Plastik des sowjetischen Bildhauers J. W. Wutschetisch zum Geschenk, die dieser nach dem alttestamentarischen Bibelwort »Schmieden wir unsere Schwerter zu Pflugscharen um« geschaffen hatte. Sie zeigt einen Schmied, kraftvoll und energisch, der mit dem Hammer ein Schwert zu einer Pflugschar umschmiedet. Ein Vierteljahrhundert später wurden in der DDR legal hergestellte Aufnäher aus Leinen, die das Abbild der Plastik und die Losung »Schwerter zu Pflugscharen« zeigten, als Symbol der Opposition verboten. Wie in den fünfziger Jahren das »Kugelkreuz«-Abzeichen der Jungen Gemeinden, so wurde nun der Aufnäher »Schwerter zu Pflugscharen« von der SED als Zeichen pazifistischen Protestes, als oppositionelle Herausforderung empfunden. »Wer den Aufnäher trug, brachte damit nicht nur seine persönliche Friedenssehnsucht zum Ausdruck, er meldete damit auch Protest gegen eine gerade in den letzten Jahren wachsende Militarisierung des gesamten öffentlichen Lebens an. Und daß der Aufnäher ein so breites und begeistertes Echo fand, hat nicht zuletzt damit zu tun, daß es in der DDR immer schwieriger wird, die – auch sozialistische – Geschichtsperspektive einer Welt ohne Waffen mit einer verstärkten Militarisierung dialektisch in Einklang zu bringen.«[32] Ähnlich wie in den fünfziger Jahren mußten junge Menschen, die das staatsgefährdende Symbol auf ihre Parkas genäht hatten, mit Repressalien rechnen: Entfernung von den Oberschulen, Nichtzulassung zum Abitur, Verweigerung einer Lehrstelle, Betriebs- oder Schulverbot, Relegation von der Universität – das alles hat es gegeben. Zudem kam es zu handfesten Auseinandersetzungen und polizeilichen Übergriffen. Zuletzt zog die Kirche den Aufnäher auf Intervention des Staatssekretärs für Kirchenfragen, Klaus Gysi, zurück.
Andere Kräfte, radikale Pazifisten zumeist, zeigten sich weniger geneigt, auf das Symbol und die eingängige Losung zu verzichten. »Schwerter zu Pflugscharen« – das war und blieb das Motto antimilitaristischer Demonstrationen in der thüringischen Universitätsstadt Jena, wo sich Friedensfreunde, von der Zurückhaltung der Kirche enttäuscht, zu einer eigenständigen »Jenaer Friedensgemeinschaft« zusammenschlossen. Neu an ihrer Friedensarbeit war ihr autonomes Auftreten in der Öffentlichkeit, ihr politisches Agieren außerhalb der Kirche. Erstmals bildeten etwa 80 junge Leute am 14. November 1982 auf dem »Platz der Kosmonauten« in Jena einen Kreis. Mit den Gesichtern nach außen gewandt trugen sie Schilder mit der Aufschrift »Frie-

den«. »Zwei Minuten standen sie so und schwiegen. Einige Passanten reihten sich ein, viele blieben stehen und suchten das Gespräch. Die Demonstranten erklärten, warum sie nach neuen Wegen suchten, ihr Friedensengagement auszudrücken.«[33] Als sie am 24. Dezember verabredungsgemäß erneut zu einer Schweigekundgebung zusammenkommen wollten, schritt ein starkes Aufgebot von Sicherheitskräften ein. Polizeigewalt gegen gewaltfreie Aktion.

Über den Plan, am 18. März 1983 in Jena eine pazifistische Demonstration polizeilich genehmigen zu lassen, berichtete später einer der Wortführer der Friedensgemeinschaft, Roland Jahn: »Wir meldeten – ganz offiziell – und erstmals unter der Bezeichnung ›Jenaer Friedensgemeinschaft‹ beim Stadtrat und bei der Polizei die öffentliche Abhaltung einer Gedenkminute an zum 38. Jahrestag der Bombardierung Jenas. Am nächsten Tag kam die Absage. Begründung: Am 18. gebe es schon eine Veranstaltung.«[34] Als sich die Jenaer Friedensfreunde mit Plakaten »Verzicht auf Gewalt«, »Ohne Frieden keine Zukunft«, »Militarismus raus aus unserem Leben« an der offiziellen Kundgebung auf dem Marktplatz beteiligten, wurden sie von Ordnern und Staatssicherheitsleuten in Zivil abgedrängt, tätlich angegriffen, ihre Plakate und Transparente zerstört. Risiken wollte das Regime nicht eingehen. Das Engagement der Jenaer Pazifisten war damit nicht zu stoppen. »Wir reisten zu dieser Zeit viel in anderen Städten herum, etwa in Berlin, Dresden und Halle, beteiligten uns an Ausstellungen und Lesungen in Privatwohnungen und zeigten Dokumentationen über unsere Aktion. Diese Kontakte waren wichtig zur Verständigung.«[35] Ähnlich wie in Jena kann es zu alternativer Friedensarbeit in Ost-Berlin, in Leipzig und Dresden, in Potsdam und Karl-Marx-Stadt, in Erfurt, Weimar, Suhl und Apolda. Die Aktivitäten reichten vom Malen oder Sprühen von Losungen »SS 20 – nein danke« und »Schwerter zu Pflugscharen« an Hauswände und Mauern bis zu antimilitaristischer Informations- und Aufklärungsarbeit in kleinen Zirkeln.

Immer wieder wurde das Engagement für den Frieden in der DDR in die Öffentlichkeit getragen. Am 12. November 1983 demonstrierten über hundert Friedensfreunde mit brennenden Kerzen schweigend vor dem Alten Rathaus in Leipzig. Als sich sechs Tage später gut drei Dutzend Kerzenträger abermals in der Leipziger Innenstadt vor dem Filmtheater »Capitol« sammelten, war die gewaltfreie Aktion klug terminiert: Sie fand unmittelbar vor Eröffnung des Internationalen Leipziger Dokumentar- und Kurzfilmfestivals statt. Als die Demonstration von der Polizei aufgelöst wurde, geschah dies sehr brutal unter den Augen bundesdeutscher und ausländischer Filmschaffender. Es kam zu Festnahmen. Am 10. April 1984 wurden fünf Teilnehmer der Kerzendemonstration zu Freiheitsstrafen zwischen acht Monaten und zwei Jahren verurteilt: Sven Thomas Wetzig, Patrick und Anke Castillo, Bettina Münzenberg und Olaf Schubert. Das Gericht hatte auf »Rowdytum« erkannt.

In Ost-Berlin machten die Graphikerin Bärbel Bohley und die Historikerin Ulrike Poppe mit der Initiative »Frauen für den Frieden« von sich reden. Gegen die Bestimmungen des Wehrdienstgesetzes vom 25. März 1982, wonach in der DDR auch Frauen zwischen 18 und 50 Jahren »während der Mobilmachung und im Verteidigungszustand« in die allgemeine Wehrpflicht einbezogen werden können, hatten sie in einem offenen Brief an Erich Honecker protestiert. Rund 200 DDR-Frauen schlossen sich durch Unterschrift an. Am 12. Dezember wurden Bärbel Bohley und Ulrike Poppe von der Staatssicherheit festgenommen – am 25. Januar 1984 allerdings auf freien Fuß gesetzt. Allzu unbequem waren der SED die bundesdeutschen und internationalen Rufe nach ihrer Freilassung geworden. Je gereizter die Sicherheits- und Justizbehörden reagierten, desto weniger abschreckend schien ihr Vorgehen zu wirken – obschon es auch tragische, bis heute ungeklärte Schicksale gegeben hat wie im Fall Matthias Domaschk. Auf der Fahrt nach Ost-Berlin war der 23jährige, der in Jena zur Jungen Gemeinde gehörte, am 10. April 1981 mit Gleichgesinnten aus der Eisenbahn heraus festgenommen und in das Untersuchungsgefängnis Gera gebracht worden. Zwei Tage später erhielten seine Eltern die Nachricht von seinem Tod. Die offiziell festgestellte Todesursache, Selbstmord durch Erhängen, wollen diejenigen, die »Matz« gekannt haben, bis heute nicht glauben.

Die Zahl derer, die allein 1983 und im Frühjahr 1984 wegen »Rowdytums«, »Zusammenrottung« und »ungesetzlicher Verbindungsaufnahme« zu Freiheitsstrafen zwischen sechs Monaten und zwei Jahren verurteilt wurden, weil sie sich in der DDR an Schweigedemonstrationen und Gedenkminuten für den Frieden, an pazifistischen Mahnwachen und anderen gewaltfreien Aktionen beteiligt hatten, ist nicht überschaubar. Trotzdem versuchte Honecker den dagegen protestierenden Sprecher des Koordinierungsausschusses der bundesdeutschen Friedensbewegung, Jo Leinen, mit der dreisten Behauptung zu beschwichtigen, für sein Eintreten gegen die Rüstung in Ost und West werde in der DDR »niemand verfolgt« – »Verstöße gegen die sozialistische Gesetzlichkeit« allerdings könne »die Gesellschaft nicht hinnehmen«[36].

Wenn die herkömmlichen Disziplinierungs- und Zwangsmittel versagten, wie im Falle des Jenaer Transportarbeiters Roland Jahn, wußten sich die Behörden zuletzt nur noch durch Abschieben in die Bundesrepublik zu helfen. Jahn war am 1. September 1982 wegen einer Solidaritätsbekundung mit der polnischen Gewerkschaftsbewegung »Solidarnosc« in Jena festgenommen und am 17. Januar 1983 dafür zu einem Jahr und zehn Monaten Freiheitsstrafe verurteilt, nach insgesamt sechs Monaten Haft allerdings freigelassen worden. In Handschellen wurde er am 8. Juni 1983 in einen Interzonenzug gebracht und in einem verriegelten Abteil bei Probstzella gegen seinen Willen über die Grenze abgeschoben; die Ausbürgerungsurkunde war dem Zugbegleitpersonal mitgegeben worden.

Auf die Dauer kann solches Vorgehen keine Lösung sein. »Es ist ein Irrtum der Staatssicherheit, zu glauben, daß es in der Friedensbewegung ›Rädelsführer‹ gibt, die man nur ins Gefängnis stecken muß, um Ruhe vor dem Frieden zu haben«, schrieb Bärbel Bohley einmal. »Man kann nicht alle einsperren.«[37] Man kann auch nicht alle ausweisen.

Zivilisationskritik, ökologischer Protest, grüne Opposition

Das Schicksal, nicht Gegner des Systems sein zu wollen, von den Herrschenden aber wie ein Gegner behandelt zu werden, teilen bekennende Pazifisten in der DDR oft genug mit jenen meist jungen Menschen, die sich im ökologischen Protest oder in radikaler Zivilisationskritik finden. Dies überrascht kaum: Für Friedensfreunde wie für Ökologen heißt das erste Gebot des Umweltschutzes Abrüstung.

Die Politisierung solcher Bestrebungen ist unausweichlich, da die Entfremdung der Menschen gegenüber ihrer Staats- und Gesellschaftsordnung als Konsequenz der gleichen technologisch-bürokratischen Herrschaft erscheint, die auch das Gleichgewicht zwischen Natur als Umwelt und als Bedingung menschlicher Existenz stört oder zerstört. Im Staat der SED, dessen Philosophie auf permanenten Produktionszuwachs um buchstäblich jeden Preis hinausläuft, der auch deshalb seit eh und je unter dem Zwang des ökonomischen Kalküls steht, müssen Ökologie und Zivilisationskritik die Menschen ähnlich bewegen wie in der Bundesrepublik, auch wenn sich die »grüne Opposition« nur punktuell sammeln konnte und kann.

Ökologische Aspekte des realen Sozialismus hatten bereits Robert Havemann und Rudolf Bahro zur Sprache gebracht. Einen weiteren wichtigen Beitrag zur ökologisch-zivilisationskritischen Meinungsbildung in der DDR leistete ein einstmals führender Mann der revisionistischen Opposition, Wolfgang Harich. Mit seinem 1975 von Freimut Duve edierten Buch »Kommunismus ohne Wachstum?«[38] plädiert Harich, angesiedelt zwischen dem französischen Utopisten François Babeuf und dem »Club of Rome«, für einen Kommunismus der Askese und des Verzichts, gegen Produktionswachstum und zunehmenden Konsum. Indem er den bisher vorgestellten Kommunismus als Utopie »entlarvt«, sieht er die Zukunft des Kommunismus in einem »starken, hart durchgreifenden Zuteilungsstaat, der sich – wohl auf ewig – auf ein wachstumsloses ökonomisches Gleichgewicht im Interesse der Erhaltung der Biosphäre einpendeln«[39] wird. Die Konsequenz seiner spätstalinistischen Endzeitutopie ist der totale Polizeistaat globaler Versorgung. Auch wenn Harichs Buch in der DDR selbstverständlich nicht gedruckt werden durfte, haben seine Ideen über die elektronischen Medien die Diskussion in der DDR beeinflußt. Sie wurzeln in derselben Zivilisationskritik, die in Ost-Berlin, Leipzig und anderen Städten der DDR das Nachdenken über Alternativen ausgelöst hat. »Es bildeten sich Freundeskreise, oft nicht mal politisch motivierte, in denen versucht wurde, Alternativen zu entwickeln.« So Roland Jahn über die Suche nach alternativen Lebensformen. »Man hat sich als Solidargemeinschaft verstanden, einige haben auch zusammen gewohnt, was in der DDR eher ungewöhnlich war.«[40]

Auch die DDR-Gesellschaft bringt ihre Aussteiger hervor. Nicht selten sind es junge Menschen aus Familien der neuen Klasse, die, empört oder angeödet vom Lebensstil in ihrer Umwelt, nicht mehr mitmachen. Ihre Kritik formulieren sie kompromißlos. »Früher ist lange her. Drüben ist aus unten oben geworden. Aus manchen Verfolgten wurden Verfolger«, schreibt der junge Liedermacher Karl (»Kalle«) Winkler, selbst ein Aussteiger, der sich, 1960 geboren, von seiner arrivierten Familie in Ost-Berlin trennte und als

20jähriger seiner Protestlieder wegen zu anderthalb Jahren Freiheitsstrafe verurteilt wurde; am 25. November 1981 wurde er nach West-Berlin abgeschoben. »Nicht immer geht das so drastisch zu, liegt die simple Umkehrung von Macht und Ohnmacht so offen zutage wie in meiner Familiengeschichte. Eine Ausnahme bin ich trotzdem nicht. Wie viele Söhne und Töchter hoher Funktionäre sind unter den Ausgestiegenen und Ausgestoßenen in der DDR: Viele laufen mit dem Aufnäher ›Schwerter zu Pflugscharen‹ herum und setzen sich den Schikanen der Volkspolizei aus. Einige streifen als Punks durch Ost-Berlin und Leipzig. Andere haben sich in ihre Wohnungen zurückgezogen, wo sie versuchen, in der Gemeinschaft Gleichgesinnter politisch und kulturell anders zu leben.«[41] Hier treffen Zivilisationskritik und der Konflikt der Generationen aufeinander – und es entsteht ein politischer und sozialer Nährboden, auf dem Frust und Resignation gedeihen, Abweichen von der gesellschaftlichen Norm, alternatives Dasein, das sich auch äußerlich, in Habitus und Kleidung, provokativ zur Schau stellt. Freilich ist dies auch der Humus für alternative Selbstverständigung und Durchbruch zur Selbsthilfe.

Zur Auseinandersetzung mit ökologischen Fragen, zu deren Diskussion haben sich in der DDR im kirchlichen Raum zunehmend Arbeitskreise und Initiativgruppen gebildet. Sie konnten sich dabei ausdrücklich auf Artikel 15 der DDR-Verfassung vom 6. April 1968 sowie auf das Gesetz vom 14. Mai 1970 über die planmäßige Gestaltung der sozialistischen Landeskultur in der Deutschen Demokratischen Republik berufen, denn darin sind der Schutz der Natur und des Bodens, der Pflanzen- und Tierwelt, die Reinhaltung der Gewässer und der Luft zur Pflicht nicht nur für Staat und Gesellschaft erhoben, sondern »darüber hinaus auch zur Sache jedes Bürgers« erklärt worden.

Wo Staat und Gesellschaft versagten – man lese nach, was Monika Maron in ihrem in der DDR nie veröffentlichten Roman »Flugasche« über die Luftverschmutzung im Industrierevier Bitterfeld schreibt –, wo es Staat und Gesellschaft an den erforderlichen Maßnahmen fehlen ließen und fehlen lassen, da begann vielerorts spontan Selbsthilfe einzusetzen. Erstmals wurden im Herbst 1979 im Rahmen der Jungen Gemeinde in Schwerin in einer größeren Aktion Bäume neu gepflanzt. Das Beispiel machte in der DDR von Jahr zu Jahr mehr Schule und wurde schließlich von der FDJ nachgeahmt. Im April 1983 trafen sich in Wittenberg erstmals autonome ökologische Arbeitskreise und Umweltschutzinitiativen zu einem Erfahrungsaustausch. »Über 30 Abgesandte waren von selbständig arbeitenden Öko-Gruppen in Rostock, Potsdam, Berlin, Rötha, Leipzig, Dresden, Jena-Neulobeda, Karl-Marx-Stadt und Naumburg geschickt worden.«[42] Die Spontaneität und Unabhängigkeit dieser Entwicklung waren es, die den Argwohn, das Mißtrauen der SED auslösten.

Das Regime reagierte auf die Ökologiebewegung auf zweierlei Weise. Zum einen bemühte es sich, die spontanen, unabhängigen Initiativen organisatorisch einzubinden, um sie politisch kontrollieren zu können. Unter dem Dach des DDR-Kulturbundes wurde 1980 eine »Gesellschaft für Natur und Umwelt« gegründet, in der sich innerhalb weniger Jahre rund 1600 Arbeitsgemeinschaften sammelten, die sich konkret mit ökologischen Problemen befaßten – freilich unter Kuratel der SED. »Die Partei sieht in engagierten Umweltschützern, die in der DDR ein weites Betätigungsfeld haben, ein gefährliches Unruhepotential, das mit der neuen Gesellschaft in kontrollierbaren Bahnen gehalten werden kann«, resümiert Peter Wensierski, ein Kenner der DDR-Umweltschutzproblematik. »Mit dem Hinweis auf die bestehenden Gruppen der Umweltgesellschaft können nun jederzeit selbständige Initiativen von Bürgern und Jugendlichen in Sachen Umweltschutz zurechtgewiesen werden. Die SED will offenbar keinerlei nicht-institutionalisierte Initiativen, und wo sie ohne ihr wesentliches Zutun gewachsen sind, wie in Umweltfragen, hat sie schnell eine eigene organisatorische Hülle zur Hand – auch auf die Gefahr hin, daß jegliche echte Initiative sofort wieder im Keim erstickt wird.«[43] Dahinter verbirgt sich die Furcht der SED, die Quantität unabhängiger ökologischer Gruppen und Umweltschutzinitiativen könnte in die Qualität einer »grünen Opposition« umschlagen.

Zweitens ließ die SED jeden spontanen Ansatz einer »grünen Opposition« im Keime ersticken. Als es am 5. Juni 1983 zu einer Fahrrad-Demonstration von rund zweihundert jungen Leuten kam, die unter Leitung des früheren Hallenser Jugendpfarrers Lothar Rochau gegen die Umweltbelastung im Raum Halle-Merseburg durch die Chemie-Giganten Buna und Leuna protestieren wollten, schritten die staatlichen Organe ein. Mehr noch: Da Lothar Rochau auch Kontakte zur Jenaer Friedensszene unterhielt und ausreisewilligen DDR-Bürgern geholfen hatte, nahmen die Behörden die Gelegenheit wahr, ihn auszuschalten. Acht Wochen nach seiner Festnahme, am 23. Juni 1983, wurde er zu drei Jahren Freiheitsstrafe wegen »staatsfeindlicher Hetze« verurteilt, zusammen mit einem Freund, dem Diplom-Juristen Dietmar Funcke, der viereinhalb Jahre Freiheitsstrafe erhielt. Die Vergeltung wurde prinzipiell nicht dadurch aufgehoben, daß Lothar Rochau seine Strafe nicht verbüßen mußte, sondern in die Bundesrepublik abgeschoben wurde. Der Fall Rochau macht beispielhaft, wie konsequente ökologische Kritik in politische Opposition umschlägt und dadurch dem Risiko der Kriminalisierung ausgesetzt ist.

Opposition und Widerstand: Möglichkeiten und Grenzen

Ursachen und Voraussetzungen für Opposition und Widerstand in der DDR – so lautete einleitend die Kernthese dieses politischen Reports – sind in den bestehenden Herrschafts- und Gesellschaftsstrukturen selbst angelegt. Ihre Systembedingtheit ist zureichend belegt und bewiesen. Die marxistisch-leninistische Doktrin, die besagt, daß der reale Sozialismus um so weniger Konflikte, Krisen und Widersprüche hervorbringt, je »reifer« er sich entwickelt, daß somit politische und soziale Gegensätze wie der Staat als Repressionsgewalt »absterben«, erweist sich auch am Exempel der DDR bis heute als Utopie. Im sozialistischen Staat deutscher Nation wird es daher auch künftig Opposition und Widerstand geben.

Gleichwohl ist vor einem politischen Mythos zu warnen: »Die Wirkung der oppositionellen Strömungen verschiedener Observanz in der DDR auf die politische Stabilität und das Machtgefüge der DDR sollte freilich nicht überschätzt werden. Die bisherige Geschichte der DDR zeigt zwar, daß es immer wieder oppositionelle Strömungen geben kann, das Herrschaftssystem – zwar keineswegs frei von Konflikten – funktioniert, insgesamt aber doch gefestigter und zunehmend auch flexibler ist, als dies hierzulande häufig noch angenommen wird. Aber gerade das Fehlen einer institutionalisierten Opposition muß als eine Schwäche der DDR gesehen werden: Solange die gegenwärtige Führung in der DDR Reformen in Richtung einer Lockerung ihres Monopols auf umfassende politische Führung und öffentliche Meinung ablehnt, wird sie gegen oppositionelle Strömungen in der Bevölkerung und gegen innerkommunistische Opposition letztlich immer wieder mit Repressalien antworten müssen, die dann ihrerseits erneute Opposition hervorrufen.«[1]

Wer Opposition und Widerstand in der DDR realistisch sehen, wer ihre Möglichkeiten und Grenzen vernünftig einschätzen will, muß sich von der Vorstellung frei machen, ihre Existenz dürfe absolut gesetzt werden. »Vor allem ist zu bedenken, daß Widerstand nicht etwas Statisches ist, sondern ein Entwicklungsprozeß, oftmals vor- und rückläufig.«[2] Zweifellos ist es der Führung der SED gelungen, durch Monopolisierung und Zentralisierung aller Macht ein weitgehend stabiles politisches System zu errichten. Opposition und Widerstand haben die Entwicklung zwar beeinflussen, ihr Ergebnis aber nicht verhindern können. Was Borys Lewytzkyj einmal für die UdSSR formuliert hat, gilt analog für die DDR: »Die Stärke der Opposition liegt in der Schwäche der Obrigkeit zur Konfliktbewältigung.«[3] Im 35. Jahr der DDR ist die Diktatur der SED so gefestigt wie nie zuvor.

In Ausmaß und Stärke, in Quantität und Qualität waren und sind Opposition und Widerstand in der DDR zu verschiedenen Zeiten höchst unterschiedlich ausgeprägt, ihre Strategie und Taktik unterlagen und unterliegen dem Wandel, und dies nicht nur aufgrund innerer, sondern auch äußerer Entwicklungen – man denke an die Zeit des kalten Krieges – und nicht zuletzt aufgrund des Wandels der politischen und sozialen Kräfte, die Opposition und Widerstand trugen und tragen. Zudem sind auch in der DDR Momente der Beharrung wirksam. Anpassung und Arrangement, Gewöhnung und Gleichgültigkeit sind mitbestimmend im Denken, Fühlen und Handeln der Menschen. Namentlich seit dem 13. August 1961, da eine risikolose Chance zur Flucht nicht mehr gegeben ist, muß dies in die politische Betrachtung einbezogen werden.

Verbunden damit ist ein Zug zu politischer Resignation, mitunter auch zur Verbitterung über enttäuschte Hoffnungen auf den Westen. Mehr als je zuvor hat sich die mitteldeutsche Bevölkerung auf die Herrschaft der SED eingestellt, weil es »doch keinen Zweck« habe aufzubegehren.

Nicht zuletzt trägt diese Haltung der historischen Erfahrung des 17. Juni 1953 Rechnung. Sein tragisches Ende machte der Arbeiterschaft wie der übrigen Bevölkerung in der DDR bewußt, daß sie auf sich allein gestellt blieb, als sich die »levée en masse« entfesselt hatte. Die Einsicht, daß Hilfe von außen ohne den Ausbruch eines bewaffneten Konflikts zwischen den Blöcken unmöglich gewesen wäre, weil die internationalen Kräfteverhältnisse einer Veränderung des politischen Status quo in Deutschland entgegenstanden, hat langfristig den Prozeß der Anpassung in der DDR, des Sicharrangierens mit der Diktatur der SED begünstigt – zumal nach dem 13. August 1961, der die acht Jahre zuvor erlittene Erfahrung, daß vom Westen aus niemand einen unmittelbaren Wandel in der DDR herbeiführen kann oder massiv zu fördern vermag, zementiert hat.

Ungeachtet des politischen Schocks, den der Bau der Mauer in der Bevölkerung auslöste, wurde sie zur letzthin entscheidenden Bedingung einer inneren Konsolidierung der DDR. »Nachdem die Möglichkeit der Verweigerung gegenüber dem staatlichen Verfügungsanspruch abgeschnitten war, entstand ein ›wechselseitiger Zwang zum Arrangement‹ zwischen der politischen Führung und der Gesellschaft. Er wurde bei Aufrechterhaltung des politischen Machtmonopols der SED zur Grundlage eines Sozialpaktes, der die Entwicklung der DDR zur leistungsorientierten Laufbahngesellschaft bewirkte.«[4] Dieser Prozeß wurde allerdings von einer gewissen Entpolitisierung begleitet. Dieter Voigt, der in anderem Zusammenhang schon zitierte Bochumer Soziologe, konstatiert ungleich kritischer folgenden Circulus vitiosus in der DDR: »Auf der einen Seite nehmen unter anderem zu: Leistungszurückhaltung, Unzufriedenheit mit der beruflichen Position und der ausgeübten Tätigkeit sowie der gesamten systembedingten Lage; Gleichgültigkeit gegenüber dem Produktionsprozeß, Westorientierung, ›Rückzug‹ in den privaten Bereich, Fluchtbereitschaft, Unehrlichkeit, Mittelmaß, keine Eigeninitiative und mangelnde Kreativität. Daraus resultieren andererseits wiederum mit ebenfalls steigender Tendenz: qualitativ und quantitativ zurückbleibende Produktion, sinkendes Realeinkommen (absolute und relative Verelendung); mehr Aufwand der Parteifunktionäre für Machtsicherung, Abschirmung gegen den Westen, Nichtgewährung von Grundrechten sowie für die Verwaltung von Produktion und Gesellschaft.«[5] Eben dies ist eine Basis für Opposition und Widerstand.

Zwischen Arrangement und Konfrontation

Der sich stets erneut aktualisierende Gegensatz zwischen Herrschaft und Gesellschaft oder, genauer, zwischen dem Regime der SED und der Mehrheit der DDR-Bevölkerung kann jederzeit aufs neue Opposition und Widerstand hervorbringen, je nachdem, welche Ziele die Staatspartei in ihrer Strategie und Taktik vorgibt, welche Aufgaben sie sich stellt und welche äußeren Entwicklungsprozesse mit unterdrückten Bestrebungen im Innern korrespondieren. Gewiß findet sich die Bevölkerung in ihrer Mehrheit, wenn sie sich mit der SED arrangiert, noch nicht unbedingt und endgültig mit deren Herrschaft ab, obschon auch dies teilweise der Fall sein mag. Günter Gaus spricht von der »Nischengesellschaft« in der DDR. »Die privaten Lebensräume, als tiefe Nischen ausgestaltet, sind Freiräume von der herrschenden Lehre. Damit sind sie keineswegs auch grundsätzlich Widerstandsnester. Im Gegenteil: Sie haben eine Ventilfunktion. Es ist geradezu ein Kriterium der mitteldeutschen Nischen, daß ihre Inhaber, ihre Einwohner sich durch die Möglichkeit der Nische, des individuellen Glücks im Winkel, mit dem Regime ihres Staates arrangiert haben. Wer sich mit ihm überwirft, tritt aus der Nische heraus.«[6] Das ist richtig gesehen.

Die politische Elite in der DDR hat auch künftig mit »latenten strukturbedingten Krisen- und Konfliktpotentialen«[7] zu rechnen – was zugleich die Grenzen einer systemkonformen politischen Sozialisation markiert, ungeachtet aller ideologischen Erziehung, ungeachtet aller Massenagitation und Propaganda. Das Ergebnis ist für die Führung der SED nicht ermutigend. »Die Ritualisierung der Ideologie geht einher mit einer tiefgreifenden ›Spaltung des politischen Bewußtseins‹: Man sagt nicht offen, was man politisch wirklich denkt; man redet privat anders als öffentlich. Dort gibt es vielfach nur noch Lippenbekenntnisse, Anpassung und Opportunismus. Systemimmanente Schwächen und wirtschaftliche Mängel, aber auch der Einfluß westlicher Medien, gestiegene Ansprüche für individuelle Entfaltungsmöglichkeiten und die Erfahrung ihrer vielfältigen Grenzen produzieren immer wieder neu Vorbehalte und Resignation, politische Apathie und den Rückzug ins Private – aber eben nicht uneingeschränkte Bejahung und volle Einsatzbereitschaft für die Ziele und die Politik der politischen Elite. Die ständige Überwachung durch den Staatssicherheitsdienst, die teilweise sehr harte Behandlung der politischen Opposition, von Schriftstellern und ›Republikflüchtigen‹ rufen Abwehr hervor und machen politische Widersprüche in der DDR-Gesellschaft ständig fühlbar. Repression und Propaganda decken doch nur mit Mühe weitverbreitete politische Unzufriedenheit über Mängel des bürokratischen Sozialismus zu.«[8] Viele Bürger der DDR ziehen sich auch im 35. Jahr ihres Staates in Verhaltensweisen zurück, die man als »strukturell bedingten Opportunismus«[9] charakterisieren kann.

In der politisch eigentümlichen Atmosphäre, die unter den dargelegten Voraussetzungen in der DDR anzutreffen ist, bietet dieses Sichanpassen häufig sogar die unerläßliche Voraussetzung für Opposition oder Widerstand. Es ist eine unter allen totalitär verfaßten Regimen bewährte Form politischer Mimikry. Die offen demonstrierte oppositionelle oder regimefeindliche Haltung ist politisch nur sinnvoll, wo sie dem erstrebten Zweck entspricht. Sie muß gegen die Verfolgung des Andersdenkenden, die sie provozieren kann, gegen die mögliche Dezimierung des oppositionellen Potentials abgewogen werden. Auch hier gilt die Verhältnismäßigkeit der Mittel.

Schon 1952 wandte sich ein Gelehrter aus der DDR in einem Brief an Max Bense gegen die Auffassung, Widerstand heiße immer Aktion. »In Fragen des Widerstandes bin ich für ein sehr zweckvolles Handeln«, bekannte er. »Was wir Widerstand nennen, richtet sich gegen genaue Tatsachen, gegen bestimmte Vorgänge, gegen bestimmte Institutionen, gegen gewisse Personen. Wenn aber, wie ich zugebe, dieser Widerstand keine Aktion darstellt, was kann er dann sein? – Wir nennen es Hinhalten. Die bewußte Verzögerung befohlener Handlungen, das unauffällige Nichtstun, die zunehmende Trägheit unserer Herzen, unserer Hirne, unserer Hände usw., das alles ist es, was wir sorgfältig einüben.«[10] Diese Denkungsart ist wohl bezeichnend für viele Intellektuelle, Lehrer und Wissenschaftler, für die vielen »Stillen im Lande«, die ausharrten, deren Ausharren mit fortschreitender Zeit freilich immer schwerer werden mußte. Letztlich können Opposition und Widerstand sogar ein Ausweichen auf Verhaltensweisen fordern, die politische Unauffälligkeit gewährleisten, Schutz vor Maßregelung oder Verfolgung, eben »strukturell bedingten Opportunismus«.

Konkret entwickelt sich die Form der Anpassung aus den jeweils gegebenen politischen und gesellschaftlichen Bedingungen. Arbeiter verhalten sich selbstbewußter als Gewerbetreibende oder Handwerker, Genossenschaftsbauern treten der sozialistischen Obrigkeit gegenüber anders auf als Lehrer, Intellektuelle oder Wissenschaftler, von altersspezifischen Eigentümlichkeiten ganz abgesehen. Junge Menschen neigen auch in der DDR eher als ältere dazu, die Herrschenden herauszufordern.

Sozialstrukturelle Aspekte politischer Gegnerschaft

Grundsätzlich sind Opposition und Widerstand in der DDR in allen Klassen, Schichten und Gruppen der Bevölkerung historisch zu belegen, aber das schließt erhebliche Wandlungen in der Disponibilität bestimmter gesellschaftlicher Kräfte für Opposition und Widerstand nicht aus, es gab und gibt politische und soziale Schwerpunktverlagerungen, weil die Sozialstruktur selbst dem Wandel unterliegt. In besonderen Konfliktsituationen kann sich daraus ein Stimulans für oppositionelles oder regimefeindliches Verhalten ergeben. Zugleich beruht darauf die jeweilige Spezifik von Inhalt und Form der oppositionellen Zielsetzung.

So war die Rolle der Arbeiterschaft als tragende Kraft des Aufstandes vom 17. Juni 1953 eindeutig. Genauso eindeutig war allerdings, daß sich den streikenden Bau- und Industriearbeitern in einem fortgeschrittenen Stadium des Aufstandes überall Menschen auch anderer sozialer Schichten und beruflicher Gruppen anschlossen – und daß sich die ursprünglich von den Arbeitern aufgestellten wirtschaftlichen und sozialen Forderungen spontan zu politischen Forderungen der gesamten Bevölkerung erweiterten. Das drückte sich in Losungen aus wie »Nieder mit der Regierung«, »Freie Wahlen«, »Freiheit für politische Gefangene«. Zunächst richtete sich der Arbeiteraufstand gegen ökonomische und soziale Mißstände der Herrschaft der SED, zuletzt galt er dieser Herrschaft selbst. In ähnlichen Krisen wird sich solch ein dialektischer Umschlag jederzeit wiederholen können. Aller Protest gegen ökonomische und soziale Mißstände schlägt letztlich in Kritik am politischen System der DDR um.

In der mitteldeutschen Industrie- und Bauarbeiterschaft war auch später die Bereitschaft zur Gegenwehr vorhanden. Auch künftig ist die Arbeiterschaft in der DDR dem sozialen Potential zuzurechnen, von dem oppositionelle Impulse ausgehen können. Das ergibt sich aus ihrer ökonomischen und sozialen Lage, aus ihrer Zusammenballung im industriellen Großbetrieb, aber auch aus ihrem politischen Selbstbewußtsein, aus dem, was die SED Klassenbewußtsein nennt, das in der Realität allerdings andere Inhalte hat als in der Ideologie.

Freilich hat die SED am 17. Juni 1953 auch ihre Lektion gelernt und bis heute nicht vergessen. Ihr behutsamer Umgang mit der Arbeiterschaft ist seither unverkennbar. Den Grundfehler Walter Ulbrichts, sich über die ökomischen und sozialen Interessen der Arbeiter rigoros hinwegzusetzen, hat Erich Honecker nie begangen. Unter seiner Ägide erfuhr die Arbeiterschaft neben materiellen Konzessionen eine deutliche Aufwertung ihres sozialen und politischen Prestiges, auch wenn ihr wirkliche Mitbestimmung selbstverständlich nicht eingeräumt wurde. Als die Führung der SED im Begriff war, einen schweren Fehler zu begehen, indem sie 1976 auf die vom IX. Parteitag der SED erwarteten und erhofften sozialen Verbesserungen warten ließ, begann sich sofort Proteststimmung in den Betrieben auszubreiten – so intensiv, daß Honecker zwei Tage nach dem großen Spektakel im Palast der Republik eilig ein Sozialpaket schnüren und beschließen ließ. Die Arbeiterschaft sollte beschwichtigt werden. Diese Rücksichten auf ihre mögliche Opposition, auf ihren möglichen Widerstand baut natürlich Konflikte ab.

Der jungen Generation kommt eine nicht minder große Bedeutung zu, wenn das oppositionell-regimefeindliche Potential umrissen werden soll. Nicht nur ist die Jugend leicht zu begeistern – sie sucht auch leicht die Konfrontation, und zwar in der DDR nicht trotz, sondern oft genug infolge ihrer Erziehung in der marxistisch-leninistischen Bekenntnisschule, infolge ihrer Indoktrination in der FDJ. Tagtäglich konfrontiert mit dem Widerspruch zwischen Ideal und Wirklichkeit des realen Sozialismus, regen sich Regimekritik, Opposition und Widerstand sozusagen systembedingt. Dabei gehört es zu den die Führungsschicht bedrückenden Erfahrungen, daß auch und gerade einige ihrer Söhne und Töchter mit dem Regime in Konflikt geraten. Ob nach dem 13. August 1961, dem Stichtag des Berliner Mauerbaus, oder nach dem 21. August 1968, dem Tag der ČSSR-Intervention, oder beim Aufkommen der autonomen Friedensbewegung – stets haben junge Menschen die Rolle von Schrittmachern übernommen, wo sich Opposition oder Widerstand entwickelten.

Einen dritten Kreis potentiell Oppositioneller bilden Wissenschaftler, Intellektuelle, Schriftsteller und Künstler, deren kritische Einstellung dem Regime schon immer Sorgen gemacht hat. Die Aussöhnung von Geist und Macht blieb ein Traum der neuen Klasse. Wie sehr die SED die kritischen Einflüsse dieser Gruppen einschätzt, lassen ihre Repressionen erkennen. Gesellschaftliche Diskriminierung, Veröffentlichungsverbot – tatsächlich also Berufsverbot –, Ausweisung, politische Haft: Solche Maßnahmen waren und sind bis heute nicht außer Übung.

Ein letzter Kreis ist zu benennen: Die führenden Männer der neuen Klasse selbst sind gegen Opposition nicht gefeit: Das haben die Zaisser/Herrnstadt-Fraktion, die um Karl Schirdewan gruppierte Opposition, der Fall Erich Apel erwiesen. Bezeichnenderweise ist auch zweimal der für die innere Sicherheit des Regimes unmittelbar zuständige Minister für Staatssicherheit in oppositionelle Fraktionskämpfe verwickelt worden.

Die Vorstellung, daß die Führung der Partei von jener Einheit und Geschlossenheit sei, in der sie sich nach außen präsentiert, ist offenkundig eine Fiktion. Risse im monolithischen Block sind grundsätzlich nicht auszuschließen. Wiederholt sind Gegensätze in der Spitze der SED aufgebrochen, Rivalitäten, Fraktionsbildungen, Machtkämpfe im Politbüro oder im Zentralkomitee. Auch frühere Säuberungsaktionen, die Affäre um Paul Merker etwa, der 1950 als Mitglied des Politbüros gestürzt und 1952 als »zionistischer Agent« in Haft genommen wurde, haben in oppositionellen Konflikten ihre Ursprünge und Wurzeln. Längst nicht alle dieser Auseinandersetzungen im inneren Zirkel der Macht dürften bekanntgeworden sein. Insoweit sie mit ähnlichen Stimmungen an der Basis der SED korrespondierten, verweisen sie auf das oppositionelle Potential innerhalb der Partei, auf das sich manche Oppositionelle wie Rudolf Bahro sogar ausdrücklich orientiert haben. Für ihn gilt als sicher, »daß es im real existierenden Sozialismus keine Alternative zur Apparatherrschaft gibt, die ohne oder gegen die Kommunisten gemacht werden könnte«.[11]

Zu einer ähnlichen Überlegung kam James Burnham schon 1950. »Unter den Gesetzen der Politik«, schrieb der amerikanische Soziologe, »ist keines besser fundiert als dieses: daß innerhalb jeder fest gegründeten Gruppe eine Revolution nicht möglich ist, sofern nicht eine Spaltung der herrschenden Schicht vorausgeht.«[12] Oppositionelle Fraktionen in der Spitze der Partei sind nicht zuletzt deshalb eine günstige Voraussetzung zur Umbildung bestehender Machtstrukturen, weil sie im Falle innerer Herrschaftskrisen dank ihres Einflusses im Partei- und Staatsapparat Veränderungen am ehesten durchsetzen können.

Zur Taktik von Opposition und Widerstand

Die Vielfalt oppositioneller und regimefeindlicher Verhaltensweisen läßt sich, blickt man auf die heute 35jährige Geschichte der DDR zurück, nicht auf einen politischen Hauptnenner bringen. Ein Oppositions- und Widerstandsdogma gibt es nicht. Im Staat der SED waren und sind passive und aktive, spontane und organisierte, emotional-elementare und rational-zielstrebige Oppositions- und Widerstandshaltungen feststellbar, einschließlich solcher Verhaltensweisen, die aus dem natürlichen Selbstbehauptungswillen des Menschen erwachsen. Infolge der Totalität des von der SED erhobenen Herrschaftsanspruchs können sie politische Konfliktsituationen bedingen, die in Opposition oder Widerstand umschlagen. Die verschiedenen Formen organisierter Fluchthilfe aus ideellen Motiven, gewaltfreie Friedensdemonstrationen oder spektakuläre Aktionen zur Erzwingung legaler Ausreisen aus der DDR belegen, daß der sich spontan entwickelnden Vielfalt bisher noch unerschlossene Räume verblieben. Zwar verspräche die aktive, organisierte und womöglich einer oppositionellen Konzeption entspringende Gegnerschaft größere politische Wirkung, aber sie unterliegt auch eher dem Risiko ihrer Eliminierung durch die Sicherheits- und Unterdrückungsorgane, während eine dauernde passive Resistenz auf weite Sicht nachhaltiger wirken kann. Entscheidungen über taktisches Vorgehen von Opposition oder Widerstand haben sich daran zu orientieren.

Eine generell gültige Aussage über die Wirksamkeit oppositioneller und regimefeindlicher Verhaltensweisen verbietet sich nicht zuletzt deshalb, weil sich immer wieder neue Formen und taktische Varianten entwickeln – auch innerhalb einer sozialen Schicht, wie etwa der Bauernschaft, die nach Liquidierung aller privaten Landwirtschaftsbetriebe von individuellen zu kollektiven Oppositionsformen übergehen konnte. Gemeinsame Arbeitsverweigerungen, vordem wenig wahrscheinlich, sind möglich geworden.

Welche Formen speziell Widerstand auch annehmen mag: Nicht jeder Widerstand ist, nur weil er antikommunistisch ist, auch politisch sinnvoll. Gewaltaktionen sind es niemals in Friedenszeiten, sie schaden der Bevölkerung. Politisch nutzen sie dem Regime, das eine Handhabe erhält, den Widerstand schlechthin zu diskreditieren. Allerdings birgt die Auseinandersetzung mit einem totalitären Gegner immer die Gefahr in sich, daß dessen Skrupellosigkeit und Brutalität zu extremen Formen des Widerstandes treiben, ja Verzweiflungstaten provozieren und so allgemein radikalisierend auf den Widerstand einwirken. In Kenntnis dieser Gefahr wird sich jeder verantwortungsbewußte Widerstand Maß und Ziel setzen, wenn er seine politischen und moralischen Prinzipien nicht selber fragwürdig machen will.

Gewaltaktionen sind auch deshalb untauglich, weil sie die Solidarisierung der Bevölkerung mit den Gegnern des Regimes blockieren. »Der wirksamste Widerstand ist der, welcher die größte Solidarität schafft«, hat Rainer Hildebrandt einmal geschrieben. »Gewaltlosigkeit und Schaffung einer großen Solidarität sind voneinander untrennbar. Gewalt ist immer nur ein Ausweg, weil es nicht gelungen ist, genügend Menschen auf dem rechten Weg zu vereinen und zur gleichen Tat zu führen.«[13] Diese nach dem Aufstand vom 17. Juni 1953 formulierte Erkenntnis scheint allgemeingültig zu sein.

Robert Havemann hat eben dies erfahren: Mit ihm haben sich große Teile links orientierter Jugendlicher solidarisiert in einem Maße, daß er in den letzten Jahren seines Lebens zum Idol und nach seinem Tode zur Legende wurde. Seine Leistung bestand nicht zuletzt darin, in der DDR eine neue oppositionelle Taktik kreiert zu haben. Seine offene Herausforderung der SED, seine um parteibefohlene Tabus unbekümmerten Veröffentlichungen in der Bundesrepublik bei gleichzeitigem Vermeiden jedweder im Sinne des

Regimes konspirativer Kontakte müssen als eine bis dahin nicht angewandte taktische Variante angesehen werden.

Sein Beispiel hat Schule gemacht. Als Mitte der siebziger Jahre in der DDR punktuell Bürgerrechtler und Bürgerrechtsinitiativen ihre Forderungen artikulierten, sorgten sie unter voller Namensnennung für ihre Veröffentlichung durch westliche Medien, um auf diese Weise das Regime unter politischen und moralischen Druck zu setzen.

Rudolf Bahro ging noch einen Schritt weiter. Nicht nur veröffentlichte er seine theoretische Kritik am realen Sozialismus in einem bundesdeutschen Verlag, er kündigte sie durch ein von westlichen Hörfunk- und Fernsehsendern ausgestrahltes Selbstinterview auch provokativ an, wohl wissend, daß er damit seine Festnahme auslöste. Indes erzielte er eben dadurch einen bis dahin unerreichten publizistischen Effekt. Seinen eigenen Worten zufolge wollte er auf diese Weise »den Apparat daran gewöhnen, einer offenen Opposition ins Gesicht sehen zu müssen. Das Ziel ist, ihm zuletzt die offene ideologische Schlacht im eigenen Lande aufzuzwingen. Darauf müssen wir hinarbeiten.«[14] Das Ziel ist nicht einfach erreichbar, denn die Machthaber wissen um das politische Risiko, das selbst in den Grenzen des Systems Meinungsfreiheit und Freiheit der Kritik für sie bedeuten: »Die Freiheit zur Kritik innerhalb des Systems schlug immer sehr schnell in eine Kritik am System um«[15], hat der Bonner Journalist Peter Dittmar einmal bemerkt, der sich mit Problemen der Opposition und des Widerstands im Kommunismus wiederholt auseinandergesetzt hat. In der Absicht, die politische Meinungsbildung im Staat der SED zu beeinflussen, speziell auch die innerparteiliche Meinungsbildung, ging das Kalkül dieser oppositionellen Taktik unbedingt auf, während Macht und Ohnmacht der Herrschenden gleichermaßen zutage traten: die Macht, oppositionelle Gedanken zu verfemen, parteiwidrige Meinungen als »revisionistisch« oder »konterrevolutionär« zu verunglimpfen, ihre Urheber zu drangsalieren, auszuweisen oder zu verfolgen – und die Ohnmacht, die Verbreitung dieser Gedanken und Meinungen zu verhindern.

Die Wirkung der West-Medien

Die von seiten der SED immer wieder aufgestellte Behauptung, Opposition und Widerstand in der DDR werden durch westliche elektronische Medien gesteuert, ist in der Sache zwar haltlos, aber selbstverständlich ergibt sich aus dem Empfang grenzüberschreitender Hörfunk- und Fernsehprogramme in der DDR eine fortwährende »Infizierung« mit Nachrichten und Meinungen, die auch oppositionelle und regimefeindliche Verhaltensweisen dortzulande erheblich beeinflussen. »Seitens der BRD und West-Berlins wird die bürgerliche Ideologie täglich, ja stündlich sozusagen frei Haus in die Deutsche Demokratische Republik geliefert«[16], klagte Honecker 1974 auf dem 13. Plenum des ZK. Schon die Information, die das Nachrichtenmonopol des Regimes durchbricht, ist angesichts der ideologisch-politischen Selektion in der Nachrichtengebung der DDR-Medien eine ständige Herausforderung für die Mächtigen der neuen Klasse. Um wieviel mehr sind es Sendungen, in denen über oppositionelle und regimefeindliche Bestrebungen in der SED oder ihrem Staat informiert wird.

Heute gehören die Zeiten hoffentlich endgültig der Vergangenheit an, in denen in der DDR der bloße Empfang westlicher Rundfunk- oder Fernsehsendungen strafrechtlich geahndet wurde. Zwar kann, wie Honecker am 28. Mai 1973 öffentlich erklärt hat, in seinem Staat »die westlichen Massenmedien«, vor allem Rundfunk und Fernsehen der Bundesrepublik, »jeder nach Belieben ein- und ausschalten«[17] , aber noch immer macht sich strafbar, wer Westempfang gemeinschaftlich organisiert oder Informationen und Meinungen aus westlichen Sendern in oppositioneller Absicht verbreitet. Der Tatbestand der »staatsfeindlichen Hetze« ist damit für die DDR-Justiz erfüllt.

Die Beispiele Havemanns und Bahros, der DDR-Bürgerrechtler und der autonomen Friedensbewegung hatten das grenzüberschreitende Zusammenspiel mit West-Medien anschaulich gemacht. Wenn Günter Gaus nun allerdings die politische Bedeutung »bei beiden, Bahro wie Havemann, und bei manchen anderen Personen und Vorgängen in der DDR, deren Außergewöhnlichkeiten im Sinne der mitteldeutschen Norm erst durch die ›Tagesschau‹ zu einem allgemeinen Ereignis jenseits der Elbe werden«, schlicht »an der Art des Bekanntwerdens«[18] festmachen will, so ignoriert er, daß Opposition und Widerstand in der DDR über einen anderen Weg in die Öffentlichkeit als über die West-Medien gar nicht verfügen, daß sie ihn unbedingt nützen müssen, um ihre Forderungen und Ziele öffentlich artikulieren zu können.

Lange Zeit, bevor sich diese Form oppositioneller Manifestation entwickelt hat, hatte sich in der DDR bereits eine spezifische Form des politischen Widerstands aus dem Bedürfnis vieler Menschen entwickelt, den westlichen Teil Deutschlands über die Geschehnisse in der DDR zu unterrichten, unter Umständen auch Enthüllungen über Unrechtshandlungen und Willkürmaßnahmen des Regimes zu ermöglichen. Durch die Normalisierung und Erweiterung des Fernsprechverkehrs zwischen beiden deutschen Staaten im Zuge der deutsch-deutschen Vertragspolitik der siebziger Jahre sowie durch die Akkreditierung westlicher Korrespondenten in Ost-Berlin sind entsprechende Kontakte noch mannigfaltiger geworden – freilich auch die Ängste der Herrschenden; die Verschärfung der einschlägigen Strafrechtsbestimmungen dokumentiert sie.

Ein besonderes Beispiel solchen Widerstands hat der Ostberliner Journalist Dieter Borkowski geliefert. Jahrelang hat er als »illegaler« Korrespondent in der Hauptstadt der Republik für »Die Zeit« geschrieben. »Das Angebot der Hamburger Redaktion bedeutete in meiner Situation eine Aufgabe, die weit über alle bedrückenden Sorgen und Berufsprobleme des grauen Alltags hinaus in die Zukunft wies«, hat er später zu seiner Arbeit gesagt. »Mich endlich innerlich ›freizuschreiben‹, der Wahrheit zu dienen, sie auszusprechen, ohne Wenn und Aber, frei von der offenen und indirekten Zensur, die das Wirken der Medien in der DDR total prägte, das allein mußte auf einen Journalisten, der seinen Beruf ernst nahm, begeisternd wirken.«[19]

Borkowski, Jahrgang 1928, einst Mitglied der SED, berichtete von 1966 bis 1971 aus Ost-Berlin – und das liberale Wochenblatt in der Hansestadt veröffentlichte seine Berichte, »die sich durch intime Kenntnis des Alltags, Beobachtungsgabe und Einfühlungsvermögen auszeichneten«[20], unter dem Pseudonym »Arno Hahnert«. Sein Widerstandsmotiv wurzelte nicht zuletzt in der Tatsache, daß er in den frühen sechziger Jahren zu zwei Jahren Freiheitsstrafe wegen »staatsgefährdender Hetze und Propaganda« verurteilt worden war.

Seine Korrespondententätigkeit endete mit dem 2. Juni 1971, als Borkowski und seine Frau Heidemarie während eines Urlaubs in Born auf dem Darß festgenommen und nach Ost-Berlin übergeführt wurden. Hier verurteilte das Stadtgericht den Journalisten wegen »staatsfeindlicher Hetze« zu sieben Jahren Freiheitsstrafe und seine Frau wegen Nichtanzeige eines Staatsverbrechens zu drei Jahren. Dank Austausch gegen Liane Lindner, eine Agentin der Hauptverwaltung Aufklärung im MfS, sahen sie am 1. September 1972 unerwartet die Freiheit wieder.

Gewiß ist es nicht übertrieben, in solchen Formen politischer Gegnerschaft auch einen Beitrag zur Wahrung des gesamtdeutschen Bewußtseins und gesamtdeutsche Zusammengehörigkeit zu sehen. Es entstand eine sogenannte »zweite Öffentlichkeit« der DDR, deren Rückwirkung auf die Stimmung in der DDR unverkennbar war. Denn das Bewußtsein, das Tun und Treiben der SED öffentlich preisgeben zu können, bereitete Genugtuung in der Bevölkerung und stärkte ihre Zuversicht, nicht abgeschrieben und vergessen zu sein. Nicht selten empfanden Funktionäre des Regimes einschlägige Enthüllungen oder gezielte Kritik als politisch-moralischen Druck, der sie unsicher machte oder gar Rücksicht üben ließ.

Von erheblichen Auswirkungen auf die Taktik von Opposition und Widerstand in der DDR waren die mit den Sperrmaßnahmen vom 13. August 1961 schlagartig veränderten Bedingungen ihrer Entfaltung. Solange noch die Möglichkeit der Flucht nach Westen bestand, wurde das Oppositions- und Widerstandspotential geschwächt, indem Unzufriedene der DDR den Rücken kehrten. Unter diesem Gesichtspunkt haben die Zwangsmaßnahmen vom 13. August 1961 das Risiko innerer Konflikte für die SED insofern eher erhöht, als die bis dahin »offene Grenze« wie das Sicherheitsventil eines überheizten Kessels wirkte. Mit der Abriegelung der DDR mußte sich die Gefahr einer Explosion verstärken.

In Erkenntnis dieser Gefahr haben die Kommunisten ihren innenpolitischen Kurs nach dem Bau der Mauer relativ gemäßigt – und sie haben zugleich durch den 1964 einsetzenden Freikauf ehemaliger politischer Häftlinge in großem Stil das oppositionelle Potential abgebaut. Zu einem erheblichen Teil waren die freigekauften Häftlinge politisch bewußte Gegner, die neue Risiken bedeutet hätten, wenn sie zum Bleiben in der DDR gezwungen worden wären. Selbst wenn man annimmt, daß von den rund 20 000 ehemaligen Häftlingen, die in den Jahren 1964 bis 1983 freigekauft wurden, nur jeder zweite oder dritte ein bewußter Regimegegner gewesen ist, so ist die Bedeutung des Freikaufs für Opposition und Widerstand kaum zu überschätzen.

Im selben Zusammenhang muß die von den Russen übernommene Praxis der Ausweisung unliebsamer Bürger gesehen werden. Der prominenteste Fall Wolf Biermann blieb nicht der einzige. Auch wenn die Ausweisungen quantitativ begrenzt blieben, so waren sie qualitativ von Belang: Immer waren es Wortführer der Opposition, die gegen ihren Willen aus der DDR ausgewiesen wurden.

Augenscheinlich handelte das Regime dabei auch aus der Erkenntnis, daß Opposition und Widerstand durch Eliminierung ihrer Träger »von selbst« erledigt würden. Natürlich ist nicht zu bestreiten, daß die Verfolgung politisch Andersdenkender, die Repression durch die Sicherheits- und Justizorgane bei vielen Menschen den Entschluß zum Aufbegehren hemmen. Andererseits sind es eben diese Repressionsmaßnahmen, die neue Opposition, neuen Widerstand hervorrufen können, weil sie die Menschen empören. Die Furcht vor dem Terror nutzt sich mit der Gewöhnung ab. Auch die Sicherheits- und Justizorgane der DDR mußten die Erfahrung machen, daß sich Terror nicht unbegrenzt einsetzen läßt.

Ein neuer Aufstand möglich?

»Eine neue Revolution ist nur möglich im Gefolge einer neuen Krise. Sie ist aber auch ebenso sicher wie diese.« Marx' vielzitierte Sentenz ist durch die Geschichte zwar dementiert, aber sicher ist, daß sich der Aufstand vom 17. Juni 1953 dem Bewußtsein der Arbeiter der DDR als ein historisches Erlebnis eingeprägt hat, das die Schwäche des Regimes eklatant hervortreten ließ. »Ich bin stolz auf den 17. Juni«, gestand ein Arbeiter wenige Tage nach dem Aufstand in einer Belegschaftsversammlung des Ostberliner VEB Siemens-Plania, denn er habe die Arbeiter gelehrt, »daß sie eine Kraft sind und einen Willen haben«[21]. Ähnlich beurteilte Ernst Niekisch seinerzeit den 17. Juni: »Die Bevölkerung der Deutschen Demokratischen Republik hatte das Erlebnis gehabt, daß der Diktatur die Zügel entfallen waren; sie war dadurch selbstbewußt geworden und dazu ermutigt, sich nicht mehr alles schweigend und widerstandslos gefallen zu lassen. Sie war nicht mehr die gefügige, alles erduldende Masse, die sie bisher gewesen war.«[22] Auch die Führung der SED dürfte sich darüber klar sein.

Wenn es zutrifft, daß Opposition und Widerstand in der DDR aus den inneren Konflikten und gesellschaftlichen Widersprüchen des bestehenden Herrschaftssystems resultieren, so sind für Zeiten tiefer Krisen der Diktatur der SED auch neue Massenaktionen zu erwarten. Selbst ein neuer Aufstand ist mithin grundsätzlich möglich oder zumindest nicht auszuschließen. Ulbricht hat einmal zugegeben, daß er selber im Frühjahr 1957 mit einem neuen Aufstand in der DDR gerechnet habe, daß (mit seinen Worten) »für Frühjahr 1957 der Putsch gegen die Deutsche Demokratische Republik vorbereitet« gewesen sei. »Wir sind rechtzeitig zur Gegenoffensive übergegangen.«[23] Überraschen konnte seine Aussage nicht. Auch für die SED ist der 17. Juni 1953 eine unvergessene Lehre geblieben, mit allen sich daraus ergebenden sicherheitspolitischen Konsequenzen einschließlich der inneren Unterdrückungsfunktion der bewaffneten Organe in der DDR. Erich Honekker, von 1958 bis 1971 als Sekretär des Zentralkomitees der SED für Militär- und Sicherheitsfragen zuständig, hat 1957 auf dem 30. Plenum des ZK ausdrücklich auf diesen Punkt hingewiesen: »Wir tragen eine große Verantwortung dafür, daß die bewaffneten Kräfte unserer Arbeiter-und-Bauern-

Macht, die Nationale Volksarmee, die Deutsche Volkspolizei und die Kampfgruppen der Arbeiterklasse, zu jeder Zeit in der Lage sind, mit den ihnen zur Verfügung stehenden Kräften die Ruhe und Ordnung sicherzustellen und eventuelle Provokationen im Keime zu ersticken, zu unterdrücken und zu zerschlagen.«[24] Die Äußerung, in ihrer Offenheit bemerkenswert, zeugt nicht gerade dafür, daß die Herrschenden regimefeindliche Massenaktionen in der DDR generell für ausgeschlossen halten.

Die Ausbildung bei der DDR-Bereitschaftspolizei, einer kasernierten Polizeitruppe, spricht ebenfalls dafür. Roland Jahn, der 1972 seinen Wehrdienst bei der Bereitschaftspolizei in Rudolstadt geleistet hat, berichtet, wie Polizeieinsätze für den Fall von Unruhen geprobt wurden: »In der Umgebung von Jena haben wir bei Manövern gelernt, wie Studentendemos beizukommen ist. Wir standen bei einer solchen Übung an der Ausfallstraße, mußten ›Unruhestifter‹ verfolgen, die sich in die Jenaer Berge geflüchtet hatten, die Aufmüpfigen mußten wir zusammentreiben und mit Wasserwerfern außer Gefecht setzen und abführen.«[25] Das Szenario entsprach genau dem Ablauf eines Polizeieinsatzes, bei dem mit ungewöhnlicher Brutalität Zusammenrottungen Jugendlicher auf dem Alexanderplatz in Ost-Berlin zum Jahrestag der DDR-Gründung am Abend des 7. Oktober 1977 auseinandergetrieben wurden – so brutal, daß es auf beiden Seiten Tote gab.[26]

Furcht vor Massendemonstrationen bestimmte auch das überdimensionierte Aufgebot an Polizei- und Sicherungskräften, mit dem das Treffen Schmidt/Honecker am 13. Dezember 1981 in Güstrow beendet wurde: Die mecklenburgische Domstadt glich einer besetzten Stadt mit Ausgehverbot für ihre Bewohner. Die Erfahrung ist immer wieder: »Tatsächlich reagiert die SED schon bei minimalen Herausforderungen nervös. Als im östlichen Nachbarstaat die unabhängige Gewerkschaftsbewegung anschwoll, ergriff die Partei panische Angst vor der völlig unwahrscheinlichen Wiederholung der polnischen Insurrektion im roten Preußen. Der Kirchentag von Eisleben fiel auf den 17. Juni 1983. Das Stasi-Aufgebot war – im Unterschied zu anderen Kirchentagen – enorm und für jedermann sichtbar. Die Erschreckten wollten abschrecken.«[27]

Eine gänzlich andere Frage ist, ob ein neuer Aufstand in der DDR politisch sinnvoll oder zu wünschen sein könnte. Sie beantwortet sich von selbst, solange zwischen Elbe und Oder annähernd zwanzig Divisionen der Sowjetarmee stehen, deren bewaffneter Einsatz im Falle von Unruhen in der DDR nach Geist und Buchstaben des Stationierungsvertrages vom 12. März 1957 nicht einmal der Zustimmung der Ostberliner Regierung bedürfte. Zu fragen wäre ferner, wie sich die bewaffneten Organe der DDR im möglichen Fall innerer Unruhen verhalten würden. Ob sie sich zuverlässiger zeigen würden als am 17. Juni 1953? Damals solidarisierten sich Volkspolizisten in erheblicher Zahl mit den Aufständischen.

Die Tatsache, daß sich in den Reihen der Armee sowie der Polizei- und Staatssicherheitskräfte bislang nur geringe Indizien finden, die auf Opposition und Widerstand deuten, belegt nicht unbedingt deren politische Zuverlässigkeit. Eine elitäre Kaderpolitik, die »innere Sicherung« der bewaffneten Kräfte durch ein weitverzweigtes konspiratives Informations- und Überwachungssystem und die politisch-ideologische Disziplinierung durch Politoffiziere einerseits, durch die Organisation der SED mit der FDJ in den bewaffneten Organen andererseits sollen zusätzlich Zuverlässigkeit im Sinne des Regimes produzieren. Die bis in die Gegenwart hohe, obschon seit dem 13. August 1961 stetig gesunkene Quote von Flüchtlingen aus der Nationalen Volksarmee und den Grenztruppen der DDR rechtfertigten die Schlußfolgerung, daß auch die militär- und sicherheitspolitischen Stützen des Regimes im Krisenfall brüchig sein können.

Die Relevanz der nationalen Frage

Für Opposition und Widerstand sind zwar prinzipiell alle Schichten und Gruppen der DDR-Bevölkerung disponiert, aber ihre politische Motivation ist durchaus heterogen. Eine für jede Opposition, für allen Widerstand attraktive Weltanschauung, gleichsam einen antikommunistisch-demokratischen Konsens, gibt es nicht. Es dürfte nicht einmal eine gemeinsame, von allen regimefeindlichen Kräften getragene Auffassung vom Wesen der Freiheit geben. Die Menschen in der DDR, die zum Teil nicht erst seit 1945, sondern schon seit 1933 in Unfreiheit leben, haben von der Freiheit vielfältige Vorstellungen. Eine allen oppositionellen und regimefeindlichen Kräften gemeinsame politische Überzeugung ist nicht vorhanden – es sei denn, man wollte das Ja zur Einheit der Nation im geteilten Deutschland und die Unabhängigkeit gegenüber der Sowjetunion für eine solche gemeinsame Überzeugung gelten lassen.

Die politische Faszination, die von der noch immer offenen deutschen Frage ausgeht, zieht Opposition und Widerstand in der DDR bis heute in ihren Bann. Die Einheit der Nation kann als gemeinsamer Nenner noch immer in der übergroßen Mehrheit der Bevölkerung bis hin zu den gut zwei Millionen Mitgliedern der SED unterstellt werden. Nicht von ungefähr weist sich die SED unverändert als eine Partei »Deutschlands«, nicht der DDR aus. Weder war es historischer Zufall, daß die letzthin tragende Idee des Aufstandes vom 17. Juni 1953 der Wille zur nationalen Einheit war, noch kam es von ungefähr, daß die beiden wichtigsten Fraktionsbildungen in der Führung der SED – 1953 die Zaisser/Herrnstadt-Gruppe und 1957 die Schirdewan-Gruppe – von der nationalen Frage stark beeinflußt waren.

Alle Versuche, eine Zwei-Nationen-Theorie für das geteilte Deutschland zu stiften, wonach sich gegen die »kapitalistische Nation« im Westen eine »sozialistische Nation« im Osten entwickele, haben nur die Hilflosigkeit der SED gegenüber dem Bewußtsein der einen Nation dokumentiert. Sie schuf mit ihrer theoretischen Spaltung der in Jahrhunderten gewachsenen Einheit keine glaubwürdige ideologische Fundierung ihrer Abgrenzungspolitik. Statt dessen trug sie merklich Unruhe in die eigenen Reihen hinein. In Wirklichkeit mußte sie mit dieser durch die Lehren der Klassiker des Marxismus-Leninismus übrigens nicht gestützten Theorie nur neue oppositionelle Impulse auslösen, Widerspruch gegen das offenkundig unsinnige Bemühen, Geschichte und Geschick einer Nation durch einen Federstrich zu revidieren. Zusätzlich belastet der in seiner nationalen Wirkung separatistische Aufbau des Sozialismus »in einem halben Land« die SED mit einem Nachteil, den – Nordkorea ausgenommen – andere kommunistische Staaten nicht haben: »Die offene deutsche Frage verhinderte (und verhindert) die Mobilisierung nationaler Energien für die Stabilisierung des Regimes.«[28] Versuche, einen DDR-eigenen Patriotismus zu kreieren oder wenigstens das Heimatgefühl auszuprägen, haben diesen Nachteil nicht ausgleichen können.

Ebenso ist in großen Teilen der DDR-Bevölkerung die Forderung nach freien Wahlen und nach Zulassung einer parlamentarischen Opposition lebendig geblieben. Das läßt sich bis in die Gegenwart in allen Konzeptionen nachweisen, die von politischen Gegnern der SED in der DDR zu Papier gebracht worden sind.

Daß eine Mehrheit der Bevölkerung das Regime in der DDR bis heute ablehnt, kann als sicher gelten. Fatal wäre der Irrtum, daraus ein uneingeschränktes Bekenntnis zur Bundesrepublik Deutschland ableiten zu wollen. Fraglos orientieren sich Opposition und Widerstand in der DDR an der Existenz eines freiheitlichen, rechtsstaatlichen Gemeinwesens westwärts der deutsch-deutschen Grenze, sein bloßes Dasein ist eine ständige Herausforderung zum Vergleich, aber große und augenscheinlich zunehmende Teile der DDR-Bevölkerung stehen der Bundesrepublik skeptisch, kritisch, enttäuscht gegenüber – ein Sachverhalt, der zum Teil auch aus dem Selbstbewußtsein der DDR-Bevölkerung zu deuten ist. Sie will nicht fortwährend bedauert und bemitleidet werden, sie will ihren Anteil an der Gestaltung des deutschen Schicksals respektiert und bestätigt wissen. Die distanzierte Haltung gegenüber der »BRD« beruht zum Teil auch auf Unkenntnis der wirklichen Verhältnisse in der Bundesrepublik. Die seit dem 13. August 1961 bestehende Reisesperre für faktisch alle DDR-Bürger, die noch nicht das Rentneralter erreicht haben, wirkt sich zwangsläufig desorientierend aus. Schließlich gründet sich die Skepsis vieler DDR-Bürger auch in realen Mißständen der Bundesrepublik. Das Unvermögen vor allem, die Massenarbeitslosigkeit der siebziger und achtziger Jahre zu bewältigen, hat dem Prestige der Bundesrepublik in der DDR nachhaltig geschadet.

Der Wille der DDR-Opposition zur Unabhängigkeit gegenüber der Sowjetunion erscheint nicht als mit nationalistischen Tendenzen gekoppelt. Schon beim Aufstand vom 17. Juni 1953 hat sich gezeigt, daß er sich nicht gegen »die Russen« gerichtet hat, sondern gegen die SED. Es war für die Situation charakteristisch, daß sich verschiedentlich sowjetische Soldaten mit streikenden deutschen Arbeitern solidarisiert hatten. Mehr noch: »Der 17. Juni kostete auch sowjetische Soldaten das Leben. Sie wurden durch ihre eigenen Leute hingerichtet. Im ganzen sollen nach dem 17. Juni 18 sowjetische Soldaten und Offiziere wegen Befehlsverweigerung erschossen worden sein. Sie hatten sich geweigert, auf die Streikenden und Demonstrierenden zu schießen.«[29] Die Russen sind der DDR-Bevölkerung keineswegs verhaßt. Man weiß um die furchtbaren Opfer, die die Völker der Sowjetunion nach dem militärischen Überfall der Wehrmacht Adolf Hitlers auf Rußland bringen mußten. Verhaßt ist das sowjetische System.

Das sowjetische Machtkalkül

Die deutschen Kommunisten sind sich klar darüber, daß ihre Herrschaft bis heute allein von der Sowjetarmee garantiert wird. Das von machtpolitischem Zweckdenken bestimmte Verhältnis der DDR zur UdSSR beruht auf gegenseitigen Interessen, insofern jedem Machthaber in Moskau von Nikita Chruschtschow bis zu Konstantin Tschernenko daran gelegen sein mußte und gelegen ist, in der DDR einen zuverlässigen Partnerstaat zu wissen, einen stabilen Eckpfeiler im Sowjetblock, dessen Bestandsgarantie aus imperialem Eigennutz folgt.

In Erich Honecker sehen sie den Juniorpartner, der in Wahrnehmung seiner Interessen zum Beispiel gegenüber Bonn niemals die Grenzen verletzt, die durch sowjetisches Interesse gegeben sind. Unter seiner Ägide kam es zu jener zum 7. Oktober 1974 in Kraft getretenen grundlegenden Revision der DDR-Verfassung, wonach gemäß Artikel 6 die Deutsche Demokratische Republik »für immer und unwiderruflich mit der Union der Sozialistischen Sowjetrepubliken verbündet« ist. Unter Honeckers Ägide wurde dieses Bündnis auch völkerrechtlich erneut verankert – durch den Vertrag vom 7. Oktober 1975 über Freundschaft, Zusammenarbeit und gegenseitigen Beistand. Schon von daher sind den Möglichkeiten von Opposition und Widerstand in der DDR objektiv unüberschreitbare Grenzen gezogen. Jeder durchgreifende Versuch, das politische Regime oder gar das gesellschaftliche System grundlegend zu ändern, würde unausweichliche außenpolitische und militärische Belange der Sowjetunion berühren. Es hieße Opposition und Widerstand in der DDR weit überfordern, wollte man von ihrer Existenz und ihrem Wirken mehr erwarten als ein ständiges Ringen um geistige, politische, moralische und materielle Selbstbehauptung.

Weder können Opposition und Widerstand in der DDR mehr Unabhängigkeit gegenüber Moskau ertrotzen – noch haben sie die Kraft zur Wiederherstellung bürgerlicher Rechte und demokratischer Freiheiten, von der Überwindung der deutschen Teilung ganz zu schweigen. Dies wird so bleiben, solange die deutschen Kommunisten ihre Macht als Lehen von den Mächtigen in Moskau erhalten. »Ostdeutsche Konsolidierungsbemühungen und sowjetische Globalpolitik sind zwar in der Sache nicht völlig identisch, sie dienen aber dem gleichen Zweck: die sowjetische Hegemonie zu fördern und dadurch auch die Herrschaft der deutschen Kommunisten zu verstetigen.«[30]

Es bleibt die Frage, ob die Sowjetführung an dieser Linie immer unbedingt festhalten muß. Zweifel daran sind nicht unbegründet. 1952/53 hat es offenbar Überlegungen im Kreml gegeben, die DDR zugunsten eines wiedervereinigten Deutschland mit dem Status bewaffneter Neutralität aufzugeben, und auch heute können sich die führenden Männer der SED nicht immer sicher sein, ob ihr Arbeiter-und-Bauern-Staat nicht doch noch eines Tages im Interesse übergeordneter sowjetischer Ziele zur Disposition gestellt wird. Für Klaus Bölling, der sich gewiß ein genaues Urteil »vor Ort« bilden konnte, hat es »nie einen Zweifel gegeben, daß die ›deutsche Komponente‹ im Denken und im Gefühlsleben Honeckers eine wichtige Rolle spielt. Zwar ist seine Loyalität zur Sowjetunion nicht zu erschüttern, sein Mut vor Kreml-Thronen mag nicht imponierend sein. Und natürlich hat er auch zu keiner

Zeit vergessen, daß die DDR stets in der Hand der Sowjetunion ist. Doch war er sich immer bewußt, daß sich die Interessen der großen Mächte auch wandeln können.«[31] Dem sowjetischen Machtkalkül unterliegt die Führung der SED genauso wie Opposition und Widerstand in der DDR. Zudem ist daran zu erinnern, daß auch Auseinandersetzungen in der Führung der KPdSU die Politik der SED beeinflußt haben – und daß Auseinandersetzungen im Politbüro der SED in aller Regel mit politischen Richtungskämpfen in der Spitze der KPdSU korrespondieren. Unwägbarkeiten der Moskauer Führung muß die Ostberliner Führung immer in das Kalkül ihre Politik einbeziehen.

Es ist diese für die Deutschen schicksalhafte Verquickung von nationalen und internationalen Beziehungen und Interessen, die Opposition und Widerstand in der DDR in ihren Möglichkeiten begrenzen. Dennoch muß vor dem Schluß gewarnt werden, daß sie auf die Normalisierung der Verhältnisse in der DDR und auf die Überwindung der Spaltung Deutschlands ohne jeden Einfluß wären. Das Gegenteil ist richtig. Eine wie immer geartete Lösung der deutschen Frage in Freiheit wäre kaum mehr denkbar, wenn der Diktatur der SED nicht mehr Opposition und Widerstand entgegengesetzt würden. Da der reale Sozialismus in der DDR eine wesentliche (obschon nicht die einzige) Ursache der deutschen Teilung ist, sind Opposition und Widerstand gegen die Herrschaft der SED immer auch ein Beitrag zur Wahrung oder Wiedererlangung der deutschen Einheit.

Anmerkungen

Anmerkungen zu Kapitel 1

1 Artikel 1 und 4 der Verfassung der Deutschen Demokratischen Republik vom 6. April 1968 in der Fassung des Gesetzes zur Ergänzung und Änderung der Verfassung der Deutschen Demokratischen Republik vom 7. Oktober 1974 (GBl. I S. 432).
2 Autorenkollektiv: Kleines Politisches Wörterbuch, (Ost-)Berlin 1967, S. 471.
3 Die Verfassung der Deutschen Demokratischen Republik. Mit einer Einleitung von Otto Grotewohl, (Ost-)Berlin 1949, S. 6.
4 »46 Abgeordnete in der Luisenstraße«, in: Der Morgen, 2. Oktober 1960; zit. bei Peter Joachim Lapp: Die Volkskammer der DDR, Opladen 1975, S. 256 ff.
5 Herbert Graf/Günther Seiler: Wähler, Wahlen, Entscheidungen, (Ost-)Berlin 1967, S. 50.
6 Autorenkollektiv: Gemeinsam zum Sozialismus. Zur Geschichte der Bündnispolitik der SED, (Ost-)Berlin 1969, S. 161.
7 Robert Havemann: »Die Partei ist kein Gespenst«, in: Der Spiegel Nr. 52/1965.
8 Martin Drath: »Totalitarismus in der Volksdemokratie«, Einleitung zu Ernst Richert: Macht ohne Mandat, zweite, erweiterte und überarbeitete Auflage, Köln/Opladen 1963, S. XXXI.
9 Dieter Ehlers: Technik und Moral einer Verschwörung. Der Aufstand am 20. Juli 1944, Bonn 1964, S. 65.
10 Karl Eduard von Schnitzler in der DDR-Fernsehsendung »Der schwarze Kanal« vom 25. März 1968.
11 Vgl. die §§ 96–111 (»Verbrechen gegen die Deutsche Demokratische Republik«) und die §§ 210–224 (»Straftaten gegen die staatliche Ordnung«) des Strafgesetzbuches der Deutschen Demokratischen Republik vom 12. Januar 1968 (GBl. I S. 49 ff.).
12 Vgl. dazu Karl Wilhelm Fricke: Politik und Justiz in der DDR, Zur Geschichte der politischen Verfolgung 1945–1968, Bericht und Dokumentation, Köln 1979, S. 165 ff.; und Wolfgang Schuller: Geschichte und Struktur des politischen Strafrechts der DDR bis 1968, Ebelsbach 1980, S. 110 ff.
13 Vgl. Gesetz zur Ergänzung des Strafgesetzbuches (Strafrechtsergänzungsgesetz) vom 11. Dezember 1957 (GBl. I S. 643) und Zweites Gesetz zur Ergänzung des Strafgesetzbuches (Militärstrafgesetz) vom 24. Januar 1962 (GBl. I S. 25).
14 Fritz Mühlberger/Kurt Richter: »Der Schutz der gesellschaftlichen und staatlichen Grundlagen der DDR im neuen Strafrecht«, in: Neue Justiz Nr. 9/1967, S. 274.
15 Vgl. Gesetz zur Änderung des Strafgesetzbuches, des Anpassungsgesetzes und des Gesetzes zur Bekämpfung von Ordnungswidrigkeiten vom 19. Dezember 1974 (GBl. I S. 591); Gesetz zur Änderung und Ergänzung straf- und strafverfahrensrechtlicher Bestimmungen (2. Strafrechtsänderungsgesetz) vom 7. April 1977; und Gesetz zur Änderung und Ergänzung straf- und verfahrensrechtlicher Bestimmungen und des Gesetzes zur Bekämpfung von Ordnungswidrigkeiten (3. Strafrechtsänderungsgesetz) vom 28. Juni 1979 (GBl. I S. 139); ferner Karl Wilhelm Fricke: »Die 9. Tagung der Volkskammer / Ausweitung und Verschärfung des politischen Strafrechts«, in: Deutschland Archiv Nr. 8/1979, S. 787 ff.
16 Autorenkollektiv: Strafrecht. Besonderer Teil. Lehrbuch, (Ost-)Berlin 1981, S. 37 und S. 39.
17 Hermann Axen: »Der Aufbau des Sozialismus in der DDR und die Entwicklung in der Welt«, in Einheit Nr. 3/1979, S. 264.

18 Erich Mielke: »Die Aufgaben zur Stärkung der Kampfkraft der Partei als entscheidende Voraussetzung für die weitere erfolgreiche Verwirklichung der Beschlüsse des IX. Parteitages der SED«, Referat des Ministers für Staatssicherheit zur Eröffnung des Parteilehrjahres 1978/79 am 16. Oktober 1978, S. 62 (unveröffentlicht).
19 Ebenda, S. 65.
20 Thomas Falkner: »Bürgerlicher Journalismus in konterrevolutionären Kampagnen«, in: Theorie und Praxis des sozialistischen Journalismus, Nr. 4/1983, S. 206 ff.
21 Dieter Ehlers: Technik und Moral einer Verschwörung, a. a. O., S. 65.
22 Autorenkollektiv: Philosophisches Wörterbuch, Leipzig 1964, S. 26.
23 Jürgen Schmollack: »Ausverkauf moralischer Werte«, in: Neues Deutschland, 29. September 1962.
24 Zit. bei Johann Baptist Gradl: »Anfang unter dem Sowjetstern. Die CDU 1945–1948 in der sowjetischen Besatzungszone Deutschlands«, Köln 1981, S. 148. – Der Artikel erschien in der »Täglichen Rundschau« am 8. Februar 1948 zum 60. Geburtstag Jakob Kaisers.
25 »Wegen nachrichtendienstlicher Tätigkeit verurteilt«, in: Neues Deutschland, 1./2. Juli 1978.
26 »Über die Lage und die unmittelbaren Aufgaben der Partei«, Beschluß des ZK vom 21. Juni 1953, in: Dokumente der SED, Bd. IV, (Ost-)Berlin 1954, S. 441.
27 A. Z.: »Du sollst nicht falsch Zeugnis reden«, in: Neues Deutschland, 31. August 1976.

Anmerkungen zu Kapitel 2

1 Milovan Djilas: Gespräche mit Stalin, Frankfurt/Main 1962, S. 146.
2 Hermann Weber: »Zum Transformationsprozeß des Parteiensystems in der SBZ/DDR«, in: Hermann Weber (Herausgeber): Parteiensystem zwischen Demokratie und Volksdemokratie, Dokumente und Materialien zum Funktionswandel der Parteien und Massenorganisationen in der SBZ/DDR 1945–1950, Köln 1982, S. 15.
3 Autorenkollektiv: Klassenkampf/Tradition/Sozialismus. Von den Anfängen der Geschichte des deutschen Volkes bis zur Gestaltung der entwickelten sozialistischen Gesellschaft in der Deutschen Demokratischen Republik. Grundriß, (Ost-)Berlin 1974, S. 485.
4 Stefan Doernberg: Die Geburt eines neuen Deutschland 1945–1949. Die antifaschistisch-demokratische Umwälzung und die Entstehung der DDR, (Ost-)Berlin 1959, S. 450.
5 Wolfgang Leonhard: Die Revolution entläßt ihre Kinder, Köln/Berlin 1955, S. 358.
6 »Aufruf der Kommunistischen Partei Deutschlands vom 11. Juni 1945«, zit. bei Hermann Weber (Herausgeber): Der deutsche Kommunismus. Dokumente, Köln/Berlin 1963, S. 431 ff.
7 Albert Norden: Ein freies Deutschland entsteht, (Ost-)Berlin 1963, S. 18.
8 W. I. Lenin: »Staat und Revolution«, in: Ausgewählte Werke in drei Bänden, (Ost-)Berlin 1961, Bd. 2, S. 358.
9 Albert Norden: Ein freies Deutschland entsteht, a. a. O., S. 23 f.
10 Walter Ulbricht: »Die geeinte Arbeiterklasse führte das Volk aus der Katastrophe«, in: derselbe: Zur Geschichte der deutschen Arbeiterbewegung. Aus Reden und Aufsätzen, Bd. II/Zusatzband, (Ost-)Berlin, S. 205.
11 Vgl. dazu Karl Wilhelm Fricke: Politik und Justiz in der DDR, a. a. O., S. 55 ff.
12 Tägliche Rundschau, 4. Oktober 1945.
13 Johann Baptist Gradl: Anfang unter dem Sowjetstern, a. a. O., S. 41 f.
14 Vgl. Verordnung über die Bodenreform in der Provinz Sachsen vom 3. September 1945, zit. in: Zur ökonomischen Politik der Sozialistischen Einheitspartei Deutschlands und der Regierung der Deutschen Demokratischen Republik, (Ost-)Berlin 1955, Bd. I, S. 287 ff. Gleichlautende Verordnungen wurden zwischen dem 5. und 10. September 1945 auch in Mecklenburg, Brandenburg, Thüringen und im Land Sachsen erlassen.
15 Vgl. Wolfgang Leonhard: Die Revolution entläßt ihre Kinder, a. a. O., S. 408 f.
16 Vgl. Die Enteignungen in der Sowjetischen Besatzungszone und die Verwaltung des Vermögens von nicht in der Sowjetzone ansässigen Personen, herausgegeben vom Bundesministerium für gesamtdeutsche Fragen, dritte, ergänzte Auflage, Bonn/Berlin 1962, S. 116.
17 Zahlen zit. bei Stefan Doernberg: Die Geburt eines neuen Deutschland, a. a. O., S. 433 f.
18 Zahlen zit. in: Die Enteignung in der Sowjetischen Besatzungszone . . ., S. 122 f.

19 Stefan Doernberg: Die Geburt eines neuen Deutschland, a. a. O., S. 315.
20 Johann Baptist Gradl: Anfang unter dem Sowjetstern, a. a. O., S. 45.
21 Zit. bei Peter Hermes: Die Christlich-Demokratische Union und die Bodenreform in der Sowjetischen Besatzungszone Deutschlands im Jahre 1945, Saarbrücken 1963, S. 54.
22 Ebenda, S. 66.
23 Johann Baptist Gradl: Anfang unter dem Sowjetstern, a. a. O., S. 48.
24 Ebenda.
25 Ebenda.
26 Urteil des Obersten Gerichts vom 29. April 1950, in: Entscheidungen des Obersten Gerichts der Deutschen Demokratischen Republik. Entscheidungen in Strafsachen, (Ost-)Berlin 1951, Bd. 1, S. 19.
27 Stefan Doernberg: Die Geburt eines neuen Deutschland, a. a. O., S. 273.
28 Ebenda, S. 370 und S. 349.

Anmerkungen zu Kapitel 3

1 Aufruf der Sozialdemokratischen Partei Deutschlands vom 15. Juni 1945, zit. in: Die Vereinigung von KPD und SPD zur Sozialistischen Einheitspartei Deutschlands, (Ost-)Berlin 1976, S. 112.
2 Vereinbarung des Zentralkomitees der Kommunistischen und des Zentralausschusses der Sozialdemokratischen Partei Deutschlands vom 19. Juni 1945, ebenda, S. 120.
3 Gustav Dahrendorf: Der Mensch – das Maß aller Dinge, Hamburg 1955, S. 93.
4 Ebenda, S. 95.
5 Vgl. dazu Werner Müller: Die KPD und die »Einheit der Arbeiterklasse«, Frankfurt/New York 1979, S. 150 ff.; und Frank Thomas Stössel: Positionen und Strömungen in der KPD/SED zwischen 1945 und dem IV. Parteitag der SED 1954, Würzburg 1982, S. 93 ff.
6 Walter Ulbricht: Zur Geschichte der deutschen Arbeiterbewegung. Aus Reden und Aufsätzen, Bd. II, (Ost-)Berlin 1953, S. 502 und S. 504.
7 Wolfgang Diepenthal: Drei Volksdemokratien. Ein Konzept kommunistischer Machtstabilisierung und seine Verwirklichung in Polen, der Tschechoslowakei und der Sowjetischen Besatzungszone Deutschlands 1944–1948, Köln 1974, S. 112.
8 Gert Gruner/Manfred Wilke (Herausgeber): Sozialdemokraten im Kampf um die Freiheit. Die Auseinandersetzung zwischen SPD und KPD in Berlin 1945/46. Stenographische Niederschrift der Sechziger-Konferenz am 20./21. Dezember 1945, München 1981, S. 148.
9 Ebenda, S. 127.
10 Ebenda, S. 121.
11 Otto Grotewohl: Rede vom 9. November 1945, zit. bei Frank Thomas Stössel: Positionen und Strömungen in der KPD/SED . . ., a. a. O., S. 137.
12 Albrecht Kaden: Einheit oder Freiheit. Die Wiedergründung der SPD 1945/46, Hannover 1964, S. 229.
13 Ernst Richert (in Zusammenarbeit mit Carola Stern und Peter Dietrich): Agitation und Propaganda. Das System der publizistischen Massenführung in der Sowjetzone, Berlin/Frankfurt 1958, S. 26.
14 Vgl. Protokoll des Vereinigungsparteitages der Sozialdemokratischen Partei Deutschlands (SPD) und der Kommunistischen Partei Deutschlands (KPD), (Ost-)Berlin 1946.
15 Vgl. dazu Ernst Nolte: Deutschland und der Kalte Krieg, München 1974, S. 208 ff. – Es handelt sich um das Kapitel »Die Selbstbehauptung der SPD und die ›Restauration‹ in den westlichen Besatzungszonen«.
16 Zit. nach einer Kopie des Rede-Manuskripts.
17 Grundsätze und Ziele der Sozialistischen Einheitspartei Deutschlands, in: Dokumente der SED, Bd. I, (Ost-)Berlin 1951, S. 9.
18 Entschließung zur politischen Lage, in: Protokoll der Verhandlungen des II. Parteitages der SED, (Ost-)Berlin 1947, S. 542.
19 »Für die organisatorische Festigung der Partei und für ihre Säuberung von feindlichen und entarteten Elementen«, Beschluß des Parteivorstands der SED vom 29. Juli 1948, in dem die Rede Otto Grotewohls zitiert wird, in: Dokumente der SED, Bd. II, (Ost-)Berlin 1952, S. 82.

20 »Zur jugoslawischen Frage«, Entschließung des Zentralsekretariats vom 3. Juli 1948, in: Dokumente der SED, Bd. II, a. a. O., S. 82.
21 »Die theoretische und praktische Bedeutung der Entschließung des Informationsbüros über die Lage in der KP Jugoslawiens und die Lehren für die SED«, Entschließung des Parteivorstandes vom 16. September 1948, in: Dokumente der SED, Bd. II, a. a. O., S. 101.
22 »Die Novemberrevolution und die Lehren für die deutsche Arbeiterbewegung«, Entschließung des Parteivorstandes vom 16. September 1948, in: Dokumente der SED, Bd. II, a. a. O., S. 122.
23 Erich W. Gniffke: Jahre mit Ulbricht. Mit einem Vorwort von Herbert Wehner, Köln 1966, S. 307 f.
24 Ebenda, S. 310.
25 »Beseitigt die Schwächen der Partei!«, Resolution des Landesvorstandes Sachsen der SED vom 6. Juli 1948, in: Hermann Weber: Parteiensystem zwischen Demokratie und Volksdemokratie, a. a. O., S. 99.
26 Vgl. dazu aus kommunistischer Sicht Hans Teller: Der kalte Krieg gegen die DDR. Von seinen Anfängen bis 1961, (Ost-)Berlin 1979, S. 108 ff.
27 Wilhelm Pieck: Bericht des Parteivorstands, in: Protokoll der Verhandlungen des II. Parteitages der SED, a. a. O., S. 91.
28 »Schumachersche Spionagegruppen entlarvt«, in: Tägliche Rundschau, 11. September 1948.
29 »Ausführungsbestimmungen zum Beschluß des Parteivorstandes über die Schaffung der Parteikontrollkommissionen«, Beschluß des Parteivorstandes vom 16. September 1948, in: Dokumente der SED, Bd. II, a. a. O., S. 97 ff.
30 Zit. nach einer Kopie des Originalbriefes.
31 Vgl. Karl Wilhelm Fricke: Warten auf Gerechtigkeit. Kommunistische Säuberungen und Rehabilitierungen. Bericht und Dokumentation, Köln 1971, S. 71.
32 Ebenda, S. 70.
33 »Das nationale Dokument und die Entwicklung Stralsunds«, Stralsund 1962, S. 21.
34 Vgl. Karl Wilhelm Fricke: Politik und Justiz in der DDR, a. a. O., S. 117 ff.
35 Ebenda, S. 119 f.
36 Otto Grotewohl: »Die Politik der Partei und die Entwicklung der SED zu einer Partei neuen Typus«, in: Protokoll der Ersten Parteikonferenz der SED, (Ost-)Berlin 1949, S. 361.
37 Ebenda, S. 362.
38 Zit. in: Terror in der Ostzone, Denkschrift, herausgegeben vom Parteivorstand der Sozialdemokratischen Partei Deutschlands, Hannover o. J. (1947), S. 7.
39 »Die gegenwärtige Lage und die Aufgaben der Sozialistischen Einheitspartei Deutschlands«, in: Protokoll der Verhandlungen des III. Parteitages der SED, Bd. II, (Ost-)Berlin 1951, S. 268.
40 Wilhelm Pieck: »Die gegenwärtige Lage und die Aufgaben der Partei«, in: Protokoll der Verhandlungen des III. Parteitages der SED, a. a. O., S. 80 f.
41 Urteil des Obersten Gerichts vom 29. April 1950, in: Entscheidungen des Obersten Gerichts, a. a. O., S. 19 ff.
42 Werner Bruschke: Diskussionsrede, in: Protokoll der Verhandlungen des III. Parteitages der SED, a. a. O., S. 117.
43 Vgl. Karl Wilhelm Fricke: Warten auf Gerechtigkeit, a. a. O., S. 71.
44 Vgl. »Überprüfung der Parteimitglieder und Kandidaten sowie Umtausch der Parteimitgliedsbücher und Kandidatenkarten«, Beschluß des Zentralkomitees vom 27. Oktober 1950, in: Dokumente der SED, Bd. III, (Ost-)Berlin 1952, S. 239 ff.
45 »Auf dem Weg zur Partei von neuem Typus«, in: Neues Deutschland, 4. Juli 1950.
46 Vgl. »Die SED nach der Überprüfung/Zur Geschichte ihrer ›Säuberungsaktionen‹«, in: Deutschland Archiv Nr. 7/1980, S. 680 ff.
47 Hermann Matern: Die Ergebnisse der Überprüfung der Parteimitglieder und Kandidaten, (Ost-) Berlin 1951, S. 14.
48 »Über die Rolle und die Bedeutung der Arbeiterklasse in der Deutschen Demokratischen Republik«, in: Neues Deutschland, 17. Juli 1953.
49 »Aus dem Rechenschaftsbericht der Bezirksleitung der SED auf der II. Bezirks-Delegiertenkonferenz«, in: Freiheit, 15. März 1954.
50 Hermann Matern: »Bericht der Zentralen Parteikontrollkommission«, in: Protokoll der Verhandlungen des IV. Parteitages der SED, Bd. 1, (Ost-)Berlin 1954, S. 216.

51 Hans Zimmermann: »Den Arbeitern von ›Torpedo‹ in Bernau zur Antwort«, in: Neuer Tag, 6. Februar 1954.

52 »Auszug aus dem Rechenschaftsbericht des Genossen Alois Pisnik auf der Bezirks-Delegiertenkonferenz der SED«, in: Volksstimme, 12. März 1954.

53 Vgl. Martin Jänicke: Der Dritte Weg. Die antistalinistische Opposition gegen Ulbricht seit 1953, Köln 1964, S. 50 ff.

54 »Agentengruppe Hasse-Hoffmann vernichtet«, in: Universitätszeitung der Karl-Marx-Universität Leipzig Nr. 2/1957.

55 »Offener Brief des Zentralkomitees der Sozialistischen Einheitspartei Deutschlands an die Delegierten des Dortmunder Parteitages der SPD und an alle Mitglieder und Freunde der Sozialdemokratie in Westdeutschland« vom 7. Februar 1966, in: Dokumente der SED, Bd. XI, (Ost-)Berlin 1969, S. 14 ff.

56 Zeno Zimmerling: »Was versteht man unter dem Begriff Sozialdemokratismus?«, in: Junge Welt, 25. Mai 1972.

57 »Die Aufgaben der Agitation und Propaganda bei der weiteren Verwirklichung der Beschlüsse des VIII. Parteitages der SED«, Beschluß des Politbüros des ZK vom 7. November 1972, in: Dokumente der SED, Bd. XIV, (Ost-)Berlin 1977, S. 221.

58 Werner Lamberz: »Über die Aufgaben von Agitation und Propaganda bei der weiteren Verwirklichung der Beschlüsse des VIII. Parteitages«, in: Die Aufgaben der Agitation und Propaganda bei der weiteren Verwirklichung der Beschlüsse des VIII. Parteitages der SED, Konferenz des Zentralkomitees der SED am 16./17. November 1972, S. 53.

Anmerkungen zu Kapitel 4

1 Autorenkollektiv: Grundlagen des Marxismus-Leninismus, (Ost-)Berlin 1960, S. 610.

2 J. W. Stalin: Fragen des Leninismus, Moskau 1947, S. 154 (deutsch).

3 Vgl. Norbert Mattedi: Gründung und Entwicklung der Parteien in der Sowjetischen Besatzungszone Deutschlands 1945–1949, Bonn/Berlin 1966; und Siegfried Suckut: »Zum Wandel von Rolle und Funktion der Christlich-Demokratischen Union Deutschlands (CDUD) im Parteiensystem der SBZ/DDR (1945–1952)«, in: Hermann Weber: Parteiensystem zwischen Demokratie und Volksdemokratie, a. a. O., S. 117 ff.

4 Vgl. Ekkehart Krippendorff: Die Liberal-Demokratische Partei Deutschlands in der Sowjetischen Besatzungszone 1945/48. Entstehung, Struktur, Politik, Düsseldorf o. J. (1961); Roderich Kulbach/Helmut Weber: Parteien im Blocksystem der DDR. Funktion und Aufbau der LDPD und der NDPD, Köln 1969; und Brigitte Itzerott: »Die Liberal-Demokratische Partei Deutschlands (LDPD)«, in: Hermann Weber: Parteiensystem zwischen Demokratie und Volksdemokratie, a. a. O., S. 179 ff.; und Wolfgang Mleczkowski: »Bewegung im Monolith. Das ›sozialistische Mehrparteiensystem‹ der DDR«, in: Aus Politik und Zeitgeschichte, Beilage zur Wochenzeitung Das Parlament, Nr. 16–17/1984, S. 3 ff.

5 Vgl. Manfred Koch: »Der Demokratische Block«, in: Hermann Weber: Parteiensystem zwischen Demokratie und Volksdemokratie, a. a. O., S. 381 ff.

6 Ernst Richert: Agitation und Propaganda, a. a. O., S. 23.

7 Peter Hermes: Die Christlich-Demokratische Union und die Bodenreform in der Sowjetischen Besatzungszone Deutschlands im Jahre 1945, a. a. O., S. 64.

8 »Einheitsfront ist Voraussetzung für Deutschlands Aufbau«, Erklärungen von Wilhelm Pieck, Max Fechner, Dr. Andreas Hermes, Dr. Waldemar Koch, in: Tägliche Rundschau, 1. November 1945.

9 Zit. bei Johann Baptist Gradl: Anfang unter dem Sowjetstern, a. a. O., S. 116.

10 Zahlen bei Christel Dowidat: »Zur Veränderung der Mitgliederstrukturen von Parteien und Massenorganisationen in der SBZ/DDR (1945–1952)«, in: Hermann Weber: Parteiensystem zwischen Demokratie und Volksdemokratie, a. a. O., S. 513.

11 Zit. bei Johann Baptist Gradl: Anfang unter dem Sowjetstern, a. a. O., S. 80.

12 Ebenda, S. 72.

13 Zit. bei Stefan Doernberg: Die Geburt eines neuen Deutschland, a. a. O., S. 345.

14 Vgl. dazu Die Wahlen in der Sowjetzone, Dokumente und Materialien, herausgegeben vom Bundesministerium für gesamtdeutsche Fragen, fünfte erweiterte Auflage, Bonn/Berlin 1963.

15 »Über die Lehren der Gemeindewahlen«, Beschluß des Parteivorstandes vom 18. September 1946, in: Dokumente der SED, Bd. I, a. a. O., S. 89.
16 Zahlen bei Günter Braun: »Zur Entwicklung der Wahlen in der SBZ/DDR 1946–1950«, in: Hermann Weber: Parteiensystem zwischen Demokratie und Volksdemokratie, a. a. O., S. 553.
17 Walter Ulbricht: »Zur Strategie und Taktik der SED«, in: Zur Geschichte der deutschen Arbeiterbewegung, Bd. III, (Ost-)Berlin 1953, S. 73.
18 Jakob Kaiser: »Für aufrechte Unionspolitik«, in: Neue Zeit, 13. Juli 1947.
19 Johann Baptist Gradl: »Die Zusammenarbeit der Parteien«, in: Neue Zeit, 30. Juli 1947.
20 Zit. bei Gerhard Dornberger: »Zehn Jahre Volkseigentum in der Deutschen Demokratischen Republik«, in: Staat und Recht, Nr. 4/1956, S. 440.
21 Ernst Richert: Agitation und Propaganda, a. a. O., S. 35.
22 Zit. bei Johann Baptist Gradl: Anfang unter dem Sowjetstern, a. a. O., S. 80.
23 Ebenda, S. 92.
24 Vgl. dazu Ernst Lemmer: Manches war doch anders, Erinnerungen eines deutschen Demokraten, Frankfurt/Main 1968, S. 312; und Werner Conze: Jakob Kaiser. Politiker zwischen Ost und West 1945–1949, Stuttgart/Berlin/Köln/Mainz 1969, S. 207.
25 Hermann Weber: »Zum Transformationsprozeß des Parteiensystems in der SBZ/DDR«, in: derselbe: Parteiensystem zwischen Demokratie und Volksdemokratie, a. a. O., S. 39.
26 S. Suckut: »Zum Wandel von Rolle und Funktion der Christlich-Demokratischen Union . . .«, a. a. O., S. 122.
27 Jakob Kaiser: »Deutschland zwischen Ost und West«, in: Neue Zeit, 7. September 1947.
28 Ebenda.
29 Wilhelm Külz: »Rechtsstaat und Sequestrierungen«, in: Der Morgen, 2. April 1948.
30 Johann Baptist Gradl: Anfang unter dem Sowjetstern, a. a. O., S. 104.
31 Vgl. Dietrich Staritz: »Die National-Demokratische Partei Deutschlands (NDPD)«, in: Hermann Weber: Parteiensystem zwischen Demokratie und Volksdemokratie, a. a. O., S. 215 ff.
32 Vgl. Bernhard Wernet: »Zur Rolle und Funktion der Vereinigung der gegenseitigen Bauernhilfe (VdgB) und Demokratischen Bauernpartei Deutschlands (DBD) im Parteiensystem der SBZ/DDR (1945–1952)«, ebenda, S. 241 ff.
33 »Zwischenbilanz der Plandiskussion«, in: Tägliche Rundschau, 15. September 1948.
34 Vgl. Karl Wilhelm Fricke: Politik und Justiz in der DDR, a. a. O., S. 131 f.
35 Ebenda, S. 122.
36 Vgl. Dokumentation des Terrors. Namen und Schicksale der seit 1945 in der sowjetisch besetzten Zone Deutschlands verhafteten und verschleppten Professoren und Studenten, herausgegeben vom Verband deutscher Studentenschaften, 5. Auflage, Berlin 1962.
37 Vgl. Manfred Klein: Jugend zwischen den Diktaturen 1945–1956, Mainz 1968, S. 88 ff.
38 Zit. bei: Ekkehart Krippendorf: Die Liberal-Demokratische Partei . . ., a. a. O., S. 119.
39 Vgl. Karl Wilhelm Fricke: Politik und Justiz in der DDR, a. a. O., S. 123.
40 Hermann Marx: Liberale Studenten im Widerstand, Bonn o. J. (1959), S. 34.
41 Vgl. Thomas Ammer: Universität zwischen Demokratie und Diktatur. Ein Beitrag zur Nachkriegsgeschichte der Universität Rostock, Köln 1969, S. 48 ff.
42 Zit. bei Karl Wilhelm Fricke: »DDR-Gründung und Opposition«, in: Deutschland Archiv Nr. 9/1974, S. 947.
43 Ebenda.
44 Ebenda, S. 948.
45 In einer Resolution verlangte der Landesvorstand Sachsen der LDP seinerzeit »die restlose und sofortige Aufhebung der bei der Stimmauswertung festgestellten Unregelmäßigkeiten« – selbstverständlich vergeblich. Vgl. Die Wahlen in der Sowjetzone, a. a. O., S. 23.
46 Walter Ulbricht: Die Organisationsarbeit der SED (Ost-)Berlin 1949, S. 8 f. – Bezeichnenderweise ist das Referat in der Fassung, die bei Walter Ulbricht: Zur Geschichte der deutschen Arbeiterbewegung, Bd. III, a. a. O., S. 510 ff., wiedergegeben ist, von diesen Zahlenangaben »gesäubert« worden. Opposition hatte für das Geschichtsbild der DDR tabu zu bleiben.
47 Hugo Hickmann: »Die CDU im Ringen um Deutschland«, in: Die Union, 17. September 1949 (Dresden).
48 Wilhelm Pieck: »Die gegenwärtige Lage und die Aufgaben der Partei«, in: Protokoll der Verhandlungen des III. Parteitages der SED, a. a. O., Bd. 1, S. 55.

49 Walter Ulbricht: »Klärung bedeutet Festigung des Blockes der antifaschistisch-demokratischen Parteien«, in: derselbe: Zur Geschichte der deutschen Arbeiterbewegung, Bd. III, a. a. O., S. 627.
50 Stefan Doernberg: Die Geburt eines neuen Deutschland, a. a. O., S. 124.
51 Johann Baptist Gradl: Anfang unter dem Sowjetstern, a. a. O., S. 172.
52 Zit. in: Unrecht als System. Dokumente über planmäßige Rechtsverletzungen im sowjetischen Besatzungsgebiet, herausgegeben vom Bundesministerium für gesamtdeutsche Fragen, Bonn 1952, S. 177.
53 Vgl. dazu Karl Wilhelm Fricke: »Geschichte und Legende der Waldheimer Prozesse«, in: Deutschland Archiv Nr. 11/1980, S. 1172 ff.
54 Ebenda, S. 1181.
55 Ebenda.
56 Vgl. Urteil vom 29. April 1950, in: Entscheidungen des Obersten Gerichts . . ., a. a. O., S. Bd. 1, S. 7 ff.
57 Willi Brundert: Es begann im Theater . . . ›Volksjustiz‹ hinter dem Eisernen Vorhang, Hannover 1958, S. 20.
58 Vgl. Karl Wilhelm Fricke: Politik und Justiz in der DDR, a. a. O., S. 122 ff.
59 Ebenda, S. 236 f.
60 Johann Baptist Gradl: Anfang unter dem Sowjetstern, a. a. O., S. 164.
61 ***: »Die Opposition gegen den Stalinismus in Mitteldeutschland«, in: Aus Politik und Zeitgeschichte, Beilage zur Wochenzeitung Das Parlament, Nr. 58/1958, S. 295.
62 Zit. bei Horst Lehfeld: »Der Beitrag der Sozialistischen Einheitspartei Deutschlands zur Erhaltung des Friedens in Europa im Herbst 1956«, in: Stefan Doernberg: Beiträge zur Geschichte der SED, a. a. O., S. 465.
63 Zahlen bei Christel Dowidat: »Zur Veränderung der Mitgliederstrukturen von Parteien und Massenorganisationen in der SBZ/DDR . . .«, a. a. O., S. 513.
64 Vgl. Gisela Schütze: »Das neue Selbstbewußtsein reicht nicht aus. Die DDR-CDU auf ihrem 15. Parteitag in Dresden«, in: Deutschland Archiv Nr. 12/1982, S. 1248 ff.
65 Vgl. Karl Wilhelm Fricke: »So liberal wie eigenständig. Der 13. Parteitag der LDPD in Weimar«, in: Deutschland Archiv Nr. 5/1982, S. 464 ff.

Anmerkungen zu Kapitel 5

1 W. I. Lenin: Marx, Engels, Marxismus, Moskau 1947 (deutsch), S. 204.
2 Kurt Hager: »Über den wissenschaftlich-atheistischen Charakter unserer Weltanschauung«, in: Einheit Nr. 4/1955, S. 336.
3 Horst Dähn: Konfrontation oder Kooperation? Das Verhältnis von Staat und Kirche in der SBZ/DDR 1945–1980, Opladen 1982, S. 34.
4 »Die nächsten Aufgaben der allgemeinbildenden Schulen«, Entschließung des Zentralkomitees vom 19. Januar 1951, in: Dokumente der SED, Bd. III, (Ost-)Berlin 1952, S. 337.
5 Horst Dähn: Konfrontation oder Kooperation?, a. a. O., S. 37.
6 Zit. bei Günter Heidtmann: Hat die Kirche geschwiegen?, Berlin 1954, S. 107 f.
7 Ebenda, S. 123.
8 Vgl. dazu Hans-Gerhard Koch: Staat und Kirche in der DDR. Zur Entwicklung ihrer Beziehungen von 1945–1974. Darstellung, Quellen, Übersichten, Stuttgart 1975, S. 45 ff.; sowie Pontifex nicht Partisan. Kirche und Staat in der DDR von 1949 bis 1958. Dokumente aus der Arbeit des Bevollmächtigten des Rates der EKD bei der Regierung der DDR, Propst D. Heinrich Grüber, herausgegeben von Günter Köhler, Stuttgart 1974, S. 71 ff und S. 80 ff.
9 Zit. bei: Karl Wilhelm Fricke: Politik und Justiz in der DDR, a. a. O., S. 245 ff.
10 Hermann Flade: Deutsche gegen Deutsche. Erlebnisbericht aus dem sowjetzonalen Zuchthaus, Freiburg im Breisgau 1963, S. 86.
11 Günter Köhler: Pontifex nicht Partisan, a. a. O., S. 81.
12 Zit. bei Günter Köhler: Pontifex nicht Partisan, ebenda.
13 Ebenda, S. 88 f.
14 Heinz Brüning: »Herr Pfarrer Erdmann auf Dummenfang«, in: Junge Welt, 2. November 1952.

15 Vgl. Karl Wilhelm Fricke: Politik und Justiz in der DDR, a. a. O., S. 587 f.; und Günter Köhler: Pontifex nicht Partisan, a. a. O., S. 99.
16 Zit. bei Günter Heidtmann: Hat die Kirche geschwiegen?, a. a. O., S. 125.
17 »Faschistische Umtriebe des ›BDJ‹ unter dem Deckmantel der illegalen ›Jungen Gemeinde‹«, in: Neues Deutschland, 28. April 1953.
18 Vgl. Richard W. Solberg: Kirche in der Anfechtung, zweite Auflage, Berlin/Hamburg 1962, S. 14.
19 »Besprechung von Vertretern des Ministerrates mit Vertretern der Evangelischen Kirche«, Kommuniqué des Presseamtes beim Ministerpräsidenten der Deutschen Demokratischen Republik, Dokumentation der Zeit Nr. 48/1953, Spalte 2530 ff.
20 Zit. bei Ulrich Thomas: Staatsallmacht und Ersatzreligion, München 1960, S. 35.
21 Ebenda.
22 Protokoll der Verhandlungen der 3. Parteikonferenz der SED, (Ost-)Berlin 1956, Bd. 2, S. 671.
23 Ebenda, Bd. 1, S. 420.
24 Zit. bei Herbert Prauss: Doch es war nicht die Wahrheit, Berlin 1960, S. 222.
25 Zit. bei Karl Wilhelm Fricke: Politik und Justiz in der DDR, a. a. O., S. 348 ff.
26 Zit. bei Wolfgang Knauft: Katholische Kirche in der DDR. Gemeinden in der Bewährung 1945–1980, Mainz 1980, S. 95.
27 Ebenda, S. 108.
28 Vgl. Unrecht als System, a. a. O., S. 23.

Anmerkungen zu Kapitel 6

1 Programm der Sozialistischen Einheitspartei Deutschlands (vom 22. Mai 1976), zit. bei Karl Wilhelm Fricke (Herausgeber): Programm und Statut der SED, 2. aktualisierte Auflage, Köln 1982, S. 46.
2 Zit. in: SBZ von 1945 bis 1954. Die Sowjetische Besatzungszone Deutschlands, herausgegeben vom Bundesministerium für gesamtdeutsche Fragen, Bonn 1956, S. 90.
3 Autorenkollektiv: Geschichte des Freien Deutschen Gewerkschaftsbundes, herausgegeben vom Bundesvorstand des FDGB, (Ost-)Berlin 1982, S. 361.
4 Otto Schön: »Gewerkschaften – Staat und die führende Rolle der Partei«, in: Die Arbeit Nr. 9/1963, S. 4 und S. 2.
5 Gerhard Haas/Alfred Leutwein: Die rechtliche und soziale Lage der Arbeitnehmer in der sowjetischen Besatzungszone, fünfte, erweiterte und ergänzte Auflage, Bonn/Berlin 1959, S. 19.
6 Ernst Richert: Agitation und Propaganda, a. a. O., S. 26.
7 Handbuch des Gewerkschaftsfunktionärs, zit. bei: Gerhard Haas/Alfred Leutwein: Die rechtliche und soziale Lage der Arbeitnehmer in der sowjetischen Besatzungszone, a. a. O., S. 82.
8 Bekanntmachung des Musters eines Rahmenkollektivvertrages vom 22. März 1951 (GBl. S. 203).
9 Gerhard Stoedtner: Die Arbeiter, Bonn o. J. (1955), S. 4.
10 Hermann Möhring: »Betriebskollektivvertrag steigert die Ausbeutung«, in: Pro und contra Nr. 11–12/1951, S. 160.
11 »Förderung der Arbeit der Gewerkschaften durch die Leitungen und Mitglieder der Sozialistischen Einheitspartei Deutschlands«, Beschluß des Politbüros des ZK, in: Dokumente der SED, Bd. III, a. a. O., S. 652 und S. 644.
12 Autorenkollektiv: Geschichte des Freien Deutschen Gewerkschaftsbundes, a. a. O., S. 372.
13 Vgl. Jahrbuch der Deutschen Demokratischen Republik, (Ost-)Berlin 1956, S. 226.
14 Vgl. Beschluß des Zentralkomitees vom 21. Juni 1953, in: Dokumente der SED, Bd. IV, (Ost-)Berlin 1954, S. 443.
15 Hermann Weber: Kleine Geschichte der DDR, Edition Deutschland Archiv, Köln 1980, S. 63.
16 Beschluß der 2. Parteikonferenz, in: Dokumente der SED, Bd. IV, a. a. O., S. 73.
17 Ebenda.
18 »Lehren aus dem Prozeß gegen das Verschwörerzentrum Slansky«, Beschluß des Zentralkomitees vom 20. Dezember 1952, in: Dokumente der SED, Bd. IV, a. a. O., S. 199 ff. – Zum

228

Schauprozeß gegen Rudolf Slansky und 13 andere hohe Partei- und Staatsfunktionäre in Prag vgl. Karl Wilhelm Fricke: Warten auf Gerechtigkeit, a. a. O., S. 78 ff.

19 Herbert Thierfelder: »Nur die enge Verbindung mit den Massen sichert die führende Rolle der Partei«, in: Neuer Weg Nr. 4/1953, S. 15.

20 Zit. bei: Lotti Koffmane: »Über Erscheinungen des Opportunismus in der Parteileitung des Hydrierwerkes Zeitz«, in: Freiheit, 29. Mai 1953.

21 »Über die Erhöhung der Arbeitsproduktivität und die Durchführung strengster Sparsamkeit«, Beschluß des Zentralkomitees vom 14. Mai 1953, in: Dokumente der SED, Bd. IV, a. a. O., S. 410 ff.

22 Bekanntmachung des Beschlusses über die Erhöhung der Arbeitsnormen vom 28. Mai 1953 (GBl. S. 781).

23 Vgl. Karl Wilhelm Fricke: Selbstbehauptung und Widerstand in der Sowjetischen Besatzungszone Deutschlands, Bonn/Berlin 1966, 2. ergänzte Auflage, S. 108 f.; ferner Stefan Brant (unter Mitarbeit von Klaus Bölling): Der Aufstand. Vorgeschichte, Geschichte und Deutung des 17. Juni 1953, Stuttgart 1954, S. 82 ff.

24 Kommuniqué des Politbüros vom 9. Juni 1953, in: Dokumente der SED, Bd. IV, a. a. O., S. 428 ff.

25 Kommuniqué über die Sitzung des Ministerrates der DDR vom 11. Juni 1953, in: Neues Deutschland, 12. Juni 1953. Vgl. auch Der Volksaufstand vom 17. Juni 1953, Denkschrift über den Juni-Aufstand in der Sowjetischen Besatzungszone und in Ostberlin, Faksimilierter Nachdruck der Ausgabe von 1953, Bonn 1983, S. 36 ff. – In dieser Denkschrift, einer äußerst informativen Publikation, sind insgesamt 124 Dokumente zur Vorgeschichte und zur Geschichte des Aufstands vom 17. Juni 1953 wiedergegeben.

26 Ebenda.

27 Otto Lehmann: »Zu einigen schädlichen Erscheinungen bei der Erhöhung der Arbeitsnormen«, in: Tribüne, 16. Juni 1953.

28 Otto Nuschke, Vorsitzender der DDR-CDU und Stellvertreter des Ministerpräsidenten, in einem Rundfunkinterview am 17. Juni 1953, zit. in: Der Volksaufstand vom 17. Juni 1953, a. a. O., S. 45.

29 Arnulf Baring: Der 17. Juni 1953. Mit einem Vorwort von Richard Löwenthal, Stuttgart 1983, S. 54.

30 K. B.: »Der historische Ablauf vom 16. bis 20. Juni 1953«, in: Pro und contra, Nr. 7/1953, S. 87.

31 Soweit nicht anders ausgewiesen, stützt sich die folgende Darstellung auf Joachim G. Leithäuser: Der Aufstand im Juni, Sonderdruck aus: Der Monat, Berlin 1953; Stefan Brant: Der Aufstand, a. a. O., und Arnulf Baring: Der 17. Juni 1953, a. a. O.

32 Vgl. Karl Wilhelm Fricke: Der Arbeiteraufstand. Zeitzeugen und Zeitdokumente zum 17. Juni 1953. Eine Dokumentation des Deutschlandfunks vom 17. Juni 1983, Heft 32/84 der Schriftenreihe des DLF, S. 9 f.

33 Fritz Selbmann: »Anhang den Tag vorher betreffend«, in: Auskunft. Neue Prosa aus der DDR, herausgegeben von Stefan Heym, München/Gütersloh/Wien 1974.

34 Vgl. Der Aufstand der Arbeiterschaft im Ostsektor von Berlin und in der sowjetischen Besatzungszone Deutschlands. Tätigkeitsbericht der Hauptabteilung Politik des Rundfunks im amerikanischen Sektor in der Zeit vom 16. Juni bis zum 23. Juni 1953, Berlin 1953, S. 4 f.

35 Befehl des Militärkommandanten des sowjetischen Sektors von Berlin/Betrifft: Erklärung des Ausnahmezustandes im sowjetischen Sektor von Berlin, zit. in: Der Volksaufstand vom 17. Juni 1953, a. a. O., S. 46 f.

36 Otto Nuschke in einem Rundfunkinterview am 17. Juni 1953, a. a. O. (Anm. 28).

37 Vgl. Klaus Ewers/Thorsten Quest: »Die Kämpfe der Arbeiterschaft in den volkseigenen Betrieben während und nach dem 17. Juni«, in: Ilse Spittmann/Karl Wilhelm Fricke: 17. Juni 1953 – Arbeiteraufstand in der DDR, Edition Deutschland Archiv, Köln 1982, S. 23 ff.

38 Otto Grotewohl: »Die gegenwärtige Lage und der neue Kurs der Partei«, in: Der neue Kurs und die Aufgaben der Partei, (Ost-)Berlin 1953, S. 32; vgl. ferner: Es geschah im Juni 1953. Fakten und Daten, herausgegeben vom Bundesministerium für gesamtdeutsche Fragen, Bonn/Berlin 1965, 2., verbesserte Auflage, S. 38.

39 Kommuniqué der Sitzung des Ministerrats der DDR, in: Neues Deutschland, 26. Juni 1953.

40 In Westberliner Krankenhäusern verstarben an ihren Verwundungen folgende Teilnehmer des Aufstands: Horst Bernhagen, Edgar Krawetzke, Hardy Kugler, Oskar Pohl, Gerhard Santura,

Rudi Schwander und Werner Sendsitzki; vgl. Juni-Aufstand. Dokumente und Berichte über den Volksaufstand in Ostberlin und in der Sowjetzone, herausgegeben vom Bundesministerium für gesamtdeutsche Fragen, Bonn/Berlin 1953, zweite, erweiterte Auflage, S. 1.

41 Dieser Auffassung ist auch Gunter Holzweißig: »Der Volksaufsstand am 17. Juni 1953 in der DDR«, in Peter Gosztony (Herausgeber): Aufstände unter dem roten Stern, Bonn 1979, S. 67 f.

42 Zit. bei: Joachim G. Leithäuser: Der Aufstand im Juni, a. a. O., S. 42.

43 Arnulf Baring: Der 17. Juni 1953, a. a. O., S. 81 f.

44 Otto Grotewohl: »Die gegenwärtige Lage und der neue Kurs . . .«, a. a. O., S. 32.

45 Zit. bei Karl Wilhelm Fricke: Der Arbeiteraufstand, a. a. O., S. 16.

46 Wolfgang Strauss: Aufstand für Deutschland: Der 17. Juni 1953, Leoni o. J. (1983).

47 Ilse Spittmann: »Der 17. Juni im Wandel der Legenden«, in: Mut zur Einheit, Festschrift für Johann Baptist Gradl, Mit einem Vorwort von Heinrich Windelen, Köln 1984, S. 223.

48 Zit. bei Ilse Spittmann: »Der 17. Juni im Wandel der Legenden«, ebenda, S. 224.

49 Zit. bei Karl Wilhelm: Der Arbeiteraufstand, a. a. O., S. 15.

50 »Über die Lage und die unmittelbaren Aufgaben der Partei«, a. a. O., S. 439 f.

51 Vgl. dazu Karl Wilhelm Fricke: »Juni-Aufstand und Justiz«, in: Ilse Spittmann/Karl Wilhelm Fricke: 17. Juni 1953 – Arbeiteraufstand in der DDR, a. a. O., S. 70 ff.

52 »Über die Lage und die unmittelbaren Aufgaben der Partei«, a. a. O., S. 440.

53 »Der neue Kurs und die Aufgaben der Partei«, Entschließung des Zentralkomitees vom 26. Juli 1953, in: Dokumente der SED, Bd. IV, a. a. O., S. 449.

54 Benno Sarel: Arbeiter gegen den ›Kommunismus‹. Zur Geschichte des proletarischen Widerstandes in der DDR (1945–1958), München 1975, S. 168.

55 Vgl. dazu Dietrich Staritz: »Die ›Arbeiterkomitees‹ der Jahre 1956/58«. Fallstudie zur Partizipations-Problematik in der DDR, in: Studien und Materialien des Arbeitsbereichs Geschichte und Politik der DDR am Institut für Sozialwissenschaften der Universität Mannheim, Bd. 1, Mannheim 1982, S. 137 ff.

56 Herbert Warnke: »Die Aufgaben der Gewerkschaften«, in: Tribüne, 10. Februar 1958.

57 »Unruhe in der Zone wächst weiter«, in: Kurier (West-)Berlin, 21. Februar 1958.

58 »Gerechte Strafe für Verbrecher«, in: Märkische Volksstimme, 26. Januar 1962; vgl. ferner Karl Wilhelm Fricke: Selbstbehauptung und Widerstand . . ., a. a. O., S. 123 ff.

59 Walter Ulbricht: »Es ist höchste Zeit für den Friedensvertrag«, in: Neues Deutschland, 11. August 1961.

60 Zit. in: »Chronik der Sowjetzone«, in: SBZ-Archiv Nr. 17/1961, S. 274.

61 Zur Situation in der Sowjetzone nach dem 13. August 1961, herausgegeben vom Bundesministerium für gesamtdeutsche Fragen, Bonn/Berlin 1961, S. 31.

62 Zit. in: »Die Offensive gegen Militaristen verstärken«, in: Leipziger Volkszeitung, 2. September 1961.

63 Herbert Röttgen: »Anmerkungen zum Arbeiterkampf und zur Klassenauseinandersetzung in der DDR seit Beginn der 60er Jahre«, in: Benno Sarel: Arbeiter gegen den »Kommunismus«, a. a. O., S. 229.

64 Dieter Voigt: Montagearbeiter in der DDR. Eine empirische Untersuchung über Industrie-Bauarbeiter in den volkseigenen Großbetrieben, Darmstadt 1973, S. 160.

Anmerkungen zu Kapitel 7

1 »Über die sozialdemokratische Ideologie der Gruppe Zaisser-Herrnstadt«, in: Neues Deutschland, 22. August 1953.

2 Autorenkollektiv: Geschichte der Sozialistischen Einheitspartei Deutschlands, Abriß, (Ost-)Berlin 1978, S. 297.

3 Vgl. »Botschafter W. S. Semjonow in Berlin eingetroffen«, in: Tägliche Rundschau, 6. Juni 1953. – Als Datum seines Eintreffens wird der 5. Juni genannt.

4 Heinz Brandt: Ein Traum, der nicht entführbar ist. Mein Weg zwischen Ost und West, München 1967, S. 209 und S. 215.

5 »Schlußwort des Genossen Walter Ulbricht«, in: Das 15. Plenum des Zentralkomitees der SED, (Ost-)Berlin 1953, S. 107 (parteiinternes Material).

6 Vgl. Kommuniqué der 15. Tagung des Zentralkomitees der Sozialistischen Einheitspartei Deutschlands, in: Der neue Kurs und die Aufgaben der Partei, (Ost-)Berlin 1953, S. 103 f.

7 Kommuniqué der 17. Tagung des Zentralkomitees der Sozialistischen Einheitspartei Deutschlands, in: Neues Deutschland, 24. Januar 1954.

8 Vgl. Karl Wilhelm Fricke: Die DDR-Staatssicherheit, 2., aktualisierte Auflage, Köln 1984, S. 204 ff.

9 Vgl. Biographisches Handbuch der deutschsprachigen Emigration nach 1933, herausgegeben vom Institut für Zeitgeschichte, Teil I, München 1980, S. 287.

10 Im Politbüro waren damals vertreten als Mitglieder: Franz Dahlem, Friedrich Ebert, Otto Grotewohl, Hermann Matern, Fred Oelßner, Wilhelm Pieck, Heinrich Rau, Walter Ulbricht und Wilhelm Zaisser; als Kandidaten: Anton Ackermann, Rudolf Herrnstadt, Erich Honecker, Hans Jendretzky, Erich Mückenberger und Elli Schmidt; vgl. Kommuniqué der 1. Sitzung des Zentralkomitees vom 25. Juli 1950, in: Dokumente der SED, Bd. III, (Ost-)Berlin 1952, S. 189.

11 Walter Ulbricht: »Die Politik der Partei, ihre Erfolge und Fehler«, in: Das 15. Plenun des Zentralkomitees . . ., a. a. O., 79.

12 Beschluß des Zentralkomitees vom 14. Mai 1953, in: Dokumente der SED, Bd. IV, a. a. O., S. 410 ff.; vgl. zum Fall Dahlem auch Joachim Schultz: Der Funktionär in der Einheitspartei, Kaderpolitik und Bürokratisierung in der SED, Stuttgart/Düsseldorf 1956, S. 125 ff.; und Karl Wilhelm Fricke: Warten auf Gerechtigkeit, a. a. O., S. 89 ff.

13 Walter Ulbricht: »Die Politik der Partei . . .«, a. a. O., S. 77 f.

14 Ebenda, S. 78.

15 Hermann Matern: »Bericht der Zentralen Parteikontrollkommission«, in: Protokoll der Verhandlungen des IV. Parteitages der SED, Bd. I, (Ost-)Berlin 1954, S. 219.

16 »Schlußwort des Genossen Ulbricht . . .«, a. a. O., S. 110.

17 Hermann Matern: »Bericht der Zentralen Parteikontrollkommission«, a. a. O., S. 219.

18 Heinz Brandt: Ein Traum . . ., a. a. O., S. 209.

19 »Worin äußerte sich die Fraktionstätigkeit Herrnstadts und Zaissers?«, in: Tägliche Rundschau, 16. August 1953.

20 Kommuniqué des Politbüros vom 9. Juni 1953, a. a. O., S. 428.

21 »Wichtige Beschlüsse«, in: Tägliche Rundschau, 13. Juni 1953 (ohne Verfasserangabe).

22 »Dem IV. Parteitag entgegen«, in: Ostsee-Zeitung, 23. Januar 1954 (ohne Verfasserangabe).

23 Laut »Volksstimme« (Karl-Marx-Stadt), 12. August 1953, zit. in: Ost-Probleme Nr. 35/1953, S. 1484.

24 »Schlußwort des Genossen Ulbricht . . .«, a. a. O., S. 108.

25 Walter Ulbricht: »Die Politik der Partei . . .«, a. a. O., S. 79.

26 »Schlußwort des Genossen Ulbricht«, a. a. O., S. 108 f.

27 Ebenda.

28 Carola Stern: Ulbricht. Eine politische Biographie, Köln/Berlin 1963, S. 182.

29 Mitteilung über eine Plenarsitzung des ZK der KPdSU, in: Tägliche Rundschau, 11. Juli 1953.

30 Vgl. »Berija und Komplicen verurteilt und hingerichtet«, in: Tägliche Rundschau, 24. Dezember 1953.

31 Kommuniqué der 17. Tagung des Zentralkomitees der Sozialistischen Einheitspartei Deutschlands, in: Neues Deutschland, 24. Januar 1984.

32 Kommuniqué der 28. Tagung des Zentralkomitees, in: Dokumente der SED, Bd. VI, (Ost-)Berlin 1958, S. 138 ff.

33 Kommuniqué der 15. Tagung des Zentralkomitees . . ., a. a. O., S. 103.

34 Kommunlqué der 35. Tagung des Zentralkomitees der Sozialistischen Einheitspartei Deutschlands, in: Neues Deutschland vom 7. Februar 1958.

35 Bericht des Zentralkomitees an den V. Parteitag der Sozialistischen Einheitspartei Deutschlands, in: Protokoll der Verhandlungen des V. Parteitages der SED, (Ost-)Berlin 1959, Bd. 2, S. 1593 und 1590.

36 Daten nach Handbuch der Volkskammer der Deutschen Demokratischen Republik, (Ost-)Berlin 1957, S. 361; und Günther Buch: Namen und Daten wichtiger Personen der DDR, 3. überarbeitete Auflage, Berlin/Bonn 1982, S. 271.

37 Aus dem Bericht des Politbüros an das 35. Plenum des Zentralkomitees der SED, in: Neues Deutschland, 8. Februar 1958.

38 Vgl. Karl Wilhelm Fricke: Die DDR-Staatssicherheit, a. a. O., S. 209 ff.

39 Aus dem Bericht des Politbüros an das 35. Plenum . . ., a. a. O.
40 Neues Deutschland, 15. Dezember 1957.
41 Aus dem Bericht des Politbüros an das 35. Plenum . . ., a. a. O.
42 Beschluß des 35. Plenums des ZK, in: Neues Deutschland, 8. Februar 1958.
43 Heinz Zöger: »Revisionismus hinter dem Eisernen Vorhang«, in: Arbeit und Leben Nr. 1/1962, S. 64.
44 Heinz Brandt: Ein Traum . . ., a. a. O., S. 328.
45 Ebenda.
46 Autorenkollektiv: Geschichte der Kommunistischen Partei der Sowjetunion, (Ost-)Berlin 1960, S. 857.

Anmerkungen zu Kapitel 8

 1 Alfred Kantorowicz: »Wo Funktionäre reden, schweigen die Musen«, in: derselbe: Im 2. Drittel unseres Jahrhunderts. Illusionen, Irrtümer, Widersprüche, Einsichten, Voraussichten, Köln 1967, S. 187.
 2 »Die politische Plattform Harichs und seiner Freunde«, zit. bei Hermann Weber: Der deutsche Kommunismus, a. a. O., S. 599.
 3 Ernst Bloch: Das Prinzip Hoffnung, Frankfurt/Main 1967, Erster Band, S. 5.
 4 Jürgen Rühle: »Geist der Utopie – Ernst Bloch«, in: Der Revisionismus, Herausgegeben von Leopold Labedz, Köln/Berlin 1965, S. 232 und 233.
 5 Günther Zehm in: Das Ende einer Utopie. Hingabe und Selbstbefreiung früherer Kommunisten. Eine Dokumentation im zweigeteilten Deutschland, herausgegeben und eingeleitet von Horst Krüger, Olten/Freiburg im Breisgau 1963, S. 45.
 6 Zit. bei Helga Grebing: Der Revisionismus. Von Bernstein bis zum ›Prager Frühling‹. München 1977, S. 159; dort ist auch das Bloch-Zitat belegt.
 7 Zitat bei Jürgen Rühle: »Geist der Utopie – Ernst Bloch«, a. a. O., S. 239.
 8 Fritz Behrens: »Zum Problem der Ausnutzung ökonomischer Gesetze in der Übergangsperiode«, in: Wirtschaftswissenschaft, 3. Sonderheft 1957, S. 115 und S. 117 f.
 9 »Die politische Plattform Harichs und seiner Freunde«, a. a. O., S. 602.
10 »Die staatsfeindliche Tätigkeit der Harich-Gruppe«, Urteil des Obersten Gerichts vom 9. März 1957, in: Neue Justiz Nr. 6/1957, S. 166 f.
11 »Gerechte Strafe für staatsfeindliche Verschwörergruppe«, in: Neues Deutschland, 27. Juli 1957; Auszüge aus der Anklageschrift ferner bei Horst Lehfeld: »Der Beitrag der Sozialistischen Einheitspartei Deutschlands zur Erhaltung des Friedens in Europa im Herbst 1956«, a. a. O., S. 464.
12 Hermann Weber: DDR. Grundriß der Geschichte 1945–1981, Hannover 1982, 3. überarbeitete und ergänzte Auflage, S. 63.
13 Zit. bei Karl Wilhelm Fricke: Selbstbehauptung und Widerstand . . ., a. a. O., S. 134.
14 Günther Zehm in: Das Ende einer Utopie, a. a. O., S. 14.
15 »Agentengruppe Hasse-Hoffmann vernichtet«, in: Universitätszeitung der Karl-Marx-Universität Leipzig, Nr. 2/1957.
16 Martin Jänicke: Der Dritte Weg, a. a. O., S. 123.
17 Heinrich Saar: Erklärung zu meinen beiden politischen Haftstrafen in der DDR vom 29. August 1982, S. 2 (unveröffentlicht).
18 Zit. bei Horst Lehfeld: »Der Beitrag der Sozialistischen Einheitspartei Deutschlands zur Erhaltung des Friedens in Europa im Herbst 1956«, a. a. O., S. 465.
19 Erich Loest: Durch die Erde ein Riß. Ein Lebenslauf, Hamburg 1981, S. 279 ff.
20 Kurt Hager: »Der Blick nach vorn zum Sozialismus«, in: Leipziger Volkszeitung, 6. November 1956.
21 Walter Ulbricht im Zentralkomitee der SED, zit. in: Aus dem Wortprotokoll der 33. Tagung des Zentralkomitees der SED vom 16. bis 19. Oktober 1957, Bonn 1957, S. 133.
22 »Arsen-Gruppe wurde entgiftet«, in: Neues Deutschland, 20. Januar 1957.
23 Zit. bei Karl Wilhelm Fricke: Politik und Justiz in der DDR, S. 379 f.
24 Ebenda, S. 384 f.
25 Ebenda, S. 391 ff.

26 Walter Ulbricht: »Der Kampf um den Frieden, für den Sieg des Sozialismus, für die nationale Wiedergeburt Deutschlands«, Protokoll der Verhandlungen des V. Parteitages der SED, Bd. 1, (Ost-)Berlin 1959, S. 199 f.
27 Peter Christan Ludz: »Revisionistische Konzeptionen von 1956/57 in der DDR«, in: Moderne Welt Nr. 4/1960, S. 365.
28 »Ärztliches Bulletin«, in: Neues Deutschland, 4. Dezember 1964.

Anmerkungen zu Kapitel 9

1 W. I. Lenin: »Zwei Taktiken der Sozialdemokratie in der demokratischen Revolution«, in: Ausgewählte Werke in drei Bänden, (Ost-)Berlin 1961, S. 608.
2 Walter Ulbricht: »Sieg der Bodenreform und Durchführung des Landwirtschaftsplanes sichern die Ernährung des Volkes«, in: Zur Geschichte der deutschen Arbeiterbewegung, Bd. II, (Ost-)Berlin 1954, S. 589.
3 Stefan Doernberg: Die Geburt eines neuen Deutschland, a. a. O., S. 184.
4 W. I. Lenin: »Das Verhältnis der Sozialdemokratie zur Bauernbewegung«, in: Ausgewählte Werke in zwei Bänden, Moskau 1946, Bd. I, S. 541 (deutsch).
5 Stefan Doernberg: Die Geburt eines neuen Deutschland, a. a. O., S. 124.
6 Zit. nach einer Kopie der Anklageschrift vom 3. November 1950, vorgelegt vom Ministerium für Staatssicherheit/Verwaltung Sachsen-Anhalt, Tgb. Nr. 3342/50.
7 Hermann Matern: Über die Durchführung des Beschlusses des ZK der SED ›Lehren aus dem Prozeß gegen das Verschwörerzentrum Slansky‹, a. a. O., S. 67.
8 Zit. bei Hermann Matern, ebenda, S. 36.
9 Zit. in: Unrecht als System. Dokumente über planmäßige Rechtsverletzungen in der Sowjetzone Deutschlands, Bd. II, Bonn 1955, S. 159.
10 Walter Ulbricht: »Die Aufgaben und Perspektiven der Landwirtschaftlichen Produktionsgenossenschaften«, in: Zur Geschichte der deutschen Arbeiterbewegung, Bd. IV, (Ost-)Berlin 1958, S. 539.
11 Beschluß des Politbüros vom 9. Juni 1953, a. a. O., S. 428 f.
12 »Über die Entfaltung der politischen Massenarbeit im Dorf und die nächsten Aufgaben in der Landwirtschaft«, Beschluß des ZK vom 23. Januar 1954, in: Dokumente der SED, Bd. V, (Ost-)Berlin 1956, S. 49.
13 Sächsische Zeitung vom 25. November 1959.
14 Sächsische Zeitung vom 24. Oktober 1959.
15 Ludwig Schaudt: »Wer störte den ›dörflichen Frieden‹ in Stradow?«, in: Lausitzer Rundschau, 2. Juli 1958.
16 Vgl. Die Zwangskollektivierung des selbständigen Bauernstandes in Mitteldeutschland, Denkschrift der Bundesregierung, Bonn/Berlin 1960.
17 Walter Sperling: »Die Deutsche Demokratische Republik. Ein wirtschafts- und sozialgeographischer Überblick«, in: Hans-Georg Wehling: DDR, Stuttgart/Berlin/Köln/Mainz 1983, S. 29 f.
18 Ebenda, S. 29.
19 Zit. in: Zur Situation in der Sowjetzone nach dem 13. August 1961. Bericht und Dokumentation, herausgegeben vom Bundesministerium für gesamtdeutsche Fragen, Bonn/Berlin 1961, S. 143.
20 Josef Streit: »Zu einigen Methoden des ›kalten Krieges‹ und den Aufgaben unserer Justizorgane«, in: Neue Justiz Nr. 16/1961, S. 548 f.
21 »Terrorist erhielt Todesstrafe«, in: Neues Deutschland, 3. Februar 1962.

Anmerkungen zu Kapitel 10

1 Rüdiger Thomas: »Sozialstruktur und sozialer Wandel. Zur Entwicklung der DDR-Gesellschaft«, in: Hans-Georg Wehling: DDR, a. a. O., S. 56.
2 Ebenda.
3 Zur Situation in der Sowjetzone nach dem 13. August 1961, a. a. O., S. 30.

4 Zit. in: Unrecht als System, Bd. II, a. a. O., S. 59.

5 Walter Ulbricht: »Der XXII. Parteitag der KPdSU und die Aufgaben in der Deutschen Demokratischen Republik«, in: Neues Deutschland, 28. November 1961.

6 Vgl. Karl Wilhelm Fricke: Politik und Justiz in der DDR, a. a. O., S. 449 f.

7 »Konterrevolutionäre Bande verurteilt«, in: Freiheit, 14. Oktober 1961.

8 »Erzieherisches Urteil«, in: Neues Deutschland, 10. August 1962.

9 Zit. bei Karl Wilhelm Fricke: Politik und Justiz in der DDR, a. a. O., S. 498.

10 Vgl. § 105 des Strafgesetzbuches in der Fassung vom 28. Juni 1979.

11 Vgl. Karl Wilhelm Fricke: »Vervollkommnung der ›sozialistischen Gesetzlichkeit‹? – Erneut Revision des Straf- und Strafvollzugsrechts in der DDR«, in: Deutschland Archiv Nr. 5/1977, S. 452 ff.; vgl. ferner dazu Friedrich-Christian Schroeder: Das Strafrecht des realen Sozialismus. Eine Einführung am Beispiel der DDR, Opladen 1983, S. 90.

12 Harry Dürks: »Vom Frontstadtsumpf hinabgezogen. Konterrevolutionäre Bande vor dem Ersten Strafsenat des Bezirksgerichts«, in: Neuer Tag (Frankfurt/Oder), 14. September 1961.

13 Harry Dürks: »Brandts Natterngezücht wird ausgemerzt. Hohe Zuchthausstrafen für konterrevolutionäre Gruppe beantragt«, in: Neuer Tag, 15. September 1961.

14 Ebenda.

15 Niederschrift von Michael Gartenschläger vom 27. April 1976, Manuskript, veröffentlicht von der »Arbeitsgemeinschaft 13. August« am 18. Mai 1976, S. 16.

16 Ebenda, S. 19.

17 Beschluß zur Durchsuchung der Wohnung Michael Gartenschlägers des Amtsgerichts Reinbek vom 2. April 1976 (Kopie des Originals).

18 Programmatische Erklärung des Vorsitzenden des Staatsrates der Deutschen Demokratischen Republik, Walter Ulbricht, vor der Volkskammer am 4. Oktober 1960, zit. bei Hans-Wolfgang Heßler/Reinhard Henkys (Herausgeber): Bund der Evangelischen Kirchen in der DDR. epd-Dokumentation, Witten/Frankfurt/Berlin 1970, 52.

19 Beschlüsse der regionalen Synode in Ostberlin, zit. bei Friedhelm Baukloh: »Mein Eid auf den Kommunismus«, in: SBZ-Archiv Nr. 7/1962, S. 102.

20 Theo Mechtenberg: »Die Friedensverantwortung der evangelischen Kirchen in der DDR«, in: Reinhard Henkys (Herausgeber): Die evangelischen Kirchen in der DDR. Beiträge zu einer Bestandsaufnahme, München 1982, S. 362; vgl. dazu auch Bernd Eisenfeld: Kriegsdienstverweigerung in der DDR – ein Friedensdienst? – Genesis, Befragung, Analyse, Dokumente, Frankfurt/Main 1978, S. 41 ff.

21 § 4 der Anordnung des Nationalen Verteidigungsrates der Deutschen Demokratischen Republik über die Aufstellung von Baueinheiten im Bereich des Ministeriums für Nationale Verteidigung vom 7. September 1964 (GBl. I S. 129).

22 »Das Wort der Bischöfe«, in: SBZ-Archiv Nr. 23–24/1965, S. 362.

23 Vgl. dazu Joachim Nawrocki: Der Frieden muß bewaffnet sein, in: Die Zeit, 23. September 1983 (»Dossier«).

24 Reinhard Gehlen: Der Dienst. Erinnerungen 1942–1971, Mainz/Wiesbaden 1971, S. 302; vgl. ferner Karl Wilhelm Fricke: Die DDR-Staatssicherheit, a. a. O., S. 161 f.

25 Zit. bei Clive Freeman/Gwynne Roberts: Der kälteste Krieg. Professor Frucht und das Kampfstoff-Geheimnis. Deutsch von Erich Duncker, Berlin/Frankfurt/Wien 1982, S. 289. – Dem von Adolf-Henning Frucht autorisierten Buch sind auch alle übrigen Informationen zu seinem »Fall« entnommen.

26 Peter-Claus Burens: Die DDR und der »Prager Frühling«. Bedeutung und Auswirkungen der tschechoslowakischen Erneuerungsbewegung für die Innenpolitik der DDR im Jahre 1968, Berlin 1981, S. 47.

27 »Flugblätter in Ostberlin«, in: Die Welt, 24. August 1968; »Sprechchöre Jugendlicher in der Ost-Berliner Karl-Marx-Allee«, in: Der Tagesspiegel, 27. August 1968; und »Mitteldeutsche Reaktionen auf die Okkupation«, in: Frankfurter Allgemeine, 19. September 1968.

28 Robert Havemann: Fragen – Antworten – Fragen. Aus der Biographie eines deutschen Marxisten, München 1970, S. 262.

29 »Zahlreiche Sympathie-Bekundungen für die CSSR auch in Ost-Berlin«, in: Der Tagesspiegel, 24. August 1968.

30 Zit. bei Karl Wilhelm Fricke: Politik und Justiz in der DDR, a. a. O., S. 562.

31 »Urteile des Berliner Stadtgerichts«, in: (Ost-)Berliner Zeitung, 29. Oktober 1968.

32 Ulrich Schacht in einer Fernsehsendung des Westdeutschen Rundfunks (III. Programm) am 27. Oktober 1983; ferner derselbe: Bemerkungen zur Situation der politischen Gefangenen in der DDR, Vortrag vom 16. Juni 1977 (unveröffentlicht).

Anmerkungen zu Kapitel 11

1 Wolfgang Seiffert: »Ulbricht – ein deutscher Stalinist«, in: Deutschland Archiv Nr. 8/1983, S. 854.
2 Ilse Spittmann: »Warum Ulbricht stürzte«, in: Deutschland Archiv Nr. 6/1972, S. 568.
3 Protokoll der Verhandlungen des VIII. Parteitages der SED, (Ost-)Berlin 1971, Bd. 1, S. 287.
4 Kurt Hager: »Aufgaben der Gesellschaftswissenschaftler nach dem VIII. Parteitag«, in: Einheit Nr. 11/1971, S. 1212.
5 Vgl. Heinz Voßke: Walter Ulbricht. Biographischer Abriß. (Ost-)Berlin 1983; und dazu: Karl Wilhelm Fricke: »Das Ulbricht-Bild der Ära Honecker«, in: Deutschland Archiv Nr. 2/1984, S. 200 ff.
6 Andreas Schmidt: »Klassenfeind in Crimmitschau«. Ein deutsches Schicksal zwischen Ost und West, in: Die Welt, 19. März 1983.
7 Maria Haendcke-Hoppe: »Die Vergesellschaftungsaktion im Frühjahr 1972«, in: Deutschland Archiv Nr. 1/1973, S. 39.
8 Maria Haendcke-Hoppe: »Kurskorrekturen in der Handwerkspolitik der DDR«, in: Deutschland Archiv Nr. 12/1981, S. 1277.
9 Werner Lamberz: »Über die Aufgaben von Agitation und Propaganda bei der Verwirklichung der Beschlüsse des VIII. Parteitages«, in: Agitation und Propaganda nach dem VIII. Parteitag der SED, (Ost-)Berlin 1972, S. 52.
10 Direktive des Ministers für Staatssicherheit über Geheimnisträger vom 10. Mai 1973, S. 4 (unveröffentlicht).
11 Leserzuschrift in der Ostberliner CDU-Zeitung »Neue Zeit« vom 17. Februar 1971.
12 Protokoll der Verhandlungen des VIII. Parteitages der SED, a. a. O., S. 61 f.
13 Erich Honecker: Schlußwort auf der 4. Tagung des Zentralkomitees der SED am 17. Dezember 1971, zit. in: derselbe: Reden und Aufsätze, Bd. 1, (Ost-)Berlin 1975, S. 427.
14 Erich Honecker: Bericht des Politbüros an das 11. Plenum des ZK der SED, zit. bei Elimar Schubbe (Herausgeber): Dokumente zur Kunst-, Literatur- und Kulturpolitik der SED, Stuttgart 1972, S. 1077.
15 Ebenda; vgl. dazu auch Manfred Jäger: Kultur und Politik in der DDR. Ein historischer Abriß. Edition Deutschland Archiv, Köln 1982, S. 122 ff.
16 Wolf Biermann: Die Drahtharfe. Balladen, Gedichte, Lieder, Berlin 1965, S. 69 und S. 67.
17 Wolf Biermann: Mit Marx- und Engelszungen. Gedichte, Balladen, Lieder, Berlin 1968.
18 Hans-Dietrich Sander: »Literatur und Literaturpolitik« (der SED), in: DDR-Handbuch, 2., völlig überarbeitete und erweiterte Auflage, Köln 1979, S. 688.
19 Günter Albrecht/Kurt Böttcher/Herbert Greiner-Mai/Paul Günter Krohn: Lexikon deutschsprachiger Schriftsteller von den Anfängen bis zur Gegenwart, Bd. 1, Leipzig 1972, S. 510.
20 Kurt Hager: »Zu Fragen der Kulturpolitik der SED«, in: Neues Deutschland, 8. Juli 1972.

Anmerkungen zu Kapitel 12

1 Interview mit der Saarbrücker Zeitung vom 17. Februar 1977, zit. bei Erich Honecker: Reden und Aufsätze, Bd. 5, (Ost-)Berlin 1978, S. 153.
2 Schlußwort auf der 2. Tagung des Zentralkomitees am 3. September 1976, zit. bei Erich Honecker, ebenda, S. 15. – Ähnlich erklärte Honecker in dem von ihm erstatteten Bericht des Politbüros an die 5. Tagung des ZK am 17. März 1977: »Bei uns sind die Menschenrechte, die Grundrechte und die Grundfreiheiten nicht nur verfassungsmäßig, sondern im täglichen Leben der Gesellschaft garantiert« (ebenda, S. 280).
3 Als repräsentativ kann das Protokoll einer Tagung des Rates für staats- und rechtswissenschaftliche Forschung an der Akademie der Wissenschaften der DDR vom 29. und 30. Juni 1978 gelten, das unter dem Titel »Demokratie, Freiheit und Menschenrechte in der entwickel-

ten Gesellschaft«, (Ost-)Berlin 1979, erschien; in ihm sind auch ausführliche Literaturangaben enthalten.

4 Vgl. Bekanntmachung über die Ratifikation der Internationalen Konvention vom 16. Dezember 1966 über zivile und politische Rechte vom 14. Januar 1974 (GBl. II S. 57 f.) und Bekanntmachung über die Ratifikation der Internationalen Konvention vom 16. Dezember 1966 über wirtschaftliche, soziale und kulturelle Rechte vom 14. Januar 1974 (GBl. II S. 105).

5 Zit. in: Politische Studien Nr. 227/1976, S. 311, wo die Eingabe in vollem Wortlaut wiedergegeben wird. – Zur Gesamtproblematik vgl. Gunhild Bohm: »Hilfe für die Verfolgten im Ostblock«, in: Politische Studien Nr. 227/1976, S. 281 ff.

6 Interview Robert Havemanns im Deutschlandfunk am 13. Oktober 1976, zit. in: Deutschland Archiv Nr. 11/1976, S. 1226.

7 »Bösartige Verleumdungskampagne«, in: Neues Deutschland, 21. Oktober 1976.

8 Vgl. Horst Gundermann: Entlassung aus der Staatsbürgerschaft. Eine Dokumentation, Berlin 1978.

9 Ebenda, S. 14 f.

10 Ebenda, S. 128 f.

11 Ebenda, S. 156 f.

12 Peter Pragal: »Abstimmung mit dem Ausreiseantrag«, in: Süddeutsche Zeitung, 26. Juli 1976.

13 Erich Mielke: »Die Aufgaben zur Stärkung der Kampfkraft der Partei als entscheidende Voraussetzung für die weitere erfolgreiche Verwirklichung der Beschlüsse des IX. Parteitages der SED«, a. a. O., S. 55.

14 Siegmar Faust: Ich will hier raus, Berlin 1983, S. 63.

15 Ebenda, S. 115.

16 Vgl. 3. Strafrechtsänderungsgesetz vom 28. Juni 1979, a. a. O.

17 Rolf Mainz: »Genossen, kommt doch zu uns«, in: Die Zeit Nr. 41/1976.

18 Rainer Bäurich: Manifest eines Christen im Sozialismus. Vorwort von Franz Josef Strauß, Herausgeber: Brüsewitz-Zentrum, Bad Oeynhausen o. J. (1977).

19 Vgl. Freiheit für Rainer Bäurich, Herausgeber: Junge Union Westfalen-Lippe, Dortmund 1980.

20 Zit. in: Einschränkung der Meinungsfreiheit in der Deutschen Demokratischen Republik, herausgegeben von amnesty international/Sektion Bundesrepublik Deutschland, Köln 1983, S. 29.

21 Nach einer Meldung in: Der Tagesspiegel, 12. Juni 1975.

22 Interview Robert Havemann im Deutschlandfunk, a. a. O.

23 Jörg Bernhard Bilke: »Menschenrechte im SED-Staat«, in: Aus Politik und Zeitgeschichte, Beilage zur Wochenzeitung Das Parlament, Nr. 46/1980, S. 12.

24 Vgl. »Berufsverbot für einen Arzt«, in: Menschenrechte Nr. 5/1982, S. 33; »Schicksale, über die wir berichteten/Was geschah weiter?«, in: Menschenrechte Nr. 5/1983, S. 42; und Christa von Koeller: »Sie dürfen sie nicht alleinlassen«, in: Menschenrechte Nr. 1/1984, S. 16.

25 »Petition zur vollen Erlangung der Menschenrechte«, vom 10. Juli 1976, Kopie, veröffentlicht von der Gesellschaft für Menschenrechte, Frankfurt/Main; vgl. auch Thomas Ammer: »Bürgerrechtsbewegung in Riesa – ein Versuch«, in: Politische Studien Nr. 234/1977, S. 381 ff.

26 Herbert Scheibe: »Unser sozialistisches Aufbauwerk zuverlässig schützen«, in: Einheit Nr. 7/1976, S. 753.

27 Offizielle Zahlen sind von den DDR-Behörden niemals veröffentlicht worden.

28 »In Sofia verhaftet«, in: Menschenrechte Nr. 2–3/1981, S. 34; und Doris Wels: »Hoheneck war am schlimmsten«, in: Menschenrechte Nr. 5/1983, S. 18.

29 M. K. Gandhi: »The Momentous Issue«, zit. bei Theodor Ebert: Gewaltfreier Aufstand. Alternative zum Bürgerkrieg, Freiburg 1968, S. 40.

30 Rainer Hildebrandt: »Die Jenaer Krankheit in der DDR«, in: Der Tagesspiegel, 23. Oktober 1983.

31 Ebenda.

32 Zit. bei Lorenz Schreiber: »Der stumme Kreis in Jena«, in: Menschenrechte Nr. 5/1983, S. 19.

33 Rainer Hildebrandt: »Die Jenaer Krankheit in der DDR«, a. a. O.

34 Sechs DDR-Bürger suchten Asyl in US-Botschaft in Ost-Berlin«, in: Der Tagesspiegel, 21. Januar 1984 (mit dem Wortlaut des Briefes an den Präsidenten der USA). Zwei der »Asylflüchtlinge«, Jörg Hejkal und Bernd Macke, sind Söhne hoher Staatssicherheitsoffiziere.

Anmerkungen zu Kapitel 13

1 Dieter Knötzsch: Innerkommunistische Opposition. Das Beispiel Robert Havemann, Opladen 1968.
2 Ebenda, S. 20.
3 Hermann Weber: Demokratischer Kommunismus? – Zur Theorie, Geschichte und Politik der kommunistischen Bewegung, Hannover 1969, S. XXIV.
4 Rosa Luxemburg: Die Russische Revolution. Eingeleitet und herausgegeben von Ossip K. Flechtheim, Frankfurt/Main 1963, S. 73.
5 Vgl. Robert Havemann: Ein deutscher Kommunist. Rückblicke und Perspektiven aus der Isolation, herausgegeben von Manfred Wilke, Reinbek 1978, S. 42 ff. – Vgl. ferner Robert Havemann: Fragen – Antworten. Aus der Biographie eines deutschen Marxisten, München 1970.
6 Robert Havemann: Dialektik ohne Dogma?, Reinbek 1964, S. 103.
7 Robert Havemann: Rückantworten an die Hauptverwaltung »Ewige Wahrheiten«, München 1971, S. 96 f.
8 Ebenda, S. 101.
9. Dieter Knötzsch: Innerkommunistische Opposition, a. a. O., S. 25.
10 Jürgen Fuchs: Gedächtnisprotokolle. Mit Liedern von Gerulf Pannach und einem Vorwort von Wolf Biermann, Reinbek 1977.
11 »Biermann das Recht auf weiteren Aufenthalt in der DDR entzogen«, in: Neues Deutschland, 17. November 1976.
12 »Über hundert Unterschriften: Der offene Brief in Sachen Wolf Biermann«, zit. in: Dokumente zur Kunst-, Literatur- und Kulturpolitik der SED 1975–1980, herausgegeben von Peter Lübbe, Stuttgart 1984, S. 311.
13 Interview mit Robert Havemann im ARD-Fernsehen«, zit. in: Deutschland Archiv Nr. 1/1977, S. 76.
14 Thomas Auerbach: »Junge Gemeinde in Jena«, in: »Freiheit heißt die heiße Ware«, Politische Unterdrückung in der DDR, Köln 1978, S. 88.
15 Bernd Jentzsch: Offener Brief an Erich Honecker, in: Der Bund (Bern) vom 24. 11. 1976.
16 Vgl. dazu »Über Reiner Kunze«, Sonderheft Europäische Ideen, herausgegeben von Andreas W. Mytze, Berlin 1976; und: »Briefe, die ihn noch erreichten«. Aus den letzten Briefen von Bürgern der DDR an den ins Exil gezwungenen Schriftsteller Reiner Kunze, in: Die Zeit, 22. April 1977.
17 Vgl. Karl Wilhelm Fricke/Klaus Sauer: »Das Stalinismus-Tabu durchbrochen«, in: Deutschland Archiv Nr. 5/1979, S. 522.
18 Rudolf Bahro in einem Selbstinterview, zit. in: Rudolf Bahro – eine Dokumentation, Köln/Frankfurt/Main 1977, S. 60.
19 Rudolf Bahro: Die Alternative. Zur Kritik des real existierenden Sozialismus, Köln/Frankfurt/Main 1977, S. 291.
20 Ebenda, S. 373.
21 »Wegen nachrichtendienstlicher Tätigkeit verurteilt«, in: Neues Deutschland, 1./2. Juli 1978.
22 Heinrich Saar: Erklärung zu meinen beiden politischen Haftstrafen in der DDR vom 29. August 1982 (unveröffentlicht) und Simone Langrock in einer Fernsehsendung des Westdeutschen Rundfunks (III. Programm) vom 27. Oktober 1983.
23 »Das Manifest des Bundes Demokratischer Kommunisten Deutschlands«, in: DDR – Das Manifest der Opposition. Eine Dokumentation, München 1978, S. 12 ff. – Derselben Quelle entstammen alle Zitate aus dem »Manifest«.
24 »Wird die BRD kommunistisch?«, in: Neues Deutschland, 2. Januar 1978.
25 »Wie echt ist das DDR-Papier?«, Heinz Brandt im Interview mit dem Magazin Das da Nr. 2/1978.
26 »Gründungserklärung der Sektion DDR der KPD/ML«, in: Roter Morgen, 7. Februar 1976. Zur Geschichte der KPD/ML – die seit 1983 auf den Zusatz »ML« in ihrem Namen verzichtet, sich seither also schlicht »KPD« nennt – vgl. Gerd Langguth: Protestbewegung. Entwicklung – Niedergang – Renaissance. Die Neue Linke seit 1968, Köln 1983, S. 65 ff.
27 Programm der Kommunistischen Partei Deutschlands/Marxisten-Leninisten, beschlossen vom III. ordentlichen Parteitag der KPD/ML, in: Programm und Statut der KPD/ML, Dortmund 1977, S. 194 f.

28 Ebenda, S. 197.
29 Ebenda, S. 198.
30 »Das wahre Gesicht des ›realen Sozialismus‹ – Solidarität mit den verhafteten Kommunisten in der DDR«, in: Der Weg der Partei, Nr. 2/1982, S. 11.
31 Vgl. Kommunistische Oppositionelle in der DDR verhaftet. Informationen und Dokumente, herausgegeben vom Solidaritätskomitee für die verhafteten kommunistischen Oppositionellen in der DDR, Dortmund 1982, S. 3 ff.; »Für inhaftierte Oppositionelle Appell in Ost-Berlin übergeben«, in: Der Tagesspiegel, 19. November 1982.

Anmerkungen zu Kapitel 14

1   Klaus Ehring/Martin Dallwitz: Schwerter zu Pflugscharen, a. a. O., S. 58.
2   Zit. Bei Peter Joachim Winters: »Bärbel Bohley und Ulrike Poppe schon lange vor der Verhaftung unter Beobachtung der DDR-Behörden«, in: Frankfurter Allgemeine, 31. Dezember 1983.
3   Reinhard Henkys: »Zwischen Militarismus und Pazifismus/Friedensarbeit der evangelischen Kirchen«, in: Friedensbewegung in der DDR, Texte 1978–1982, a. a. O., S. 16.
4   Ebenda, S. 19.
5   Zit. bei Horst Dähn: Konfrontation oder Kooperation?, a. a. O., S. 71.
6   Zit. bei Hans-Jürgen Röder: »Kirche im Sozialismus/Zum Selbstverständnis der evangelischen Kirchen in der DDR«, in: Reinhard Henkys: Die evangelischen Kirchen in der DDR, a. a. O., S. 70.
7   Reinhard Henkys: »Kirche – Staat – Gesellschaft«, a. a. O., S. 50.
8   Ebenda, S. 52.
9   Ebenda, S. 23.
10 Vgl. Gisela Helwig: »Den Glauben offen bekennen / Zur Synodaltagung des DDR-Kirchenbundes«, in: Deutschland Archiv Nr. 11/1978, S. 1133 ff.
11 Reinhard Henkys: »Kirche – Staat – Gesellschaft«, a. a. O., S. 26 f.
12 Vgl. »Anhaltende Diskussionen um den Selbstmord von Brüsewitz in der DDR«, in: Der Tagesspiegel vom 9. September 1976; vgl. ferner »Versuchte Selbstverbrennung als Protest eines Pfarrers in der DDR«, in: Der Tagesspiegel, 21. August 1976; und »Pfarrer Brüsewitz beigesetzt«, in: Der Tagesspiegel, 27. August 1976; »Pfarrer Brüsewitz seinen schweren Verletzungen erlegen«, in: Der Tagesspiegel, 24. August 1976.
13 A. Z.: »Du sollst nicht falsch Zeugnis reden«, in: Neues Deutschland, 31. August 1976.
14 Jochen Desel: »Menschen mit der Tat gewinnen/In memoriam Pfarrer Oskar Brüsewitz«, in: Berliner Sonntagsblatt, 12. Oktober 1976.
15 Zit. bei Jochen Desel, ebenda.
16 Reinhard Henkys: »Kirche – Staat – Gesellschaft«, a. a. O., S. 50.
17 Vgl. Karl Wilhelm Fricke: »DDR-Verteidigungsgesetz neu kodifiziert«, in: Deutschland Archiv Nr. 12/1978, S. 123 ff.; und ders.: »Volkskammer beschloß neues Wehrdienstgesetz«, in: Deutschland Archiv Nr. 5/1982, S. 458 ff.
18 Vgl. »Aufruf der Initiative ›Sozialer Friedensdienst‹«, in: Friedensbewegung in der DDR, a. a. O., S. 169 ff.
19 Reinhard Henkys: »Zwischen Militarismus und Pazifismus«, in: Friedensbewegung in der DDR, a. a. O., S. 18.
20 Zit. in: Friedensbewegung in der DDR, a. a. O., S. 174 f.
21 Ebenda, S. 230.
22 Ebenda, S. 231.
23 Gisela Helwig: »Vertrauen wagen«, in: Deutschland Archiv Nr. 7/1983, S. 674.
24 Vgl. »Von staatsfeindlichen Agenturen zu Verbrechen angestiftet«, in: Neues Deutschland, 8./9. Juli 1978; und Schreiben von Niko Hübner vom 2. November 1979 (hektographiert).
25 Zit. nach: Berliner Begegnung zur Friedensförderung. Protokolle des Schriftstellertreffens am 13./14. Dezember 1981, Darmstadt 1982, S. 48.
26 Ebenda, S. 82.; vgl. auch Harald Kleinschmid: »Ich habe mir einen Traum erfüllt‹/›Zur Berliner Begegnung zur Friedensförderung‹«, in: Deutschland Archiv Nr. 1/1982, S. 5 ff.

27 Zit. bei Harald Kleinschmid: »›Weiter wir selbst sein, nur ein wenig anders geworden‹/Zum Haager Treffen der Schriftsteller aus Ost und West«, in: Deutschland Archiv Nr. 7/1982, S. 673 ff.

28 Zit. nach: Pressemitteilung Nr. 14 vom 8. Juli 1983, herausgegeben zum Kongreß und Kirchentag in der Ev.-Luth. Landeskirche Sachsens, 7. bis 10. Juli 1983 in Dresden.

29 Zit. in: Friedensbewegung in der DDR. Texte 1978–1982, herausgegeben von Wolfgang Büscher, Peter Wensierski und Klaus Wolschner, Hattingen 1982, S. 242 ff.

30 Klaus Ehring/Martin Dallwitz: Schwerter zu Pflugscharen. Friedensbewegung in der DDR, Reinbek 1982, S. 217 ff.

31 Zit. in: Friedensbewegung in der DDR, a. a. O., S. 285 ff.

32 Theo Mechtenberg: »Die Friedensverantwortung der evangelischen Kirchen in der DDR«, in: Reinhard Henkys: Die evangelischen Kirchen in der DDR, a. a. O., S. 390.

33 »Jenaer Schweigeaktion schon im November«, in: tageszeitung (taz), 6. Januar 1983.

34 »Du bist wie Gift«. Roland Jahn über die »Jenaer Szene«, in: Der Spiegel Nr. 26/1983, S. 75.

35 Ebenda, S. 76.

36 »Erich Honecker antwortet Jo Leinen«, in: Neues Deutschland, 7./8. April 1984.

37 Zit. nach Informationsdienst Nr. 28 (Februar 1984), herausgegeben vom »Komitee zur Verteidigung und Verwirklichung demokratischer Rechte und Freiheiten in Ost und West – in ganz Deutschland«. – Das Komitee, dessen Büro sich in Düsseldorf befindet, entstand aus der 1976 gegründeten Initiative »Freiheit für Wolf Biermann«. Seine Informationsdienste und Dokumentationen enthalten aufschlußreiche Informationen über alternative Friedensarbeit und politische Regimekritik in der DDR und in der Volksrepublik Polen.

38 Wolfgang Harich: Kommunismus ohne Wachstum: Babeuf und der ›Club of Rome‹. Sechs Interviews mit Freimut Duve und Briefe an ihn, Reinbek 1975.

39 Freimut Duve in: Wolfgang Harich, Kommunismus ohne Wachstum?, a. a. O., S. 8.

40 »Du bist wie Gift«, a. a. O., S. 82/83.

41 Karl Winkler: Made in GDR. Jugendszenen aus Ost-Berlin, Nachwort von Erich Loest, Berlin 1983, S. 6.

42 Wolfgang Büscher/Peter Wensierski: Null Bock auf DDR. Aussteigerjugend im anderen Deutschland, Hamburg 1984, S. 40.

43 Peter Wensierski: »Nach Alternativen wird gesucht«, in: Peter Wensierski/Wolfgang Büscher (Herausgeber): Beton ist Beton. Zivilisationskritik aus der DDR, Hattingen 1981, S. 31.

Anmerkungen zu Kapitel 15

1 Hermann Weber/Manfred Koch: »Opposition in der DDR«, in: Hans-Georg Wehling: DDR, S. 143.

2 Alfred Kantorowicz: Der geistige Widerstand in der DDR, Troisdorf 1968, S. 4.

3 Borys Lewitzkyj: »Opposition in der Sowjetgesellschaft«, in: Die Weltwoche, 15. Juni 1975; zit. bei Heinz Hofmann: Mehrparteiensystem ohne Opposition, Die nichtkommunistischen Parteien in der DDR, Polen, der Tschechoslowakei und Bulgarien, Frankfurt/Main 1976, S. 30.

4 Rüdiger Thomas: »Sozialstruktur und sozialer Wandel«, in: Hans-Georg Wehling: DDR, a. a. O., S. 56.

5 Dieter Voigt: »Das Mehrwertgesetz und die Lage der Industriearbeiter in der DDR«, in: Konrad Löw (Herausgeber): Karl Marx und das politische System der DDR, Stuttgart 1982, S. 118.

6 Günter Gaus: Wo Deutschland liegt, eine Ortsbestimmung. Hamburg 1983, S. 157.

7 Gerd Meyer: »Die politische Elite der DDR«, in: Hans-Georg Wehling: DDR, a. a. O., S. 117.

8 Ebenda, S. 116.

9 Hans Buchheim: Totalitäre Herrschaft, München 1962, S. 47.

10 »Hinhaltung und Ohnmacht«, Briefwechsel zwischen Professor Dr. +++ und Professor Dr. Max Bense, in: SBZ-Archiv (vormals PZ-Archiv) Nr. 8/1952, S. 117.

11 Rudolf Bahro im Selbstinterview, in: Rudolf Bahro – Eine Dokumentation, Köln/Frankfurt/Main 1977, S. 60.

12 James Burnham: Die Strategie des kalten Krieges, Stuttgart 1950, S. 199 f.

13 Rainer Hildebrandt: Was lehrte der 17. Juni?, Berlin 1954, S. 15.

14 Rudolf Bahro Selbstinterview, a. a. O., S. 60.
15 Peter Dittmar: Antikommunismus – Torheit oder Notwendigkeit?, Köln 1979, S. 76 f.
16 Erich Honecker: Reden und Aufsätze, Bd. 3, (Ost-)Berlin 1976, S. 255.
17 Ders.: Reden und Aufsätze, Bd. 2, (Ost-)Berlin 1975, S. 235.
18 Günter Gaus: Wo Deutschland liegt, a. a. O., S. 47.
19 Dieter Borkowski: In der Heimat, da gibt's ein Wiedersehn, Frankfurt/Main 1984, S. 175.
20 Harald Steffahn: »Nachgelieferte Weisheit«, in: Die Zeit, 5. Dezember 1980.
21 Zit. bei Rudolf Herrnstadt: »Kollege Bremse und der 17. Juni«, in: Neues Deutschland, 26. Juni 1953.
22 Ernst Niekisch: Erinnerungen eines deutschen Revolutionärs. Zweiter Band: Gegen den Strom 1945–1967, Köln 1974, S. 199 f.
23 Walter Ulbricht:· »Die DDR wird ihre geschichtliche Aufgabe erfüllen«, in: Neues Deutschland, 3. Dezember 1959.
24 »Aus dem Bericht des Politbüros auf der 30. Tagung des ZK der SED« (Berichterstatter: Erich Honecker), in: Neues Deutschland, 2. Februar 1957.
25 Roland Jahn: »Du bist wie Gift«, in: Der Spiegel Nr. 25/1983, S. 82.
26 Laut Informationen Nr. 21/1977, herausgegeben vom Bundesministerium für innerdeutsche Beziehungen in Zusammenarbeit mit dem Gesamtdeutschen Institut, S. 5.
27 Wolfgang Büscher/Peter Wensierski: Null Bock auf DDR, a. a. O., S. 183.
28 Hermann Weber/Manfred Koch: »Opposition in der DDR«, a. a. O., S. 143.
29 Günter Bartsch: Revolution und Gegenrevolution in Osteuropa 1948–1968, Bonn 1971, S. 36.
30 Fred Oldenburg: »Die Autonomie des Musterknaben«, in: Richard Löwenthal/Boris Meissner: Der Sowjetblock zwischen Vormachtkontrolle und Autonomie, Köln 1984, S. 190.
31 Klaus Bölling: Die fernen Nachbarn, Hamburg 1983, S. 113.

Abkürzungen

ABF	Arbeiter-und-Bauern-Fakultät
ABI	Arbeiter-und-Bauern-Inspektion
ABV	Abschnittsbevollmächtigter (der Volkspolizei)
ADN	Allgemeiner Deutscher Nachrichtendienst
BDVP	Bezirksverwaltung Deutsche Volkspolizei
BG	Bezirksgericht
BGL	Betriebsgewerkschaftsleitung
BKV	Betriebskollektivvertrag
BPO	Betriebsparteiorganisation (der SED)
BV	Bezirksverwaltung
CDU	Christlich-Demokratische Union
CSSR	Tschechoslowakische Sozialistische Republik
DBD	Demokratische Bauernpartei Deutschlands
DFD	Demokratischer Frauenbund Deutschlands
DSF	(Gesellschaft für) Deutsch-Sowjetische Freundschaft
DTSB	Deutscher Turn- und Sportbund (der DDR)
DVdI	Deutsche Verwaltung des Innern
DVP	Deutsche Volkspolizei
DWK	Deutsche Wirtschaftskommission
EOS	Erweiterte (polytechnische) Oberschule
FDGB	Freier Deutscher Gewerkschaftsbund
FDJ	Freie Deutsche Jugend
GBl	Gesetzblatt
GfM	Gesellschaft für Menschenrechte
GM	Geheimer Mitarbeiter (des MfS)
GSSD	Gruppe der sowjetischen Streitkräfte in Deutschland
GST	Gesellschaft für Sport und Technik
HO	Handelsorganisation
HV A	Hauptverwaltung Aufklärung (des MfS)
IM	Inoffizieller Mitarbeiter (des MfS)
JP	Junge Pioniere
KPD	Kommunistische Partei Deutschlands
KPD/ML	Kommunistische Partei Deutschlands/Marxisten-Leninisten
KPdSU	Kommunistische Partei der Sowjetunion
KSZE	Konferenz über Sicherheit und Zusammenarbeit in Europa
KVP	Kasernierte Volkspolizei
LDP	Liberal-Demokratische Partei
LPG	Landwirtschaftliche Produktionsgenossenschaft
MdI	Ministerium des Innern
MdJ	Ministerium der Justiz
MfS	Ministerium für Staatssicherheit
MAS	Maschinen-Ausleih-Station
MGB	Ministerium für Staatssicherheit (der UdSSR)
MTS	Maschinen-und-Traktoren-Station

MWD	Ministerium des Innern (der UdSSR)
ND	Neues Deutschland
NDP	National-Demokratische Partei
NF	Nationale Front
NKGB	Volkskommissariat für Staatssicherheit (der UdSSR)
NKWD	Volkskommissariat des Innern (der UdSSR)
NÖS	Neues Ökonomisches System (der Planung und Leitung der Volkswirtschaft)
NSDAP	Nationalsozialistische Deutsche Arbeiterpartei
NVA	Nationale Volksarmee
ÖSS	Ökonomisches System des Sozialismus
OG	Oberstes Gericht
PGH	Produktionsgenossenschaft des Handwerks
PV	Parteivorstand
RGW	Rat für Gegenseitige Wirtschaftshilfe
RIAS	Rundfunk im amerikanischen Sektor (von Berlin)
SAG	Sowjetische Aktiengesellschaft
SBZ	Sowjetische Besatzungszone
SDAG	Sowjetisch-Deutsche Aktiengesellschaft
SED	Sozialistische Einheitspartei Deutschlands
SfS	Staatssekretariat für Staatssicherheit
SKK	Sowjetische Kontrollkommission (in Deutschland)
SMAD	Sowjetische Militäradministration in Deutschland
SPD	Sozialdemokratische Partei Deutschlands
SSD	Staatssicherheitsdienst
StGB	Strafgesetzbuch
StPO	Strafprozeßordnung
TAN	Technisch begründete Arbeitsnorm
TASS	Telegrafenagentur der Sowjetunion
UdSSR	Union der Sozialistischen Sowjetrepubliken
UHA	Untersuchungshaftanstalt
UNO	Organisation der Vereinten Nationen
VdgB	Vereinigung der gegenseitigen Bauernhilfe
VEB	Volkseigener Betrieb
VEG	Volkseigenes Gut
Vopo	Volkspolizei, Volkspolizist
VOS	Vereinigung der Opfer des Stalinismus
VPKA	Volkspolizeikreisamt
VVN	Vereinigung der Verfolgten des Naziregimes
ZK	Zentralkomitee
ZKK	Zentrale Kontrollkommission
ZPKK	Zentrale Parteikontrollkommission (der SED)

Ausgewählte Literatur

Ackermann, Anton: »Gibt es einen besonderen deutschen Weg zum Sozialismus?«, in: Einheit Nr. 1/1946, S. 22 ff.

Ammer, Thomas: »Bürgerrechtsbewegung in Riesa – ein Versuch«, in: Politische Studien Nr. 234/1977, S. 381 ff.

Ammer, Thomas: Universität zwischen Demokratie und Diktatur. Ein Beitrag zur Nachkriegsgeschichte der Universität Rostock, Köln 1969.

Arendt, Hannah: Elemente totalitärer Herrschaft, Frankfurt/Main 1958.

Auerbach, Thomas: »Junge Gemeinde in Jena«, in: »Freiheit heißt die heiße Ware«. Politische Unterdrückung in der DDR, Köln 1978, S. 86 ff.

Auerbach, Thomas/Wolfgang Hinkeldey/Marian Kirstein/Gerd Lehmann/Bernd Markowski/Michael Sallmann: DDR-konkret. Geschichten und Berichte aus einem real existierenden Land, 3. Auflage, Berlin 1981.

Autorenkollektiv: DDR-Handbuch. Herausgegeben vom Bundesministerium für innerdeutsche Beziehungen, 2., völlig überarbeitete und erweiterte Auflage, Köln 1979.

Autorenkollektiv: Geschichte des Freien Deutschen Gewerkschaftsbundes. Herausgegeben vom Bundesvorstand des FDGB, (Ost-)Berlin 1982.

Autorenkollektiv: Geschichte der Sozialistischen Einheitspartei Deutschlands. Abriß, (Ost-)Berlin 1978.

Autorenkollektiv: Klassenkampf/Tradition/Sozialismus. Von den Anfängen der Geschichte des deutschen Volkes bis zur Gestaltung der entwickelten sozialistischen Gesellschaft in der Deutschen Demokratischen Republik. Grundriß, (Ost-)Berlin 1974.

Autorenkollektiv: Kleines Politisches Wörterbuch, (Ost-)Berlin 1967; dasselbe, 4., überarbeitete und ergänzte Auflage, (Ost-)Berlin 1983.

Axen, Hermann: »Der Aufbau des Sozialismus in der DDR und die Entwicklung in der Welt«, in: Einheit Nr. 3/1979, S. 261 ff.

Bahro, Rudolf: Die Alternative. Zur Kritik des real existierenden Sozialismus, Köln/Frankfurt/Main 1977.

Baring, Arnulf: Der 17. Juni 1953. Mit einem Vorwort von Richard Löwenthal, Stuttgart 1983.

Bartsch, Günter: Revolution und Gegenrevolution in Osteuropa 1948–1968, Bonn 1971.

Bath, Matthias: Gefangen und freigetauscht. 1197 Tage als Fluchthelfer in DDR-Haft, München-Wien 1981.

Baukloh, Friedhelm: »Mein Eid auf den Kommunismus«, in: SBZ-Archiv Nr. 7/1962, S. 100 ff.

Bäurich, Rainer: Manifest eines Christen im Sozialismus. Vorwort von Franz Josef Strauß. Herausgegeben vom Brüsewitz-Zentrum, Bad Oeynhausen o. J. (1977).

Berliner Begegnung zur Friedensförderung. Protokolle des Schriftstellertreffens am 13./14. Dezember 1981. Der vollständige Text aller Beiträge aus Ost und West, Darmstadt 1982.

Biermann, Wolf: Die Drahtharfe. Balladen, Gedichte, Lieder, Berlin 1965.

Biermann, Wolf: Mit Marx- und Engelszungen. Gedichte, Balladen, Lieder, Berlin 1968.

Bilke, Jörg Bernhard: »Menschenrechte im SED-Staat«, in: Aus Politik und Zeitgeschichte, Beilage zur Wochenzeitung Das Parlament Nr. 46/1980, S. 3 ff.

Bölling, Klaus: Die fernen Nachbarn. Erfahrungen in der DDR, Hamburg 1983.

Bohm, Gunhild: »Hilfe für die Verfolgten im Ostblock«, in: Politische Studien Nr. 227/1976, S. 281 ff.

Boris, Peter: Die sich lossagten. Stichworte zu Leben und Werk von 461 Exkommunisten und Dissidenten, Köln 1983.

Borkowski, Dieter: Für jeden kommt der Tag . . . Stationen einer Jugend in der DDR, Frankfurt/Main 1981.

Borkowski, Dieter: In der Heimat, da gibt's ein Wiedersehn. Erlebtes und Erfahrenes 1955–1972, Frankfurt/Main 1984.

Brandt, Heinz: Ein Traum, der nicht entführbar ist. Mein Weg zwischen Ost und West, München 1967.

Brandt, Peter/Jörg Schumacher/Götz Schwarzrock/Klaus Sühl: Karrieren eines Außenseiters. Leo Bauer zwischen Kommunismus und Sozialdemokratie 1912 bis 1972, Berlin/Bonn 1983.

Brundert, Willi: Es begann im Theater . . . »Volksjustiz« hinter dem Eisernen Vorhang, Hannover 1958.

Buch, Günther: Namen und Daten wichtiger Personen der DDR, 3. überarbeitete Auflage, Berlin/Bonn 1982.

Buchheim, Hans: Totalitäre Herrschaft, München 1962.

Büscher, Wolfgang/Peter Wensierski: Null Bock auf DDR. Aussteigerjugend im anderen Deutschland, Hamburg 1984.

Burens, Peter-Claus: Die DDR und der »Prager Frühling«. Bedeutung und Auswirkungen der tschechoslowakischen Erneuerungsbewegung für die Innenpolitik der DDR im Jahre 1968, Berlin 1981.

Bust-Bartels, Axel: »Der Arbeiteraufstand am 17. Juni 1953. Ursachen, Verlauf und gesellschaftspolitische Ziele«, in: Aus Politik und Zeitgeschichte, Beilage zur Wochenzeitung Das Parlament, Nr. 25/1980, S. 24 ff.

Conze, Werner: Jakob Kaiser. Politiker zwischen Ost und West 1945–1949, Stuttgart/Berlin/Köln/Mainz 1969.

Dähn, Horst: Konfrontation oder Kooperation? – Das Verhältnis von Staat und Kirche in der SBZ/DDR 1945–1980, Opladen 1982.

Dahrendorf, Gustav: Der Mensch – das Maß aller Dinge, Hamburg 1955.

DDR – Das Manifest der Opposition. Eine Dokumentation, München 1978.

Der Aufstand der Arbeiterschaft im Ostsektor von Berlin und in der sowjetischen Besatzungszone Deutschlands. Tätigkeitsbericht der Hauptabteilung Politik des Rundfunks im amerikanischen Sektor in der Zeit vom 16. Juni bis zum 23. Juni 1953, Berlin 1953.

Der Volksaufstand vom 17. Juni 1953. Denkschrift über den Juni-Aufstand in der sowjetischen Besatzungszone und in Ostberlin. Herausgegeben vom Bundesministerium für gesamtdeutsche Fragen, Bonn 1953. Faksimilierter Nachdruck. Herausgegeben vom Bundesministerium für innerdeutsche Beziehungen, Bonn 1983.

Desel, Jochen: »Menschen mit der Tat gewinnen. In memoriam Pfarrer Oskar Brüsewitz«, in: Berliner Sonntagsblatt, 12. Oktober 1976.

Die Enteignungen in der Sowjetischen Besatzungszone und die Verwaltung des Vermögens von nicht in der Sowjetzone ansässigen Personen. Herausgegeben vom Bundesministerium für gesamtdeutsche Fragen, 3. ergänzte Auflage, Bonn/Berlin 1962.

Die Friedensbewegung in der DDR (ohne Verfasserangabe). Herausgegeben von der Friedrich-Ebert-Stiftung, Bonn 1982.

»Die Opposition gegen den Stalinismus in Mitteldeutschland« (ohne Verfasserangabe), in: Aus Politik und Zeitgeschichte, Beilage zur Wochenzeitung Das Parlament Nr. 58/1958.

»Die Opposition in der Sowjetzone am 17. Juni 1953 und heute« (ohne Verfasserangabe), in: Aus Politik und Zeitgeschichte, Beilage zur Wochenzeitung Das Parlament Nr. 57/1957.

»Die staatsfeindliche Tätigkeit der Harich-Gruppe«, Urteil des Obersten Gerichts vom 9. März 1957, in: Neue Justiz Nr. 6/1957, S. 166 ff.

Die Wahlen in der Sowjetzone. Dokumente und Materialien. Herausgegeben vom Bundesministerium für gesamtdeutsche Fragen, 5. erweiterte Auflage, Bonn/Berlin 1963.

Die Zwangskollektivierung des selbständigen Bauernstandes in Mitteldeutschland. Denkschrift der Bundesregierung, Bonn/Berlin 1960.

Diepenthal, Wolfgang: Drei Volksdemokratien. Ein Konzept kommunistischer Machtstabilisierung und seine Verwirklichung in Polen, der Tschechoslowakei und der Sowjetischen Besatzungszone Deutschlands 1944–1948, Köln 1974.

Dittmar, Peter: Antikommunismus – Torheit oder Notwendigkeit?, Köln 1979.

Dittmar, Peter/Karl Wilhelm Fricke: »Gegen 99,8 Prozent«. Opposition in der DDR. Ein Feature des Deutschlandfunks vom 23. Januar 1973, veröffentlicht als Heft 17 der Schriftenreihe des DLF, Köln 1974.

Djilas, Milovan: Gespräche mit Stalin, Frankfurt/Main 1962.

Doernberg, Stefan: Die Geburt eines neuen Deutschland 1945–1949. Die antifaschistisch-demokratische Umwälzung und die Entstehung der DDR, (Ost-)Berlin 1959.

Doernberg, Stefan (Herausgeber): Beiträge zur Geschichte der Sozialistischen Einheitspartei Deutschlands, Berlin 1961.

Dokumentation des Terrors. Namen und Schicksale der seit 1945 in der sowjetisch besetzten Zone Deutschlands verhafteten und verschleppten Professoren und Studenten. Herausgegeben vom Verband Deutscher Studentenschaften, 5. Auflage, Berlin 1962.

Dokumente der Sozialistischen Einheitspartei Deutschlands, Beschlüsse und Erklärungen, Bd. I bis XVII, (Ost-)Berlin 1951–1981.

Dutschke, Rudi: »Der Kommunismus, die despotische Verfremdung desselben in der UdSSR und der Weg der DDR zum Arbeiteraufstand vom 17. Juni 1953«, in: Rudi Dutschke/Manfred Wilke (Herausgeber): Die Sowjetunion, Solschenizyn und die westliche Linke, Reinbek 1975, S. 261 ff.

Ebert, Theodor: Gewaltfreier Aufstand. Alternative zum Bürgerkrieg, Freiburg 1968.

Ehlers, Dieter: Technik und Moral einer Verschwörung. Der Aufstand am 20. Juli 1944, Bonn 1964.

Eisenfeld, Bernd: Kriegsdienstverweigerung in der DDR – ein Friedensdienst? Genesis, Befragung, Analyse, Dokumente, Frankfurt/Main 1978.

Falkner, Thomas: »Bürgerlicher Journalismus in konterrevolutionären Kampagnen«, in: Theorie und Praxis des sozialistischen Journalismus Nr. 4/1983, S. 206 ff.

Flade, Hermann: Deutsche gegen Deutsche. Erlebnisbericht aus dem sowjetzonalen Zuchthaus, Freiburg im Breisgau 1963.

Faust, Siegmar: Ich will hier raus, Berlin 1983.

Freemann, Clive/Gwynne Roberts: Der kälteste Krieg. Professor Frucht und das Kampfstoff-Geheimnis. Deutsch von Erwin Duncker, Berlin/Frankfurt/Wien 1982.

Freiburg, Arnold/Christa Mahrad: FDJ. Der sozialistische Jugendverband der DDR. Mit einem Vorwort von Walter Jaide und Barbara Hille, Opladen 1982.

Fricke, Karl Wilhelm: Der Arbeiteraufstand. Zeitzeugen und Zeitdokumente zum 17. Juni 1953. Eine Dokumentation des Deutschlandfunks vom 17.Juni 1983, veröffentlicht als Heft 32 der Schriftenreihe des DLF, Köln 1984.

Fricke, Karl Wilhelm: Die DDR-Staatssicherheit. Entwicklung, Strukturen, Aktionsfelder, 2. aktualisierte Auflage, Köln 1984.

Fricke, Karl Wilhelm: »Ein Mann namens Linse. Schicksale aus der Zeit des Kalten Krieges. Ein Feature des Deutschlandfunks vom 4. Juli 1972, veröffentlicht als Heft 14 der Schriftenreihe des DLF, Köln 1972.

Fricke, Karl Wilhelm: Politik und Justiz in der DDR. Zur Geschichte der politischen Verfolgung 1945–1968. Bericht und Dokumentation, Köln 1979.

Fricke, Karl Wilhelm: Selbstbehauptung und Widerstand in der Sowjetischen Besatzungszone Deutschlands. Bonner Berichte aus Mittel- und Ostdeutschland. Herausgegeben vom Bundesministerium für gesamtdeutsche Fragen, zweite, ergänzte Auflage, Bonn/Berlin 1966.

Fricke, Karl Wilhelm: Warten auf Gerechtigkeit. Kommunistische Säuberung und Rehabilisierungen. Bericht und Dokumentation, Köln 1971.

Fricke, Karl Wilhelm/Klaus Sauer: »Das Stalinismus-Tabu durchbrochen«, in: Deutschland Archiv Nr. 5/1979, S. 522 ff.

Fricke, Karl Wilhelm/Klaus Sauer: »Kolportage, Roman, Geschichtsdokument« (Zu Stefan Heyms Roman »5 Tage im Juni«), in: Deutschland Archiv Nr. 2/1975, S. 174 ff.

Fuchs, Jürgen: Gedächtnisprotokolle. Mit Liedern von Gerulf Pannach und einem Vorwort von Wolf Biermann, Reinbek 1977.

Fuchs, Jürgen: Vernehmungsprotokolle, Reinbek 1978.

Gaus, Günter: Wo Deutschland liegt. Eine Ortsbestimmung, Hamburg 1983.

Gniffke, Erich W.: Jahre mit Ulbricht. Mit einem Vorwort von Herbert Wehner, Köln 1966.

Gradl, Johann Baptist: Anfang unter dem Sowjetstern. Die CDU 1945–1948 in der sowjetischen Besatzungszone Deutschlands, Köln 1981.

Gradl, Johann Baptist: Stets auf der Suche. Reden, Äußerungen und Aufsätze zur Deutschlandpolitik. Eingeleitet und herausgegeben von Christian Hacke, Köln 1979.

Graf, Herbert/Günther Seiler: Wähler, Wahlen, Entscheidungen. (Ost-)Berlin 1967.

Graf, Herbert/Günther Seiler: Wahl und Wahlrecht im Klassenkampf, (Ost-)Berlin 1971.

Grebing, Helga: Der Revisionismus. Von Bernstein bis zum »Prager Frühling«. München 1977.

Gruner, Gert/Manfred Wilke (Herausgeber): Sozialdemokraten im Kampf um die Freiheit. Die Auseinandersetzung zwischen SPD und KPD in Berlin 1945/46. Stenographische Niederschrift der Sechziger Konferenz am 20./21. Dezember 1945, München 1981.

Gundermann, Horst: Entlassung aus der Staatsbürgerschaft. Eine Dokumentation, Berlin 1978.

Haendcke-Hoppe, Maria: »Die Vergesellschaftungsaktion im Frühjahr 1972«, in: Deutschland Archiv Nr. 1/1973, S. 37 ff.

Haendcke-Hoppe, Maria: Kurskorrekturen in der Handwerkspolitik der DDR«, in: Deutschland Archiv Nr. 12/1981, S. 1276 ff.

Hager, Kurt: »Aufgaben der Gesellschaftswissenschaftler nach dem VIII. Parteitag«, in: Einheit Nr. 11/1971, S. 1209 ff.

Harich, Wolfgang: Kommunismus ohne Wachstum? Babeuf und der »Club of Rome«. Sechs Interviews mit Freimut Duve und Briefe an ihn, Reinbek 1975.

Havemann, Robert: Dialektik ohne Dogma? Reinbek 1964.

Havemann, Robert: Fragen – Antworten – Fragen. Aus der Biographie eines deutschen Marxisten, München 1970.

Havemann, Robert: Rückantworten an die Hauptverwaltung »Ewige Wahrheiten«, München 1971.

Heidtmann, Günter: Hat die Kirche geschwiegen? – Berlin 1954.

Henkys, Reinhard: Die evangelischen Kirchen in der DDR. Beiträge zu einer Bestandsaufnahme, München 1982.

Helwig, Gisela: »Den Glauben offen bekennen. Zur Synodaltagung des DDR-Kirchenbundes«, in: Deutschland Archiv Nr. 11/1978, S. 1133 ff.

Helwig, Gisela: »Vertrauen wagen«, in: Deutschland Archiv Nr. 7/1983, S. 673 ff.

Hermes, Peter: Die Christlich-Demokratische Union und die Bodenreform in der Sowjetischen Besatzungszone Deutschlands im Jahre 1945, Saarbrücken 1963.

Heym, Stefan: Collin, Roman, München 1979.

Heym, Stefan: 5 Tage im Juni, München 1974.

Hildebrandt, Rainer: Der 17. Juni. Zehn Erlebnisgeschichten von Personen in verschiedenen Brennpunkten des Aufstandes, sowie ergänzende dokumentarische Materialien mit 77 Fotos, Berlin 1983.

Hildebrandt, Rainer: »Die Jenaer Krankheit in der DDR«, in: Der Tagesspiegel, 23. Oktober 1983.

Hildebrandt, Rainer: Was lehrte der 17. Juni? – Eine Denkschrift, Berlin 1954.

Hofmann, Heinz: Mehrparteiensystem ohne Opposition. Die nicht-kommunistischen Parteien in der DDR, Polen, der Tschechoslowakei und Bulgarien, Frankfurt/Main 1976.

Holzweißig, Gunter: »Der Volksaufstand am 17. Juni 1953 in der DDR«, in: Peter Gosztony (Herausgeber): Aufstände unter dem roten Stern, Bonn 1979, S. 55 ff.

Klein, Manfred: Jugend zwischen den Diktaturen 1945–1956, Mainz 1968.

Kleinschmid, Harald: »›Ich habe mir einen Traum erfüllt‹. Zur ›Berliner Begegnung zur Friedensförderung‹«, in: Deutschland Archiv Nr. 1/1982, S. 5 ff.

Kleinschmid, Harald: »›Weiter wir selbst sein, nur ein wenig anders geworden.‹ Zum Haager Treffen der Schriftsteller aus Ost und West«, in: Deutschland Archiv 7/1982, S. 673 ff.

Knauft, Wolfgang: Katholische Kirche in der DDR. Gemeinden in der Bewährung 1945–1980, Mainz 1980.

Knötzsch, Dieter: Innerkommunistische Opposition. Das Beispiel Robert Havemann, Opladen 1968.

Koch, Hans-Gerhard: Neue Erde ohne Himmel, Stuttgart 1963.

Koch, Hans-Gerhard: Staat und Kirche in der DDR. Zur Entwicklung ihrer Beziehungen von 1945 bis 1974. Darstellung, Quellen, Übersichten, Stuttgart 1975.

Köhler, Günter (Herausgeber): Pontifex nicht Partisan. Kirche und Staat in der DDR von 1949 bis 1958. Dokumente aus der Arbeit des Bevollmächtigten des Rates der EKD bei der Regierung der DDR, Probst D. Heinrich Grüber.

Kommunistische Oppositionelle in der DDR verhaftet. Informationen und Dokumente. Herausgegeben vom Solidaritätskomitee für die verhafteten kommunistischen Oppositionellen in der DDR, Dortmund 1982.

Kopp, Friedrich: Kurs auf ganz Deutschland? – Die Deutschlandpolitik der SED, Stuttgart 1965.

Kregel, Bernd: Außenpolitik und Systemstabilisierung in der DDR, Opladen 1979.

Krippendorf, Ekkehart: Die Liberal-Demokratische Partei Deutschlands in der Sowjetischen Besatzungszone 1945/48, Düsseldorf (o. J., 1961).

Krüger, Horst (Herausgeber): Das Ende einer Utopie. Hingabe und Selbstbefreiung früherer Kommunisten. Eine Dokumentation im zweigeteilten Deutschland, Olten/Freiburg 1963.

Kulbach, Roderich/Helmut Weber in Zusammenarbeit mit Eckart Förtsch: Parteien im Blocksystem der DDR. Funktion und Aufbau der LDPD und der NDPD 1969.

Kunze, Reiner: Sensible Wege. Achtundvierzig Gedichte und ein Zyklus, Reinbek 1969.

Kunze, Reiner: Zimmerlautstärke. Gedichte. Frankfurt/Main 1972.

Kunze, Reiner: Die wunderbaren Jahre. Prosa. Frankfurt/Main 1976.

Langguth, Gerd: Protestbewegung. Entwicklung – Niedergang – Renaissance. Die Neue Linke seit 1968, Köln 1983.

Lapp, Peter Joachim: »Die Blockparteien in der DDR«. Zwischen totaler Anpassung und latenter Konfliktbereitschaft«, in: Beiträge zur Konfliktforschung, Nr. 3/1980, S. 103 ff.

Lapp, Peter Joachim: Die Volkskammer der DDR, Opladen 1975.

Lapp, Peter Joachim: Wahlen in der DDR, Berlin 1982.

Leithäuser, Joachim G.: Der Aufstand im Juni, Sonderdruck aus: Der Monat, Nr. 60–61/1953, Berlin 1953.

Lemmer, Ernst: Manches war doch anders. Erinnerungen eines deutschen Demokraten, Frankfurt/Main 1968.

Leonhard, Wolfgang: Die Revolution entläßt ihre Kinder, Köln/Berlin 1955.

Lewytzkyj, Boris: Vom roten Terror zur sozialistischen Gesetzlichkeit. Der sowjetische Sicherheitsdienst, München 1961.

Lippmann, Heinz: »Der 17. Juni im Zentralkomitee der SED«, in: Aus Politik und Zeitgeschichte, Beilage zur Wochenzeitung Das Parlament, Nr. XXIVI/1956.

Loest, Erich: Der vierte Zensor. Vom Entstehen und Sterben eines Romans in der DDR, Edition Deutschland Archiv, Köln 1984.

Loest, Erich: Durch die Erde ein Riß. Ein Lebenslauf, Hamburg 1981.

Ludz, Peter Christian: Mechanismen der Herrschaftssicherung. Eine sprachpolitische Analyse gesellschaftlichen Wandels in der DDR, München/Wien 1980.

Ludz, Peter Christian: Parteielite im Wandel. Funktionsaufbau, Sozialstruktur und Ideologie der SED-Führung. Eine empirisch-systematische Untersuchung, Köln/Opladen 1968.

Lübbe, Peter (Herausgeber): Dokumente zur Kunst-, Literatur- und Kulturpolitik der SED 1975 bis 1980, Stuttgart 1984.

Lübbe, Peter: Kommunismus und Sozialdemokratie. Eine Streitschrift, Berlin/Bonn 1978.

Mainz, Rolf: »Genossen, kommt doch zu uns«, in: Die Zeit Nr. 41/1976.

Marx, Hermann: Liberale Studenten im Widerstand. Mit einem Geleitwort von Marie Elisabeth Lüders, Bonn o. J. (1959).

Matern, Hermann: »Über die Durchführung des Beschlusses des ZK der SED ›Lehren aus dem Prozeß gegen das Verschwörerzentrum Slansky‹«, (Ost-)Berlin 1953.

Mattedi, Norbert: Gründung und Entwicklung der Parteien in der Sowjetischen Besatzungszone Deutschlands 1945–1949, Bonn/Berlin 1966.

Meissner, Boris: Die Sowjetunion und Deutschland 1941 bis 1967«, in: Europa-Archiv Nr. 14/1967, S. 515 ff.

Mielke, Erich: »Die Aufgaben zur Stärkung der Kampfkraft der Partei als entscheidende Voraussetzung für die weitere erfolgreiche Verwirklichung der Beschlüsse des IX. Parteitages der SED«, Referat des Ministers zur Eröffnung des Parteilehrjahres 1978/79 vom 16. Oktober 1978 (internes Material).

Mielke, Erich: »Mit hoher Verantwortung für den zuverlässigen Schutz des Sozialismus. Zum 25. Jahrestag der Bildung des Ministeriums für Staatssicherheit«, in: Einheit Nr. 1/1975, S. 43 ff.

Mielke, Erich: »Verantwortungsbewußt für die Gewährleistung der staatlichen Sicherheit. 30 Jahre Ministerium für Staatssicherheit – 30 Jahre Kampf für Sozialismus und Frieden«, in: Einheit Nr. 2/1980, S. 151 ff.

Mleczkowski, Wolfgang: »Bewegung im Monolith. Das ›sozialistische Mehrparteiensystem‹ der DDR«, in: Aus Politik und Zeitgeschichte, Beilage zur Wochenzeitung Das Parlament, Nr. 16 bis 17/1984, S. 3 ff.

Motschmann, Klaus: Sozialismus und Nation. Wie deutsch ist die »DDR«?, München 1979.

Mühlberger, Fritz/Kurt Richter: »Der Schutz der gesellschaftlichen und staatlichen Grundlagen der DDR im neuen Strafrecht«, in: Neue Justiz Nr. 9/1967, S. 272 ff.

Müller, Egon Erwin: Der 17. Juni 1953. Ursachen, Verlauf, Konsequenzen. Katalog einer Ausstellung der Friedrich-Ebert-Stiftung, Bonn 1983.

Müller, Werner: Die KPD und die »Einheit der Arbeiterklasse«. Frankfurt/New York 1979.

Nawrocki, Joachim: »Der Frieden muß bewaffnet sein«, in: Die Zeit Nr. 39/1983 (»Dossier«).

Niekisch, Ernst: Erinnerungen eines deutschen Revolutionärs. Zweiter Band: Gegen den Strom 1945–1967, Köln 1974.

Nitsche, Hellmuth: Zwischen Kreuz und Sowjetstern. Zeugnisse des Kirchenkampfes in der DDR (1945–1981), Aschaffenburg 1983.

Nolte, Ernst: Deutschland und der Kalte Krieg, München 1974.

Oldenburg, Fred: »Die Autonomie des Musterknaben. Zum politischen Verhältnis DDR-UdSSR«, in: Richard Löwenthal/Boris Meissner (Herausgeber): Der Sowjetblock zwischen Vormachtkontrolle und Autonomie, Köln 1984, S. 153 ff.

Oldenburg, Fred: »Konflikte und Konfliktregelung in der SED-Parteiführung. Eine Darstellung der Jahre 1946 bis 1972«, in: Beiträge zur Konfliktforschung Nr. 4/1972, S. 5 ff.

Pförtner, Kurt/Wolfgang Natonek (Herausgeber): Ihr aber steht im Licht. Dokumentation aus sowjetischem und sowjetzonalem Gewahrsam, Tübingen 1962.

Pragal, Peter: »Abstimmung mit dem Ausreiseantrag«, in: Süddeutsche Zeitung, 26. Juli 1976.

Prauss, Herbert: Doch es war nicht die Wahrheit, Berlin 1960.

Rexin, Manfred (Herausgeber): Diesseits des Potsdamer Platzes. West-Berlin am 16. und 17. Juni 1953, Heft 4 der Schriftenreihe des Franz-Neumann-Archivs, Berlin 1983.

Richert, Ernst: Macht ohne Mandat. Der Staatsapparat in der Sowjetischen Besatzungszone Deutschlands. Mit einer Einleitung von Martin Drath, zweite, erweiterte und überarbeitete Auflage, Köln/Opladen 1963.

Richert, Ernst (in Zusammenarbeit mit Carola Stern und Peter Dietrich): Agitation und Propaganda. Das System der publizistischen Massenführung in der Sowjetzone. Mit einem Vorwort von Otto Stammer, Berlin/Frankfurt 1958.

Rudolf Bahro – Eine Dokumentation, Köln/Frankfurt/Main 1977.

Rudolph, Hermann: Die Gesellschaft der DDR – eine deutsche Möglichkeit? – Anmerkungen zum Leben im anderen Deutschland, München 1972.

Rudolph, Hermann: »Wie sieht das Selbstverständnis der DDR-Gesellschaft aus?«, in: Werner Weidenfeld (Herausgeber): Die Identität der Deutschen, Bonn 1983, S. 193 ff.

Rühle, Jürgen: »Geist der Utopie – Ernst Bloch«, in: Leopold Labedz (Herausgeber): Der Revisionismus, Köln/Berlin 1965.

Rühle, Jürgen: Literatur und Revolution. Die Schriftsteller und der Kommunismus, Köln/Berlin 1960.

Rühle, Jürgen/Gunter Holzweißig: 13. August 1961. Die Mauer von Berlin, Edition Deutschland Archiv, Köln 1981.

Rüß, Gisela (Herausgeber): Dokumente zur Kunst-, Literatur- und Kulturpolitik der SED 1971 bis 1974, Stuttgart 1976.

Sarel, Benno: Arbeiter gegen den »Kommunismus«. Zur Geschichte des proletarischen Widerstandes in der DDR (1945–1958), München 1975.

Schenk, Fritz: Im Vorzimmer der Diktatur, Köln/Berlin 1962.

Schroeder, Friedrich-Christian: Das Strafrecht des realen Sozialismus. Eine Einführung am Beispiel der DDR, Opladen 1983.

Schubbe, Elimar (Herausgeber): Dokumente zur Kunst-, Literatur- und Kulturpolitik der SED, Stuttgart 1972.

Schuller, Wolfgang: Geschichte und Struktur des politischen Strafrechts der DDR bis 1968, Ebelsbach 1980.

Schultz, Joachim: Der Funktionär in der Einheitspartei. Kaderpolitik und Bürokratisierung in der SED. Mit einer Einleitung von Otto Stammer, Stuttgart/Düsseldorf 1956.

Seiffert, Wolfgang: »Ulbricht – ein deutscher Stalinist«, in: Deutschland Archiv Nr. 8/1983, S. 851 ff.

Solberg, Richard W.: Kirche in der Anfechtung, zweite Auflage, Berlin/Hamburg 1962.

Spanger, Hans-Joachim: Die SED und der Sozialdemokratismus. Ideologische Abgrenzung in der DDR, Köln 1982.

Spittmann, Ilse: »Der 17. Juni im Wandel der Legenden«, in: Mut zur Einheit. Festschrift für Johann Baptist Gradl. Mit einem Vorwort von Heinrich Windelen, Köln 1984, S. 203 ff.

Spittmann, Ilse: »Warum Ulbricht stürzte«, in: Deutschland Archiv Nr. 6/1971, S. 568 f.

Spittmann, Ilse/Karl Wilhelm Fricke (Herausgeber): 17. Juni 1953. Arbeiteraufstand in der DDR, Edition Deutschland Archiv, Köln 1982.

Stern, Carola: Ulbricht. Eine politische Biographie, Köln/Berlin 1963.

Stoedtner, Gerhard: Der Arbeiter, Bonn o. J. (1955).

Stössel, Frank Thomas: Positionen und Strömungen in der KPD/SED zwischen 1945 und dem IV. Parteitag der SED 1954, Würzburg 1982 (Dissertation).

Strauss, Wolfgang: Aufstand für Deutschland. Der 17. Juni 1953, Leoni o. J. (1983).

Suckut, Siegfried: Die Betriebsrätebewegung in der Sowjetisch besetzten Zone Deutschlands (1945–1948). Zur Entwicklung und Bedeutung von Arbeiterinitiative, betrieblicher Mitbestimmung und Selbstbestimmung bis zur Revision des programmatischen Konzeptes der KPD/SED vom »besonderen deutschen Weg zum Sozialismus«, Frankfurt/Main 1982 (Dissertation).

Terror in der Ostzone. Denkschrift. Herausgegeben vom Parteivorstand der Sozialdemokratischen Partei Deutschlands, Hannover o. J. (1947).

Teller, Hans: Der kalte Krieg gegen die DDR. Von seinen Anfängen bis 1961, (Ost-)Berlin 1979.

Thomas, Rüdiger: »Sozialstruktur und sozialer Wandel. Zur Entwicklung der DDR-Gesellschaft«, in Hans-Georg Wehling: DDR, Stuttgart 1983, S. 52 ff.

Thomas, Ulrich: Staatsallmacht und Ersatzreligion, München 1960.

»Über die sozialdemokratische Ideologie der Gruppe Zaisser-Herrnstadt«, in: Neues Deutschland, 22. August 1953.

Ulbricht, Walter: Die Organisationsarbeit der SED, (Ost-)Berlin 1949.

Ulbricht, Walter: Zur Geschichte der deutschen Arbeiterbewegung. Aus Reden und Aufsätzen. Bd. I–X, (Ost-)Berlin 1953–1966.

Unrecht als System, Dokumente über planmäßige Rechtsverletzungen im sowjetischen Besatzungsgebiet. Herausgegeben vom Bundesministerium für Gesamtdeutsche Fragen, Band I bis IV. Bonn/Berlin 1952–1962.

Voigt, Dieter: »Das Mehrwertgesetz und die Lage der Industriearbeiter in der DDR«, in: Konrad Löw (Herausgeber): Karl Marx und das politische System in der DDR. Schriftenreihe der Gesellschaft für Deutschlandforschung, Stuttgart 1982, S. 37 ff.

Voigt, Dieter: Montagearbeiter in der DDR. Eine empirische Untersuchung über Industrie-Bauarbeiter in den volkseigenen Großbetrieben, Darmstadt 1973.

Voßke, Heinz: Walter Ulbricht. Biographischer Abriß. (Ost-)Berlin 1983.

Weber, Hermann: Demokratischer Kommunismus? – Zur Theorie, Geschichte und Politik der kommunistischen Bewegung, Hannover 1969.

Weber, Hermann (Herausgeber): Der deutsche Kommunismus. Dokumente, Köln/Berlin 1963.

Weber, Hermann: Die Wandlung des deutschen Kommunismus. Die Stalinisierung der KPD in der Weimarer Republik, Band 1–2, Frankfurt/Main 1969.

Weber, Hermann: DDR. Grundriß der Geschichte 1945–1981, 3. überarbeitete und ergänzte Auflage, Hannover 1982.

Weber, Hermann: Kleine Geschichte der DDR, Edition Deutschland Archiv, Köln 1980.

Weber, Hermann (in Verbindung mit Dietrich Staritz/Manfred Koch/Werner Müller/Manfred Suckut): Parteiensystem zwischen Demokratie und Volksdemokratie. Dokumente und Materialien zum Funktionswandel der Parteien und Massenorganisationen in der SBZ/DDR 1945 bis 1950, Köln 1982.

Weber, Hermann/Manfred Koch: »Opposition in der DDR«, in Hans-Georg Wehling: DDR, Stuttgart 1983, S. 132 ff.

Wend, Arno: »So entstand die SED. Betrachtungen eines Opfers der Zwangsvereinigung zwischen KPD und SPD in der SBZ«, in: Die Neue Gesellschaft, Sonderheft 1. Mai 1969, S. 23 ff.

Wensierski, Peter/Wolfgang Büscher (Herausgeber): Beton ist Beton. Zivilisationskritik aus der DDR, Hattingen 1981.

Winkler, Karl: Made in GDR, Jugendszenen aus Ost-Berlin. Nachwort von Erich Loest, Berlin 1983.

249

Wilke, Manfred (Herausgeber): Robert Havemann – Ein deutscher Kommunist. Rückblicke und Perspektiven aus der Isolation. Mit einem Nachwort von Lucio Laombardo Radice, Reinbek 1978.

Winters, Peter Jochen: »Bärbel Bohley und Ulrike Poppe schon lange vor der Verhaftung unter Beobachtung der DDR-Behörden«, in: Frankfurter Allgemeine, 31. Dezember 1983.

Winters, Peter Jochen: »Ohne Augenmaß gegen ›Staatsfeinde‹«, in: Frankfurter Allgemeine, 26. Juli 1982.

»Worin äußerte sich die Fraktionstätigkeit Herrnstadts und Zaissers?«, in: Tägliche Rundschau, 16. August 1953.

Zöger, Heinz: »Revisionismus hinter dem Eisernen Vorhang«, in: Arbeit und Leben Nr. 1/1962.

Zur Situation in der Sowjetzone nach dem 13. August 1961. Bericht und Dokumentation. Herausgegeben vom Bundesministerium für gesamtdeutsche Fragen, Bonn/Berlin 1961.

Personenregister

Ackermann, Anton 26, 35, 108, 112
Adenauer, Konrad 76
Adorno, Theodor 184
Althausen, Johannes 76
Ammer, Thomas 127
Apel, Erich 210
Arend, Erich 128, 179
Auerbach, Thomas 180
Axen, Hermann 16, 151

Babeuf, François 202
Bäurich, Rainer 167 f.
Bahr, Egon 46
Bahro, Rudolf 19, 181 ff., 202, 210, 212 f.
Barczatis, Elli 146
Bauer, Gerhard 128
Bauer, Leo 88
Bebel, August 185
Becker, Hermann 59
Becker, Jurek 179, 181
Behrens, Fritz 120
Benary, Arne 120
Benjamin, Hilde 41, 99
Bense, Max 208
Berg, Hans-Dieter 174
Berg, Ingrid 174
Berija, Lawrentij P. 111 f.
Bernstein, Eduard 118
Bieler, Manfred 158
Biermann, Wolf 148 f., 158 ff., 177, 179 f.,
  214
Blobner, Heinrich 127
Bloch, Ernst 118 ff., 184 f.
Böll, Heinrich 179
Bölling, Klaus 219
Bohley, Bärbel 200 f.
Bohm, Gunhild 10
Bolz, Lothar 59
Borkowski, Dieter 213 f.
Borkowski, Heidemarie 214
Bortfeldt, Andreas 187
Bräuning, Werner 158
Bräutigam, Hans Otto 174
Brandt, Heinz 106, 109, 116, 186

Brandt, Helmut 67 f.
Brandt, Karl August 76
Brandt, Willy 45, 98
Brasch, Thomas 149, 180, 197
Braun, Volker 160, 179
Brecht, Bertolt 159, 180
Breschnew, Leonid I. 151, 153
Brettschneider, Konrad 60
Brüsewitz, Oskar 19, 192 f.
Brundert, Willi 41 ff., 64, 68
Bruschke, Werner 42
Bruyn, Günter de 197
Buchan, Wilhelm 135
Bude, Roland 10
Bütge, Herbert 76
Burnham, James 210

Campanella, Tommaso 185
Castillo, Anke 200
Castillo, Patrick 200
Cheysson, Claude 174
Chruschtschow, Nikita S. 116, 151, 219
Crüger, Herbert 124

Dahlem, Franz 89, 105, 108, 112 f.
Dahrendorf, Gustav 32 f.
Dertinger, Georg 56, 69, 87
Dibelius, D. Otto 77
Dibrowa, P. T. 94
Dittmar, Peter 212
Djilas, Milovan 21
Domaschk, Matthias 201
Drechsler, Albin 76
Drescher, Fritz 39
Dubček, Alexander 148, 177
Duve, Freimut 202

Eckardt, Karl-Heinz Herbert 139
Ehard, Hans 55
Engels, Friedrich 122, 175, 186
Eppelmann, Rainer 198
Erdmann (Pfarrer) 76
Erler, Fritz 45
Esch, Arno 61

Falkner, Thomas 17
Fank, Max 39
Faust, Siegmar 165 f., 169
Fechner, Max 34, 36 f., 99, 110, 117
Fischer, Ernst 159
Fischer, Kurt 63
Flade, Hermann Joseph 73 f.
Fricke, Friedelind 10
Fried, Erich 180
Friedensburg, Ferdinand 56
Fröhlich, Paul 78
Frömel, Hans 127
Frucht, Adolf-Henning 146 f.
Fuchs, Jürgen 178 ff.
Fuchs, Klaus 197
Fühmann, Franz 179
Funcke, Dietmar 204

Gäbler, Hans-Joachim 139
Gandhi, M. K. (Mahatma) 172
Gartenschläger, Michael 143 f.
Gaus, Günter 207, 213
Gehlen, Reinhard 146
George, Reinhold 76
Gestewitz, Hans Rudolf 147
Gestrich, Werner 76
Geyer, August 43
Geyer, Friedrich 70
Gniffke, Erich W. 34, 36 f., 41
Goldenbaum, Ernst 59
Goldhammer, Bruno 88
Gradl, Johann Baptist 25, 53, 56
Grass, Günter 196 f.
Gerbing, Helga 119
Gries, Wilhelm 56
Grotewohl, Otto 11, 33 ff., 40, 65, 67, 77 f.,
    92 f., 96, 109, 146
Grothaus, Wilhelm 97
Grüber, Heinrich 67
Gülzow, Erwin 124
Gundermann, Horst 163 f.
Gysi, Klaus 194, 199

Hacks, Peter 159
Hagen, Eva Maria 180
Hagen, Nina 180
Hager, Kurt 152, 158, 160
Hamann, Karl 69, 87
Hamel, Johannes 76
Harich, Wolfgang 118, 121 ff., 175, 181, 185,
    202
Hasse, Gerhard 124
Hauptmann, Frank 165 f.
Havemann, Florian 149
Havemann, Frank 149

Havemann, Robert 92, 123, 148 f., 158, 163,
    166, 168 f., 176 ff., 183 ff., 198, 202, 211,
    213
Heine, Heinrich 159
Helwig, Gisela 10
Hempel, Johannes 197
Henkys, Reinhard 191
Hermann, Peter 127
Hermes, Andreas 28, 49 f.
Hermes, Peter 28
Hermlin, Stephan 179, 196
Herrnstadt, Rudolf 105 ff., 210, 217
Hertwig, Manfred 121 f.
Herwegen, Leo 41 f., 64 f., 68
Hess, Otto H. 62
Heym, Stefan 158, 179, 181, 197
Hickmann, Hugo 56, 64 f.
Hildebrandt, Rainer 211
Himmler, Heinrich 117
Hitler, Adolf 113, 218
Hoffmann, Joachim 124
Honecker, Erich 46, 60 f., 82, 108 f., 148,
    150 f., 153, 156 ff., 162, 166 ff., 171 f.,
    174, 178, 180, 186 f., 191, 196, 201, 209,
    212 f., 215 f., 219
Hoxha, Enver 186, 188
Hübener, Erhard 53
Hübner, Niko 195 f.

Jahn, Roland 200 ff., 216
Janka, Walter 121 ff., 174, 181
Jendretzky, Hans 106, 108, 112
Jentzsch, Bernd 180
Just, Gustav 121, 123

Kádár, János 157
Kästner, Uwe 163
Kaganowitsch, Lasar M. 116
Kaiser, Jakob 19, 49 f., 53, 55 f.
Kant, Hermann 196
Kantorowicz, Alfred 117
Keßler, Heinz 60
Kirsch, Sarah 179, 181
Klein, Manfred 60 ff.
Knötzsch, Dieter 175
Koch, Friedrich Wilhelm 169
Koch, Waldemar 57
Körner, Theobald Max 139
Kohl, Michael 46
Kreutzer, Dorothee 40
Kreutzer, Hermann 40
Kreutzer, Paul 40
Krone, Heinrich 56
Krug, Manfred 181
Krummacher, Friedhelm 77

Krummacher, Friedrich-Wilhelm 77, 145
Kühne, Heinz 41 f.
Külz, Wilhelm 57
Küter, Richard 141
Kunert, Christian 180
Kunert, Günter 159, 179, 181
Kunze, Reiner 159 f., 180 f.

Lamberz, Werner 46, 156
Langer, Arthur 74
Langrock, Simone 184
Laurenz, Karl 146
Lehmann, Otto 91
Leinen, Jo 201
Lemmer, Ernst 9, 56
Lenin, Wladimir I. 22 f., 46, 118, 122, 129, 131, 186
Leonhard, Wolfgang 26
Lewytzkyj, Borys 205
Liebknecht, Karl 185
Lindner, Liane 214
Loest, Erich 125, 160, 181
Ludz, Peter Christian 128, 139
Lützkendorf, Hans 98
Lukács, Georg 118
Luther, Martin 71
Luxemburg, Rosa 124, 175 f., 185

Maercker, Otto 79
Mainz, Rolf 167, 184
Malenkow, G. M. 111, 116
Mann, Thomas 19
Mao Tse-tung 175, 186
Marcuse, Herbert 184
Maron, Monika 203
Marx, Karl 71, 88, 94, 118, 122, 130, 159, 175, 177, 182, 215
Matern, Hermann 43 f., 108 f., 112, 117
Medek, Thilo 181
Merker, Paul 88, 181, 210
Mewis, Karl 39, 110
Mielke, Erich 16 f., 156, 171, 181
Mitzenheim, Moritz 190
Molotow, Wjatscheslaw M. 116
Montes, Jorge 147
Moog, Leonhard 65
Morus, Thomas 185
Mückenberger, Erich 108
Müller, Heiner 158 f., 179
Müller, Kurt 88
Müller-Bernhardt, Hans 53
Münzenberg, Bettina 200
Muth, Joachim 170

Natonek, Wolfgang 61
Niekisch, Ernst 215
Nitschke, Karl Heinz 170

Noll, Dieter 197
Norden, Albert 79
Nuschke, Otto 56, 66 f., 75, 94

Oelßner, Fred 108, 113 ff., 134
Ollenhauer, Erich 34

Pallach, Jan 149
Pannach, Gerulf 180
Pelikan, Jiri 148
Pieck, Wilhelm 32, 38, 41 f., 82, 108
Pietschmann, Robert 135
Plath, Franz 131
Poppe, Ulrike 189, 200 f.
Porsche, Oskar 170
Porsche, Uta 170
Praedel, Walter 137
Pragal, Peter 164
Puschkin, G. M. 123

Rahn, Hans-Jürgen 140
Reagan, Ronald 173
Resag, Gerd 143
Riedesel, Jörn 170
Rochau, Lothar 204
Rohner, Gerhard 65
Rühle, Jürgen 119
Rueter, Wilhelm 80

Saar, Heinrich 124 f., 184
Sander, Hans-Dietrich 159
Sarel, Benno 100
Schacht, Ulrich 149
Schädlich, Hans-Joachim 181
Scheibe, Herbert 171
Schepilow, Dmitrij T. 116
Schirdewan, Karl 112 ff., 210, 217
Schlesinger, Klaus 181
Schmidt, Andreas 154
Schmidt, Elli 108, 112
Schmidt, Helmut 196, 216
Schmutzler, Siegfried 79
Schneider, Rolf 179
Schnitzler, Karl Eduard von 15
Schönberg, Erhard 126
Schreiber, Walther 28, 50
Schreiter, Armin 128
Schubert, Olaf 200
Schumacher, Kurt 34, 37 f., 44, 55
Schumann, Erich 76
Schumann, Georg 97
Schwarz, Joachim 62
Schwob, Fritz 65
Seidel, Harry 142
Seifert, Arno 127
Seiffert, Wolfgang 150
Selbmann, Fritz 92, 113 ff.

Semjonow, Wladimir S. 106, 109, 111
Sik, Ota 148
Sokolowski, Wassilij D. 56
Stalin, Josef W. 21, 35, 82, 88, 105, 111,
   116 f., 123, 186, 188
Stauffenberg, Claus Graf Schenk von 127
Steinberger, Bernhard 121 f.
Stempel, Günter 68
Stief, Albert 102
Stolpe, Manfred 198
Stolz, Otto 62
Stoph, Kurt 174
Stoph, Willi 45, 112, 174
Strauß, Franz Josef 167 f.
Streit, Josef 136
Strympe, Gottfried 137
Svoboda, Ludwig 148
Szillat, Paul 41 f.

Thälmann, Ernst 153
Thalbach, Katharina 180
Theis, Germanus 66
Thomas, Stephan G. 37
Tisch, Harry 151 f.
Trotzki, Leo 124, 175
Trudeau, Pierre 174
Tschernenko, Konstantin 219
Tschiche, Hans 195
Tulpanow, Sergej I. 28, 37

Ulbrich, Hans 101
Ulbrich, Karl 101
Ulbricht, Walter 22, 24, 26, 32, 37, 43, 52, 63,
   82, 85, 88 f., 92 f., 102 f., 106, 108 ff., 120,
   123 ff., 128 f., 133, 140, 144, 148, 150 ff.,
   156, 158, 160, 168, 186, 209, 215

Verner, Paul 60
Vieweg, Kurt 120 f., 134
Villon, François 159
Vogel, Wolfgang 147

Voigt, Dieter 104, 206
Voßke, Heinz 153

Walde, Werner 195
Walesa, Lech 169
Warnke, Herbert 101, 175
Weber, Hermann 21
Wegner, Bettina 181
Wehner, Georg 110
Wehner, Herbert 45
Weinhold, Günter 168
Wels, Doris 172
Wend, Arno 39
Wensierski, Peter 204
Wenzel, Wolfram 170
Wetzig, Sven Thomas 200
Wilhelm, Manfred 187
Wilk, Alois 168
Wilk, Eva 168
Wilk, Herbert 168
Winkler, Karl (Kalle) 202
Winterhager (Pfarrer) 76
Wismach, Kurt 103
Witte, Siegfried 65
Wolf, Christa 179
Wolf, Gerhard 179
Wolf, Richard 121, 123
Wollweber, Ernst 112 ff.
Wutschetisch, J. W. 199
Wrazidlo, Georg 60 ff.

Zaisser, Else 75
Zaisser, Wilhelm 75, 77, 105 ff., 115, 210,
   217
Zehm, Günther 119, 124
Zelt, Fritz 43
Zeuke, Werner 154
Zickerow, Hans 69
Ziller, Gerhard 112 ff.
Zimmermann, Gernot 170
Zöger, Heinz 121, 123